从司法为民到大众司法

陕甘宁边区大众化司法
制度研究（1937—1949）

增订版

侯欣一 著

生活·讀書·新知 三联书店

Copyright © 2020 by SDX Joint Publishing Company.
All Rights Reserved.

本作品版权由生活·读书·新知三联书店所有。
未经许可，不得翻印。

图书在版编目（CIP）数据

从司法为民到大众司法：陕甘宁边区大众化司法制度研究：1937—1949／侯欣一著．—增订本．—北京：生活·读书·新知三联书店，2020.7
ISBN 978-7-108-06709-8

Ⅰ.①从… Ⅱ.①侯… Ⅲ.①陕甘宁抗日根据地-司法制度-研究 Ⅳ.①D929.6

中国版本图书馆 CIP 数据核字（2019）第 219553 号

责任编辑	叶　彤
装帧设计	薛　宇
责任校对	曹秋月
责任印制	徐　方

出版发行　生活·讀書·新知三联书店
　　　　　（北京市东城区美术馆东街 22 号 100010）
网　　址　www.sdxjpc.com
经　　销　新华书店
印　　刷　河北鹏润印刷有限公司
版　　次　2020 年 7 月北京第 1 版
　　　　　2020 年 7 月北京第 1 次印刷
开　　本　635 毫米×965 毫米　1/16　印张 31.25
字　　数　405 千字　图 7 幅
印　　数　0,001-4,000 册
定　　价　88.00 元

（印装查询：01064002715；邮购查询：01084010542）

目　录

增订版序　1

第一版序　3

第一章　**何去何从：专业化司法还是大众化司法**　001
　　第一节　问题的提出　002
　　第二节　研究现状　015
　　第三节　学术旨趣　021
　　第四节　基本概念　028
　　第五节　小结　038

第二章　**厘清方向：专业化司法制度之肇始**　039
　　第一节　中国传统司法审判的危机　040
　　第二节　专业化司法制度之创制　063
　　第三节　专业化司法制度之发展　079
　　第四节　小结　088

第三章　**改弦易辙：大众化司法制度之试验**　099
　　第一节　司法理念　102
　　第二节　司法制度　112
　　第三节　司法人员　133
　　第四节　小结　143

第四章　**平地波澜：大众化司法制度之争论**　157
　　第一节　专业司法人员的到来　159
　　第二节　司法工作正规化方案的推行　171

第三节　策略和方法　195

第四节　改革戛然而止　199

第五节　后果　224

第六节　小结　232

第五章　**最终定型：大众化司法制度之确立**　235

第一节　催生者　237

第二节　构建理论基础　263

第三节　制度内涵　274

第四节　方法与技术　297

第五节　成因汇总　305

第六节　小结　350

第六章　**个案观察：人民调解制度研究**　355

第一节　人民调解制度的缘起　356

第二节　人民调解制度的推行　371

第三节　人民调解制度的基本内容　378

第四节　问题与思考　396

第五节　小结　411

第七章　**艰难反思：大众化司法制度之修正**　417

第一节　自我检讨　419

第二节　评价　439

第三节　出路　460

第四节　小结　474

后记　479

参考文献　483

增订版序

本书第一版《从司法为民到人民司法——陕甘宁边区大众化司法研究》刊行于2007年,距离这次增订再版已有11年的历史。那时,大学文科教师的科研经费还不像今天这般宽裕,出版社体制改革又刚刚开始,学术著作的出版,正处于最艰难的时期。中国政法大学出版社社长李传敢先生接到本书书稿后第一时间便拍板把书稿放到该社着力打造的经典书系"中青年法学文库"之中出版,按标准支付最高稿费,且不收一分赞助费,令笔者感动不已。书稿出版后受到了学界的好评,首印后很快售罄,验证了李传敢先生的眼光。

最近几年,不断有出版社与我联系希望能够再版此书。按数量或种类统计,当今的中国早已进入了世界出版大国行列,但绝大多数出版物都难逃速生速死的命运。一本极小众的学术书出版十多年后还有人想阅读,还有出版社希望再版,无疑是对作者和原出版单位的最大肯定。经过慎重考虑后决定交由北京的生活·读书·新知三联书店再版。选定三联书店,一是源自个人对三联书店的敬重。作为一名文史学者,自己从不掩饰对三联书店出版物的喜爱,因而,能在三联书店出版个人的学术专著,对于我这种产量不多的作者来说是很有吸引力的;二是希望扩大读者面。本书讨论的问题对于思考当下中国的司法制度还有价值,这才是笔者和出版社愿意再版本书之缘由。如果说,十几年前本书所讨论的问题对法学界来说还较为新鲜,首先需要获得法学界的认同,现在这一状况正在逐步实现。令人遗憾的是，法学学术作品却仍然没能吸引更多读者的关注，法律书籍依然无法引起其他行业读者的阅读兴趣。司法制度是一个国家的基本制度，事关国家治理的良善和每一个国民的切身利益。一国的司法制度既是掌权者极力塑造的产物，更是全体国民共同作用的结果。为此，笔者奢望能有更多的读者阅读此书，从各自角度思考中国司法制度的前世今生。作为专业出版社，中国政法大学出版社在法学界的口碑极佳，但其读者群却主要限于法学界，而以出版文化类作品见长的三联书店的读者覆盖面则更广。

本次增订尽管对原书的框架和结论没有做大的调整，但增订的工作量依然较大。最核心的工作是尽可能地将一篇博士论文变成一部专书，即学术专著。本书的基础是笔者的博士论文，有过写作经验的人都知道，虽然博士论文的篇幅也不短，但它和一本专书，即真正意义上的专著差异较大。本次增订，一是增加了许多新的史料。博士论文出于篇幅的考虑对史料进行了删减，这次利用再版的机会，把那些删掉的史料补了回来，同时增添了一些新发现的史料，力求史料更为翔实。二是强化了章节之间的逻辑关系，删掉了一些重复的内容。论证更为细致，结论更为严谨和可信。三是增添了新的视角。如突出了人物和事件的结合，强调法律史和党史的结合，不断拓展问题的思考空间，适应更多读者阅读的需要。四是对文字进行必要的修饰。不知是因为我年龄的变化还是时代的差异，增订本对字句的斟酌把握与十年前完全不同。五是对脚注做了必要的完善，以适应学术发展的新要求。这些工作较为烦琐，几乎等于重写。仅就字数而言，本次增订新增字数近10万字，篇幅占原书的三分之一左右。

希望能够给读者带来新的阅读感受。

2018年11月18日于津沪高铁上

第一版序

本书是在我的博士论文基础上修改而成的。由于出版的时间较论文答辩的时间晚了整整一年,有些事情需要重新交代,因而又新写了篇后记附在本书之后。但这样一来原有的论文后记就显得有些多余。考虑到论文后记原本就属于论文的一部分,同论文本身关系十分密切,加之我对论文的后记较为珍爱,又考虑到序言本身也可以有各种写法,于是,我便索性把它作为本书的自序:

3年博士求学生涯终于可以结束了。在别人写后记可能只是一种惯例——一篇论文写完了,一段生活结束了总有几句话要说,而在我则是一种按捺不住的冲动,当写完论文的最后一个字,一种无法言说的情绪开始充盈心间,似有无数的话要说。可一旦真的坐到了电脑桌前,头脑里却又是一片空白。写些什么呢?20多年前,大学毕业后,我曾暗下决心,此生不再为功名而读书。读书,偶尔思考一些问题,对于我来说是一种乐趣,是一种生活方式,它为我带来的收获是无法用物质利益的得失去考量的。既然如此为什么还要给这样一种乐趣增加一些额外的负累?此后20年间,我一直不为各种诱惑所动。但实事求是地讲,每当看到一些熟人、朋友戴上学位帽,穿上学位服的时候,特别是当一些熟人和朋友因为有了更高的学历而人生一路顺畅的时候,自己内心里也不免产生些许羡慕,甚至忌妒。于是,读与不读学位,就成了我内心里一个挥之不去的情结。慢慢地,随着年龄的增长,遗憾最终占了上风。

于是，在 2002 年的早春，已明知学位于我不再具有多少现实物质利益的时候，我也终于低着头走进了考场。人到中年诸事缠身，加之在职读书，其中的艰辛、压力和付出只有自己知道。特别是当读书与工作、与家事之间的矛盾无法协调时，心中的烦躁和尴尬无法言说。但心灵的折磨更大。夜深人静的时候，经常躺在床上面对着无边的黑夜，一遍遍地问自己：到底是为了功名，还是为了追求人生完满？我无言以对。最后写一篇让自己满意的论文，就成了唯一的选择。现在论文完成了，自己是否满意？我只能说我尽力了。感谢导师柏桦先生，3 年前给了我一个机会，使我弥补了心中的遗憾；感谢柏桦先生，宽容地接受了现在这样一个选题，使我能在压力下将最近几年自己较感兴趣的问题思考清楚，并形成文字。我知道，生性散漫的我没有外在的压力是不可能在如此短的时间里完成本书的写作的。

感谢我所生活的这个转折的时代，它虽然使我们这一代人承载了太多的生活压力，把正常年份里需要几代人才可能经历的一切叠加在一起抛给了我们，但也为那些想成就事业的读书人提供了千载难逢的课题和机遇。

感谢所有的朋友，你们的支持与理解，以及你们对待生活的态度，不仅给我的生活增添了许多乐趣，更让我看到了人性的光辉。尽管在这里我没有刻意地提到你的名字，但你我都知道你的名字已永远铭记在我的心中。

最后要说的是：感谢我的家人和自己，我们一起携手度过了生命中的又一个 3 年。有了这 3 年的经历，今生今世无论再面对什么样的困难，我们的心态和生活都会更加从容。

第一章

何去何从：专业化司法还是大众化司法

> 『延安』就像一粒纽扣——系上它，20世纪的历史和文化便『旧貌换新颜』；同样，只有解开它，才能看见历史和文化的内部发生了什么。
>
> ——李洁非、杨劼：《解读延安》

第一节　问题的提出

中国是一个有着数千年法制文明的国度，其法律体系和司法传统颇具特色。然而，近代以来面对着强势的西方文化和亘古未有的社会巨变，中国传统的法制文明却日现颓色，曾经得心应手的司法制度也逐渐捉襟见肘，革新在所难免。光绪二十八年（1902），风雨飘摇中的清廷，不得不放弃祖宗家法不得更改的古训，昭告天下，对中国传统的法律制度进行改革：

> 中国律例，自汉唐以来，代有增改。我朝《大清律例》一书，折衷至当，备极精详。唯是为治之道，尤贵因时制宜，今昔情势不同，非参酌适中，不能推行尽善。况近来地利日兴，商务日广，如矿律、路律、商律等类，皆应妥议专条。着各出使大臣，查取各国通行律例，咨送外务部。并着责成袁世凯、刘坤一、张之洞，慎选熟悉中西律例者，保送数员来京，听候简派，开馆编纂，请旨审定颁发。总期切实平允，中外通行，用示通变宜民之至意。①

法制改革，要改的不仅是现行的法律体系，当然也包括司法制度。传统中国并无现代意义上的独立司法机关。晚清法制变革，就司法方面而言，其目标就是要建立一套独立于行政系统的司法机关，并使其运行良好。创制一套独立的司法机关，首先有助于实现与西方列强在国家体制上接轨的目的，收回领事裁判权；其次，实现国家权力的重构，推动帝制中国向现代民族国家的转型；最后，有效地解决因社会转型所引发的大量纠纷，同时将权利、平等等现代法治理念传递到社会的

---

① 《清德宗实录》卷495，"光绪二十八年二月上"，第58册，中华书局1987年影印本，第536—537页。

一切领域,替代正在解体中的儒家伦理,使之成为联结整个社会人与人、人与团体、团体与团体之间新的精神纽带。

总之,新型司法制度创建之初,肩负的任务和责任十分繁重。就制度设计而言,肇始于清末的新型司法制度以西方大陆法系为主要参照,因而从创建之初就显示出了与中国传统纠纷解决机制的显著不同,它希望通过严格设定的对抗性程序,借助司法从业人员扎实的专业知识、专用技术和严密的逻辑推理,认定事实和适用法律,最终实现法律追求的公平、正义等价值。显然,新型司法制度具有显著的理性色彩和形式主义特征,而非中国传统审判制度主要借助各级官员的行政权力、个人的智慧和机警来满足个案的公正。

新型司法制度与中国传统司法制度的这种差别,决定了它对司法从业人员的要求必然是专业化的,对从业人员的任职资格必须有严格的要求:如强调司法从业人员必须接受过专门的职业教育,具备系统、扎实的专业知识,必须经过专门的考试并成绩合格,必须经过专业技能、职业操守的训练和养成,必须具备丰富的社会阅历,等等。而从业人员的专业化又可能导致专门司法机构的出现和司法机构的独立运作,即司法活动的专门化。在此后相当长的时间里,尽管中国近现代历史上政局动荡不安,权力更迭频繁,各种司法改革方案层出不穷,但司法制度建设的专业化之路却几乎从未有过动摇。

专业化似乎成了新型司法制度的代名词。

一、争议之由来

由于种种原因,从西方移植而来的、被人们寄予厚望的新型司法制度在近现代中国的特定历史环境中却未能承担起历史赋予的重任:既未能有效地化解不断增长的纠纷,也未能给民众带来渴望的秩序,甚至在某些时候还加速了社会的解体。晚清以降,中国社会转型加剧,源自西方的各种思潮轮番进入中国,影响着不同的群体,传统礼教的影响则日渐式微,导致移植而来的法律制度与现实社会的冲突更为严重和明显,这一切向司法机关提出了严峻的挑战。司法机关能否严守中立的立场,以自己的技术平衡立法与社会的冲突便成为一项极为复杂的任务,稍有不慎便会加速社会的解体。于是,对新型司法制度的怀疑,甚至指责就不可避免地产生了。

  吾国今日之司法,一误于民国建立时之求速,草率从事,未有深切之研究。在当时人才不备,以留日学派主张为多。日采大陆制,吾则间接采用日制也。再则误于促进国际化之主张,侧重形式,而忽略其社会之精神与实际。如法官开庭所御之服帽,人民莫不惊为奇形怪状;监狱建筑之富丽,动费巨万;实则一般社会,不能适应,甚矣。我今日所需要之民族复兴运动,迫切万分,而我之司法之无生气、无作为,不能于国家树威信,于社会增利益,暗淡前途,不大可为痛苦耶! ①

  自民国成立以来,此等司法机关不过是敷衍粉饰,仍以压抑民气为根本,还增加了不少诉讼上的无形危险。这是因为一则法有未密,二则人员太杂,无法治之精神,所以只见其弊,未见其利。②

这两段话,前者出自民国时期司法界名流、曾任南京国民政府司法院副院长的覃振之口,后者引自民国初年出版的一部通俗作品,它们不仅代表着两个完全不同的阶层,观点也颇具代表性。其实,只要翻检一下史书,就能发现自新型司法制度在中国出现的那一天起,有关新型司法制度是否符合中国国情的争论就一直没有停息过;与此相

---

① 覃振:《司法改革意见书》,载《大公报》1934 年 11 月 23、24 日。
② 王钝根:《百弊放言》,大众文艺出版社 2003 年版,第 93 页。

应，对新型司法制度的批评也从来没有停息过，在某些人眼里新型司法制度甚至几乎成了失败的代名词。当然，需要指出的是，引起社会各界对新型司法制度进行批评的原因很多，如诉讼程序的烦琐、司法神秘主义等，并非限于从业人员专业化一端；此外，亦有不少观点对新型司法制度持肯定或赞扬的态度。[1]

然而，在陕甘宁边区政权诞生以前，这种争论还仅仅停留在理论层面上。创建于20世纪30年代末期的陕甘宁边区政府，则以极大的勇气一反常态，在司法制度的建设上，放弃了晚清以来所强调的专业化以及形式正义的既定道路，开始了大众化的尝试以及对实体公正的追求。如减少审级、简化程序，强调司法从业人员必须与民众在情感、生活方式等一切领域打成一片，将民众对司法机关和司法人员的评价作为评判司法审判优劣的唯一标准，甚至直接发动民众参与司法活动本身。

大众化司法的尝试，以及对实体公正的强调为中国的司法制度现代化带来了全新的理念和经验，开启了中国司法制度现代化进程中的新阶段。此外，如果从政治的角度进行观察，即从减少民众对政权不满的角度进行观察，尽管尝试本身还存在着一些问题，但就总体而言，我们必须承认这种尝试在陕甘宁边区取得了相当的成功。

陕甘宁边区所尝试的大众化司法没有现成的理论，它不仅有悖于中国传统的司法理念，更与源自西方的现代"法治"学说背道而驰，也就是说没有可资借鉴的对象，在世界法制的发展史上可能都是独一无二的。或许就是因为其"独一无二"，所以，从产生的那天起对其评价就一直聚讼纷纭。如1941年11月15日延安出版的《解放日报》上

---

[1] 如同样是民国时期法界领袖的江庸对新型司法制度评价就颇高："人才整齐（指司法人才——引者注），胜于其他机关。自民国元年改组法院，用人即有一定标准，习非法律毕业者，不畀以法官资格，在项城时代，屡受排击，几于破坏，卒赖司法当局苦心维护，而幸获保全，迄今仍无变易。虑其资格过宽，又限之以考试，忧其经验太少，又励之以讲习。夫学非所用，则人才可惜，用非所学，则事业必偾，以专门之人才，治所习之事业，苟优其待遇，严其考察，又假之以岁月，事未有不举者也。"详见《法律评论发刊词》，载《法律评论》创刊号，1923年7月。

雷经天：1937年10月—1945年3月任陕甘宁边区高等法院代院长、院长

发表了鲁佛民的文章《对边区司法工作的几点意见》，公开对边区司法制度中的一些做法提出批评，并将问题产生的原因归结为司法领域里的游击作风。

面对公开批评，时任陕甘宁边区高等法院院长的雷经天不但不回避，还公开对陕甘宁边区的司法制度大唱赞歌，并力主要坚持边区司法工作的特色不变，他说：

> 在第一届参议会讨论边区施政纲领时，我们就提出建立便利于人民的司法制度，一切为着人民着想，真正为群众解决问题，故诉讼手续非常简单，着重于区乡政府的调解和仲裁，没有什么审级、时效、管辖的限制，案件处理也比较迅速，因此受到许多旧的法律学者的非难，说边区的司法工作仍然保持游击主义的作风，而极力主张正规化。换句话说，就是要将边区的司法工作依

第一章　何去何从：专业化司法还是大众化司法

照国民党一套去做。①

显然，这两种观点是极难调和的。面对同样一种制度，陕甘宁边区司法系统内部在评价上出现了如此大的反差，这不能不引起我们的注意。即使是时隔半个世纪之后，人们仍然对此见仁见智，议论颇多。如长期从事根据地法制史研究的学者张希坡就明确指出：

> 抗日战争时期人民司法机关的诉讼手续，同国民党反动法院的形式主义，烦琐冗杂，刁难人民，专为反动阶级服务的诉讼手续相反，完全是以便利人民、有利于生产为原则。革除一切陋规，实行简便的诉讼手续。②

其实，稍加思索则不难理解，对陕甘宁边区司法工作的评价之所以会出现如此大的反差，原因大致有四。

（一）既有知识体系的限制

从严格的意义而言，传统中国缺少正规的法学教育。现代高等法学教育，无论是教育体制、教学大纲，还是教学内容，甚至是从业者，均为清末民初从西方、日本移植而来。伴随着现代法学教育在中国的产生、发展及壮大，源自西方的现代法学、法律知识体系、法治学说，不知不觉地渗透到了每一个受教育者的脑海中，成了我们有关现代司法知识的唯一渊源，并最终牢牢地控制着学术的话语权。陕甘宁边区司法制度方面的尝试，与西方现代法治学说中对司法制度的定位和理解有着天壤之别，这样巨大的反差，理所当然地要引起人们的争议。用陕甘宁边区司法制度的领导者——谢觉哉的话说，就是在司法系统

---

① 雷经天：《关于改造边区司法工作的意见》，1943年12月18日，陕西省档案馆馆藏档案，全宗号15。
② 张希坡：《马锡五与马锡五审判方式》，法律出版社1983年版，第52页。

内"旧的教条主义"较为严重。

（二）政治环境的宽松与否

陕甘宁边区的司法制度与中国现行的司法制度之间存在着千丝万缕的联系，我们甚至可以说，在一定层面上，陕甘宁边区所创立的司法制度是中国现行司法制度的渊源。这种客观上的联系，使司法界、法学界对陕甘宁边区司法制度的评价很难做到理性和客观。即便是严肃的学者，一旦涉及包括陕甘宁边区在内的根据地司法制度时往往会自觉或不自觉地意识形态化，即用政治标准替代学术标准。

（三）评论者的立场

学术研究中，学者的立场同样是一个无法回避的问题。但同样无法回避的是，无论抱有一种什么样的立场，为了结论的科学，研究者都必须同研究对象之间保持必要的距离，保持一种应有的理性，秉持一种科学的态度和方法，依据逻辑用事实说话，而不能用感情代替理性。

（四）对司法规律的把握

从晚清算起，现代司法制度在中国已存在了一个多世纪，就一般而言，社会各界对现代司法制度早已应该形成基本共识。然而，近代中国由于政权更迭频繁，革命不断，加之社会各界对司法功能的需求大相径庭，使司法制度在政治统治和社会治理中并未充分发挥其应有的作用，最终导致社会各界，包括司法界，对现代司法制度本质认识不足，对司法规律的把握有待提高。

总之，在西方学术话语一统天下的学术环境下，在政治一元化的中国，在全球范围内意识形态的对立依然客观存在的今天，有关陕甘宁边区司法制度的争议在所难免。

二、价值和意义

如何看待、评价陕甘宁边区司法制度方面的尝试，并对此进行深入的研究，对于学术界，特别是中国学术界来说，无疑是个巨大的诱惑和挑战，同时也具有较大的理论价值和现实意义。

（一）重新检讨一切既有理论

在西方的文化传统中，法学是一个源远流长的成熟学科。近代以来又经过一代代学者的共同努力，其有关司法制度的阐释在理论上已具有高度的自洽性，要想对其进行挑战绝非易事。但与此同时，我们又必须承认，不管我们出于什么样的政治目的，受过何种教育，都必须承认这样一个客观事实：陕甘宁边区的司法制度既不同于中国古代的，也不同于现代西方的，还有别于苏联的，甚至与中国共产党在苏维埃时期的尝试和制度安排也有着明显的差异，是一种全新的司法制度。同时也必须看到，陕甘宁边区的司法实践不仅改变了中国司法现代化的发展方向，开创了中国现代司法制度建设的新阶段，同时也向此前人类的一切既定理论提出了挑战。

对于这样一种极具特色的实践活动和理论思考，到底应该如何认识及评价，显然是理论工作者，特别是中国法学工作者义不容辞的责任。如果我们因为既定的知识，无视这样一种特色鲜明的实践活动，或者对其不能做出科学的评价，作为学者其学术的洞察力和责任感难免令人怀疑。陕甘宁边区在司法制度方面的思考和实践，究竟是一种策略上的临时应对、一种迫于环境的无奈选择、一种情绪化的骚动，还是一种出于理性的积极探索？这种思考和实践，乃至在实践中取得的成功、暴露出来的问题是否具有普遍的价值和意义，究竟应该怎样去总结？这些问题都有待我们去做细致的研究和严肃的思考。

任何法律知识与法律制度都有着强烈的"时空性"。从时间上讲，一切法律知识与法律制度都是特定时间裹挟下的产物，都深深地打上了时间的烙印；从空间上讲，任何法律规范和法律制度都是地方知识。换言之，如果我们抛开具体的时空以一种一成不变的既定理论和永恒标准来衡量陕甘宁边区的司法实践，那么学术上的动机和能力就足以令人怀疑。

其实，抛开这些理念层面的东西，只是借助现代史学的方法，将陕甘宁边区司法制度创建、运行、发展的过程置放在中国法律近现代的背景下，置放在人类文明的背景下原原本本地描述出来，即尽最大可能地进行历史复原，从学术上讲都是一件非常有价值的工作。

毋庸讳言，任何学术研究都离不开其所处的时代和环境。改革开放之前，或改革开放之初，要想对这一问题做出科学的阐释，实事求是地讲，条件并不具备。时至今日，这一切都已有了可能。

1. 法学学科日渐成熟。经过 40 年的发展，中国的法学学科已摆脱了恢复初期的幼稚，逐渐成熟。学者的水平、能力和眼界早已今非昔比。特别是最近一二十年，法学界对司法制度的研究显示出了浓厚的兴趣，投入了巨大的精力，研究成果数量极为可观，这些学术成果为我们所要进行的研究提供了必要的前期准备和学术积累。

2. 研究资料较为丰富。陕甘宁边区政府是中华人民共和国建制确立前，中国共产党人创建的存在时间最长的根据地政权，各项制度也相对完备，大量资料得以保留下来。这些文献包括法律法规、司法档案、中共中央和西北局的文件、边区政府文件、领导人的讲话和批示、报刊资料、当事人回忆录和日记等，特别是数以千万字的边区司法档案和边区政府文件尤为可贵，为边区法律史的研究提供了翔实、可信的第一手材料。值得一提的是，其中一些原始档案，如陕甘宁边区政府文件等已整理出版，极大地方便了研究者的阅读。

3. 学术环境有所改观。改革开放推动中国从一元走向多元，仅就学术研究领域而言，一些原本被视为定律的潜规则和研究纪律受到普遍质疑，在一些领域，严肃而负责任的学术研究不仅为学者所追求，且被整个学界所关注。

（二）加深对中国现行司法制度的理解

中国大陆现行的司法制度，甚至于大部分法律制度，特别是有关司法的理念、对法律现象的认识及理解都是在根据地法律理念和制度的基础上逐步创建、发展、演变而成的。① 不仅如此，陕甘宁边区司法制度与中华人民共和国司法制度之间的联系，还包括在人事方面。中华人民共和国成立后，原陕甘宁边区司法制度的创建者和领导者也以胜利者的身份和姿态成了新的国家法制建设的领导者，这种人事上的联系也使中华人民共和国的司法制度深深地打上了陕甘宁边区的印记。换言之，根据地，特别是抗战时期陕甘宁边区根据地的司法制度与中国大陆现行司法制度之间有着千丝万缕的联系，是中国现行司法制度的摇篮，这是一个任何人都无法回避的事实。正如有学者指出的那样："新中国的法律传统形成于陕甘宁边区政府时期。"②

中华人民共和国成立后，中国的法律制度先后经历过 20 世纪 50 年代大规模学习、借鉴苏联的法律制度，以及从 80 年代开始，至今尚未完成的学习、借鉴英美法律制度的运动或过程。经历了这些过程之后，当代中国法律制度同陕甘宁边区法律制度之间的联系已被明显削弱。然而，我们又必须承认，尽管经历了大规模的学习和借鉴外国法律制度的过程，但却仍然无法否认中国现行法律制度，特别是司法制度和司法理念同抗日战争时期陕甘宁边区司法制度和理念之间存在着千丝万缕联系的结论，更不能忽略陕甘宁边区司法制度和理念对现今中国政治、法律方面的影响。晚近以来，执政党更是不断通过各种方式揭示、论证当今中国与陕甘宁边区之间的诸多联系。

熟悉中国国情的人都知道，延安是中国红色革命的圣地，中国共产党正是以延安为起点最终取得全国胜利的。因而，在中国官方的正

---

① 当然，也有学者并不认同这一观点，他们认为中华人民共和国初期的司法制度就渊源而言来自华北人民政府而非陕甘宁边区政府，参见刘忠："从华北走向全国"——当代司法制度传承的重新书写》，载《北大法律评论》2010 年 1 期。对这种就中华人民共和国司法制度与根据地司法制度之间的关系进行更加细致观察和梳理的尝试，笔者持极赞赏态度，同时承认这种观点自有其一定道理。但我认为华北人民政府的司法制度与陕甘宁边区司法制度之间并无本质上的差异，华北人民政府的司法制度亦是继承陕甘宁边区司法制度的产物。
② 强世功：《权力的组织网络与法律的治理化——马锡五审判方式与中国法律的新传统》，载《北大法律评论》2000 年 3 期。

式文件中,"发扬延安精神"是不变的提法,即便是在改革开放四十年后的今天,这一点也仍然没有实质性的变化。2001年陕西省延安中级人民法院在财政较为困难的情况下决定投巨资修复陕甘宁边区高等法院旧址,中华人民共和国最高人民法院对此举大为赞扬,并专门发文加以肯定:

> 1937年1月党中央进驻陕北,同年7月12日成立陕甘宁边区高等法院。此后13年,边区法院在党中央和边区政府的领导下,以马列主义、毛泽东思想为指导,继承和发扬中央苏区法制建设的优秀成果和优良传统,坚持和发展群众路线、实事求是、重证据不轻信口供、法律面前人人平等的原则,建立了一整套适应战时需要的全新的从立法到司法、从实体法到程序法、从审判机关的设置到审判人员的任用的人民司法制度,创造了为广大边区所推广、为新中国所弘扬的"马锡五审判方式",为打击反革命和各种刑事犯罪、调解民间纠纷、促进边区生产、巩固民主政权、保证抗日战争和解放战争的胜利,做出了历史性贡献。陕甘宁边区的法制建设,经历了抗日战争时期初步形成、解放战争时期全面发展的各个阶段,成为各边区、各解放区司法工作的楷模,成为新民主主义法制的典型代表和新中国社会主义法制的主要来源,为我国社会主义法制建设提供了重要的历史经验。①

马锡五是陕甘宁边区司法的重要领导人之一。2014年,人民法院出版社出版了杨正发撰写的《马锡五传》,最高人民法院院长周强为之作序:"马锡五的一生,跌宕起伏,充满传奇色彩。尽管他出身贫寒,

---

① 《关于做好修复陕甘宁边区高等法院旧址和建设陕甘宁边区审判史陈列馆工作有关事宜的通知》,最高人民法院2002年,载张世斌主编《陕甘宁边区高等法院史迹》,陕西人民出版社2004年版,第138页。

又未受过任何正规法学教育,却被誉为'法曹英贤',他创立的'马锡五审判方式',对新中国的司法制度产生了深远影响,并被国际司法界誉为'东方审判经验'。"①

这一切正是要在新的形势下继续强调中国现行司法制度与陕甘宁边区司法制度之间的血脉联系。

十八大之后,中国新的一轮司法制度改革正在如火如荼地进行,改革的力度、内容和所营造的声势超过了以往任何一次改革,从而引发了社会各界对中国现行司法制度以及未来司法制度走向的迫切关注,各种观点及预测层出不穷,其中一些观点差异较大。笔者以为:对中国现行司法制度中的一些具体问题以当下为维度,站在司法规律的角度进行讨论相对容易,但若对中国现行司法制度进行价值判断,则必须对中国现行司法制度从整体上进行宏观思考,其中重要的是正本清源,对其产生的历史成因、过程、演变规律进行必要的梳理,否则,难以切中肯綮,所提的对策及建议也难免浮于表面。加强对陕甘宁边区法律制度,特别是边区司法制度、司法理念的研究,对于我们正确认识、理解中国现行司法制度和司法理念具有极为重要的作用。其实,这种研究不但可以正本清源,还可以增强我们对现行司法理念及司法制度的理解。换言之,对于一种政治、法律制度无论是坚持,还是改进或强化,甚至是放弃,弄清其产生时的最初形态,以及产生的原因和主客观条件,都既是必要的,也是必需的。更何况在许多人看来,陕甘宁边区的司法制度是当代中国法制建设不容忽视的本土资源,"延安精神是司法之魂。延安光荣的优秀司法传统,必须世世代代传下去"。②此其研究意义之二。

(三)为评价西方现代法制提供参照系

现代司法制度原本出现于近代西方,由于它与近代西方诸国的政

---

① 杨正发:《马锡五传》,人民法院出版社2014年版,序。
② 张世斌主编:《陕甘宁边区高等法院史迹》,序。

治、经济、文化传统和社会发展程度较为契合，因而一经产生便在西方诸国取得了相当的成功。伴随着清末变法修律的推行，这种新型的司法制度亦开始在古老的中国出现。就世界范围而言，中国是较早移植这一制度的国家之一。对于这种移植而来的、完全陌生的新型制度，国人既好奇，也充满着困惑。作为一种异质文化的制度产物，新型司法制度能否与中国的国情相融合？如果不能融合，我们是去指责国情、改变国情，还是对制度本身进行适当的变通？如果结论是后者，新型司法制度中哪些是必须坚持的，哪些是可以变通的，如何变通，不同时期，拥有不同知识背景的人们对此持有不同的态度和观点。

纵观近现代中国，就总体而言，国人对新型的司法制度，大致经历了一个"怀疑→顶礼膜拜→再怀疑→理性看待"的过程。当然，也有相当一部人始终把新型司法制度看作解决中国问题的灵丹妙药，把制度背后隐含的一些理念当作唯一的真理；与此同时，自然也有一部分人对新型司法制度始终不以为然，或认为其不适合中国的国情，或认为其过于超前。但认识和争论并未影响和阻止新型司法制度在中国的存在和发展。现实生活中尽管新型司法制度的发展困难重重，但它却顽强地生存了下来，在社会治理中发挥着愈来愈重要的作用，成为古老中国现代化的重要表征。由此，也一点点地被大多数国人所接受，或者说是被有选择地接受。

从清末到 20 世纪 40 年代，对于新型司法制度，或许只有抗日战争时期的陕甘宁边区走向了一条以怀疑、否定为主的道路。坚持中国问题特殊性的中国共产党人，对新型司法制度，特别是这一制度背后所蕴含的一整套理念，从怀疑到批判，并进而对其进行了全盘改造。我们先不去评价这种怀疑、批判、改造是否合理、科学和成功，仅从研究的角度讲，陕甘宁边区的这种尝试本身便极具学术价值。它为我们理解、研究西方现代法律，特别是现代司法制度提供了一个难得的参照系，提供了一个全新的、真实的对象和视角。它至少可以说明，西方现代法律制度是否具有普适性这样一个看似简单但却很少有人质疑的问题值得关注。此其研究意义之三。

总之,加强对抗日战争时期陕甘宁边区司法制度的研究不仅具有极大的理论价值,还具有较强的现实意义。

第二节　研究现状

对中国法律史学界稍有了解的人都知道,中华人民共和国成立后,在相当长的一段时间里,包括陕甘宁边区法律制度在内的根据地法律史的研究一直是中国学者关注的基本问题,甚至是核心问题之一。

一、20世纪50年代至90年代

中华人民共和国成立后,在国家的鼓励和支持下,以中国科学院法学研究所、中国人民大学法律系为代表的一些学术单位率先将根据地法律史作为研究的重点,投入了极大的热情和精力,搜集整理了一大批相关史料。改革开放后,西北政法大学、江西大学等学术单位亦加入了这一阵营,到20世纪90年代陆续出现了一些具有较大影响力的学者,出版了一批代表性的作品。前者如张希坡、韩延龙、常兆儒、杨永华、卓帆等,后者如《马锡五审判方式》(1983年版)、《中国革命法制史》(1987年版)、《陕甘宁边区法制史稿(诉讼狱政篇)》(1987年版)、《革命根据地法制史》(1994年版)、《陕甘宁边区法制史稿(宪法、政权组织法篇)》(1992年版)、《中华苏维埃法制史》(1992年版)等。

这些作品在写法上或采取通史的体例或采取断代法制史的体例,但均重在从整体上构建根据地法制建设的全貌,司法制度只是其中的一个章节。与本书研究主题关系较为密切的,为杨永华、方克勤合著的《陕甘宁边区法制史稿(诉讼狱政篇)》(1987年版)。

《陕甘宁边区法制史稿(诉讼狱政篇)》通过大量的立法资料对

陕甘宁边区的诉讼立法、司法机关、诉讼制度、调解制度、狱政制度进行了系统的阐释，并在此基础上从正面对陕甘宁边区的司法制度做了必要的评价，是国内外第一部系统研究陕甘宁边区司法制度的学术专著，奠定了陕甘宁边区司法制度史在中国法律史研究中的重要地位。

张希坡所著的《马锡五审判方式》则属另一类中的代表。该书以专题的形式，针对陕甘宁边区时期司法制度方面的重大创举——马锡五审判方式产生的背景、原因、特点等做了细致的考察，并在此基础上对马锡五审判方式进行了评价。是迄今学术界对此问题所进行的研究中较有分量的作品之一。

由于前述作者大都毕业于20世纪五六十年代，拥有大致相同的教育背景，乃至共同的学术旨趣，使这些作品客观上拥有许多相同之处，逐渐形成了一套固定的话语和研究模式。为了节省篇幅，我们将其一并加以介绍和分析。

在研究的方法上，这些作品均以马克思主义法学为分析工具，即运用阶级分析方法对所研究的问题进行定性，着重于对根据地的法律制度，当然也包括司法制度进行正面、系统的归纳与描述，并在此基础上揭示边区法律制度与一切旧的、剥削阶级的法律制度本质上的不同。研究方法和学术旨趣的相同，决定了这些研究无不侧重于就根据地法制的性质、特点、历史意义等进行分析和论述，侧重于揭示包括陕甘宁边区在内的根据地法律制度与一切剥削阶级及中华人民共和国法律制度之间的区别和关系。其结论是根据地法律制度与一切剥削阶级的法律制度有着本质的区别。从性质上讲，根据地法律制度属新民主主义的法律制度；就形式和内容而言，不同时期根据地的法律制度虽不尽相同，其自身存在着不断完善的过程，但内在精神层面又高度一致，构成了中华人民共和国法律制度的渊源。

在研究思路和进路方面，前述作品几乎无一例外地把根据地时期法律制度的产生和发展同中国共产党的方针、政策紧密联系在一起进行考察，始终把根据地的法律制度当作中国共产党夺取政权的手段和工具。这种将根据地法律制度与执政党的方针、政策联系在一起进行考察的方法和思路极有见地，因而影响深远。如这些作品在解释陕甘宁边区法律制度之所以会同苏维埃时期法律制度存在差异时，基本观点是，这是抗日战争时期中国共产党对自己的政策进行调整和变化所致。具体而言，在苏维埃时期，中国共产党的政策是要消灭一切剥削阶级，建立工农民主政权；而抗日战争全面展开时期，共产党的政策是团结一切可以团结的力量共同抗战，并在抗战中壮大自己，其所建立的根据地政权的性质为爱国统一战线。正是这种政策上的调整，导致了两者在法律制度甚至司法制度方面的差异。

这些研究成果的最大贡献在于为我们梳理清楚了包括陕甘宁边区在内的根据地法律制度产生、发展、演变的过程和大致规律，弄清了不同时期根据地政权，譬如陕甘宁边区法律制度在整个根据地法律制度中的地位，使原本零散的一些材料、法条、事件系统化和清晰化。尽管从时间上讲，包括陕甘宁边区在内的根据地政权离我们所处的今天并不太远，但由于战争等原因，以往历史文献中有关根据地政权法律制度方面的记载均较为混乱。正是依赖于前述学者的研究成果，如杨永华等人的努力，陕甘宁边区法律制度的历史才得以被还原和系统化，同时这些研究也初步形成了自己特有的理论框架。

在肯定成绩的同时，也不得不承认，前述研究在研究方法上似乎还存在着改进的可能和空间。如这些研究的角度基本上是单向度的，即大都没有把根据地的法律制度放在中华民国的法律制度这样一个大的背景下去考察和分析，当然也很少有学者将其放在中国法律近代化这样一个更加宏大的背景下，将其看作中国法律近代化过程中的一种尝试和努力，以及中国法律近代化发展中的一个特有阶段进行有深度的比较及思考。此外，这些作品虽然注意到了包括陕甘宁边区在内的根据地法律制度与边区所处的客观环境，如地理、经济发展程度和水平，乃至人口数量和素质等方面的关系，但在揭示两者之间关系时深度不够，过多地强调了法律同政治之间的关系，受意识形态干扰较为严重。此外，在表达上也形成了一种相对固定的表达方式。这种学术视野上的限制在一定程度上影响了其研究走向更广大的空间，吸引更多学者的关注，同时也客观地造成根据地法制史的研究者无法更多地与其他同行进行交流。

材料方面，前述研究中有两种现象较为突出。一是以论代史，结论先行，热衷于对宏观问题的讨论，对具体问题及细节重视不够；二是对根据地以外的史料、文献，包括大陆以外的既有研究成果，特别是1949年前国民党统治区域的材料，以及1949年后我国台湾地区学术界的研究成果在使用和借鉴上也未能给予应有的注意。

研究方法上，前述作品对边区法律制度的考察大都采取静态研究的方法，即仅从各根据地政权制定的法律文件出发对边区的法律制度进行正面描述和解释，而对法律条文制定背后的深层原因，诸如个人、团体所起的作用，以及制度的发展演进过程、实施状况等实践性问题重视不够，这种研究把边区法律制度看作一个恒定的状态，未能详细区分各根据地法律制度本身的发展和变化，以及这种变化的原因和规律。

在对具体问题的分析和结论上，正面的评价比较到位，而对问题的分析由于受所处时代的限制，角度较为单一，基本是从党内斗争的角度去解读，较少将其放在更宏大的学术视野下去思考，而且大都受先入为主的价值观念影响，从"应然"取向出发去研究各种法律问题，从而在一定程度上影响了结论的深度和说服力，往往给人一种主题先行，其研究的目的仅仅是用法律制度这种特殊的社会规范去论证、说明中国共产党的路线、政策、决议的正确性的感觉，缺乏特有的理论分析框架和应有的学术视野。

虽然存在各种问题，但总体而言，这些研究成果深化了对包括陕甘宁边区在内的根据地法律史的认知，同时也为进一步深化研究奠定了基础，使今天新的研究工作成为可能，同时也吸引笔者去进行新的尝试。

二、20世纪90年代至今

20世纪90年代后，伴随着学术热点的转移，学界关注问题的增多，以及学者的更新换代，有关根据地法制史的研究一度受到冷落。本书初版于2007年，其时，有关根据地法制史的研究正处于相对冷落的时期，研究人员和作品的数量均在减少。进入21世纪后，执政党再次高度宣传自己与根据地历史之间的血脉关系。出于传播红色基因的需要[①]，借助执政党政策的引导，根据地法律史，特别是陕甘宁边区法制史的研究再度兴盛起来，公开发表的成果数量成倍增长。仔细观察新近出版的研究成果，可以发现这些研究成果与前述作品相比有明显的不同，最为突出的是风格更加多样化。

这里仅以与本书研究内容相关的作品为例进行分析。所谓的多样化是指：

1. 选题方面有突破。一些作品开始突破断代史的体例，关注起根据地法律实践中的一些具体问题，问题意识日益明显。如胡永恒的《陕甘宁边区的民事法源》（2012年版）、刘全娥的《陕甘宁边区司法制度改革与"政法传统"的形成》（2016年版）等即是如此。前者就陕甘宁边区司法审判中的民事法源问题进行深入讨论，后者梳理陕甘宁边区的司法制度与当代中国政法传统之间的关系，选题新颖，讨论的问题又与中国当下的法治实践有着较强的关联，论证也较为严谨，出版后引起了学界的关注。

2. 史料方面有拓展。如汪世荣等著的《新中国司法制度的基石：

[①] 中国共产党第十八次全国代表大会以来，执政党越来越强调要挖掘和继承自己的红色基因。

陕甘宁边区高等法院（1937—1949）》（2011年版）一书，对陕甘宁边区高等法院产生、发展的历史以及运行状况进行了较为系统的考察。与以往同类作品相比，该书在史料方面颇见功力，是继拙著《从司法为民到人民司法——陕甘宁边区大众化司法制度研究》之后，第二部以陕甘宁边区司法档案为主要材料的研究边区司法制度的作品，且在史料上有了进一步的发掘和拓展。新材料带来了新问题，新材料带来了新视角，推动了根据地法律史研究的深入。

3. 分析框架有创新。晚近以来，史学界有关民国史的研究日渐成熟，不仅凝练出了若干学术话题，并逐渐形成了一个相对稳定的分析观察框架。从时间层面讲，中国共产党人创立的根据地均存在于民国时期，受此影响，一些研究根据地法律史的学者也自觉地将边区法律史、政治史的研究置放于民国史的框架内进行观察和思考，增强了学术的厚重度。如杨东的《乡村的民意：陕甘宁边区的基层参议员研究》（2013年版）即是如此。

4. 党史风格依旧。与此同时，也必须承认，公开出版的作品中尚有不少作品依旧保持着传统的党史风格。如曾维东等主编的《中华苏维埃共和国审判史》（2004年版）、欧阳华的《抗战时期陕甘宁边区锄奸反特法制研究》（2013年版）、巩富文主编的《陕甘宁边区的人民检察制度》（2014年版）等。尽管就选题而言，这些作品讨论的问题以往少有人做过系统讨论，但由于作者为中国共产党人法制历史正名的学术立场极为鲜明，加之研究大多侧重于经验层面的梳理，较少诉诸理论分析，因而一定程度上限制了结论的客观性。

前述专著之外，尚有为数众多的论文。这些论文大都依据特定的材料、从特定的角度对根据地法制建设中的一些具体问题进行专题研究，其中强世功所著的《权力的组织网络与法律的治理化——马锡五审判方式与中国法律的新传统》一文就极具代表性。该文以政治与法律相结合的视角，通过一些往往被传统学者忽略的史料，将马锡五审判方式置于更宏大的背景下进行考察。由于作者的学术视野较为开阔，因而结论颇有新意。作者认为，所谓的调解制度以及马锡五审判方式，只是边区迫于诉讼增多压力的一种不得已而为之的方式，但在实践过程中被纳入了权力的关系中，逐渐成了边区乃至中国法律的新传统。该文与以往的边区法制史研究存在着较大的差异，其出发点和着眼点均在现实中，产生于陕甘宁边区的马锡五审判方式，不过是作者所要论述的问题的一个背景而已。这一尝试，引发了许多年轻学者对陕甘宁边区法制史的重新关注。

此外，尚有一些与本课题关联度较高的学术专著值得关注。如美国人赛尔登的《革命中的中国：延安道路》（2002年版）、澳大利亚人古德曼的《中国革命中的太行抗日根据地社会变迁》（2003年版）、荣敬本等著的《论延安的民主模式：话语模式和体制的比较研究》（2004年版）、李会先的博士论文《抗战时期陕甘宁边区民众动员研究》（2008年）、黄道炫的《张力与限界：中央苏区的革命（1933—1934）》（2011年版）、岳谦厚的《边区的革命：华北及陕甘宁根据地社会史论（1937—1949）》（2014年版）、杨东的《陕甘宁边区的县政与县长研究》（2015年版）等作品即是如此。这些作品大都出自历史学者之手，其基本特征是将讨论的问题放置在民国史的框架之内，同时强调史料的翔实，加之态度中立、论证严谨，较大地提升了根据地史的研究水准。

第三节　学术旨趣

本书是在已有研究基础上的一次新尝试，是在对前人研究成果充分尊重和借鉴的前提下所做的一种新努力，它力求在史料、视野、方法、结论几个方面都有所突破。需要说明的是，笔者只是对中国近现代司法制度本身感兴趣，或者说是对从西方移植而来的新型司法制度在古老中国的生存命运感兴趣，希望通过本书的写作吸引更多的人对此多加关注，当然，此工作如能提升根据地法制史的研究水准也乐见其成。

一、时间与对象

研究时段上，本书主要集中于20世纪40年代，即全面抗战时期和解放战争时期的陕甘宁边区。对陕甘苏区司法制度只作一般的考察和介绍，不作为重点展开。这不仅是因为全面抗日战争时期和解放战争时期陕甘宁边区的司法制度在整个陕甘宁边区司法制度的发展中最具有代表性，同时也是因为本书所欲讨论的大众化司法问题主要形成于这一时期。陕甘宁边区建立之初，在司法制度方面基本上延续的是原苏维埃时期的做法，即便是有些大众化的倾向，也主要体现在形式上，如适当简化程序和放宽司法人员的业务水平等方面，尚缺少系统性。1941年之后，在中国共产党和边区政府的推动下，大众化司法制度正式确立。尽管围绕着大众化司法制度问题边区司法系统内部也存在着争论，但争论并未改变这一制度本身。解放战争时期，尽管时局的变化过于迅猛，军事工作理所当然地成了全党及全体民众关注的焦点，但边区对司法问题的关注并没有停止，因而，仍有必要做适当的考察。

本书在研究对象上以陕甘宁边区高等法院为主，兼顾延安地方法院和县司法处。进行这种选择既是由陕甘宁边区高等法院地位之重要所决定的，同时也是囿于材料的局限。在陕甘宁边区，碍于战争环境，基层县级法院大都未能建立，其职能由政府中的司法处代行，因而从研究的对象角度讲，县司法处不具有代表性。此外，陕甘宁边区政权建设，特别是基层政权建设尚不规范，有关基层司法机关——县司法处的资料也较为稀缺。尽管最近几年各地政府出于编写地方志的需要，加强了对原属陕甘宁边区的诸如延安、榆林、庆阳等地审判方面史料的收集和整理，但从研究的角度讲，史料仍感不足，这种状况决定了本书在研究对象上只能以陕甘宁边区高等法院为主。此外，本书在写作上以陕甘宁边区的审判制度为主，兼顾司法理念和审判技术，即以大众化司法为视角，对陕甘宁边区的司法制度进行一次全面系统的考察和研究。

二、研究资料

本书在史料的使用上力求翔实和新颖。翔实是指史料的系统、完整和准确，而新颖则是追求以前人较少使用的第一手资料为主，包括司法档案、文集、当事人传记和日记、媒体报道等，具体包括：

1. 法律法规。如韩延龙、常兆儒等编辑的《中国新民主主义革命时期根据地法制文献选编》，艾绍润、高海深主编的《陕甘宁边区法律法规汇编》，陕西省档案局编辑的《陕甘宁边区法律法规汇编》，彭光华主编的《人民司法摇篮——中央苏区人民司法资料选编》，龙岩市中级人民法院及古田会议纪念馆合编的《闽西苏区法制史料汇编》，中国法学会董必武法学思想研究会编的《华北人民政府法令选编》，以及张希坡编著的《革命根据地法律文献选辑》等。这些法律法规真实地再现了包括陕甘宁边区司法制度在内的根据地司法的制度框架和样态。

2. 司法档案。陕甘宁边区存续期间留下了大量的司法档案，包括陕甘宁边区高等法院档案、陕甘宁边区政府秘书处的司法档案（1941—1945）、司法检察档案（1943—1945）、陕甘宁边区高等法院三边分庭档案、陕甘宁边区高等法院延安分庭档案、陕北区行政主任公署的司法档案等，这些档案均收藏于陕西省档案馆。其中陕甘宁边区高等法院档案共计1725卷，总数在3000万字左右，由相关法律、诉讼案卷（如传票、送达证书、起诉书、证据材料、审问笔录、判决书）、各种指示、总结报告、工作计划及当事人信函等构成，形成于1937年至1950年，真实地记录了陕甘宁边区司法机关，特别是边区高等法院形成、发展的大致线索，以及司法权运作的真实样态，大多数史料以往学界极少关注和使用，因而极为珍贵。

3. 中共中央、中央西北局和陕甘宁边区政府文件。陕西省档案馆和陕西省社科院合编的《陕甘宁边区政府文件选编》是一部大型的综合资料，收录了1937年9月至1950年以陕甘宁边区政府名义形成的重要文件和电报等，全书共14辑，总字数约450万字。由于战争的环境，陕甘宁边区政府与司法系统的关系极为密切，是领导与被领导的关系，这些文件中有许多涉及司法制度和审判问题，从政府的角度对本书所要研究的问题给出了解释，具有较高的史料价值。甘肃省社科院历史研究室编辑的《陕甘宁革命根据地史料选辑》收录范围则以《红色中华》报、《解放日报》《抗日根据地政策条例汇集》《陕甘宁边区政策条例汇集》《陕甘宁边区重要政策法令汇编》等为主，与《陕甘宁边区政府文件选编》有着较强的互补性。此外，陕甘宁边区时期亦是中国"政法传统"形成的重要阶段，因而，公开出版的《中共中央文件选编》《中共中央西北局文件汇集》《中共陕甘宁边区党委文件汇集》中亦有一些涉及边区的司法制度。

4. 陕甘宁边区参议会材料。如《陕甘宁边区第二届参议会第二次大会撮录》《陕甘宁边区参议会文献汇辑》等。尽管边区的参议会并非严格意义上的立法机关，但这些史料从特定层面记载了参议会对某些司法问题的讨论过程，以及社会各界对司法问题关注的角度，因此也有重要参考价值。

5. 文集和日记。前者如《毛泽东选集》《谢觉哉文集》《董必武选集》《林伯渠文集》《张闻天晋陕调查文集》等，后者如《谢觉哉日记》《林伯渠日记》和《延安日记》等。文集和日记的主人大多为陕甘宁边区中国共产党、政府和参议会的领导人，因而史料从领导人的角度对边区历史上的许多重要问题做了另类解读，其中尤以陕甘宁边区司法工作的直接领导人——谢觉哉的日记更为珍贵。而苏联人彼得·弗拉基米洛夫的《延安日记》及作家萧军的《延安日记》则分别以外国人的独到眼光和自由派作家的视角对全面抗战时期的延安进行了不一样的记载。

6. 人物传记、年谱。晚近以来一大批与本书研究对象相关的人物传记、年谱陆续出版,如《谢觉哉传》《董必武传》《王明传》《重拾历史的记忆——走近雷经天》《马锡五传》《习仲勋在陕甘宁边区》等,以及《毛泽东年谱》《王明年谱》等,这些史料为我们穿越时间长河深入制度背后窥探历史的真实,以及丰富细节提供了一种可能。

7. 媒体报道。如《解放日报》(延安)、《大公报》,以及陈学昭的《延安访问记》、美国人冈瑟·斯坦的《红色中国的挑战》、出生于波兰的伊斯雷尔·爱泼斯坦的《我访问延安:1944年的通讯和家书》等。《解放日报》是全面抗战时期中共中央的机关报和陕甘宁边区最主要的媒体,刊登过许多有关司法问题的理论文章和新闻报道。媒体材料有助于我们从社会的角度去观察和分析边区的司法制度,至于《延安访问记》《红色中国的挑战》《我访问延安:1944年的通讯和家书》等则有助于我们对陕甘宁边区进行深度思考。

8. 回忆录。如《陕甘宁边区抗日民主根据地·回忆卷》,任宏、高梅主编的《精神的魅力:延安时期生活往事》,丁玲的《延安集》,李维汉的《回忆与研究》,朱鸿召编选的《众说纷纭话延安》,曲子贞的《风雨世纪行》,美国人包瑞德的《美国观察组在延安》等,这些史料从不同的视角使边区的历史更加立体化,丰富了我们对陕甘宁边区的认知。

9. 地方志。晚近以来,在国家的推动下,各地陆续编辑出版了一大批新编地方志,新编地方志中不少都含有审判志,如《陕西省志·审判志》《延安地区审判志》《榆林地区审判志》《庆阳地区志·审判志》等,这些审判志的学术水平参差不齐,但在发掘地方审判史料方面亦有一定的作用。

10. 中国第二历史档案馆馆藏的中华民国档案。这部分史料对于拓宽我们的视野,将边区司法制度与南京国民政府所实行的司法制度进行比较无疑是必要的。

这些史料形成了比较完整的体系,只要合理运用,足以为本书的写作提供充足的依据,使笔者对大众化司法的研究建立在扎实的史料基础之上，避免根据地法制史研究中普遍存在的以论代史的问题。

三、研究视角

本书对问题的观察和分析，除继承和保持学界的传统做法，即把根据地法律制度的创建、发展与中国共产党的政策、方针、路线等联系起来进行考察分析外，力求有所创新。如不再仅仅将法律问题当作中国共产党为了实现自己的革命理想、夺取政权的一种手段，而是将陕甘宁边区的司法制度的创建、发展和演变放在中国法律近代化及中华民国法制史等更大的社会历史背景下去考察和分析；与此同时将陕甘宁边区大众化司法制度的产生和发展与边区特有的政治、经济、文化环境结合起来进行动态观察，扩大学术研究的张力和厚度，避免就制度说制度，以及就事论事的不足，增加理论色彩和学术性，淡化意识形态的影响。

以往学界有关制度史的研究大都采取单一的维度，即单纯从国家的角度去考察制度是如何形成的，而本书则坚持政府、民众以及司法从业人员三个维度同步进行。笔者认为，陕甘宁边区大众化司法制度的形成是政府、民众和司法人员三方面博弈的结果。

四、研究方法

研究方法方面，本书除坚持传统的阶级分析方法外，尽量尝试其他的分析工具，如文化的、比较的等，此外注重将宏观研究与微观研究相结合，通过对具体细节的描述，增加历史真实性，然后用无数个细节构成一个完整的制度，使结论更加科学和新颖；此外，本书的写作力求在传统制度史的框架内增加人物的活动，从而使制度动起来，增加读者阅读的兴趣。

在研究方法上，本书追求法学、史学、政治学等跨学科的整合，综合运用上述学科知识对陕甘宁边区大众化司法制度进行深描，在此基础上进行研究和分析。具体而言，即以史料为依据，运用历史学的归纳、组合等方法，梳理出陕甘宁边区司法制度的基本轮廓，还原历史，再运用法学、政治学的方法进行思考和分析，力求揭示陕甘宁边区司法制度的多重价值。

最后需要说明的是，要想实现上述目的必须处理好以下几个问题。

（一）知识与立场

前面已经指出，近代以来中国学者有关司法问题的知识基本来自西方，这种状况到目前并无多大改变。既然如此，本书所要做的研究从知识储备的角度讲是否可行？是否也会重蹈前人的覆辙？换言之，以一种从西方社会的土壤里产生的理论来评价一种非西方化的实践是否以及如何能够做到客观？这种担心固然有其道理，但又并非没有解决的办法。这是因为，最近几十年，无论是西方学术界还是中国的学术界对西方传统司法理论的反思已取得了许多成果，这些反思极大地丰富了学界关于司法问题的知识，使中国学者的知识不再单一，也就是说在知识储备方面，当下的中国学者同前几代学者已有了很大的不同；此外，知识固然重要，但更为重要的是研究者的立场。只要不先入为主，并时刻保持一种理论上的警醒，就足以将偏见降到最低。

（二）短期行为和长期行为

陕甘宁边区的司法制度实践性极为明显，因而在研究中必须注意认真分清在陕甘宁边区的司法实践中哪些是边区政府迫于环境和形势的临时应急措施，这些临时的应对措施后来是否被更改和放弃，没有放弃的又是如何演变为一种新的传统的；哪些是边区政府为创建新型国家和新型司法制度所进行的制度尝试和安排；抑或两者兼而有之。这种区分对于我们的研究工作和结论显然是至关重要的。但囿于史料的短缺，要真正做到这一点又是十分困难的。笔者将主要借助于对已有史料的审慎解读来最大可能地完成这一工作。

(三)研究的视角

这里所谓的研究视角,即如何处理好政治和法律相结合的关系。笔者在前面已经提到,在中国近现代历史上,自然也包括陕甘宁边区,司法制度的建设从未成为一项独立的任务。相反,围绕政权而进行的斗争,以及对社会的改造才是近代中国的核心问题。但同时我们又必须承认,为了解决核心问题,社会各界对司法制度建设方面的关注程度要大于许多其他行业,这一点在陕甘宁边区表现得极为明显。因而,对陕甘宁边区司法制度问题的研究采取政治与法律相结合的视角,而不仅仅是从单一的政治角度去考察和分析既是完全可能的,也是必要的。这样做并不是出于纯粹的学术创新方面的考虑。但这种政治与法律相结合的分析框架毕竟是一种尝试,如何运用还有待我们不断摸索。

第四节 基本概念

为了便于读者阅读,同时也是为了使即将进行的讨论始终保持在一个平台上,有必要在正式展开讨论之前,对本书使用的一些基本概念做一下界定。这些概念包括:陕甘宁边区、司法制度、专门化司法和大众化司法等。

一、陕甘宁边区

本书所使用的陕甘宁边区,既是一个历史地理概念,又是一个政治概念。从地理上讲,陕甘宁边区位于陕西的北部、甘肃的东部和宁夏的东南部,为典型的黄土高原地貌,土地贫瘠,夏季少雨,冬季严寒,是近代中国经济和文化最为落后的地区之一。陕甘宁边区政府成立时,这一区域的传统农业几近破产,而工业特别是现代工业又几乎为零。

> (陕甘宁边区)是中国最贫瘠、长期落后而且人口稀少的地

区之一。尽管它面积广大（大致相当于美国俄亥俄州），但大约只有140万居民。他们大多数极端贫困，估计地主和富农占人口的12%，但却拥有土地的46%。农业生产不稳定，生长期短，雨量稀少且难以预测，大暴雨会倏然而至，冲走庄稼，并把解冻的黄土坡冲刷成一条条沟壑。在1928年到1933年间，饥荒席卷了中国西北部，包括陕甘宁在内；千百万人死去，大量土地荒芜。剧烈的地震会周期性地摧毁那些掘进黄土峭壁的窑洞。与严酷的自然环境一起，这一地区长期为动乱、骚动和暴力所困扰。它长期未能从19世纪70年代可怕的穆斯林暴动中完全恢复过来，土匪和军阀是本地的特产。①

自然环境恶劣外，"经济文化十分落后，……反映在文化教育上，就是封建、文盲、迷信、不卫生。知识分子缺乏，文盲高达99%；学校教育除城镇外，在分散的农村，方圆几十里找不到一所学校，穷人子弟入学无门；文化设施很缺，人民十分缺乏文化生活；卫生条件极差，缺医少药，人畜死亡率很高，婴儿死亡率达60%，成人达3%；全区巫神多达2000余人，招摇撞骗，为害甚烈"。②

这种状况与同时期的其他根据地相比亦极为明显。因而，贫穷和落后是我们认识、思考陕甘宁边区司法制度时必须时刻不能忘记的背景之一。笔者曾不止一次地假设，如果中国共产党最初建立根据地，并以这个根据地为基点取得革命最终胜利的地方不是陕北，而是东南沿海较为发达的某个地区的话，其所设计的制度、形成的理念以及走向是否会与日后的某些做法形成明显的不同？！

然而，历史是不能假设的。

---

① 〔美〕莱曼·范莱斯克：《中日战争时期的中国共产主义运动，1937—1945年》，载〔美〕费正清主编《剑桥中华民国史》（下），中国社会科学出版社2007年版，第723—725页。
② 李维汉：《回忆与研究》（下），中共党史资料出版社1986年版，第566页。

从政治上讲，陕甘宁边区既是中国现代史上中国共产党最早建立的革命政权之一，又是全面抗战时期中共中央的所在地，是一个相对独立的政治单位，是一种依靠新型政治信仰为纽带而整合在一起的特殊政权类型。

20世纪30年代，受中国东南部苏维埃运动的影响，刘志丹、谢子长等共产党人亦在陕西北部组织武装力量并发动了一系列起义，于1935年10月建立了陕甘省工农兵民主政权，实行起有别于南京国民政府的工农民主专政制度，该政府为中华苏维埃共和国的重要组成部分。时隔不久，中国工农红军长征到达陕北，决定成立中华苏维埃共和国中央政府西北办事处，统一领导陕甘省工农兵民主政权及周边其他一些革命区域。

全面抗战爆发后，为了民族利益，国共进行第二次合作。为适应抗战的需要，1937年9月，由中共中央提议，并经南京国民政府同意，撤销中华苏维埃共和国中央政府西北办事处，改组为陕甘宁边区政府，为南京国民政府行政院直属行政单位。陕甘宁边区由"非法"政府变为合法政府。作为南京国民政府的特别行政区，陕甘宁边区政府仍然保持着较大的独立性，其政权属于新民主主义的性质，同南京国民政府有着本质的不同。它的管辖范围最多时为26个县，面积12.9万平方公里，总人口近200万。

解放战争时期，随着中国人民解放军在战场上的不断胜利，陕甘宁边区政府的管辖区域也在不断扩大。1950年1月19日中华人民共和国中央人民政府发布命令，于西安成立西北军政委员会，代行西北人民政府的职权，统一领导陕、甘、宁、青、新五省及西安市的工作，陕甘宁边区政府的历史使命至此完成。同年1月25日，西北军政委员会通过永久纪念陕甘宁边区的决议，自此，"陕甘宁边区"一词被载入史册。

尽管陕甘宁边区的历史只有短短的13年，但作为一个独立的政治单位、一种独特的政权类型，加之又是中共中央的所在地，因而各项制度相对完备，人员也较为整齐，仅保留下来的各种文献、档案、回忆录等就颇为可观，涉及政治、军事、经济、财政金融、法律、教育、文化等领域。

　　陕甘宁边区存在的13年跨越了苏维埃时期、全面抗战时期及解放战争时期三个阶段，中国近代历史的复杂性、多样性，客观地决定了边区政府每个时期所要解决的主要问题及其所推行的政策多少会有所不同。本书讨论涉及的时间段以全面抗战时期为主，这是因为，在陕甘宁边区存在的13年中，从政权建设和法制发展的角度讲，全面抗战时期最为重要和典型，同时我们所讨论的问题也主要发生在这一时期。

　　陕甘宁边区是中国现代史上使用率极高的一个概念，本书所讨论的问题与这一概念高度吻合，离开了这一特定的概念，本书所讨论的问题无从谈起。这一点必须事先加以声明。

二、司法制度

　　"司法"一词在中国存在已久，但传统中国并无现代法律意义上的司法机关，在传统中国，司法和司法制度一直是个内涵和外延十分宽泛的模糊概念。晚清以降，新型司法制度、法学教育和法学研究体系均是以日本为参照而创制的，而近代日本的司法制度在创制时主要参照的则是德国，德国属大陆法系中最有代表性的国家，从而导致中国的新型司法制度、现代法学理论和法学教育研究体制与大陆法系国家的相关理论和制度更为相似。然而，不同的法系，甚至同一法系中的不同国家，由于文化的不同，它们对司法制度、概念的理解也会有细微的差别，如大陆法系和英美法系对司法机关的内涵及所指就不尽相同。

　　还需指出的是，鉴于陕甘宁边区的特殊性，如仅就司法制度而言，陕甘宁边区实行审判检察合一的制度，检察权从未独立过，加之律师、公证等制度也未建立起来，因而本书所讨论的司法制度实际上是以陕甘宁边区法院的审判制度为主，故而从题目上讲，似乎应以"陕甘宁边区大众化审判制度研究"更为切题。然而，在笔者所阅读的陕甘宁边区文献中，说到与审判有关的制度时，当事人几乎均以"司法制度"来涵盖，较少有人再将其细化为"审判制度""检察制度"等，这一现象在 1942 年以前尤为明显。如 1940 年，陕甘宁边区高等法院院长雷经天在边区政府学习研究会上所作的题为《关于新民主主义的司法制度》的报告中称："法院是行使司法职权的机关，它应该对人民和法律负责。法院的检察和审判工作就是根据法律行使司法职权的活动，当属于司法职权的范围。"① 显然，雷经天认为审判工作和检察工作都属于司法工作。一年后，陕甘宁边区发布的《陕甘宁施政纲领》中则规定："除司法系统及公安机关依法执行其职务外，任何机关、部队、团体不得对任何人加以逮捕、审问或处罚。"② 这里的司法系统显然指的是狭义的法院。因而，从尊重历史的角度考虑，笔者亦以"司法制度"来涵盖本书所要讨论的问题。此外，考虑到陕甘宁边区的语言环境，如政治一元化，以及领导者和许多司法人员并未系统地接受过现代法学教育等主客观方面因素，因而，在边区范围内对于司法制度概念的使用不可能过于严谨和规范。也就是说，陕甘宁边区所使用的司法制度概念与西方法学语境下的司法制度概念存在着一定的差异。

其实，即便是在当下的中国，即便是当下中国的学术界，对司法机关的理解也尚未达成共识。如说到司法机关，按照当下中国学术界的理解其所对应的机关大致包含法院，法院和检察院，法院、检察院和律师、公证机关等多种指向。

这一切都告诉我们，有必要对司法制度的概念进行界定。

在现代国家，司法是与分权理论紧密联结在一起的，是一个与立法和行政相对应的概念，其基本含义是指司法机关按照法定的程序，

---

① 雷经天:《雷经天院长在边区政府学习研究会上"关于新民主主义的司法制度"的报告提纲》，陕西省档案馆馆藏档案，全宗号 15。
② 陕西省档案局编:《陕甘宁边区法律法规汇编》，三秦出版社 2010 年版，第 6 页。

依据既有的法律法规对诉讼案件进行裁断。而司法制度则是指司法机关就争议的案件查明事实，适用法律的相关制度。具体而言，司法制度是有关司法机关的性质、司法机关之设立、司法机关之组织、司法机关活动之程序等原则之总和。

本书研究的对象是陕甘宁边区的司法制度。选择陕甘宁边区司法制度进行研究并不是要强调，也不是为了表明司法制度在近现代中国，特别是在陕甘宁边区的重要性。其实，近现代的中国，自然也包括陕甘宁边区，司法制度方面的建设很少成为一项独立的任务，而是一直被裹挟在政治变革与社会变革的时代大潮之中。明白此点之后，笔者仍然选择陕甘宁边区的司法制度做专题研究，既是出于学术上的喜好，也是为了法治建设的现实需要，或者更为准确地说，是为了引起大家对司法制度本身的关注。

有关司法制度的研究不外乎如下几种方法：从正面对司法制度所涉及的所有问题进行系统观察和分析；对司法制度中的某一项具体制度，诸如法官的考选与管理制度进行深度研究；选择某一角度对司法制度进行个性化研究。鉴于司法制度内容较为宽泛，同时考虑到有关陕甘宁边区司法制度研究中的基础性工作，如相关制度描述等，学界已有不少成果，因而本书的写作无意涵盖陕甘宁边区司法制度的全部内容，而是侧重于对陕甘宁边区司法制度特质的发掘及再现。与此无关或关系不大的问题只能在保持叙述完整性的前提下点到为止。这种研究视角的选择会使讨论的问题深入和集中，但与此同时不可避免地会导致对某些问题的忽略，即不够完整，特别是对核心问题的看法与传统的通说难免不尽相同，这是任何严肃的学术研究都无法回避的。

三、大众化司法

大众是与精英相对应的概念。如果说精英意味着特定社会中某些掌握着权力、财富、知识、拥有较高知名度和道德水准的少数人的话，那么大众就是社会中占绝大多数的普通民众,而这种普通的民众,在陕甘宁边区的特定环境下主要是指处于社会最底层的农民、工人和士兵。1942年,毛泽东在延安文艺座谈会上发表了著名的讲话。讲话不仅强调了延安文艺工作的方向,并对"大众"及"大众化"的概念进行了阐释,他说:"许多同志爱说'大众化',但是什么叫做大众化呢?就是我们的文艺工作者的思想感情和工农兵大众的思想感情打成一片。"①"那末,什么是人民大众呢?最广大的人民,占全国人口百分之九十以上的人民,是工人、农民、兵士和城市小资产阶级。"②对陕甘宁边区的历史稍有了解的人都知道,讲话所强调的为工农兵大众服务的方向并非仅仅针对文化艺术工作者,而是针对所有行业的从业者,司法工作者也不例外。本书对陕甘宁边区司法制度的研究就是以"大众化司法"为切入点和视角来展开的。

　　本书初版的时候,"大众化司法"还是一个尚待讨论的学术术语,其具体的含义并非十分清晰,今天这一情况已有所好转,但问题仍并未彻底解决。审判的本质是判断。仅就常识而言,要让当事人接受法官的判断,法官必须具有高于普通人的智识。换言之,法官应该是精英。因而,为什么司法从业人员必须大众化以及如何大众化?进而进一步追问:如何保证所有的司法从业人员永远像普通民众一样思考问题、不产生职业的优越感?一个国家所设计的司法制度及其司法从业人员如果真的大众化了,究竟该如何评价?当面对诸如此类的问题时,我们立刻就会发现这些问题其实极难回答。司法大众化这一概念原本十分模糊,并没有既定的标准,即使是一些约定俗成的标准也不具备。

　　但与此同时,我们又知道在许多人的内心里对大众化司法在认知上其实存在着一个相对稳定的标准。只要我们留心观察,悉心梳理,

---

① 毛泽东:《在延安文艺座谈会上的讲话》,载《毛泽东选集》第3卷,人民出版社1991年版,第851页。
② 同上文,载《毛泽东选集》第3卷,人民出版社1991年版,第855页。

拿出一个大致能让人接受,并可操作的标准,或者是思考的框架还是完全有可能的。反之,没有这样一个相对客观的标准或框架,我们以下所要进行的讨论将是极为困难的,甚至论题本身都很难成立。

笔者认为,要想对"大众化司法"的概念进行确定,有必要先了解"专门化司法"或"精英化司法"等概念。从某种意义上讲,大众化司法是与精英化司法、专门化司法相对应的概念。纵观世界各国的司法实践和主流学者的观点,所谓的专门化司法或精英化司法的大致含义为:强调司法职业为特殊职业,并非人人都可以为之;其从业人员必须经过一定时间的、系统的专业学习,同时经过专门组织的考试或遴选方可出任;除专门知识外,从业人员还必须具有特有的专业技能和职业操守,这里所说的职业操守有别于一般的政治道德及社会道德;必须具有较高的社会地位和良好的收入,具备相应的工作条件和环境;司法程序的设计和审判技术的运用应与普通民众的生活经验保持一定的距离;司法从业人员的数量不能太多;司法机关的运行逻辑应有别于行政机关等其他机构;等等。

与上述做法相反,或与上述做法的趋势相反的则大致可归为大众化司法了。由此可见,所谓大众化司法并非仅指司法从业人员的大众化。在笔者看来,大众化司法不仅涉及司法从业人员,它还包括司法制度的方方面面,如对司法人员资格、标准的设定,纠纷解决方法的选择,审判方式,审判的组织形式甚至审判的场所,司法文书的格式与文风,对审判结果的评价标准等,涉及一国司法制度中的核心层面。本书对大众化司法概念的使用就是出于这样的理解。

尽管大众化司法到目前尚不是一个约定俗成的学术概念,但笔者则尝试从理念、制度及从业人员等各个角度对此进行梳理。

所谓"司法大众化"或"大众化司法"就是说,司法工作服务的对象应该是一国之内最广大的民众,而不应该是掌握或垄断着各种资源的少数人。因而,司法在制度设计上应尽可能地适合广大民众的需要,司法工作应以大众的满意为宗旨，从业人员所依赖的知识、使用的语言，甚至生活方式等应与广大民众的现实生活保持一致。

这就是本书中所使用的大众化司法的基本含义。

为了进一步厘清大众化司法的概念，还有两个相关联的概念也需要在此一并加以适当地讨论。一是"人民司法"，一是"司法人员非专业化"。大凡对中国司法制度稍有了解的人，对于"人民司法"的概念都不会陌生。长期以来，官方和许多学者习惯于用"人民司法"来表述中国乃至陕甘宁边区的司法制度，本书偏要使用大众化司法的概念，是否存在着标新立异之嫌？

"人民"是一个政治概念，而并非一个学术用语。就中国来说，用"人民"来界定中国的司法制度是在政治统率一切的特定社会环境下的一种习惯用法，与"人民铁路""人民公安""人民法院""人民公园""人民公社"等一样，只是一种表述上的习惯，是为了表明中华人民共和国和中国历史上其他一切政权在政治上的差异。[①] 如果非要说它具有什么实质上的意义，在笔者看来主要是用以表明，在中国司法权归属于人民所有，也就是说是一种定性的分析。本书所要讨论的问题，不仅局限于陕甘宁边区司法权的归属问题，而且主要着眼于陕甘宁边区司法制度特征的研究。

从法学角度讲，"人民司法"的概念过于泛政治化，其确切含义也不甚明了。即使有，其含义也较为狭窄，无法涵盖笔者所要讨论的问题的全部。正是出于这种考虑，笔者在本书里没有沿用"人民司法"这一概念，而是尝试用"大众化司法"的概念来替代，笔者认为"大众化司法"的提法更为切题。

不仅如此，从历史的角度讲，20世纪二三十年代，伴随着无产阶级运动的兴起，作为工农利益代言人的中国共产党开始自觉地割断自

[①] 参见何永军《人民司法传统的表达与实践（1978—1988）》，载《司法》2008年第3辑，以及何青洲《"人民司法"在中国的实践路线》，中国政法大学出版社2016年版。

第一章 何去何从：专业化司法还是大众化司法

己与一切资产阶级、小资产阶级精神及文化上的联系，"大众化"由此成了中国共产党在许多领域里追求的一个方向，或一种对外宣传方式，"大众文学""大众文化""大众哲学""大众电影"等名词不断出现。对此，毛泽东说得极为明白：我们正在创造的文化是新民主主义的文化，而"这种新民主主义的文化是大众的"。①总之，"大众化"成了当时共产党内使用非常频繁的词汇。因而本书用"大众化"来界定陕甘宁边区的司法制度从某种意义上讲也是为了恢复其历史本来的称谓。

"司法人员非专业化"是与"司法人员专业化"相对应的概念，它只是表明司法人员在进入司法行业时无须强调是否经过相应的专业学习与训练，是否具有专业所需的知识，含义非常明确与具体。"司法人员非专业化"绝不能等同于司法大众化。如在中国古代，尽管司法人员并未专业化，但司法审判之权力却并非掌握在广大民众手里，而是依然掌握在少数精英手中。司法人员非专业化只是陕甘宁边区司法制度特征的一个方面。显然，用"非专业化"既不能清楚地表达笔者所要讨论的问题，也无法涵盖陕甘宁边区司法制度的全部特点。笔者曾尝试使用各种概念来界定陕甘宁边区司法制度的特点，最后发现唯有"大众化"才能较好地表达笔者的意图。②

---

① 毛泽东：《新民主主义论》，载《毛泽东选集》第2卷，人民出版社1991年版，第708页。
② 如果从研究内容的角度来思考的话，还有一个概念亦应在此一并说明，即"卡地司法"。大凡对德国社会学家马克斯·韦伯的理论稍为熟悉一点的读者都会知道，作为著名的法社会学者，韦伯在讨论人类法律体系的类型时曾将包括中国古代法在内的前现代东方社会的法律概括成实质非理性的法律，并称之为"卡地司法"。所谓"卡地司法"，是指法官在审判案件时不是通过适用作为理性的、普遍规则的法律，而是通过援用伦理、政治信条甚至情感等因素来衡量个案的具体事实而形成判决。在这种体制下，法官的自由裁量权较大，亦较为专断。如果仅从现象方面来观察的话，我们必须承认陕甘宁边区实行的大众化司法与韦伯所说的"卡地司法"确实具有某些相似之处，但若仔细分析之后，我们又不得不说两者之间存在着本质上的差异，而构成差异的最根本之处就在于"理性"与"非理性"。如果说"卡地司法"的特点是"实质非理性"的话，那么陕甘宁边区的大众化司法则是一种理性的产物，不仅如此，边区政府还通过立法活动把这种大众化司法具体化、制度化。也就是说尽管大众化司法和"卡地司法"都追求个案公正，但在大众化司法的制度框架下，那些具体从事审判工作的法官们所真正拥有的自由裁量权其实是很小的。

最后还需要说明的是，大众化司法是一个历史的概念，也是一个动态的概念，这一点对于处在法制现代化初期的近代中国，特别是陕甘宁边区更是如此，因而绝不可以拿今天的标准，或是西方的标准来要求和衡量陕甘宁边区。同理，本书所引用的原始文献对诸如"人民""大众""民众""群众"等概念的使用大都较为随意。为了尊重历史，本书行文中除特别需要强调之处外，亦不做过细区分。

第五节 小结

在中国共产党和陕甘宁边区政府的文献中，说到司法制度，极少有人遵循司法的逻辑从司法制度的内在特征角度去讨论，而是按照政治逻辑，习惯性地将其定性为新民主主义的司法制度，以便同陕甘苏区的司法制度和未来的社会主义司法制度相区分。本书则尝试将司法制度作为一个相对独立的制度，从司法制度内在的要素方面进行观察和解读，从而使研究过程摆脱意识形态的困扰，更具有学术的价值。

当然，笔者深知在一切高度政治化的陕甘宁边区，抛开政治去讨论所谓的纯粹司法制度，结论很可能会出现偏颇，因而，在研究的过程中笔者也适当地注意将党史与司法制度史有机结合，以便结论更为可信。

从精英但不专业的中国传统审判，到专业化司法，再到大众化司法，一百多年来中国司法制度的变化可谓翻天覆地，其中几多徘徊，几多轮回，需要更多的学者对此加以关注。

第二章 厘清方向：专业化司法制度之肇始

> 吾国今日之司法，一误于民国建立时之求速，草率从事，未有深切之研究。在当时人才不备，以留日学派主张为多。日采大陆制，吾则间接采用日制也。再则误于促进国际化之主张，侧重形式，而忽略其社会之精神与实际。如法官开庭所御之服帽，人民莫不惊为奇形怪状；监狱建筑之富丽，动费巨万；实则一般社会，不能适应，甚矣。我今日所需要之民族复兴运动，迫切万分，而我之司法之无生气、无作为，不能于国家树威信，于社会增利益，暗淡前途，不大可为痛苦耶！
>
> ——覃振：《司法改革意见书》

从政治上讲，陕甘宁边区大众化司法制度的产生是中国共产党人出于夺取政权的政治需要；从法律上讲，陕甘宁边区大众化司法制度的确立则是中国共产党人为了纠正新型司法制度中的某些弊端而进行的一种制度尝试。因而，在对陕甘宁边区大众化司法制度进行讨论之前，有必要对新型司法制度在中国产生、发展的过程，以及新型司法制度的特点做必要的梳理。当然，这种梳理也是为了使读者更好地理解陕甘宁边区司法制度的独特性。

第一节　中国传统司法审判的危机

中国是一个有着数千年法制文明的国度，在传统法制文明存续期间，自然也形成了自己独特的审判制度。传统中国并无现代意义上的分权理念，反映在国家制度层面就是并不存在专门的司法机关。不仅如此，审判制度也呈现出一种全能型的特征，各级地方主管官员承担着案件的侦查和嫌疑犯的逮捕、起诉、审判等所有职能，换言之，审判不过是从皇帝到地方主管官员所承担的众多工作中的一项而已。在这种体制下，不仅没有专门的法律职业共同体，审判也从未形成过一套独立的知识系统。对这种状况，以往学术界习惯用司法隶属于行政来表述。

此外，传统中国儒家文化大行其道，爱民和替民做主的思想在各级官员中极为流行，从而决定了各级官员在审判活动中不仅承担着解决纠纷的任务，还担负着对民众进行教化的义务。换言之，为民父母的角色决定了他们的职责不仅是单纯地解决法律问题，还应主动地去化解社会矛盾，因而教化就自然而然地成了审判活动的重心。父母官的角色促使他们思考问题的角度过多地侧重于道德说教和息事宁人[①]：

[①] 中国古代基层官吏和乡村士绅在解决纠纷时的基本思路是息事宁人，基本做法是道德说教、拖延、通过自我指责来感动当事人以求达到庭外解决等，相关的研究请参见胡旭晟等《中国调解传统研究——一种文化的透视》，载《河南政法干部管理学院学报》2000年第4期。

第二章　厘清方向：专业化司法制度之肇始

中国的司法制度，正如同其整个的政治体制一样，是建立在浓厚的封建宗法思想基础之上的。各级地方官员们总是念念不忘，他们在理论上是所治理地区百姓的衣食父母。因此，我们毫不奇怪，这些父母官们在判案过程的反复调查审问中，总是千方百计、苦口婆心地规劝告诫那些证人或者主犯，要从实招供。他们会采取劝诱、恳求、威胁的手段，甚至还会搬出孔子的话去感化导引一个难以对付的硬骨头；他们会向他提出一些风马牛不相及的、无关痛痒的问题；向他保证会受到慈父般的体谅和照顾。①

这种制度决定了传统中国官员，特别是基层官员在审理案件时具有重视个案实体正义，轻视程序和形式正义的特征，因而程序简单、专业技术含量较低。这一特征的出现既与中国古代官员的角色定位有关，也与其专业知识的匮乏有着必然的联系。尽管传统中国许多朝代都强调基层官员需要通晓国家颁布的各种法规，甚至将对现行法律的了解程度作为考核官员的条件，但这种强调是在任职之后，而并非任职的资格。加之传统中国基层并无独立的审判机关，审判只是官员众多职能中的一项，因而，事实上那些平时琐事缠身的父母官，根本无法为此投入大量的时间和精力。传统中国各级官员的主要关注点，只能是那些可能对社会秩序造成较大威胁的刑事案件，至于大量的民事纠纷只能借助乡村中的士绅及其他民间组织通过调解的方式解决。就某种程度而言，一国范围之内司法从业人员的专业水平程度决定着该国司法程序的完备程度。

这种审判制度在人口较少、家族血缘关系牢固、家族等民间组织承担着大量解纷功能、人们的意识形态和价值取向基本一致，以及经济发展程度较低、纠纷简单的传统中国尚可应付。但到了明清时期，

---

① 〔美〕何天爵著，鞠方安译：《真正的中国佬》，光明日报出版社1998年版，第148页。

在人口增多、财富流转速度加快所导致的纠纷数量大幅度增加、纠纷复杂程度加大等社会现实面前就显得捉襟见肘了。何况,晚清以降,西人东来,又带来了异质的法律文化和法律制度,中国传统审判制度的弊端被进一步放大。因而,面对着时代的变局,如果非要坚守传统的审判制度不但于事无补,甚至可能会进一步加剧社会的矛盾。也就是说,到了清朝晚期,中国传统审判制度面临着两种挑战:一是中国社会自身发展所遇到的问题;二是因西人东来所导致的东西方法律制度和法律文化的冲突。

一、中国社会自身发展带来的挑战

有关中国社会自身发展所引发的民众与传统审判制度之间的冲突,特别是冲突产生之根源、冲突的程度等问题,目前学术界已有各种解读的方式及解释角度。[①] 但在笔者看来,冲突不断爆发的根本原因是人口的快速增长。

传统中国,由于生产力水平落后和农作物产量低,明清以前人口总数一直维持在几千万人的规模。然而,明代以后伴随着世界各国高产农作物传入中国,在生产力水平并无太大提高的情况下,人口进入了一个持续快速的增长期。伴随着人口的快速增长,纠纷和诉讼不可避免地增多,这一点在东南一带表现得尤为明显。统计数据表明,乾隆三十一年(1766)中国人口的总数突破了 2 亿,乾隆五十五年(1790)又达到了 3 亿,到道光二十年(1840)更惊人地达到了 4 亿之多。且这些新增加的人口又主要集中分布于东南一带经济相对较为发达的地区。[②] 不到一百年的时间,人口总数翻了一番,净增加了 2 亿,这对一个生产力水平较低的农业社会而言,影响是全方位的,无论如何评价

---

① 请参见韩秀桃《司法独立与近代中国》(清华大学出版社 2003 年版)一书中的相关讨论。
② 请参见何炳棣著,葛剑雄译《明初以降人口及其相关问题(1368—1953)》(生活·读书·新知三联书店 2000 年版)一书中的相关讨论。

都不为过。下面仅就人口增长与纠纷和诉讼增多之间的关系进行探讨。

（一）民众生活质量普遍下降

翻检史料，我们可以非常清楚地发现，清代的文献中，特别是在清代的地方志中揭示贫穷与诉讼之间的关系成了不断重复的主题。如"生计难，民俗俭，负气讼牒繁"①，"土瘠民贫尚质直，勤农亩少业贾者，生疾病求巫，小忿辄讼"②等。而且作者还一再强调民众"俗俭""直质"和"民淳"，也就是说，一而再，再而三地告诫读者，这种诉讼与所谓的道德之间没有多少关系，是单纯由贫穷所引发的。在生产力水平并无本质提高的情况下，人口的快速增长势必导致民众生活质量的普遍下降和财富占有的减少，使百姓的生存条件变得更为恶劣。在某些地方甚至生存本身都成了问题，于是对自己的财产，即便是一分一厘也格外珍惜，自己不轻易浪费，更不允许他人侵犯。

（二）资源枯竭

地大物博曾经是国人以为自豪的优势。然而，明清以降这一情况却发生了根本的变化。对此，咸丰年间的著名学者汪士铎做过这样的描述："人多之害，山顶已殖黍稷，江中已有洲田，川中已辟老林，苗洞已开深菁，犹不足养，天地之力穷矣。"③资源的枯竭，势必使民众对资源的争夺愈发残酷和激烈；普遍的贫穷则加快了财产流转的速度，造成财产关系、法律关系日益复杂，并最终导致纠纷数量和诉讼类型的增多。"俗尚淳朴，遵礼让，以耕织为业，不事商贩，急公税无抗粮拒捕之习。近因四方亲杂处土僻，人满各自为俗，好斗健讼，亦在所不免。"④这是清代方志中记载的因人口增加所造成的社会秩序紊乱以及引发诉讼的情况。

---

① (清·光绪)《婺源县志·风俗》。
② (清·嘉庆)《海州直隶志·风俗》。
③ (清)汪士铎:《乙丙日记》，转引自何炳棣著，葛剑雄译《明初以降人口及其相关问题（1368—1953）》，第321页。
④ (清·同治)《鄞县志·风俗》。

(三）流民出现

当人口增加到社会无法消化的程度，自然就会有流民的出现。而对于熟人社会来说，流民的到来不仅会加剧原住民的生存困难，在流民与原住民之间引发摩擦与纠纷，同时还会颠覆原有的社会秩序。如"袁州民不艺麻，率赁地与闽楚流人，架棚、聚族、立魁长，陵轹土著，曰麻棚，吏不能禁"。① 而"龙郡僻在西塞，石田多不垦，豪民各招新户，名曰黑丁，与官丁别，不税不粮，官亦不得而治之"。② 在甘肃有一种麦客，"麦将熟，结队而至，肩一襆，手一镰，佣为人刈麦。自同州而西安，而凤翔、汉中，遂取道阶成而归。岁既久，至者益重，官吏惧有意外之扰，颇逻察之，不能禁也"。③ 流民的起因和构成十分复杂，他们从熟悉的生活中被排挤出来，成为社会的游离者，对其个人、家庭，乃至社会的影响都不可低估，轻则导致纠纷和诉讼案件的增多，重则使原有的社会秩序受到伤害。

此外，由于人口激增，生计短绌，四等"幸乱之民"④ 的数量也逐渐增多。游手好闲的"游民至若见利忘义，斗狠争雄，书讼经年，破家无悔"⑤；地方上的奸猾窃盗、地痞流氓、土豪劣绅等恶势力，大者若豺狼，"一省有一省之豺狼，一郡有一郡之豺狼，一邑有一邑之豺狼，一乡有一乡之豺狼。大约其人小有材术，心狡而行险，胆大而志肆，盘踞要津，结交胥役，吸人脂血，析人骨肉，冒人田宅，攘人子女。

---

① 施闰章《麻棚谣序》，载（清）张应昌编：《清诗铎》，中华书局1960年版，第429页。
② 朱樟《黑丁行序》，载（清）张应昌编：《清诗铎》，中华书局1960年版，第429页。
③ 吴振棫《麦客行序》，载（清）张应昌编：《清诗铎》，中华书局1960年版，第430页。
④（明）张萱：《西园闻见录》卷98，《缉奸·前言》引吕坤曰："世之幸乱之民四焉，皆取天下者之所资而弃天下之所惧也。一曰无聊之民，温饱无由，身家俱困；安贫守分，未必能生；世乱兵兴，或能苟活；因怀思乱之心，以缓须臾之死。二曰无行之民，气高性悍，玩法轻生；或结党而占窝开场，或呼群而斗鸡走狗；居常爱玉帛子女，为法所拘；有变则劫掠好淫，唯欲是逐。三曰邪说之民，白莲结社，黑夜相期；教主传头名下，成千成万，越乡隔省；密中独往独来，情若室家，义同生死；倘有招呼之首，此其归附之人。四曰不轨之民，怀图帝图王之心，为乘机起衅之计；或观天变而煽惑人心，或因民心而收结众志，唯幸目前有变，不乐天下太平。"
⑤（清·康熙）《石棣县志·风俗》。

第二章　厘清方向：专业化司法制度之肇始

无告者腐心，行路者宛舌，倘非强干之吏，鲜有不为其把持"[1]。明清时期随着流氓无赖人数的增多，组织化程度的日益提高，其已成为一大社会公害。[2] 他们或是通过挑唆是非，来从中渔利，"不轨之徒或阴修怨，播煽狂语构讼，株连数岁不绝"[3]；或是为非乡里，欺行霸市、鱼肉百姓、设赌设娼，"长兴地介湖山，盗贼公行……往来客商常被劫掠，告讦之风，浙省号为第一"[4]；或是彼此争斗，"游手好闲，各分党羽，民间争讼"[5]。显然，大量"幸乱之民"的介入不仅使诉讼进一步加剧，同时也使案情日趋复杂。

总之，当人口数量的增长已使百姓的生活水准接近最低线时，社会本身就会变得特别脆弱。

有关明清时期民间纠纷与诉讼增多的情况，我们还可以通过具体的数字加以说明。早在明朝成化年间，江西吉安地区每日的诉讼案件即已多达数百甚至上千件。[6] 类似的记载清朝更多。难能可贵的是，清朝的一些地方官员在自己的文集中对自己管辖区域的诉讼情况记载得较为详细，譬如清楚地记录了自己一天要受理的案件的具体数量。乾隆五十二年（1787），曾任湖南省宁远县知县的汪辉祖每天收受二百余份词状。康熙年间，湖南湘乡县衙，每天收受词状不下三四百份。按照日本学者夫马进的分析，汪辉祖和湘乡县所说的"每天"，指的是清朝法律与司法惯例中规定或约定的"告期"中的每天。这样的告期，

---

[1]（清）徐栋：《牧令书》卷20，《戢暴》引王士俊《除奸》。
[2] 有关明清时期流氓无赖的形成原因及其对社会诉讼的影响，请参见卞利《明中叶以来徽州争讼和民俗健讼问题探讨》，载中国明史学会主办《明史研究》第3辑。
[3]（清·光绪）《赣榆县志·风俗》。
[4]（清·同治）《长兴县志·风俗》。
[5]（清·光绪）《上海县志·风俗》。
[6] 吉安知府许聪于成化四年（1468）七月报称："吉安地方虽广而耕作之田甚少，生齿虽繁而财谷之利未殷，文人贤士固多而强宗豪右亦不少。或相互争斗，或彼此侵渔，嚣讼大兴，刁风益肆。近则报词状于司府，日有八九百；远则致勘合于省台，岁有三四千。往往连逮人众少不下数十，多或至百千。其间负目不服者，经年行提不出；恃顽变诈者，累月问理不结，良善被其枉害，小民不得安生。"《明宪宗实录》卷56，成化四年秋。

清代一年中有 8 个月，每个月中大致有 6 天。由此计算，宁远和湘乡等地，一年里累计收受词状应在 9600—15000 份之间。①

当然，这些词状并不都是新发生的诉讼，其中包含着相当数量被告的诉状和催状等。②即便如此，这样的诉讼量，无论放在世界上哪一个国家、哪一个时期都不能算少了。如果再考虑到中国古代各级官员管辖区域的实际人口数，按一件案件最少有两个当事人来计算，我们也可以大致折算出涉案当事人数在当地总人口中的比例。据光绪《湖南通志》记载，嘉庆二十一年（1816），宁远县户数为 23366 户，湘乡县则为 77750 户，按一户平均 5 口来计算，宁远和湘乡两县的人口总数大致在 15 万和 40 万左右。由此，我们不得不承认，清代民间百姓之间的诉讼确实在增多，甚至在许多地方已达到了"讼案山积"的程度。

此外，从涉案当事人角度来考察，清朝时期民间诉讼所涉及的当事人，包括了官僚、乡绅、地主、农民、商人、佃仆、流氓无赖等当时社会上几乎所有的阶层。其中也不乏发生在亲属之间的诉讼，"长弱贵贱，渐相凌越"。③案件的种类和复杂程度也远非昔日可比，仅就民事纠纷的种类看，清代的诉讼涵盖了日常生活和经济活动中的所有方面，包括因诸如水塘等公共资源的使用产生的纠纷、承包村庄公益事务者与村民之间的纠纷、因坟地引发的纠纷、因借贷买卖典当等民商事务引发的纠纷、因房基地引发的纠纷、因饲养的禽兽引发的纠纷、因孩子之事引发的纠纷、因赌博引发的债务纠纷、因婚姻嫁娶引发的纠纷、留守妇女社会关系扩展带来的纠纷、主佃之间的纠纷、主雇之间的纠纷、自耕农因争垦荒地引发的纠纷、佃户间因争佃引发的纠纷、雇工间竞争雇主引发的纠纷、毗邻田地之间因越界耕作越界收割引发

---

① 〔日〕夫马进：《明清时代的讼师与诉讼制度》，载滋贺秀三等著、王亚新等译《明清时期的民事审判与民间契约》，法律出版社 1998 年版，第 392 页。
② 请参见（清）汪辉祖《学治说赘·理讼簿》。
③ （清·乾隆）《宿松县志·风俗》。

的纠纷、合伙经营引发的纠纷等等，涉及田宅、山林、坟地、水利、租佃、合伙、债务、婚姻、继承等各种法律关系，其中既有中国传统社会中常见的纠纷，也有因商品经济发达所引发的一些新型诉讼。另据史载，明朝时期徽州地区就已经出现了"一田四主"这种极为复杂的案件①，一件案件牵涉当事人数十口的也比比皆是。也就是说整个社会都已卷进了诉讼之中。

二、西方法律文化的挑战

除中国社会自身发展向传统审判制度提出的挑战外，中国传统审判制度还遭遇了来自西方法律文化的挑战。对于中国传统审判制度来说，这种挑战既前所未有，也更加致命。

鸦片战争前后，西方列强通过诸如传教、经商等各种方式进入中国，这些受过现代法制文明熏陶的西方人，在同中国人打交道的过程中，难免会与中国人发生法律纠纷，并形成诉讼。而诉讼一旦展开，中国传统审判制度与西方近代司法制度之间的反差便暴露无遗。

翻检史料不难发现，近代来华的西方人对中国传统审判制度的抵制，主要表现在审判不专业方面。具体而言，近代来华的西方人对中国传统审判的指责主要集中在滥用刑讯、刑罚太重、刑罚野蛮、审判不公正和监狱过于落后等几个方面。由于滥用刑讯、刑罚太重等问题已有许多学者进行过论述，同时也与本书所要讨论的问题关系不大，因而本书不再涉及。

下面仅就审判公正的问题做些讨论。

美国传教士何天爵所著的《真正的中国佬》一书中，对中国传统的审判制度进行了这样的描述：一名外国人在观看了中国法庭审理案件的方式之后首先会说，这种方式与外国的做法迥然不同。这种不同

---

① 详情请见《休宁县李奇付转佃田约》，载《明清徽州社会经济资料丛编》第1辑，中国社会科学出版社1988年版。

固然包括很多方面，但最根本的则是审判人员的不专业。①

英国传教士麦高温则说："中国的法官仅仅是凭着自己的自由意志来断案的，这使他们经常对一些案件草率地做出判决。"②

审判人员不专业，缺乏必要的法律专业知识和技能，导致其在案件的审理中为了弄清事实，采取的手段和方法除个人的智慧和机警外，大致有三。

（一）刑讯

对于清朝官员在审判中广泛使用刑讯的问题，近代来华的西方人给予了极大的关注。这种关注并非一般的猎奇，其评价也并非单纯居高临下地从人道主义的角度来进行，而是从专业的角度加以分析，指出传统中国官员审理案件时滥用刑讯的原因，一是对口供的依赖，二是专业知识的匮乏。即由于审理者缺乏专业知识，特别是专业技能，他们有时无法及时有效地查明事实，因而不得不借助于暴力。这二点对于我们思考中国传统社会（乃至于当下）审判活动中所存在的刑讯泛滥问题颇有启迪。

> 中国的司法制度可能在世界上具有最古老悠久的历史，而且似乎多少个世纪以来，这一制度并没有经历过什么重大的变化。这一体制的内容虽然较简单，但有充分的证据表明，它试图努力保护那些求助于司法制度的人们，无论对原告还是被告，也无论人们所控告的是官方的不公正还是敲诈勒索。③

然而，实际操作中，"判官常常在审问的过程中暂告停顿，下令用杖条抽打被审问人的嘴巴，一直抽打到鲜血淋漓为止。然后判官警告

---

① 〔美〕何天爵著，鞠方安译：《真正的中国佬》，第141—153页。
② 〔英〕麦高温著，朱涛等译：《中国人生活的明与暗》，时事出版社1998年版，第171页。
③ 〔美〕何天爵著，鞠方安译：《真正的中国佬》，第141页。

第二章　厘清方向：专业化司法制度之肇始

被审问者，如果再不从实招来，更严厉的皮肉之苦还在后面，于是审问继续下去。法律所不允许的一些更加严厉的摧残折磨在个别的案例中照样可以使用。对于一个被指控犯罪的人所采取的重要措施，是无论如何也要他坦白招供。为达到这一目的，有时会使用一些无法描述形容的极端恐怖的酷刑。这常使得一些人不得不承认他们事实上根本就没有的罪行，以便从那无法忍受的折磨中求得暂时喘息的机会"。①

在现有体制下，一部分官员仍旧没有废除这种游戏般的刑罚。因为它还替代着严密的盘问、辩护律师的恳求以及法官的精深评论，而后面这几种形式都还没有在中国的法庭上出现过。②

（二）借助私人顾问

近代来华的西方人普遍注意到：

在中国，开庭审判案子时，既没有陪审团的存在，也不见有什么律师。案子的最终判定往往不是依照法律条文的规定，而是经常参照以前类似的案例而下结论。因此，这一做法导致了一大批非正式的吃法庭的食客。他们通常被称为"求证者"。这些人没有公认的地位，上层官员经常三令五申地严厉谴责他们的存在，甚至连皇帝也亲自下令禁止地方官员雇用这些人。但是这些措施都无济于事，他们并没有因此而消失，依旧遍布帝国的各个角落安居乐业。每当出现一个具体的案子需判决裁定时，这类人便有了用武之地。他们要从那些浩如烟海的档案卷宗中查找出一个相同或者类似的案例，以供法庭作为新案件

---

① 〔美〕何天爵著，鞠方安译：《真正的中国佬》，第146页。
② 〔英〕麦高温著，朱涛等译：《中国人生活的明与暗》，第162页。

判定的指导和样板。①

（三）借助鬼神等外力

有关借助神意的问题，英国传教士麦高温描述了一个他所听过的案件：一个中国人怀疑自己藏于本村寺庙中的金条被其邻居盗窃，于是向官府起诉控告其邻居。地方官员也坚信这位邻居是窃贼，但邻居死活不承认，于是地方官员设计出一个计谋，并自信凭此可以查出事实真相：

> 他命令手下人去将寺庙里的神像搬来。神像到来后，他便向神像询问谁是偷金条的人，但得到的回答却是沉默。"既然这笔钱已经交给你来保管，难道你不认为告诉我谁是窃贼是你的职责吗？"这位官员问道。等待他的依然是沉默。于是这位官员发怒了，他指责神像对他缺乏尊敬，且对窃贼在其所居住的寺庙内的偷盗行为视而不见。他决定将此案往后拖一天再审，并用一种生气的口吻威胁神像——如果它再不供出窃贼，他将让手下的人在公堂之上对它施以杖击之刑。

当天晚上，官员将被告传到他的房间里，他的脸上带着神秘的表情，以一种忧虑的口气对他说：

> 神像已经承认是你偷走了金条，它对你感到愤怒，因为今天我在公堂上威胁要对它施加杖刑，这使它觉得丢了面子。这一切全是因你而起，所以它发誓要向你和你的家人进行报复。它说它将使你的田地变得贫瘠，并让你的家人染上重病。你的儿子们都

---

① 〔美〕何天爵著，鞠方安译：《真正的中国佬》，第145页。

第二章　厘清方向：专业化司法制度之肇始

将死去，在你去世后，将没有人来为你上坟祭奠，你会在阴间做一个饥饿、可怜的鬼魂四处游荡。你唯一能使神像息怒的办法就是立即招供。如果你这样做了，我将用我所有的影响力来让它原谅你。①

被告对有如此灾难性的前景惊恐万分，他心惊胆战地供出了全部实情，并将金条归还给原主。尽管最后他因所犯的罪而受到了官府的处罚，但他却认为自己已经轻松解脱了。

对中国传统审判制度稍微熟悉一点的人都会知道，类似的案例在中国古代不胜枚举。在案件的审理过程中，以及官员对案件的最终判决里，尽管也有对证据的强调，但却看不到严密的逻辑推理，更没有任何专业知识的运用和精心设计的各种程序，起作用的只是个人的机警和智慧。而这一切最终导致"从中国法庭的实际运行操作来看，贪污受贿、敲诈勒索、徇私舞弊、残害忠良等现象不仅难以避免，而且司空见惯，所在比比"②。

在目前所能见到的近代来华的西方人对中国传统审判制度的介绍和描述中，字里行间充满了矛盾，但他们对中国传统审判制度的否定态度，特别是对缺乏独立的司法职业者阶层所导致的审判质量问题的批评态度是十分明显的。

作为一名专业的法制史学者，对近代来华的西方人对中国传统审判制度的片面否定似乎不应过分在意，就像对待文艺复兴时期那些仅凭道听途说就对中国传统文化过度赞美的某些西方学者的言论③一样，

---

① 〔英〕麦高温著，朱涛等译：《中国人生活的明与暗》，第171—173页。
② 〔美〕何天爵著，鞠方安译：《真正的中国佬》，第145页。
③ 文艺复兴时期，以伏尔泰为代表的一批西方学者出于对中世纪文化批判的目的，通过阅读儒家经典的方式了解中国，对中国传统文化极力赞扬，其观点与近代来华的西方人对中国的实际印象形成了巨大反差。参见马小红、史彤彪主编《输出与反应：中国传统法律文化的域外影响》，中国人民大学出版社2012年版。

但他们所提出的问题我们不能不正视。这些问题，确实是中国传统审判制度中无法适应现代社会需要的制度性弊端。正是因为中国传统审判制度中存在着这些问题，客观地促使一些西方人认为，将西方人交给中国官府去审判是无论如何也不能接受的。这些问题又被西方列强有效利用，最终通过不平等条约在中国获得了领事裁判权，导致了清朝审判主权的丧失，并最终演化成一场政治危机。

有关领事裁判权在中国确立的成因，民国时期学者梁敬錞在其所著的《在华领事裁判权论》一书中将其归纳为如下几点：中国法制不完备，审判案件动辄施以肉刑；中国裁判官无法律知识，道义之心甚薄，甚至以贿赂为案情之出入；中国视外人为夷狄，不能平等对待等。① 梁氏所言基本符合历史事实。

1842年，中英之间签订的《中英五口通商章程》中对领事裁判权做了最初的规定，该条约第13款"英人华民交涉词讼"中规定：

> 凡英商禀告华民者，必先赴管事官处投禀，候管事官先行查察谁是谁非，勉励劝息，使不成讼。间有华民赴英官处控告英人者，管事官均应听讼，一例劝息，免致小事酿成大案。倘遇有交涉词讼，管事官不能劝息，又不能将就，即移请华官共同查明其事，既得实情，即为秉公定断，免滋讼端。其英人如何科罪，由英国议定章程、法律，交管事官照办。华民如何科罪，应治以中国之法，均应照前在江南原定善后条款办理。②

此后，美国、俄国、法国、德国甚至秘鲁等，几乎所有西方列强，均仿效英国同清朝签订了不平等条约，获得了这一特权。

---

① 梁敬錞：《在华领事裁判权论》，上海商务印书馆1930年版，第3页。
② 梁为楫、郑则民主编：《中国近代不平等条约选编与介绍》，中国广播电视出版社1993年版，第30页。

其实，何止是外国人对中国传统的审判制度屡有诟病，即便是那些对西方现代司法制度稍有了解的中国人，也不得不承认，中国传统审判制度确实存在着较多的问题。晚清时期，一位曾考察过日本司法制度的国人，对中国传统审判制度做了如下指责：

> 文告既繁，弊窦丛生。大讼累年不决，小讼一任官吏之喜怒为轻重。是以罪名未完，先受非刑。及经系逮，狱卒之私刑，更有难堪。甚至无辜株连者，不论将来能否剖白解脱，其人已饥渴瘦死。即幸而出狱，既未予以自新之路，又未授以营生之计，仍不免重蹈故辙。①

三、审判危机之影响

如果说晚清时期中国出现了审判危机有言过其实之嫌，但中国传统审判制度的上述弊端给清廷造成了巨大的影响，这一点任何人都无法否定。仅从大的方面来看，这些影响包括诸多方面。

（一）地方政府经费更加拮据

传统中国经济上始终以农业为主，因而税收中农业税所占比重较大且税收总量增长速度缓慢，加之税收的征收手段、管理方式相对落后，财政上不得不坚持"量入为出"的原则。清朝中叶以后，由于鸦片战争、太平天国运动的影响，入不敷出成了地方政府财政的普遍现象。传统中国，各级政府开支中原本就无司法经费之专项，诉讼的增多无疑进一步加大了地方政府财政的压力，使其经费越发拮据。②

---

① 王锦文：《乙巳东游日记》，载刘雨珍等编《日本政法考察记》，上海古籍出版社2002年版，前言第12页。
② 有关清朝晚期的财政状况，特别是晚清财政的转型情况，请参见倪玉平《从国家财政到财政国家——清朝咸同年间的财政与社会》，科学出版社2017年版。

州县审理命案及一切杂案,自获犯拟罪后,徒流以上,皆须招解府省。往返囚笼扛夫之费,长解差役饭食之费,省监囚粮之费,贴监差役,雇送差役饭食之费,半年不转,则一犯有数犯之费;再次审驳,则一案有数案之费。故州县每办一案,多则需四五百金,少亦一二百金。若逆伦重案,亲身解省,则需七八百金。以州县廉俸计之,每年所入不敷办五六案之费矣。此州县之所以命案则欲百姓私和,而盗案则欲百姓改窃,逆伦重案亦或敢置之不问也。①

显然,这种财政压力是一个农业社会根本无法承担和无力解决的。需要指出的是,我们这里计算的还仅仅是诉讼给官府所带来的财政压力。其实,诉讼给当事人所造成的经济负担同样不可忽视,诉讼导致家庭经济破产的事例,在一些诉讼多发地区并不少见,正如民谚所说的"堂上一点朱,民间千滴血"。

(二)进一步加速传统社会的解体

传统中国经济长期以农业为基础,采取的又是一家一户男耕女织的个体小农经营方式,经济上自给自足程度极高,对交换需求不大。不仅如此,作为个体农民,除缴纳必要的赋税和服兵役之外,他们与国家之间也无太多实质上的联系。换言之,个体农民无论是彼此之间,还是与国家之间,经济上、政治上的联系都极为松散。我们甚至可以说,传统中国,国家是依靠血缘和亲情,以及对儒家文化的认同连成一体的。从某种意义上讲,传统中国的"中国"与其说是经济的中国、政治的中国,不如说是文化的中国。

然而,诉讼之风的兴起像瘟疫一样破坏着这种极为重要的人际关系。一场诉讼下来,彼此结仇,甚至结为世仇,这一点在一个以熟人为主的社会里,在一个流动还未充分展开的社会里,不良作用尤为明

---

① (清)陈坛:《请拨州县罚俸银两为解案经费疏》,载《皇朝经世文续编》卷120,《刑政·治狱中》。

显。此外，诉讼发展到一定程度，还造成了诬告的盛行。为了追求胜诉，人们不惜采取诬告等一切手段，如清代徽州等地，"词讼到官，类是增撰，被殴曰杀，争财曰劫，入家谓行窃，侵界谓发尸。一人诉词，必牵其父兄子弟，甚至无涉之家，偶有宿憾，亦辄牵人"①。清末徽州知府对此颇感无奈："绩（溪）之民情，素非刁健，谚有云'横打官司直耕田'，即此可见世风之变。口角微嫌，本民事也，而架为刑事；钱土细故，可遵断也，而故违判断。甚至一诉讼事也，有数个目的物之请求；一原被告也，有多数连带人之牵涉。呈词则支离闪烁，传审则躲避宕延。"②如此发展下去，不仅严重地败坏了社会风气，也使传统中国人际关系赖以维系的文化出现变异。诉讼的增多瓦解着传统社会。

（三）引发政治危机

领事裁判权确立之初，对现代国际法理论一窍不通的国人，并未感到有何不妥，甚至还暗中庆幸，并主观地认为，这不过是中国传统法律制度中关于"化外人原则"在清朝的一种复活而已。"治外法权，在道光时代的人的目光中，不过是让夷人管夷人。他们想那是最方便、最省事的办法。"③但随着现代国际法理论的普及，国人对领事裁判权丧权辱国的性质有了新的认识："夫国家者，主权之所在也，法权所在，即主权所在，故外国人之入他国者，应受他国法堂之审判，是为法权。""法权既失，主权随之"，"治外法权不能收回，恐治内法权亦不可得而自保"。④

伴随着知识的更新，领事裁判权已变成了民族屈辱的象征，成了清王朝软弱无能的代名词，引发了国人对清王朝新的不满；同时，领事裁判权的确立，也在清王朝内部建立起了若干个朝廷政治和司法权

---

① （清）赵吉士：《寄园寄所寄》卷6《焚尘寄》，引自卞利《明中叶以来徽州争诉和民俗健讼问题探讨》，载中国明史学会主办《明史研究》第3辑。
② （清）刘汝骥：《陶甓公牍》卷12，《法制科·绩溪民情之习惯·诉讼事之诬实》。
③ 蒋廷黻：《中国近代史大纲》，东方出版社1996年版，第7页。
④ 朱寿朋编：《光绪朝东华录》卷5，吴钫奏，中华书局1958年版，总第5621页。

力无法介入的"国中之国",而这些"国中之国"因实行相对宽松和自由的政策,客观上成了一些革命者用以反对清政权的基地,从而成了清王朝的心头大患。不仅如此,伴随着领事裁判权的确立而在各国租界内逐渐设立的各种新式法庭,其所实行的新式审判方式,无疑也使一些国人真实地感受到了中国传统司法审判的落后。

这里试举一案。1903年,在中国上海爆发了中国新闻史、法制史上著名的"《苏报》案"。《苏报》原本是一家在租界内注册的民间小报,后聘请进步人士章士钊为主笔,言论始为激进,陆续刊登了章炳麟、邹容等人的反清言论,特别是发表了章炳麟的《驳康有为论革命书》、邹容的《革命军》等文章,引起了清廷的不满。清廷以"大逆不道"等罪名下令租界巡警将章炳麟逮捕,邹容主动投案。清廷对此案高度重视,向租界当局施加压力欲将章炳麟、邹容等人押解到自己控制的衙门进行审判,以置于死地。但租界当局坚持认为该案发生在租界内,必须交由租界内的会审公廨进行审判。清廷无奈,只得聘请律师,作为原告在外国人控制的法庭上指控自己的人民。案件的审理完全按照西方现代司法程序进行,被告享有充分的辩护机会。章、邹的律师坚持认为:"凡有教化之国,案需得有真凭实据,方可定谳。若无凭据,即无罪名。……章、邹只认著书,未认印书,今已在押数月,应请堂上开释。""无论何国均不能禁止平民作书,即章、邹等人作此书亦实非有杀害人之心,请堂上从宽办理。""《革命军》与《苏报》毫无牵涉,况与政府所闻罪名不符。要之第一所行之事,第二何人印刷,此系最为关键。请政府律师指出印刷真凭,方可谓章、邹实有扰乱人心之意。此案东西各国均已知之,现在定案时,各国亦莫不留意,须请堂上照公法判断,不能凭政府之意。况章、邹所著之书实系被人盗印,政府所延律师并未指出在何处刷印,并何人所印实据,即欲究办亦须按照公正刑律方合华律中所谓'罪疑维轻之意'。今政府律师即指不出印刷实据，又与罪名不符，请将章、邹开释。"① 经过多次开庭，会审公廨最后判处章炳麟有期徒刑三年，邹容二年。

《苏报》案的审理过程经过媒体报道，加深了国人对中国传统审判制度弊端的认识。这一切汇合在一起，使清廷陷入了一场空前的政治危机。

四、中国传统审判制度的回应

层出不穷的纠纷，给传统中国的审判制度带来了极大的压力。领事裁判权的确立进一步彰显了中国传统审判制度的弊端。面对这一切，清廷尝试推行一些必要的措施对现行审判制度进行改革，以求应对变化了的世界。

（一）加大道德宣传和传统文化教育

传统中国，每当出现新的社会问题时，执政者和思想家们都会不约而同地回到儒家思想中寻找解决办法，明清时期亦不例外。如徽州《平阳汪氏族谱》通过《家规》告诫家长一定要教训子孙："小成如天性，习惯如自然。身为祖父，不能教训子孙，贻他日门户之玷岂是小事？但培养德性，当在少年时。平居无事，讲明孝弟、忠信、礼义、廉耻的道理，使他闻善言又戒放言、戒胡行、戒交匪类，无使体披绸绢、口厌膏粱。其有天性明敏者，令从良师习学。不然，令稍读书，计力耕田亩，毋误终身可也。"② 极力鼓吹仁、义、礼、智、信等传统伦理道德，试图以此减少诉讼的发生。清朝江西雩都县令颜香陔则用民间俚语写了篇《劝民息讼》文，尽数诉讼的危害：

你进城，盘缠要钱；住歇家，吃用要钱；递呈词，代书要钱。经承问你要纸笔钱，原差问你要饭食钱草鞋钱，还有许多无名色的

---

① 《申报》，1903年12月5、6日。
② （民国）《平阳汪氏族谱》卷首《家规》。

吓诈钱，官司未过堂，你已花费不少，临审却又要投到铺班钱……无一不是要钱的。这些人，又无衙门田，又无衙门地，专靠你们打官司养活，他若（无）不设法害人，讹诈人，小小事，本县亦不能全然禁止。……你即打官司，苦死也须破费。你们乡下人，衙门不熟悉，不免要请讼师开销，他既派股分（份），又拿回手，总是你的钱。你若花钱不多，衙役还要挫辱你，讼师还要嗔嫌你，这个气已经受不了，到得上堂审问，输赢难定，谚云"官断十条理，九条人不知"。即或断赢，一切赏劳谢仪，又须破耗，赢了官司，也是输了钱。倘若断输，被官骂，被官打，甚至牢狱枷锁，把你磨折，一家大小为你恓惶。你那时醒悟，归怨讼师，他不肯认错，反说你那件未听他，那件未从他，不然怎到得这个地步，这种零头气，更是难受。①

（二）强化基层社会对民间纠纷的调处作用

明清时期的家法族规中均包含有调处家族内民事纠纷的条文。此外，一些士绅还自发地组成各种社团，参与民间调处。如清朝歙县，"各村自为文会，以明教相砥砺。乡有争竞，始则鸣族，不能决则诉于文会，听约束焉。再不决，然后讼于官"。② 换言之，仍然希望把纠纷解决于基层。

（三）加大服务力度

包括增加基层官府中胥吏的人数和规范讼事等。如清朝休宁知县廖腾煃颁布《严禁请托示》，申明公正审判的决心。"照得本县承乏休邑，于今五载，每惭凉德，不能化民无讼。然于听断之间，未尝不留心平允，其中稍有疑心，不敢悬断者，务必一鞫再鞫，细心访察，必得其真。倘有智虑不周、误听误断者，凡我绅士人民，不妨直言相告，以匡不逮。本县当虚怀听受，决不偏徇己见，使民受冤。尔民毋信奸徒招摇，希

---

① （清·同治）《雩都县志》卷13，《艺文志·邑侯颜公香陔先生劝民息讼俚语》。
② 许承尧：《歙县闲谭》卷18，《歙县俗礼教考》。

徒请托。如理直耶，虽不请托，本县不敢昧心悖理；如理屈耶，纵挥金求情、势豪挟制，本县断不枉法徇情，以伤天理，以丧良心。是非自有公道，两造何用贪缘？"①

（四）严惩讼师

传统中国，各级官员始终认为民众之所以好讼，主要在于讼师出于自己牟利目的之鼓动，因而必须严厉打击。清道光二十一年（1841），四川巴县发布《严禁讼棍刁嗦诬告、以除民害谕示》，云："且有一种棍徒，专以刀笔为生，每逢民间一切户婚、田土、口角微嫌，彼即撞入局中，议论风生。或以田界不清，捏为抢占山场，或以些微细事，控为谋故杀伤。甚至把持公事，武断乡曲。种种弊端，殊堪痛恨。"②

然而，这些原来行之有效的办法现在则效果不佳。面对着人口增加导致的生存压力和因经济往来增多产生的复杂案件，传统乡村中的家长和士绅所做的教化和调处工作已明显不合时宜：他们一贯信奉的视诉讼为洪水猛兽的观念开始令人生厌。清朝嘉庆年间的幕友王有孚公开承认清朝时期民间纠纷的客观存在："若夫安分良民，或为豪强欺压，或为仇盗扳累。大则身家几陷，小则名节攸关，搥胸饮恨，抱屈莫伸"③，因而只有真正解决他们的问题才是根本办法；那些传统的道德说教面对着生存的压力，不但变得极其苍白而全无说服力，甚至还令人怀疑其动机；他们习惯采用的那些压制、拖延等手段和技巧越来越使人失去耐心；而对于那些外来的移民来说，士绅的身份本身也不再令人生畏和肃然起敬。有了纠纷之后，为什么不直接找官府，反倒要费时费力地去听这些人再啰唆。康熙年间曾在徽州任知县的吴宏就公开承认传统的道德说教已无作用："本县下车以来，屡行禁止，又于当

---

① （清）廖腾煃：《海阳纪略》卷下《严禁请托示》。
② 四川大学历史系、四川省档案馆编：《清代乾嘉道巴县档案选编》（下）《道光二十一年七月十三日巴县谕示》，四川大学出版社1996年版，第413页。
③ （清）王有孚：《一得偶谈初集》，转引自〔日〕夫马进《明清时代的讼师与诉讼制度》，载滋贺秀三等著，王亚新等译《明清时期的民事审判与民间契约》，第425页。

庭劝谕，不啻再三。奈本县言之谆谆，而尔民听之漠漠。"①由此可见，民间士绅的能力、知识和公信度都已无法应付明清时期纠纷多发的需要了。不仅如此，硬要强化的后果反倒只能是拖延纠纷的解决，使诉讼越来越多，并进而激化矛盾。清朝的真实情况就是如此。

此外，清朝地方州县行政体制也使增加胥吏的努力成为败笔。清朝地方州县行政体制的最大特点和弊端是公权力的私有化。就人员构成而言，清朝地方行政长官权力较之前代更为集中，那些分工负责某些具体事务的佐贰官员们已逐渐从行政系统中淡化出去，地方主管官员则主要借助幕友、家丁、胥吏、差役等私人势力来履行公权。而清朝国家在州县之下不再设治，依靠士绅等办理地方公共事务；从地方财政体制方面讲，清朝地方财政的最大特点就是公私不分，也就是说州县行政长官的收入和支出，几乎就是州县的收入和支出，扣除了需要上交国家的部分外，剩下的就都是自己的。为了尽快地解决纠纷，清朝地方州县政府不得不增加幕友和胥吏的数量。尽管幕友、胥吏等并非专业人士，其解决纠纷的能力尚待检验，但毕竟聊胜于无。

作为地方长官私人顾问的幕友，其在清朝地方诉讼中的作用和影响无人可及，但鉴于相关研究已经较多，在此不再赘述，只对胥吏的问题做点分析。

胥吏的性质大致属于民役，社会地位极低等同于贱民，政治上几乎没有任何上升的可能，加之州县长官可以任意处分，因而就一般意义而言，州县长官对胥吏较为放心，于是其数量开始大增。史载清朝晚期胥吏的数量已极为可观，如光绪年间天津县县属衙役、家丁"所用不下三千人"②，其中仅与刑事审判有关的就有刑房书吏、门丁、皂隶、快手、民壮、仵作、禁卒等，构成了一个庞大的利益共同体。

胥吏的人数增加了，钱从哪里来？尽管清朝胥吏的收入极低，已

---

① （清）吴宏：《纸上经纶》卷5，《禁健讼》。
② 朱寿朋编：《光绪朝东华录》，总第5004—5005页。

低到完全可以忽略不计的程度，但问题是即便这点儿钱，也是从州县长官自己的腰包里掏出来的。清朝州县长官需要花钱的地方本就很多，为了保权，他们需要打点方方面面。当然，州县长官们也可以通过私自加大税收等办法，来增厚自己的腰包，解决这一问题。但这样做的风险太大，因为滥征而遭到弹劾并且因此丢官的并不在少数，地方长官本身敛财的能力也在下降。其实，先不要说他们是否有钱，即便有钱，在公私不分的财政体制下，要他们自掏腰包也是不现实的。

但胥吏的权力和盘剥能力极大。他们不仅参与诉讼的整个过程，还均来自本地，同地方豪强、市井无赖等有着千丝万缕的联系，也就是说只要允许，他们就会找到敛钱的办法。他们在经济上既然无法从国家拿到应得的报酬，社会地位又极低，更无职业荣誉可言，因而也就无须对国家负责。他们任职的唯一动机，便是希望利用手中办事的权力去搜刮百姓。这一点从中央的皇帝到州县的长官都心知肚明。

没有胥吏，就解决不了层出不穷的案子，而养活胥吏的州县长官们又不愿意自己掏钱，于是便只能"给政策"了。但为了防止胥吏们对百姓的搜刮变成一种公开的豪夺，威胁到帝国和自己的政治安全，州县长官们只好将胥吏的权力明码标价，对胥吏们在行使权力过程中的收费标准做出明确的规定，让他们直接去向百姓索取。这是迫不得已的最后选择。以下是晚清四川巴县书吏、差役们在诉讼活动中的收费标准：

> 书吏出售状纸，正副状纸收钱56文，结状每张12文；
> 在规定期间传递呈词收取240文，非规定期间收取560文；
> 每案开单送审向原被告各收取纸笔及饭钱800文；
> 仵作下乡验尸，往返四十里以内收车马钱400文、饭钱200文，路远者每超过十公里加钱100文；
> 每案派差役下乡传唤案内之人，原告给差钱2000文，被告给差钱3200文；

每案初审，原告被告共给送案钱 2480 文。①

类似的陋规，许多地区都有。需要指出的是，这里列举的仅仅是公开的收费标准，私下里的盘剥绝非此数。正如汪辉祖所言："公役中岂有端人，此辈下乡，势如虎狼，余尝目击而心伤之。"②

州县长官们万万没有想到的是，这样做的结果还是饮鸩止渴。原因其实极为简单。对于胥吏们来说，只要有诉讼，就会有收入，诉讼越多，收入也越多。用现在的话来说就是只要有项目，就能有钱花。于是，在利益的驱使下，胥吏们千方百计地鼓动百姓进行诉讼，甚至出现了胥吏与讼师、地方恶霸等相互勾结，捏造词讼，从中渔利的奇怪现象。康熙年间曾任休宁知县的廖腾煃说得更为明白："小民因讼破家，而奸胥讼棍反借生涯。尔民膏血，几为吸尽。"③ 清朝的文献一再表明，有相当多的诉讼的发生都与胥吏的唆使有着一定的关系。④

面对着人口增加而必然出现的纠纷增多的现象，面对着经济发展必然出现的纠纷复杂化的问题，民众对官府，或者说是对公权力的诉求愈发强烈。然而，中国传统的专制体制，以及行政兼理司法、公共权力私有化等体制对此却无能为力，不但无法解决诉讼增多这样一个基本的社会问题，反而成了不断诱发诉讼的原因，⑤ 这一切都足以表明

---

① 引自李荣忠《清代巴县衙门书吏与差役》，载《历史档案》1989 年 1 期。
② （清）汪辉祖：《学治臆说·票差宜省》。
③ （清）廖腾煃：《海阳记略》卷下《告词条规示》，转引自韩秀桃《明清徽州的民间纠纷及其解决》，安徽大学出版社 2004 年版，第 213 页。
④ 请参见卞利《国家与社会的冲突与整合——论明清民事法律规范的调整与农村基层社会的稳定》一书中的相关章节，中国政法大学出版社 2008 年版。
⑤ 当然，我们也必须承认，面对着诉讼的增加，明清时期地方官府的审判技术也在改进，诉讼文书种类的增多就是最好的反映。学者研究表明，明清时期地方官府使用的各种诉讼文书种类明显增多，格式也日益规范，如起诉阶段原告使用的禀状和被告使用的诉状，立案后传讯当事人的信牌（票），审讯阶段的各种文书，以及结案时的甘结、领状与息状等，分工明确，统一印刷，一定程度上规范了审判行为。有关明清诉讼文书方面的研究，请参见阿风《明清徽州诉讼文书研究》，上海古籍出版社 2016 年版。

中国传统的审判制度缺乏自我更新的能力，势必让位于新的体制。

第二节 专业化司法制度之创制

当历史的车轮驶入清末，除了少数冥顽不化的国人，大多数人都已明白，中国传统的审判制度已到了非改不可的地步，对此孙中山先生说得极为清楚：

> 在今日中国的社会生活部门中，也许没有什么部门比司法制度——如果能称之为制度的话——更迫切需要彻底改革。①

但问题是如何改。原有体制下的修修补补显然无济于事，而彻底的变革又没有任何可能。

一是有关司法知识方面的储备不足。传统中国主流文化过分重视道德，对诉讼始终抱有歧视和偏见，并将"无讼"作为整个民族追求的最高境界。受此文化影响，民众的诉求必须以一种道德的理由表现出来，官府对于民众的利益之争也往往将其转换成道德问题加以解决。将道德诉求直接作用于审判活动，两者之间缺乏一种技术上的转换，因而审判极难形成自己特有的知识系统。尽管我们都知道传统中国也存在着审判实践，并在数千年的时间中也形成了一些专门技术，但由于受主流文化的影响，官方很少主动地从理论层面对此加以总结和光大。也就是说，在传统中国，刑名之学极难登上大雅之堂，只能任由官员在实践中自我摸索。"清代正规学校教育和科举考试都不重视法学，当时直接从事法制工作的官吏、书役等人所需的法律知识，大致都由自修、历练而得。这种方法因人而异，不成制度，因而成果也难预测，

---

① 孙中山、埃德温·柯林斯著，贺跃夫等译：《中国之司法改革》，载《中山大学学报》1984年第1期。

所以中下层官都要依赖幕友。"① 至于百姓和幕友则只能借助民间私下流传的教人如何打官司的书籍来获取这方面的知识。"世传江西人好讼，有一书名《邓思贤》，皆讼牒法也。其始则交以侮文，侮文不可得，则欺诬以取之；欺诬不可得，则求其罪劾之。盖思贤，人名也，人传其术，遂以名书。村校中往往以授生徒。"② 总之，在传统中国，无论是刑名之学，还是讼牒之术，皆非正途。

二是受制于专制政体。传统中国实行的是专制制度，集一切大权于一身但又高高在上的皇帝对所有的人都不信任，为了维护集权于一身的需要和便于及时发现问题，所能采取的办法就是混淆各级政府在管理权限上的合理分工，从制度上规定任何一件原本属于下级管辖的事情，上级均有权插手和更改。唯有如此，才能确保皇帝对一切国家事务的最终决定权和处理权。因而，那种具有明确分工的科层化管理，对于专制政体而言是不能接受的。表现在审判制度方面，就是形成了所谓的层层"审转"制度，一件刑事案件由基层审理之后，要逐级申报和审查，以便从中发现问题。即使是那些所谓属于地方官员自理的民事纠纷，只要上级官员认为有必要重审，也无任何制度上的限制。在中国古代只有经皇帝判决的案子从理论上讲才是终审。也就是说专制而集权的皇帝，需要牢牢地将审判权控制在自己的手中，以便使之成为维护自己统治的有力工具。因而，在专制政体下，任何分权和分层，并使审判本身成为一种独立的知识系统的想法都是不现实的，也是不允许的。

此外，在一个靠权力而非制度维系的国家，即便是基层长官尽心尽力也无法消除因制度缺乏而导致的腐败、审判不公等情事的发生。前引的清朝雩都县知县颜香陔的《劝民息讼》中说得极为明白：

小小事，本县亦不能全然禁止。况且衙门弊窦，那（哪）怕官好，

---

① 张伟仁：《魔镜：法学教育论文集》，清华大学出版社 2012 年版，第 86 页。
② 《宋会要辑稿·刑法》卷 326。

第二章　厘清方向：专业化司法制度之肇始

都革不尽，革一件又有一件……

总之，中国传统社会的政治制度和轻视诉讼的法律文化，决定了真正意义上的司法制度的变革必须具备两个基本前提：一是异质文化的冲击；二是宪政框架的建立。

一、对专业化司法制度的认识

近代意义上的司法制度对于中国而言是一个舶来品，它与重道德、轻技术、主张集权和专制、反对分权的中国传统法律文化格格不入。与此相适应，有关现代司法制度方面的知识也都来自西方。

晚清时期，西方现代法律文化通过各种渠道传入中国，特别是到20世纪初，出于改革的需要，清廷通过翻译外国书刊、公费自费出国留学、聘请外国法律顾问、组织出洋考察等各种方式，逐步对源自西方的现代司法制度和理念有了基本了解。这是中西两种法律文化之间第一次真正意义上的接触，因而，尽管了解并不系统，但却因为新鲜而导致某些见解极为深刻。现代司法制度是个极为复杂的系统，本书出于研究主题的需要，仅就国人对专业化司法制度的认识做必要的归纳。晚清时期国人对专业化司法制度的了解，大致包括如下几点。

（一）司法权与行政权分离

中国人对专业化司法制度的认识是从司法独立开始的。从现有材料看，早在戊戌变法前，国人对司法独立的问题即有所了解。1877年曾出国留洋的马建忠写信给晚清重臣李鸿章，对西方的三权分立体制做了介绍，他说："其定法、执法、审法之权分而任之，不责一身，权不相侵。故其政事纲举目张,灿然可观。"[①] 尽管马建忠关注的是宪政问题，而非司法制度，但上述言论本身则足以表明，在马建忠看来，对

---

① 引自韩秀桃《司法独立与近代中国》，第94页。

于现代国家来说,司法权是一种与立法权、行政权相并行的权力。在一个司法、行政不分的国度里,形成这种认知绝非易事。

到 20 世纪初,随着国人对西方国家政权体制了解的深入,司法独立的观念已被国内许多思想开明的人士所接受。1905 年,载泽等五大臣受命出国考察政治,回国后在其上奏给朝廷的奏折中对英、法两国的政治制度进行介绍,"大抵英国政治,立法操之议会,行政责之大臣,宪典掌之司法,君主裁成于上,以总核之",而近代法国,"其设官分职,则三权互相维系,无轻重偏倚之嫌"。①

至于为何要将司法权与行政权、立法权进行分离,晚清时期一些国人对此也有了基本认知:是为了实现司法公正。公正是司法的本质要求,这是人人都懂的道理,但如何实现司法公正,则并非人人明白。难能可贵的是,20 世纪初国人对此已有所省悟。1906 年刑部员外郎王仪通,在奉命对日本的司法制度考察之后,明确指出:"行政权因地方之便利,可假权宜行之,犹之道路车马得以自由行动。司法权非以法律为准绳不能维持裁判之信用,犹之汽车必须遵守轨途,斯无倾轶之虞。况行政官之性质,以服从上官命令为主,阿谀希旨,即缘之而起。若司法官同此性质,意有瞻顾,断难保裁判之公平。近日泰西各国,司法权无不独立者,亦有鉴于此。故对于裁判事务,无论巨细,司法大臣不得干涉,司法省虽有监督权,不过监督行政之一部。"② 同年,御史吴钫上奏朝廷对此加以进一步阐释:"窃臣前见总司核定官制王大臣奏称:今日积弊之难清,由于权限之不分,以行政官而兼有立法权,则必有借行政之名义,创为不平等之法律,而未协舆情。以行政官而兼有司法权,则必有循平时之爱憎,变更一定之法律,以意为出入。以司法官而兼有立法权,则必有谋听断之便利,制为严峻之法律,以肆

---

① 《出使各国考察政治大臣载泽等奏在英考察大概情形暨赴法日期折》,载故宫博物院明清档案部编《清末筹备立宪档案史料》(上),中华书局 1979 年版,第 11—15 页。
② 王仪通:《调查日本裁判监狱报告书》,载刘雨珍等编《日本政法考察记》,第 154 页。

行武健，举人民之生命权利，遂妨害于无穷。其言深切著明，洞见症结，于立宪各国之精义，昭若发矇，唯是变更伊始，欲一举而臻完全之域，其势有所不能。方今普通教育甫有萌芽，上下议院一时未立，则立法权不能骤与行政权分离，实朝廷不得已之苦衷，为臣民所共喻。至司法独立，揆时度势，最为切实可行。"① 为此，他恳请清廷尽快厘定外省官制，将行政、司法严定区别，分期实行，以维法权而杜乱本。这些话足以表明，在一些时人看来，只有将司法权与行政权、立法权分离，才有可能保证涉案的当事人得到法律意义上的公平对待，使制定出来的法律得以严格执行，公正才能实现。

（二）司法中立

要想保证司法公正，还必须使司法人员同政治社会保持一定的距离，同时，不可对当事人抱有先入为主的倾向，即保持必要的中立。

> 判事不能兼任他官，若关政事及政党党员社员议员，并经济商业之事，犹所严禁。因政治社会经济社会，必不免于瞻徇，爱憎用事，均有害裁判之独立，而污判事之廉洁也。②

此中的道理是：

> 审判官所以不得为政党党员、政社社员者，因审判案件，必须平心静气，研究法理，判决方无错误。若参预政治，奔走演说，则心气浮躁，不能专心裁判，故法律禁之。盖研究政治者，须有宏远之规模，研究法律者，须有极细密之心思，一人而兼有之，实难其选也。议会议员，皆统筹全国或一地方之政治，审判官乃

---

① 吴钫：《厘定外审官制请将行政司法严定区别折》，载怀校锋主编《清末法制变革史料》（上），中国政法大学出版社2009年版，第390页。
② 王仪通：《调查日本裁判监狱报告书》，载刘雨珍等编《日本政法考察记》，第158页。

剖析极纤细之事理，两不相侔，故裁判官不得为议员。①

政党、政社，各有主义，党同伐异，势所不免。法官加入其中，必有所偏颇。……报馆为舆论所在，律师与法官对峙，故不得兼任之。②

此外，仔细推敲前面所引王仪通的话，不难发现，作者之所以一再强调司法人员与行政人员的区别，其用意也是在强调司法审判必须与双方当事人和社会舆论保持一定的距离。

（三）审判过程形式化和仪式化

专业化司法是一种程序性的司法，它主要借助诸如特有的审级、时效、公开、对抗式辩护、证据判断等一系列程序来完成。正是这些程序和形式，使法律成了一门与一般民众的生活经验不尽相同的专业技术，从而减少了一般民众，甚至行政官员对审判活动的干预，保证了对所有当事人法律上的公平对待，并最终保证了公正的实现。对此，晚清时期的国人也已有了一定认识，如王仪通在谈到日本裁判官所着服饰时指出："法服依司法省之省令而定，高帻褒衣，绿领之色，判事用紫，检事用赤，辩护士用白，书记用绿，仍沿袭中国古制。学者佥谓：司法官所理之事与行政官不同，必须表识特异，斯人民之瞻视益尊。即裁判官内自省所居地位，兴感之念以起。所谓衣冠正则心正是也。指定法服之后，成绩颇著。"③

不仅如此，翻阅晚清时期前往日本考察法政的各级官员和士绅所写的报告与笔记，我们还可以发现，他们都不约而同地对日本"裁判所"的内部布局发生了浓厚的兴趣，并详细加以记载。如一位考察者这样

---

① 〔日〕冈田朝太郎口述，熊元襄编，张进德点校：《法院编制法》，上海人民出版社2013年版，第95页。
② 王士林：《法院编制法释义》，上海商务印书馆1910年版。
③ 王仪通：《调查日本裁判监狱报告书》，载刘雨珍等编《日本政法考察记》，第157页。

描述他所见到的日本法庭：

> 民事法庭，堂高于平地者尺余，列长案如半月形，居中三判事，左一书记录口供，右虚一位为检事坐。堂下有长桌有座位，以待辩护士及诉讼人。再后则列长椅数行为旁听人座位，不问何人均可入听。①

甚至有的人还画有图纸。这一切无非都是在强调司法的形式性和仪式性。

（四）司法人员专业化

既然新型司法依赖的是特定的知识和特定的技能，就只能由特定的人来行使。戴鸿慈在《奏请改定全国官制以为立宪预备折》中，对这一问题做了明确说明：

> 司法与行政两权分峙独立，不容相混，此世界近百余年来之公理，而各国奉为准则者也。盖行政官与地方交接较多，迁就瞻徇，势所难免，且政教愈修明，法律愈繁密，条文愈晦，非专门学者不能深知其意。行政官级已瘁心民事，岂能专精律文，故两职之不能相兼，非唯理所宜然，抑亦势所当尔。②

河南巡抚吴重熹则说得更为明白："窃查审判、检察各官之职掌，与民间生死、财产最有密切关系，必须深明法律原理，熟悉现行章制，洞达社会情形，方能胜任。"③

---

① 涂福田：《东瀛见知录》，载刘雨珍等编《日本政法考察记》，第135页。
② 戴鸿慈等：《奏请改定全国官制以为立宪预备折》，故宫博物院明清档案部编《清末筹备立宪档案史料》(上)，第379页。
③ 1909年11月26日，《政治官报》第791号。

而一些曾考察过日本等法制先进国家的晚清人士，对此认识则更为深刻：审判之事"为全国人民之身命、自由财产所倚赖，无畏葸瞻徇，裁判斯能公允"，因而，法官之待遇和地位必须依法保证，且应高于行政官员。"平日地位，必须借法律为之保障。按构成法均为终身官，非受刑法之宣告，或惩戒之处分，不得转官转所停职免职减俸，转官转所犹左迁也。高等文官之地位，虽同判事，然高等文官之规则以敕令而定，可以敕令随时变更。判事以法律而定，法律之变更，必须经议会之赞成，名同而实异也。"①

不仅如此，他们还详细地考察并不厌其烦地向国人介绍日本有关法官考选的资格、方式、科目、程序和待遇等内容，以此向国人灌输法官专业化的观念。

这些知识和理念的传播，或多或少地对晚清以来的中国司法变革产生了影响。

二、专业化司法制度方向的确立

新型司法制度在中国的出现肇始于清末改法修律。尽管我们在前面已经对中国传统审判制度因自身的缺欠无法适应社会的发展和需要问题做了一些讨论，但在此却必须指出，最终导致清廷痛下决心进行改革的直接原因，则是出于政治上的考虑，是出于收回领事裁判权的需要。曾在中国海关任职达 30 年（1877—1909）之久的美国人马士，在其所著的《中华帝国对外关系史》一书中认为，中国法律制度的落后，是外国人要求领事裁判权的主要缘由，因而外国人放弃这种司法特权，前提只能是中国法律与司法制度的改善：

> 中国更大的一个弊病就是司法行政的情况，但是外国人因享

---

① 王仪通：《调查日本裁判监狱报告书》，载刘雨珍等编《日本政法考察记》，第 158—159 页。

有领事裁判权的特权,并没有受到它的影响。这种特权对于中国人是一件不平的事,争取这种特权的取消,像日本已经做到的那样,乃是他们一贯的目标;同时在另一方面,只要外国人没有把握在他们容或会牵连进的一切司法案件中都能得到公平裁判,他们就不准备放弃这种特权所给予的保护。中国法律不是西方法律;可是真正的争执点并不是法律上的不同,而是法律应用的捉摸不定——或直截了当地说,是司法行政上的腐败和偏执的绝对不免。①

这一点必须说明。但因本书研究的问题与此话题关联度不大,因而对此问题不做展开讨论。

既然是要收回领事裁判权,就必须使新的制度得到西方列强的认可,也就是说,与西方国家现行的司法制度在形式上大致相同,当然最好是完全接轨,即建立一套统一的、独立于行政的司法审判系统,并通过这套系统自上而下地将一种新的以权利为核心的规则体系强行贯彻于整个社会。换言之,是要以一个统一的司法系统以及该系统背后所代表的现代价值观念作为连接和维系民族国家存在的基本纽带,并以此替代传统的以儒家文化为代表的主流文化和伦理规则。

(一)确立的过程

20世纪初,清廷推行新政,改革官制,仿效德、日等国创制了新型的司法制度。具体而言先是于光绪三十二年(1906)在中央政府层面将清朝原有的刑部改为法部,专任司法行政;大理寺改为大理院,专掌审判。司法从此开始与行政分离。与此同时,清廷责成天津等地试办地方司法机构。光绪三十三年(1907)春,直隶总督袁世凯在天津府设高等审判分厅,在天津县设地方审判厅,府县合设检事局(主管检察工作),并在天津城乡分设乡谳局四所,同时将原衙门的捕役改

---

① 〔美〕马士著,张汇文等译:《中华帝国对外关系史》第3卷,上海书店出版社2000年版,第402页。

为司法警察，构建起现代司法机构的框架，现代司法体制开始在中国初建。

现代司法制度是一个复杂的制度体系，涉及许多层面。一切制度、特别是新制度能否正常运转，最终都取决于能否找到合适的人。为节省篇幅，以下的讨论主要围绕着司法人员专业化而展开。晚清时期新司法制度创设的实践也清楚表明司法人员专业化的重要。袁世凯在写给朝廷的奏折里谈到试办审判厅之困难时，公开讲"法官既少专家，布置亦难措手"。①

前面已经指出，晚清时期许多国人已经懂得法官必须由专家担任的道理。需要特别指出的是，晚清民国时期正式的法律文件中一律将新式审判厅中行使审判权的人称为"推事"，但在民间或日常生活中则推事和法官互用，且以使用法官者为多，本书亦依民间惯例称之为法官。既然法官必须是专家，通过考试进行选拔也就成了最为简单的办法。晚清司法改革是以日本为参照的，而日本的司法官是经过考试合格后担任的，因而中国的法官选拔方式也必须如此。光绪三十一年（1905），清政府派刑部候补郎中董康、主事麦秩严等赴日本实地考察裁判所、监狱等事宜，为即将进行的司法改革做准备。他们在考察之后撰写的报告书中，重点提到了日本的法官考试制度。报告书于光绪三十三年（1907）"由法部堂官专折上奏"，得到了朝廷的重视；此外，浙江巡抚等也在《奏浙江筹办各级审判厅情形折》里一再表示："养成审判人才，即为筹办审判厅之第一要义。"②

率先试办地方审判厅的天津，确立了未来中国新型审判制度中法官须经过专门考试方可任用的基本原则。据袁世凯介绍，有资格参加考试的人员包括以下三类：平日研究谳法，即对审判有所研究者；日本法政学校毕业回国成绩最优者；原有府县之发审人员，即具有审判

---

① 《奏报天津地方试办审判情形折》，载《袁世凯奏议》（下），天津古籍出版社1983年版，第1492页。
② 故宫博物院明清档案部编：《清末筹备立宪档案史料》（下），中华书局1979年版，第876页。

经验者。划定范围后先统一进行学习、研究新型司法制度,然后参加统一考试。考试及格的人,按照其考分的高低,分别派充各级审判厅之法官。由于未见到此次考试题目及答卷,因而无法推测考试的具体内容和水平。据领导者袁世凯说,考试的过程和结果是"人人争濯磨,尚无滥竽充数之事"。[①]不管如何,仅就方法而言考察其专业知识的优劣,通过公开竞争而取得职位,无论如何都是一种进步。

袁世凯在天津推行的地方司法改革取得了成功。剖析其成功的原因,诚如学者所言,与司法人员专业化关系密不可分,"新制度的创立当以新人才为基础,袁世凯在直隶推行的新政也是以新式人才的培养为起点的。1906 年在保定设立政法学堂及其附设的仵作(法医)学堂,1907 年在天津设立政法专门学堂、罪犯习艺所附属的监狱学堂(又名看守学堂)、司法警察学堂。1905 年建立天津学习发审公所,后改名为谳法研习所,1907 年更名为审判研究所,附属于高等审判分厅。把培养人才和司法改革相结合,特别是成立仵作学堂、看守学堂这样的专门学堂,对于完善司法制度具有重大意义"。[②]

天津为试办地方审判厅,组织了中国历史上第一次法官考试,在中国近代司法改革中具有较强的示范效应,为 1910 年法部统一举行的全国法官考试提供了中国的经验。

(二)具体规定和做法

有了这些认知和经验,清廷决定仿效德、日等国的做法,推行法官专业化和职业化,从宣统元年(1909)起陆续颁布了《法院编制法》《法官考试办法》《法官考试任用暂行章程》《法官考试任用暂行章程施行细则》等一系列法律法规,对法官职业进行专门规定,其中最为重要的就是对法官的任职资格做出了严格的限制。这些法规规定,出任新式审判厅之法官必须具备如下条件:

① 《奏报天津地方试办审判情形折》,载《袁世凯奏议》(下),第 1493 页。
② 王先明:《中国近代社会文化史续论》,南开大学出版社 2005 年版,第 142 页。

1. 接受过专门的法学教育。法官必须具备系统的专业知识，且这些知识还必须是在专门的法政学校或大学法学系获取的，其学习时间不能少于规定的年限，唯有如此才能保证其所获得的知识的系统性。如上述法规规定：参加法官考试者应在法政法律学堂学习政法三年以上，领有毕业文凭，或在京师法科大学毕业及在外国法科大学或法政专门学堂毕业，经学部考试，给予进士、举人出身者。

考虑到晚清时期国内法学教育刚刚起步，符合条件者人数太少，清廷亦对考试资格做了必要的变通。规定举人及副优拔贡以上出身者；文官七品以上者；旧充刑幕，确系品端学裕者亦可参加。也就是说晚清政府对参加考试者的受教育背景做出让步，对一些已具有一定的法律知识和审判经验但没有接受过系统法学教育的人在参考资格上进行了调整。

2. 经过专门的法官考试。上述法律法规规定，即使已具备了系统的专业知识，还必须经过专门的、统一的法官考试并成绩合格方可任用，以此保证真正的水平。考试分为两次，第一次考试合格者还须经过两年的业务实习，实习期满后，参加第二次考试，两次考试合格者，始准作为候补法官、候补检察官分发地方以下审判厅、检察厅候补使用。晚清和民国北京政府时期，审判厅共分四级，即初级审判厅、地方审判厅、高等审判厅和大理院，这里的"地方以下"审判厅含地方审判厅。至于为何需要两次考试才能录用，《法院编制法》释义中讲得极为明白：

> 审判得失，上系国家之安危，下关人民之生命。其职任綦重，其办理綦难。推事检察官，苟不得其人，不唯虚掷数百万之经费，而酿祸将至于无穷。此条规定之以二次考试，冀杜其幸进之门。①

---

① 王士林：《法院编制法释义》。

3. 业务实习。第一次考试合格者，分发至地方以下审判厅、检察厅实习，以两年为期满。实习期间受该地方审判厅厅丞或厅长之监督，并由该监督官对其品行、性格分别出具切实考语，京师径呈法部，各省送由提法使申报法部，核定鉴别之，劣者得随时罢免。即在实践和真实的人际关系中养成一个法律工作者应有的能力和职业操守。

4. 转正。第二次考试合格后分发地方审判厅、检察厅应候补法官、检察官使用。候补法官、检察官不拘年限，遇有职缺，经中央司法行政机关正式任用。其任用顺序以先补初级审判厅为限。如候补逾3年以上者，遇地方审判厅、地方检察厅出缺，亦可酌量补奏。

除此之外，按照《法院编制法》规定，法官及检察官不得从事下列事宜：

（1）于职务外干与（预）政事；
（2）为政党员、政社员及中央议会或地方议会议员；
（3）为报馆主笔及律师；
（4）兼任非本法所许之公职；
（5）经营商业及官吏不应为之职务。①

总之，晚清新政中的司法改革，对法官的任职资格和任用程序要求极为严格。此外，既然是专业人士，法官的人数就不宜太多，报酬也不能太少，甚至服制也应异于常人。对于这些问题，晚清时期负责预备立宪工作的宪政编查馆均有了明确的认识，并从制度上做了安排。不妨摘录一段宪政编查馆的奏折加以说明：

唯司法制度为人民休戚利害所关，直省筹办审判各厅，固不

---

① (清)《法院编制法》第121条。

应多置冗员，致縻薪俸，亦未便过从省略，有碍推行。查法院编制法所定法官员数，应视事务繁简为衡，并载明推事、检察官员额由法部奏定等语。应请旨饬下法部，迅将直省应设高等以下各审判检察厅及分厅，各应酌设推事、检察官、书记官等各若干员，通盘筹划，奏定遵行。务以量事设官为主，不得于法定若干员以上，过于冗滥……查法官独立执法，责成甚重，限制复多。其考用之法既如是其严，则待遇之方即不宜过薄……此外法官章服体制，及司法衙门文书程式，均应及时厘定，以便遵循。①

一切准备齐全以后，宣统二年（1910），清朝法部组织了中国历史上第一次全国范围的法官考试。据当时官报载，报考人数在3500人左右。考试分为两场，笔试时间为宣统二年8月24日至9月12日，口试时间为9月16至9月17日。每天从黎明五点二刻入场，到下午六点交卷离场。考试笔试部分分为两场，考题涵盖晚清政府在法制改革中所颁布的各种法律和法律草案，以及对一些重要社会问题的思考。以下是两份具体试题。

第一份试题。时间8月27日，适用范围安徽、福建、江西、江苏等省。试题内容为：

宪法

宪法大纲，君主有大赦权，刑法亦有特赦减刑条文，其不同之点，试详辨之。

大清律例

保辜期限共分几等，其不准保辜者系属何项，试详徵之。

他物伤人、金刃伤人、凶器伤人、火器伤人，罪名如何区别？

① 《宪政编查馆会奏遵议变通府厅州县地方审判厅办法折》，载《政治官报》1910年，第947期。

第二章　厘清方向：专业化司法制度之肇始

法律章程

行政警察与司法警察性质不同，行政警察遇有现犯违警律者，应否持有传票方能传案，抑仅着有制服即能传案。

外国审判衙门有采用陪审制度者，有设巡回审判者，中国法院编制法皆不采用，试述其理由并论其得失。

第二份试题。时间 8 月 29 日，适用范围同上，内容：

民法

时效制度之理由安在，试详言之，并述明时效中断与时效停止之差异。

商法

日本商法三十六条所规定之代理商能否为独立商人，抑为商业代理人所代理媒介之事，必在特定商人营业之范围内否，试举其义。

刑法

未遂犯、中止犯、不能犯之性质，试举例以对。

民事诉讼法

诉讼代理人以辩护士为原则，以亲族为例外，理由安在？若委任数人代理而临时陈述互有差异，当以何人之说为据？

刑事诉讼法

刑事诉讼法之时效与民法上之时效有无异点？

国际法

条约为国际上最高法律，其订立条约为立法权欤？抑行政权欤？果为立法权，何以归外交官秘密订立？果为行政权，又何以在美国须有元老院三分之二之认可，试言其故？

主要科论说

律自颁降日为始，若犯在以前者，并依律拟断。注云：例应轻者照新例遵行，则新例严者，自应仍照旧例。中西律有无异同说。①

试题的内容，具有相当的难度。考试的地点除西北、西南等边远省份因交通实在不便在本省进行外，其余省份的考生则集中于北京。此次考试标志着晚清法官考试制度在全国范围内正式确立。这次考试共录取了560余人。②

之所以能够如此，除仿效德、日等国做法之需要，也与时人对现代司法制度和法官制度重要性的认识有着一定关系。如宣统元年御史徐定超上奏朝廷，请求尽快厘定司法官制。"为司法官制关系宪政始基，拟请详加厘正，以归统一。……司法一权，动关举国之秩序与人民之治安。东西各邦莫不同力一心，维护司法独立，而膺是任者，亦得遵宪法之规定以自尽其职守。"③在此背景下，清廷相继制定了一系列法院组织法和程序性法规，如《大理院审判编制法》《各级审判厅试办章程》《初级暨地方审判厅管辖案件暂行章程》《法院编制法》，草拟了《大清民事诉讼律》《大清刑事诉讼律》等，通过各种专业术语和相关制度的设立对诉讼的提起、审判的展开以及事实的认定和证据的获取等问题做了详细的规定，对司法与政治、社会舆论之间的关系和界限进行了必要的界定，从而使审判制度开始在中国逐渐成为一种专门的知识和技术，开始朝着摆脱权力和民众意志的方向发展。这些组织法和程序性法律的制定，加之以法官考试为核心的法官制度的创制，标志着近代中国司法制度建设开始走上了专门化之路。

---

① 《政法杂志》1911年5月20日，第1年第4期。
② 有关这次考试的研究，请参见李启成《晚清各级审判厅研究》（北京大学出版社2004年版）中的相关讨论。
③ 徐定超:《司法官制关系宪法始基应加厘正统一折》，载怀效锋主编《清末法制变革史料》（上），第416页。

第三节　专业化司法制度之发展

中华民国时期专业化司法制度继续发展。中华民国包括南京临时政府、北京政府和南京国民政府几个时期，因南京临时政府存在的时间过于短暂，本书不做专门讨论。就司法制度而言，北京政府与晚清更为接近，甚至说是一脉相承；南京国民政府所实现的司法制度与前两个政府相比精神层面的差异相对较大。

一、北京政府时期

就司法制度而言，北京政府继承了晚清的做法，并在此基础上有所发展。晚清时期，清廷所推行的司法改革措施因政权的垮台，大多并未真正实施。如宣统二年全国统一司法考试所录取的人员尚在实习期间，清帝即在革命的大潮中宣告退位，换言之，这些人并未真正充实到司法部门。因而，对于近现代中国而言，北京政府时期的司法制度建设更有实际意义。以下仍以北京政府时期司法人员专业化问题为侧重点对司法制度专业化的发展做必要的介绍与分析。

（一）相关法规的制定

依法设立、依法运行是现代司法制度与传统司法制度的基本区别。与此同时，依法考选、依法管理也自然成了现代法官制度的基本要求。北京政府首任司法总长王宠惠说：

> 司法官为亲民之官，衡情执法，断事折狱，一方需洞悉社会情况，以论究案由，辨认事实，一方又须熟谙法理，以探求立法本意，适当运用法条。凡所裁决不唯攸关当事人权益，同时影响政府威信，真所谓事务繁巨，责任重大，非有学识渊博、经验宏富之士，

不能应付裕如，胜任愉快。①

此后的历任继承者，如许世英、梁启超等对此的认识均极为深刻。

因故，北京政府时期围绕着法官制度的构建陆续颁布了一系列法律法规，如《甄拔司法人员准则》（司法部，1913年11月8日）、《甄拔司法人员规则》《修正暂行法院编制法》（1915年6月）、《司法官考试令》（1915年9月）、《司法官惩戒法》（1915年10月）、《司法官惩戒法适用条例》《司法官再试典试委员会审议免试规则》（1917年）、《司法官官等条例》《告诫法官令》（1920年12月）、《司法官考绩条例》（1926年1月）等。这些法律法规的制定并施行，不仅坚持了晚清时期推行的司法人员精英化、专业化之路线，也使之更加规范。

（二）资格要求

北京政府时期，司法官的考选和养成成了司法制度建设的重要内容之一。与晚清时期相比，北京政府更加重视司法从业人员的法学教育背景，将此作为一个必要的要件。纵观北京政府的法律规定，司法人员考选先后经过了4种形式：甄拔司法人员考试、司法官甄录考试、司法官考试、文官高等考试法律科。尽管4种形式在组织方式、具体操作等方面略有区别，但就考选人的资格而言则大体相同：在国外大学或专门学校修法律或法政之学3年以上得有毕业文凭者；在国立或经司法总长、教育总长认可之公立大学或专门学校修法律之学3年以上得有毕业文凭者；在国立或经司法总长、教育总长认可之公立、私立大学或专门学校充任司法官考试法内主要科目之教授3年以上者；在外国专门学校学习速成法政1年半以上得有毕业文凭并充法官、检察官者，或在国立、公立大学或专门学校充任司法官考试法内主要科目之教授1年以上者。

---

① 吴永明：《理念、制度与实践：中国司法现代化变革研究（1912—1928）》，法律出版社2005年版，第187页。

北京政府时期法官考试仍实行二次考试制度。初试的内容和难度均与晚清时期大致相同。值得注意的是，为了防止报名者资格作假，北京政府不仅要求对报名者资格进行认真审核，同时还规定需要有当地时任荐任职的司法官或文官出面担保，操作上更趋严格。此外，根据北京政府时期相关法律规定，凡在国立大学或专门学校本科修法律之学3年以上得有毕业证书而成绩卓著并精通外国语者，在外国大学修法律之学3年以上毕业成绩卓著者，在日本留学毕业并精通欧洲一国语言者，曾在国立大学或专门学校教授司法官考试主要科目任职5年以上并精通外国语者，经司法官再试典试委员会过半数之议决，可以免试司法官考试之甄录试、初试笔试，但需要参加司法官考试之再试。

据统计，北京政府时期共举行司法人员甄拔试一次、司法官考试5次。"甄拔司法人员于1913年进行，合格者171人。司法官考试，首次于1916年6月举行，录取38人；第二次于1918年1月举行，录取143人。同年2月，组织司法官考试再试委员会，通饬各省送考学习期满人员，举行再试，录取88人；10月又录取58人。1919年7月在京师、江苏、湖北三处同时举行第三次司法官考试，录取189人。1921年11月，举行第四次司法官考试，录取102人，外国文法律班11人。1926年12月改司法储才馆入学考试为第五次司法官考试，录取135人。这种通过正规司法官考选为司法官者，占当时全国司法官成员的一半以上。"①

此外，值得一提的是北京政府仍然推行司法人员非党化，将不能加入党派作为司法人员从业的基本条件之一，并在操作上做了具体的规定。

（三）技能养成

为加强对司法官考试初试及格者法律实务技能的养成，北京政府

---

① 吴永明：《理念、制度与实践：中国司法现代化变革研究（1912—1928）》，第172页。

从 1914 年始设司法讲习所。按照成立之初的规定，凡下列人员均须入所修习。

一是司法官甄拔合格未经署缺或补缺人员；二是有受司法官甄拔资格，曾在民国高等以下审判厅或检察厅习办司法官事务历半年以上者；三是有受司法官甄拔资格，曾署补高等以下审判厅或检察厅司法官而辞职或裁缺或因回避开缺者；四是司法官甄拔合格人员，曾署补高等以下审判厅或检察厅司法官而辞职或裁缺或因回避开缺经本人声请或受司法总长之指定者；五是高等以下审判厅或检察厅现任署缺或实缺司法官，经本人声请或受司法总长之指定者；六是法院书记官有受司法官甄拔资格，经本人声请或受司法总长之指定者，七是司法部佥事、主事有受司法官甄拔资格，经本人声请或司法总长之指定者。

此后讲习所改为专为司法官考试初试及格者设立的研习法律之机构。学员经讲习所学习期满，可参加司法官考试之再试。初设时每班修习时间一年半，第三期后改为半年。司法讲习所开设的课程强调司法实务，注重培养学生对法律知识的理解以及应用法律知识之技能，与法律院校在学习方面侧重强调的以理论为主的办学方针形成明显互补，主讲教师也大都为具有丰富实践经验的法官、检察官和律师等，使用的教材以自编的讲义为主。

讲习所共举办了 4 期，曾因经费不足一度停办。1926 年起恢复，更名为司法储才馆。经过讲习所或储才馆的实务强化之后，学员对法律条文的分析能力和运用能力有所提高，因而再试试题大都以案例为主，且案情复杂。我们试以第三次法官考试再试题中的民法试题为例：

赵李氏故夫赵甲兄弟三人，甲居长，二房乙，三房丙，亦均亡故。甲有二子，长丁次戊。戊早亡，妻张氏孀守。乙生子己，丙生子庚。丁己各一子，庚生二子，长辛次壬。戊早亡无后，张氏与赵丁分居各度，乃于民国六年一月间与其姑李氏面商邀请族长赵葵等议,为坟克立庚之五龄次子壬为嗣,遂即写立嗣书,公同画押。唯其姑李氏当时虽未言明,而实怀反对之意,故丁己皆未到场。张氏恐有争继情事,赴县呈请立案。李氏即以(1)庚之父及庚与伊故夫有嫌隙,不应立其子为戊之后,(2)赵葵等非近房族长,(3)遂先夫遗命戊应以丁之子兼祧,(4)应俟丁再生子承继戊。据上列理由主张张氏擅自立嗣,请予撤销。应试者需以此题分析拟判。①

本案人物、法律关系复杂,难度较大。

(四)司法官的任用

学员再试合格之后才算是真正取得了上岗资格,可以出任京外各级审判厅候补法官和检察官。按照规定,凡高等和地方审检各厅遇有人员空缺,即由司法部或由高等审检厅、京师地方审检厅长官就有关拟用人选送呈司法总长核定,派署该缺。任职6个月后,再由主管长官出具考语,并附上所办案件10件以上,呈司法部审查。如成绩优良,由司法部将该员履历咨送国务院铨叙局审核,若资格与欲任用职务相符,再由司法总长呈请大总统任命该员署理法官或检察官。再经任满一年后,由该主长官将该员办事成绩呈部审查,仍送铨叙局核定后,由司法总长呈请大总统实任该员为实任法官或检察官。实任以后,方取得法定保障。

总之,要想成为一位合格的法官、检察官,必须经过一个漫长而艰苦的职业历练过程,如果从入大学法学院或法政学校学习法律开始算起,到最终成为一名具有执业资格的司法人员需要7至8年的时间。

(五)司法官的待遇

考选标准如此之严,责任如此之大,社会各界期望如此之高,待

---

① 《第三届司法官再试题》,转引自吴永明《理念、制度与实践:中国司法现代化变革研究(1912—1928)》,第185页。

遇自然不能太低。为此，北京政府还专门制定了《司法官官俸条例》（1918）、《司法官官俸发给细则》（1918），对法官、检察官的工资标准及发放办法做了明确规定。有关北京政府时期司法官的待遇问题，有学者研究后指出：

> 相比而言，推检的官等与薪俸均要高于同级的行政人员。并且，北京政府还规定，如遇审检厅撤废，推检仍受全俸，遇缺即补；推检虽在惩戒调查或刑事被控告期间，薪俸仍应照给；非依法律规定，司法部对于推检不得勒令调任、借补、停职、免官、减俸等。从中也可以看出，法律规定中推检地位是比较优越的。[1]

北京政府推行的司法人员专业化路线，从根本上改变了中国传统社会审判人员的非专业化现象，做到了精英化和专业化的结合，受到了时人的好评。如民国时期司法界名宿江庸所说："吾人对于司法，固亦不能满意，然较之他项事业，平心论之，犹以为此善于彼也。何以言之？民国司法，有优点二：吾人不能不表而出之。"一是"人才整齐，胜于其他机关也。自民国元年改组法院，用人即有一定标准，习非法律毕业者，不畀以法官资格，在项城时代（袁世凯时代——引者注），屡受排击，几于破坏，卒赖司法当局苦心调护，而幸获保全，迄今仍无变易。虑其资格过宽，又限之以考试，忧其经验太少，又励之以讲习。夫学非所用，则人才可惜，用非所学，则事业必偾，以专门之人才，治所习之事业，苟优其待遇，严其考察，又假之以岁月，事未有不举者也"。[2]

民国初年曾执业律师的曹汝霖在其晚年所写的回忆录中指出：

---

[1] 吴永明：《理念、制度与实践：中国司法现代化变革研究（1912—1928）》，第197页。
[2] 江庸：《〈法律评论〉发刊词》，1923年7月，载《法律评论》创刊号。

> 当时（大理院）的法官，真是清廉自好，对于讼案，慎重处理；散值后犹携案卷回家工作，可当得清、慎、勤三字，各省法官亦蔚成风气，绝不闻有受贿情事。此种风格，直维持到北方政府终结为止。①

不仅如此，北京政府在司法专业化方面的努力还得到了国际社会的承认，各国来华调查法权委员会在其报告书中亦指出：

> 法官任用章程载有采用相当训练人才之规定。本委员会指定此项规定，当属适用。本委员会各委员在京及各省所见之法界人员，均似有法律训练者。现任之推事与检察官，多数已服务在十年以上，且颇多在外国毕业，尤以日本为多。当一九二五年时，大理院推事三十二人中，二十一人系在外国毕业者。②

另据台湾学者黄源盛的统计，从1912年到1927年10月大理院被撤销为止，大理院历任院长和法官共计79人，其中69人的学历背景已查清楚。在这69人中，留学日本法政学校的43人，毕业于美国、英国各大学法律专业的分别是5人和4人，出身京师新式法政学堂的9人，旧式科举出身的仅4人。③

二、南京国民政府时期

在司法人员专业化方面，南京国民政府根据自己的需要对个别细节问题进行了调整，大的原则方面基本上承续了北京政府的做法，且

---

① 曹汝霖：《一生之回忆》，台北传记文学社1980年版，第77页。
② 《法权会议报告书·法官之训练》，载《东方杂志》第24卷第2号，1927年。
③ 黄源盛：《民初法律变迁与裁判（1912—1928）》，台湾政治大学法学丛书2000年版，第39—40页。

法律规定更为详细。按照《推事检察官书记官律师服制条例》(1929)、《法官初试暂行条例》(1930)、《法院组织法》(1932)、《司法官任用回避办法》(1932)、《高等司法官考试条例》(1933年修正)、《司法官任用暂行条例》(1932)、《高等考试司法官考试初试及格人员学习规则》(1933)、《推事检察官任用资格审查规则》(1936)、《司法官审查委员会规则》(1936)、《法官及其他司法人员官等官俸表》(1937)等规定，担任法官和检察官须具备以下资格。

（一）司法官考试及格且学习期满

南京国民政府规定的司法官考试初试报名资格为：国立或经立案之公私立大学、独立学院或专科学校修法律政治学科毕业，并有证书者；有大学或专科学校法律政治学科毕业之同等学力，经鉴定考试合格者；确有法律专门学术研究，其著作或其他作品经主管单位审查合格者；经同类之普通考试，即为官资低于法官或检察官的司法人员而设立之考试合格4年后，或曾任司法机关委任官3年以上者；在国内外专科以上学校修法律及相关学科1年以上毕业，并曾教授基本法律科目，即民法、商法、刑法、民事诉讼法和刑事诉讼法2年以上，或曾任审判事务2年以上或法院书记官记录事务3年以上者；曾任法官或检察官1年以上并卓有成效，经司法官审查机关审查合格者；曾在国立或经立案之公私立大学、独立学院、专科以上学校教授主要法律科目2年以上并卓有成效，经司法官审查机关审查合格者；曾任荐任司法行政官办理刑事、民事案件2年以上，成绩优良者；曾执行律师职务3年以上并卓有成效，经司法官审查机关审查合格者；在国立或经立案之公私立大学、独立学院、专科以上学校毕业并著有专著，经司法官审查机关审查合格者。

但有下列情况者不得参加初次考试：褫夺公权；亏欠公款；盗用公款或渎职；吸食鸦片。初试科目为：国文——论文及公文、国民党党义、中国历史、中国地理、宪法、法院组织法。再试分笔试和面试。

笔试分必试科目与选试科目，必试科目如下：民法、商法、刑法、民事诉讼法、刑事诉讼法。选试科目为：行政法、土地法、劳工法规、国际法、刑事政策、犯罪学、监狱学。面试科目为：民法、商事法规、刑法及应试者之经历和经验。

此外，南京国民政府还对出任地方法院院长及首席检察官、高等法院或高等法院分院之法官及检察官的条件以及高等法院院长、最高法院之法官和最高法院院长的资格等均分类做了专门规定，其规律是位置越重要，条件越严格。如按照新的规定，出任最高法院院长的资格为：曾任高等法院院长或最高法院法官、检察官5年以上者；曾任高等法院院长或最高法院法官、检察官2年以上，同时又曾任简任司法行政官5年以上者。南京国民政府时期将司法人员的职级分特任、简任、荐任、委任4类。此外，南京国民政府将晚清和北京政府时期法院的设立由四级改为三级，即地方法院、高等法院和最高法院。为了保证资格审查的真实性，南京国民政府还于1932年专门成立了司法官资格审查委员会和司法官成绩审查委员会。

（二）司法官实习与培训

南京国民政府成立后，于1929年开办了司法官训练所，主要培训司法考试初试及格者，培训时间为两年，同时也加强了对在职司法人员的短期培训。培训的内容主要有三：一是法律知识和司法实务能力；二是法官应有的职业操守；三是三民主义、五权宪法等政治理论科目。推行司法党化，强调法官应加入国民党是南京国民政府司法制度与北京政府时期的最大不同。

（三）司法官待遇

南京国民政府时期将司法人员纳入文官系统进行统一管理，司法官在待遇上与同级行政官员大致相同。这一规定未必合理，但在官本位意识较强的中国，事实上有利于改善司法人员的待遇。工资分为本俸和年功俸。此外，还享有恤金保障。恤金分为终身恤金、一次恤金、遗族恤金3种。这些规定足以保障在正常时期司法官可以过上衣食无忧的生活。

由此可见，晚清以降历届政府在法官制度建设方面无一例外地推行着精英化加专业化的路线，并将其作为解决中国司法问题中最为重要的方面之一。

第四节 小结

伴随着新型司法制度的创建，司法专业化的理念开始在国人头脑里逐步生根，制度上也取得了一些成效，并得到了较高的评价，如本书前面所引的那些对北京政府时期司法人员专业化的评价等。然而只要仔细观察则又会发现，这些评价大都来自法律界内部。相反，政治家和民众对于新型司法制度更多的是批评和指责，这些批评和指责在相当长的一段时间里构成了学界有关近现代中国司法制度的基本印象和知识。

先引用一段民初大总统袁世凯对新型司法制度以及法官考选制度的公开批评和指责，他说：

> 司法独立之本意，在使法官当审判之际，准据法律，返循良心，以行判决，而干涉与请托，无所得施……然必法官之学识、品格、经验，确堪胜任。人才既足以分配，财力犹足于因应，然后措施裕如，基础巩固。建国以来，百政草创，日不暇给，新旧法律，修订未完，或法规与礼俗相戾，反奖奸邪。或程序与事实不调，徒增苛扰。大本未立，民惑已滋。况法官之养成者既乏，其择用之也又不精，政费支绌，养廉不周，下驷滥竽，贪墨踵起。甚则律师交相狼狈，舞文甚于吏胥，乡邻多所瞻徇，执讯太乖平恕，宿案累积，怨仇繁兴，

第二章 厘清方向：专业化司法制度之肇始

道路传闻，心目交怵。①

更为严重的是，司法独立观念和相关的制度设计竟成了法官们枉法裁判、徇私舞弊的护身符：

> 今京外法官，其富有学养、忠勤举职者，固不乏人。而昏庸尸位，操守难信者，亦所在多有，往往显拂舆情，玩视民瘼，然犹滥享保障之权，俨以神圣自命，遂使保民之机关，翻作残民之凭借。岂国家厉行司法独立之本意哉？②

就一般规律而言，司法审判一旦真正成为一种独立的专门知识和技术，而且这种知识和技术还掌握在一群专业化的精英手里，掌权者和民众对司法审判的干预和控制将被大大弱化。因而，袁世凯的言论就动机而言可能有其自己的目的，如想强化对司法的控制，以及取消新型司法制度在基层的存在等，他事实上也是这样做的；但与此同时，也必须承认他所说的问题在整个民国时期客观上又确实存在。

抛开政治家不谈，社会各界批评和指责新型司法制度也是常态，民众对新型司法制度的负面评价远远超过了正面评价。司法专门化似乎没有给大众带来所希望的效率和公正，而成了人们发泄指责的对象。仔细考究社会各界对新型司法制度批评的原因，大致可以将其归结为如下几个方面。

（一）裁判不公和司法腐败

随便翻阅民国时期的各种文献，特别是媒体上的报道，任何人都会发现司法腐败屡屡见诸报端，裁判不公似乎成了司法的代名词。不

---

① 《令整顿司法事宜》，《东方杂志》第10卷第8号，1914年2月。
② 许国英：《民国十周年纪事本末》"民3"，第22—23页，转引自李启成《民初覆判问题考察》，载《清华法学》第5辑，第189页。

仅如此，笔者在查阅民国晚期西安地方法院的档案时亦发现，几乎所有的法官都曾被人举报过有腐败嫌疑，尽管最后证实的不多，但举报本身却一直没有停止过。可以肯定的是，民国时期，特别是民国晚期，司法腐败问题确实存在，且在某些领域较为突出。据不完全统计，仅河北一省，1946—1947年间，因腐败等原因被纠举、弹劾的司法人员就达27人之多，涉及近十所不同的司法机构。① 难怪有学者指出：

  1927—1949年的南京国民政府时期，是近代中国历史上司法腐败比较严重的时期，这也是中外瞩目的社会问题。南京国民政府也做过一定司法改革努力，如1935年的全国司法会议及1947年的全国司法行政检讨会议等，都是为寻求解决司法问题而召开的，但实际效果并不明显，法律体系的相对完备与司法实践的严重滞后是南京国民政府时期最为怪异的法律现象。②

  另据中共领导人董必武说：“旧司法人员中贪赃枉法的很多，据初步统计，旧司法人员中贪污的一般占百分之五十以上，有些地方比重还要大，而且性质恶劣。”③ 无法知道董必武的数字来源何处，但民国时期，特别是民国晚期司法腐败现象较为严重当是一个不争的事实。此外，民国时期因审判随意（特别是一审）导致的裁判不公问题也较为常见。这一切都成了指责民国时期新型司法制度的最大口实。

  但必须指出的是，作为严肃的学术研究，仅仅指出民国时期司法腐败较为严重这一现象是远远不够的。笔者注意到现有的研究并没有厘清发生腐败的对象是那些专业的新型司法人员，还是混进新型司法

---

① 引自张庆军等《民国司法黑幕》，江苏古籍出版社1997年版，第63页。
② 张仁善：《司法腐败与社会失控（1928—1949）》，社会科学文献出版社2005年版，第1页。
③ 董必武：《关于整顿和改造司法部门的一些意见》，载《董必武法学文集》，法律出版社2001年版，第120—121页。

系统中的旧式官员，同时也没有分清腐败主要是发生在新型法院之内，还是发生在司法处。司法处是民国时期尚未设立新型法院的县设立的一种过渡性司法组织，其特点是新旧元素杂陈。如果关于腐败的批评更多针对的是后者，则更加证明了推行司法专门化的必要性。①

（二）案件久拖不决

翻阅大陆出版的各种有关民国时期司法制度研究的学术作品，不难发现，程序烦琐、效率低下、文字晦涩，是相当长的一段时间内学者指责民国时期司法制度的又一问题。

> 南京国民政府的《民事诉讼法》在每一篇中又层层划分，不厌其详。如在保全程序中有假扣押程序和假处分程序；在民事诉讼程序中有婚姻事件程序、亲子事件程序、禁治产事件程序、宣告死亡事件程序；在禁治产事件程序中又有声请程序、调查程序、讯问程序、宣告程序、撤销程序等。而且，该法互见条文很多，"但书"比比皆是，文字也晦涩难懂，这就给一般人了解其规定和进行诉讼带来许多不便。另外，它规定"非律师而为诉讼代理人者，法院得以裁定禁止之"，给贫穷百姓带来了困难。②

程序多，且划分严格原本是诉讼法发展充分的必然表现，但在民国时期却导致了司法实践中案件的久拖不决，加之民国时期又实行三级终审制，其结果进一步加剧了人民的诉讼之累，南京国民政府时期就有人对此公开加以批评：

> 现在中国各级法院，拖延讼累，已成普遍现象。大凡案件不

---

① 有关此问题的讨论，请参见拙著《创制运行及变异：民国时期西安地方法院研究》（商务印书馆 2017 年版）中的相关章节。
② 叶孝信主编：《中国法制史》，北京大学出版社 1996 年版，第 435 页。

入法院则已,一入法院,便不知要拖延多少时候,才能结案,往往案甚轻微,但因须种种程序,以致犯数月之罪,羁押经年;处十元之罚,开庭十次。如某地方法院有一件侵占白米九十余石的案件,自二十年(1931)三月三十日起自诉,迄二十二年(1933)二月二日方始三审终结。在三次判决中,最高只判了十个月的徒刑,终局判决,只为徒刑五月,但全案却延展了将近二年。又有一件土豪劣绅侵占保卫团经费四成的案件,自十九年(1930)一月二十日告发,二月十四日开始侦查,迄二十二年十月二十五日终局判决,其中曾于第一审时判过徒刑一年,而结果是宣告无罪,但全案拖长到二年零九个月。再有一件殴伤旁系尊亲属的案件,自二十一年(1932)七月二十一日告诉,迄二十三年(1934)五月十一日方始三审终结,结果处罚金十元,但全案也拖了二年零十个月。①

据统计,南京国民政府时期,案件积压现象极为普遍。如仅四川阆中高等法院第四分院,至1941年3月底止,积案就多达540多件,此外每月还新收案件190余件。最高法院的积案情况则更加惊人。

表1:南京国民政府最高法院未结案件一览表②

年度	新收案件	上年度积存数	共计	办结案件	未结案件
1944	13634	6934	20577	14035	6546
1945	12267	6543	18809	14690	4119
1946	8823	4119	12942	6575	6367

---

① 阮毅成:《所期望全国司法会议者》,载《东方杂志》第32卷第10号,1935年。
② 第一个数字来自中国第二历史档案馆档案,全宗号7,引自张仁善《司法腐败与社会失控(1928—1949)》,第139页;后一个数字引自张仁善《司法腐败与社会失控(1928—1949)》,第134页。

（三）形式主义严重

"诉讼过程中，程式上的形式主义的泛滥，常常令当事人对案情的进展不明就里，法官的意图难以捉摸。各级法院对于每一讼案，必先审查其形式方面有无缺陷，而后才进行实质上的审判。而当时普通民众，识字者为数甚少，法律规定的诉讼手续多从外国学来，种种名词、术语及形式，只具备普通常识者，尚且不能理解，更莫说普通常识都不具备的广大民众"①，结果往往给民众留下了"在中国诉讼，无理者固败诉，有理者亦往往败诉"的印象。

如果仔细观察晚清以来国人对新型司法制度的不满，可以发现其中很大程度是源于对程序问题的不理解。不仅如此，这种形式主义甚至引起了一些司法人员的不满，如法官倪征燠就曾指出：

> 凡具有责任心之推事，出庭听讼时，神经极度紧张，退庭后终日伏案，笔不停挥，每多案牍劳形，夜以继日，历久身心交困，精疲力竭，既乏适当休养，遑论业余进修，循至病魔踪至，未老先衰，良可哀也！目前改业他去之法官，其因生活艰难或升不易者，固属有之，而以工作繁剧，体力不胜者，亦数见不鲜。若不简化裁判书式，尽量减少无谓之抄录工作，势必司法人员继续外流，或则工作效率减低，遇有重要案件，须运用智慧决断时，反无精力应付。

> 程序上的形式主义既苦了法官，又无益于当事人，一举两害。②

一些司法人员甚至认为对形式的过分关注，还导致了司法人员逐渐与民众产生隔阂，忽视了对实体正义的追求，以致职业道德丧失。曾任衡阳地方法院首席检察官的李棠即持此种观点：

---

① 引自张仁善《司法腐败与社会失控（1928—1949）》，第148页。
② 倪征燠：《司法问题研究》，载《中华法学杂志》第5卷第8期。

历来部中任用推检,于其人之学识虽多方考察,良以缺乏学识经验,则见理不真、判断力不强,办案即不能顺利进行。然而,品行如何及是否有责任心,实应与学识经验并重。自来攻击推检者,动辄指为受贿,究之知法犯法,到底罕闻,不过有时见解模棱,多费手续,或性情疲缓,任意拖延,实所在多有。[①]

(四)不符合中国国情

近代中国主政司法者在创制新型司法制度的过程中也曾注意吸纳一些必要的中国元素,但就总体而言,新型司法是一种移植而来的制度产物,因而,如何使其与中国国情深度融合就成了一个大的问题。民国时期长期执掌国家司法中枢大权的居正反思说:"司法新制行于吾国,在新政中为早。定都南京,试行五院以来,革新运动更趋积极,民、刑、诉讼各重要法典,次第颁行,司法制度,亦粗具规模。唯以旧习与新制不能相应,良法虽颁,美意未著。其原因:一由于制度本身未尽适合于国情;二由于推行方法未尽斟酌法理民情于至当。试就制度而言,吾国司法革新运动,肇自清末,当时改革动机,在于收回法权。故立法建制,每偏重于抄袭西洋之法制,冀以满足在华拥有领事裁判权国家之希望。实体法之规定,固不厌其详,程序法之规定,亦复同其繁密,已违吾国政简刑轻之古训。"[②]民国时期同样长期任职于司法界的张知本则认为:"中国司法制度,徒具革新之名,而没有革新之实。这种情形,无论是在新式上——行政机关兼理诉讼,或是在实质上——特殊势力干涉司法,都显然地看得出来。"[③]居正和张知本持论不同,但说的问题都是一个,即新型司法制度未能做到与中国国情相融合。正是出于这

---

① 李棠:《湖南地方通讯》,载《法治简报》第1卷第11期,引自张仁善《司法腐败与社会失控(1928—1949)》,第75页。
② 居正:《告全国司法界同仁书》,1940年,载范忠信等选编《为什么要重建中国法系——居正法政文选》,中国政法大学出版社2009年版,第200页。
③ 张知本:《中国司法制度的几个问题》,载《中华法学杂志》新编第1卷第5、6两号合刊,1937年。

一原因,以至于有学者提出了晚清以降中国的法律"看不见中国"这样的观点。①

任何一个国家的司法制度,如果出现了上述问题,民众对其进行大规模的批评和指责,都是极为正常的。

接下来的问题是:为什么同样一件事情却会出现几乎完全不同的两种评价?又是什么导致了上述现象的出现?

笔者以为,上述问题产生的原因固然很多,如司法独立不够,社会发展程度不高,各种配套保障设施机制不健全,等等。但从司法制度的角度讲,最根本的原因仍然是司法专门化程度不够。

晚清时期的司法改革参照的是德日等国,尽管在移植时已经注意到了国情的差异而做了适当变通,如对法官、检察官的考试资格。关于这一点,只要比较一下日本与晚清关于法官、检察官考试资格之规定,就可以看得十分清楚。但即便如此,仍然无法改变脱离中国国情的现实。其中最为突出的问题是符合条件的审判人员过少,无法满足现实需要。宣统元年,浙江巡抚为设立新式审判厅一事上奏朝廷,他在奏折中认真地算了一笔账:浙江一省有二厅一州七十五县,按照计划,"各级审判厅既应设三百,推事、检察等职,约需二千余人,明年仅省城及商埠各级审判厅成立,亦须推事、检察官百余人,是养成审判人才,即为筹办审判厅之第一要义"②,为此建议朝廷对此事一定要审慎并加以统筹。

发达的浙江尚且如此,地处西部边陲的新疆就更可想而知了。由于符合条件的人实在太少,新疆等地督抚不得已只得上奏朝廷,请求降低标准。法部也无太好办法,只得被迫同意:

---

① 相关讨论请参见江照信《中国法律"看不见中国"——居正司法时期(1932—1948)研究》(清华大学出版社 2010 年版)一书中的相关章节。
② 《浙江巡抚增韫奏浙江筹办各级审判厅情形折》,载怀效锋主编《清末法制变革史料》(上),第418页。

查自法院编制法颁布以后,法官非经考试不得任用,今该抚电请变通各节,本与现制不符,顾念新省地居边徼,穷荒万里,人多裹足不前,若不略予变通,则各厅成立无期,贻误实非浅鲜。臣等公同商酌,拟如该抚所请,准其暂时变通办理,仍以各员在省试验数月,发往各该处开办。一年后再由该抚查照上年京外补行考验各厅法官办法,一律严行甄别,以定汰留,而示限制。①

既然新疆可以降低标准,其他省份也就很难制止了,于是一大批旧式刑幕人员也挤进了新式审判机关。有学者对晚清新式审判厅设立后的14个省的法官情况进行了统计,结果表明,晚清省城商埠先期设立了各级审判厅,共有要法官666人,而所统计的14个省里共有法官397人,约占666人总数的60%。其中234人没有受过新式、正规的法学教育,占所考察省份法官总数的59%。个别省份这一比例则更大,如山东有法官20人,18人没有受过新式、正规的法学教育,比例高达90%;云南47名法官,有41名没有受过正规的法学教育,比例也达87%。②

亲自参与了这一过程的法界名流,时任奉天高等审判厅厅长的许世英在回忆录中无奈地说:"在草创审判厅之时,所需要的显然不是这

---

① 法部:《又奏新疆开办各厅请暂行变通任用法官片》,载《政治官报》1911年2月25日,第1219号。
② 引自李启成《晚清各级审判厅研究》,北京大学出版社2004年版,第189页。此外,有关晚清、民国初年新式审判机关司法人员来源问题方面的研究,还请参见李在全《变动时代的法律职业者:中国现代司法官个人与群体(1906—1928)》(社会科学文献出版社2018年版)一书中的相关章节。其实,合格司法人员短缺不仅只是晚清特有的问题,整个民国时期都是如此,即便是到了20世纪30年代,著名的法学家张知本仍然说:以法学人才而言,目前习法学者,虽有多数失业,但一旦全国司法纳入正轨,原有兼理司法之各县,一律设立县法院或地方法院,则法学人才之供需情形又将如何。按现在各省共有292地方法院,改设后将为现数的五倍,今以一地方法院须置院长、庭长、推事、检察官、书记官及监狱人员平均最低限度10人合计,如已计划而未设立之地方法院,即尚需约15000人,至于行政方面所需政法人才之多,更无论矣。

第二章　厘清方向：专业化司法制度之肇始

一类的法官（即旧人），可是所能'供应'的，却只是这一类的人。"①

合格司法人员的短缺，加之财政紧张还制约了新式法院的设立，袁世凯于 1914 年 4 月 5 日公布了《县知事审理诉讼暂行章程》，规定凡未设审检厅之地方各县，第一审应属初级或地方审判厅管辖的民刑诉讼，均由县知事审理，称兼理司法院。此后相当长的一段时间里，地方新式法院的设立工作被迫停止，新式法院与传统的行政兼理审判制度在中国并行不悖。这一现象必然导致基层司法人员的素质无法适应新型司法制度的要求。

> 遗憾的是，民初的下级司法机关仍未健全，而其又执掌初审，与人民最为接近，古之所谓"亲民之官"是也。得其人则狱讼平，人民对于法院之信仰自然增高；不得其人则冤抑丛生，不足使两造折服，而从目前的文献史料看来，当时下级司法机关显然脚步离大理院一大截！②

1927 年 2 月，青年毛泽东在湖南深入调查之后，也曾指出：

> 湖南的司法制度，还是县知事兼理司法、承审员助知事办案。知事及其幕佐要发财，全靠经手钱粮捐派，办兵差和在民刑诉讼上颠倒敲诈这几件事，尤以后一件为经常可靠的财源。③

明白了这点之后，就会懂得前面所讲的北京政府时期在司法人员专业化方面取得的成就，主要体现在大理院、省高等审判厅及一些发

---

① 许世英：《许世英回忆录》，台北人间世月刊社 1966 年版，第 101—102 页。
② 黄源盛：《近代刑事诉讼的生成与展开——大理院关于刑事诉讼程序判决笺释》，载《清华法学》第 8 期，第 133 页，脚注 2。
③ 毛泽东：《湖南农民运动考察报告》，载《毛泽东选集》第 1 卷，人民出版社 1991 年版，第 30 页。

达地区的地方审判厅这些新式审判机关之中。

由此可见，晚清民国时期司法实践中出现的许多问题并非专业化司法所导致的，反而是司法专业化程度不够所造成的，是传统审判制度在新体制、新时代中的一种变相复原。

但不管出于什么原因，晚清以来司法实践中出现的这些问题不可避免地伤害了司法界的信誉，一定程度上造成了司法威信的丧失，并成了日后中国共产党人思考司法制度建设时的出发点。

第三章 改弦易辙：大众化司法制度之试验

> 在第一届参议会讨论边区施政纲领时，我们就提出建立便利于人民的司法制度，一切为着人民着想，真正为群众解决问题，故诉讼手续非常简单，着重于区乡政府的调解和仲裁，没有什么审级、时效、管辖的被限制，案件处理也比较迅速。这样的司法制度和工作方法，在全中国范围内，只有边区敢于这样实验。
>
> ——雷经天：《关于改造边区司法工作的意见》

陕甘宁边区开辟了中国现代司法制度的新时代。尽管早在第一次国内革命战争时期，中国共产党就曾在一些根据地建立过自己的政权，甚至还一度建立过号称全国性的政权，如中华苏维埃共和国等。但这些政权存在的时间普遍较短，加之严酷的战争环境，政权唯有依靠军队才能存活，因而，严格意义上的执政是从全面抗战时期的陕甘宁边区开始的。

20世纪20年代初，伴随着红色苏维埃运动在中国的兴起，陕西北部的延安、榆林一带也有了中国共产党人的活动，并建立了党的组织和武装力量。1934年11月陕甘边苏维埃政府宣告成立，习仲勋任主席，下设土地、劳动、财政、粮食、肃反、工农监察、文化、妇女等委员会。政府所在地是甘肃庆阳华池南梁寨子湾。次年1月，又成立了陕北省苏维埃政府，马明方任主席。政府所在地为陕西安定。下设机构除上述组织外，还成立了裁判部和工农检察部。崔田夫为裁判部部长，罗梓铭为检察部部长。此时，政权尚处于隐蔽和流动状态，因而两个政权下辖的十数个县、区级根据地政权司法机关并不健全。1935年后，随着革命势力的扩大，政权趋向稳定，各县、区苏维埃政府陆续开始设立司法机关，但名称不统一，有的称司法处，有的称裁判处，其任务以镇压罪大恶极的地主和反革命分子为主。至此，陕甘地区苏维埃政权终于有了自己相对稳定的司法组织。

不久，中央红军到达陕北，1935年11月，中华苏维埃共和国临时中央政府中央委员会决定成立中华苏维埃共和国中央政府西北办事处，西北根据地迎来了新的发展契机。办事处主席为博古，下设司法内务部，部长为蔡树藩，同时宣告中华苏维埃共和国最高法院（院长董必武）和司法部（中华苏维埃共和国中央政府西北办事处司法部部长谢觉哉）在西北根据地继续行使权力，统一领导陕甘地区所属的省、县、区裁判部，边区司法组织建设逐渐步入正轨。中央红军以原有的根据地为中心又陆续攻占了临近的甘肃、宁夏部分地区，形成了

第三章 改弦易辙：大众化司法制度之试验

左：董必武：1937年7月17日—10月任陕甘宁边区高等法院院长
右：谢觉哉：1937年7月12日—1937年7月17日任陕甘宁边区高等法院院长

陕甘宁边区的区域范围。1937年初，抗日民族统一战线初步形成，中共中央提出改苏维埃政府区域为中华民国特别行政区，接受国民政府领导，后经协商将特区改为边区。2月，中共中央决定由林伯渠负责主持西北办事处的工作，筹划创建陕甘宁边区政府。7月，西北办事处建制撤销，原设的司法部及县、区的裁判部随之取消。7月12日根据《陕甘宁边区议会及行政组织纲要》规定，陕甘宁边区高等法院先于边区政府而成立。8月，中国共产党颁布《抗日救国十大纲领》，宣布"废除一切束缚人民爱国运动的旧法令，颁布革命的新法令"，开始了边区政府的诉讼立法活动。9月6日，陕甘宁边区政府正式宣告成立。1938年3月15日边区政府还专门成立了司法研究委员会，同年10月成立边区法制委员会，加强对司法问题的研究和司法制度建设的指导。1939年9月边区政府又成立了法制室，明确规定其任务为：关于边区适用法律之建议及草拟事项；关于边区各种单行法规之审查修正事项；关于法学杂志之编辑出版事项；关于外国法律之翻译事项；等等。从此，边区司法制度建设步入了一个新的更加规范的时期,到 1941 年前后,边区司法组织和司法制度已基本建立起来。

陕甘宁边区政府同中共此前创建的苏维埃政权在性质上有着明显的不同。按照中共领导人毛泽东的解释,中华苏维埃共和国是"工农共和国",而陕甘宁边区则是"人民共和国",至于工农共和国与人民共和国的区别,毛泽东也有过阐述:

> 我们的政府不但是代表工农的,而且是代表民族的。这个意义,是在工农民主共和国的口号里原来就包括了的,因为工人、农民占了全民族人口的百分之八十至九十。我们党的第六次全国代表大会所规定的十大政纲,不但代表了工农的利益,同时也代表了农民的利益,同时也代表了民族的利益。但是现在的情况,使得我们要把这个口号改变一下,改变为人民共和国。这是因为日本侵略的情况变动了中国的阶级关系,不但小资产阶级,而且民族资产阶级,有了参加抗日斗争的可能性。①

第一节　司法理念

就渊源来说,陕甘宁边区早期的司法理念主要来源于马克思主义国家观和法律观,以及苏联法学界对马列主义法律观所做的理论阐释;就方法而言,陕甘宁边区早期司法理念的形成,主要是通过对苏维埃时期司法工作经验教训的继承和总结。上述两点决定了这一时期的司法理念既不同于中国传统的,也有别于晚清以来移植于西方的,同时也与 1942 年以后陕甘宁边区自己摸索出来的司法理念有着一定的区别。

---

① 毛泽东:《论反对日本帝国主义的策略》,载《毛泽东选集》第 1 卷,人民出版社 1991 年版,第 158 页。

第三章　改弦易辙：大众化司法制度之试验

一、司法工作必须以共产党的政策为中心

　　强调法律的阶级性是马克思主义法学的本质特征。法律是由统治者的"共同利益所决定的""意志的表现"①，马克思的这句话在共产国际内部可谓人尽皆知。这一观点，在20世纪30年代经苏联法学家维辛斯基等人的阐释形成了一种法定的有关苏维埃法律性质的表述："苏维埃法律是由劳动者的权威以立法形式固定下来的、表现他们的意志的行为规则的总和。为了保卫、巩固和发展有利于劳动者并为劳动者所同意的关系和安排，为了彻底地最后地铲除资本主义以及留存于经济制度中、生活方式中和人们思想意识中的资本主义残余——为了建设一个共产主义的社会，社会主义国家以全部强制力来保证这些规则的有效的实施。"②即法律是统治阶级实现自己统治的工具。这种固定的话语表达经党内的一些留苏人员传回党内。

　　有关司法与政治的关系，早在根据地时期便在党内形成了不变的主流观点及牢不可破的理念，这种关系最终又被简化为对共产党政策的执行。正像有研究者所阐述的那样，法律为政治服务的思想在青年毛泽东的头脑中就已确立。此后他所领导制定的所有法律，都围绕着一定时期的政治中心；法律的改与废，也因政治的需要而变化。不迷信法律，把法律作为政治工具使用，在毛泽东的法律思想中表现得一直较为突出。③

　　曾任陕甘宁边区高等法院院长的雷经天也公开称：

　　　　法律是政治的一部分，是服务于政治的，因此司法工作是在

---

① 〔德〕马克思、恩格斯：《德意志意识形态》，载《马克思恩格斯全集》第3卷，人民出版社1960年版，第378页。
② 〔苏〕维辛斯基：《苏维埃国家的法律》，转引自〔奥〕凯尔森《共产主义的法律理论》，王名扬译，中国法制出版社2004年版，第166页。
③ 参见徐显明：《人民立宪思想探原》，山东大学出版社1999年版。

政权工作的整个领导之下执行政治任务的。否则，就会使司法工作和整个的政权工作脱离开来，就不能完成整个政治工作的使命，这是法律和政治的关系，也是司法工作的政治目的，我们边区的司法工作正是表现了这一特点的。①

二、司法是镇压敌对分子的有力手段

苏维埃运动时期，初建的人民政权处于流动和隐蔽的状态，大都未能建立专门的司法机构。即便有，其职能也主要是镇压地主土豪和反革命分子，较少受理民事纠纷，即主要承担革命的职能。这种现象反映到人们的头脑里便逐渐使许多人形成了对司法制度的基本认知，即司法是镇压一切敌对分子反抗的有力手段或工具。为此，1934年4月颁布的《中华苏维埃共和国惩治反革命条例》第3条规定"凡组织反革命武装军队及团匪、土匪侵犯苏维埃领土者，或煽动居民在苏维埃领土内举行反革命暴动者，处死刑"；第5条规定"组织各种反革命团体，实行反对和破坏苏维埃，意图维持或恢复豪绅地主资产阶级统治者，处死刑"；第6条规定"组织或煽动居民拒绝纳税或不履行其他义务，企图危害苏维埃者，处死刑"；"以反革命为目的，用反动的文字、图画、讲演及谈话对居民或红色战士进行宣传鼓动或制造散布谣言，使社会发生恐慌，破坏苏维埃及红军信仰时，处死刑"。②

更有甚者，如闽西苏维埃政府布告规定：

闽西自暴动以来，各县妇女多数实行剪发，所有金银首饰俱

---

① 雷经天:《边区司法工作报告》，载上海社会科学院院史办公室编著《重拾历史的记忆——走近雷经天》，上海科学院出版社2008年版，第177页。
② 韩延龙、常兆儒编:《中国新民主主义革命时期根据地法制文献选编》第3卷，中国社会科学出版社1981年版，第6—7页。

第三章 改弦易辙：大众化司法制度之试验

变为废物，一般贪利之徒，争向群众收买，发到白色区域去贩卖，以图厚利。查金银首饰可转变为银币，贩卖首饰是和私运银币出口同样的捣乱金融。因此本政府经济、土地委员联席会议决议，并经常委会通过，禁止私人收买金银首饰，以后如有私人在赤色区域收买首饰，一经查出，处以十倍以上罚金，其将首饰送到白色区域贩卖，或在赤区私铸银币，则处以死刑。为此特行布告，仰我革命群众，一体遵照。①

这种理念在陕甘宁边区早期仍有很大的市场，或者准确地说是其主流思想。1939年，延安时期的中共领袖毛泽东公开说："我们的法院它不管别的，专门管对付汉奸、对付破坏法律的人，以国法制裁破坏团结、破坏抗战的分子。"②

陕甘宁边区政府主席林伯渠，1941年4月在其所做的政府工作报告中坦言：

边区司法制度，同整个政权一样，它的基本精神是：
（1）保护各个革命阶级的利益，纠正资本主义国家各阶级在法律面前虚伪的平等而代之以真正的实质的平等。
（2）实施法律制裁的主要对象是破坏抗日民主制度的汉奸、土匪等。
（3）法庭是代表人民进行审判而不是离开人民的特殊机关。
（4）法庭是政府的一部分，他的审判对人民（代表人民的各级参议会）负责，同时也对政府委员会负责，法律是应服务于政

---

① 韩延龙、常兆儒编：《中国新民主主义革命时期根据地法制文献选编》第3卷，第14页。
② 雷经天：《在陕甘宁边区政府学习研究会上的报告大纲》，1940年9月，陕西省档案馆馆藏档案，全宗号15。

治的……①

陕甘宁边区高等法院院长雷经天在《边区司法工作报告》中亦一再强调：

这个法律是对破坏抗战、破坏团结的反动分子的专政，对一切汉奸分子的专政。②

总结一个人、一个团体，甚至是一个政权的司法理念，既要观其言，更要察其行。陕甘宁边区早期各级司法机关审理的案件类型和数量也充分证明了司法是镇压敌人的有利武器这一理念。据统计，1938年和1939年两年，边区司法机关共审理刑事案件2166起，而民事案件只有613起，两项累计2779起。总之，镇压一切敌对阶级的反抗，是边区司法工作的任务和边区司法工作的重心所在。边区政府主席林伯渠总结说："这证明边区司法确是能为民族、为革命服务的。"③

总之，司法是镇压敌人的有利手段这一理念，在边区初期的社会生活中仍然占据着主流地位。

三、司法工作是一种专门工作

司法工作是一种专门的工作，在现代人看来这似乎是一个非常简单的常识，但对意欲夺取政权的中国共产党来说，形成这一认知则绝非易事。苏维埃时期，革命激情高涨，各机关、团体，甚至企事业单

---

① 林伯渠：《陕甘宁边区政府工作报告》，载陕西省档案馆、陕西省社科院合编《陕甘宁边区政府文件选编》第3辑，档案出版社1987年版，第220页。
② 雷经天：《边区司法工作报告》，载上海社会科学院院史办公室编著《重拾历史的记忆——走近雷经天》，第177页。
③ 林伯渠：《陕甘宁边区政府工作报告》1939—1941年，载陕西省档案馆、陕西省社科院合编：《陕甘宁边区政府文件选编》第3辑，第220页。

位乱捕、乱罚、乱判的现象较为常见；此外，因夸大敌情而开展的肃反运动，进一步导致了司法权的旁落和司法机关的边缘化，给革命事业造成了无法估量的损失。陕甘宁边区政权建立后，经过不断反思，党内逐渐有了司法工作是一种专门工作这一新的认知。

（一）司法权只能由司法机关行使

所谓司法工作是一种专门工作，首先是指在边区领导人看来，司法工作只能由司法机关来处理，其他团体和机关无权处理司法问题。1940年6月8日，陕甘宁边区政府在致庆阳县政府的便函中明确强调："人民有逮捕现行犯之权，应加以解释，不然容易发生毛病。"①1940年7月5日，毛泽东为中共中央起草的党内指示《论政策》一文中，对此提出了明确要求：

> 要消灭任何机关团体都能捉人的混乱现象；规定除军队在战斗的时间以外，只有政府司法机关和治安机关才有逮捕犯人的权力，以建立抗日的革命秩序。②

作为过渡，1940年8月边区政府主席和高等法院院长发布训令，强调人民、区乡政府、机关学校团体、保卫机关和武装部队唯有在某些特殊的情况下方可严格遵照政府的规定，行使法律赋予的某些司法权力。

《施政纲领》是陕甘宁边区的宪法性文件，1941年颁布的《陕甘宁边区施政纲领》第6条规定："除司法系统及公安机关依法执行其职务外，任何机关、部队、团体，不得对任何人加以逮捕、审问或处罚。"③

---

① 陕西省档案馆、陕西省社科院合编：《陕甘宁边区政府文件选编》第2辑，档案出版社1987年版，第280页。
② 毛泽东：《论政策》，载《毛泽东选集》第2卷，人民出版社1991年版，第768页。
③ 艾绍润、高海深主编：《陕甘宁边区法律法规汇编》，陕西人民出版社2007年版，第5页。

将保障公民的人身权和司法机关的地位上升为宪法原则。

（二）司法工作需遵守一些必要的原则

在边区主要领导人看来，既然司法工作是一项独立的工作，就应该遵循诸如平等等基本原则。需要指出的是，纵观陕甘宁边区的司法制度史，司法工作必须遵循一些基本原则、保有相对独立的工作方法这一理念的形成并非源自学理层面的提升，而是实践的结果。发生于1937年的黄克功案就是这样一个典型的事件。1937年10月5日夜，抗日军政大学第6队队长、参加过井冈山斗争和长征并屡立功勋的黄克功因逼婚未遂，在延河边枪杀了陕北公学的学员刘茜。此案发生后，围绕着如何处理黄克功在延安发生了激烈争论。一部分人主张，此事败坏了边区的名誉，造成极坏影响，力主对黄处以极刑。另一部分人则认为，黄克功为革命立有功勋，在此民族危亡关头，可叫他戴罪杀敌，以功赎罪。黄克功本人也亲自给法庭写信，请求"从轻治罪"。

陕甘宁边区高等法院经过讨论，认为黄克功这种卑鄙行为，严重破坏了红军的纪律，违犯了边区政府的法令，故应判处死刑，依法办事是司法机关必须坚持的原则。为此，高等法院经边区政府同意将意见上报中共中央。黄克功得知后，又于10月9日再次致书法庭，同时致书毛泽东，希望"法庭须姑念我十年艰苦奋斗，一贯忠于党的路线，恕我犯罪一时，留我一条生命，以便将来为党尽最后一点忠，实党之幸，亦功之最后希望也"。① 中共中央与毛泽东接到法庭的判决意见及黄克功的信后，立即召集党中央政治局和中央军委开会，经讨论同意将黄克功处以死刑，并建议因此案件较为典型，为教育群众，望能在死者学校进行公开审判。

同月11日，陕甘宁边区高等法院在陕北公学大操场公审黄克功枪杀刘茜一案，延安各界数千人参加了公审大会。中国人民抗日军政

---

① 雷云峰编著：《陕甘宁边区史》，西安地图出版社1993年版，第119页。

第三章 改弦易辙：大众化司法制度之试验

大学政治部的胡耀邦、边区保安处的黄佐超，以及检察官徐世奎等为公诉人，边区高等法院法庭庭长雷经天任审判长，抗日军政大学、陕北公学选出的李培南、周一明、王惠之、沈新发等任陪审员，共同组成审判法庭，袁平、任扶中任书记官。审判庭按照必要的程序，经过讯问被告人黄克功，以及证人出庭做证、群众代表发言和辩论等程序，最后由审判长宣布，判处黄克功死刑。此案处理的结果，对于改变苏维埃时期同罪异罚的司法理念起了一定的推动作用。①

当然，所谓"司法工作是一项专门工作"在陕甘宁边区只是一个相对的提法，并非一成不变，其含义只是强调行业之间的必要分工。也就是说，专门工作与专业化在内涵上差异较大。专业化强调的是作为一种社会职业必须具有的专业知识、专业技能和思维方式。专业化是从社会分工和行业的划分中一步步引发出来的，即社会分工往往是走向专业化的第一步。② 然而，在陕甘宁边区，一方面可以看到边区政府确实在强调行业之间需有必要的分工，但另一方面则又要求所有的政府工作人员，理所当然地也包括司法人员必须在思想上、观念上乃至行动上同政府保持高度一致，这就不可避免地导致了所有从业人员思维方式上的日益趋同。为了更好地说明这一点，仍以黄克功案的判决书来进行佐证。在黄克功案判决书的理由部分，边区高等法院审

---

① 苏维埃时期法律明确规定，犯罪者因阶级成分不同，同罪异罚。
② 从法律社会学的角度考察，司法独立是法律活动专门化的必然要求。苏力认为，司法活动的专门化是司法独立的社会历史条件，这是一个历史的演进过程，是与劳动分工的增加、社会生活复杂化的趋势相联系的。他指出，随着社会分工、特别是市场经济条件下高度社会分工的发展，法律机构会发生一种趋势性的变化，即法律的专门化。具体包含三方面的内容：首先，是社会中从事法律事务的人员的专门化；其次，是伴随法律事务人员的专门化出现了法律机构具体设置的专门化；最后，表现为相对独立的机构运作，尤其是司法机构的活动在社会生活中的相对独立。这种独立除社会分工加剧的大背景外，还在于此时的法律职业活动中已经形成了独有的或专有的知识或技术，没有经过一定专门训练的人完全无法涉猎，以及法律职业界为追求自我的集团利益，同时为保证法律服务的质量而出现的事实上和法律规定上的专业垄断等因素。（苏力：《论法律活动的专门化》，载苏力《法治及其本土资源》，中国政法大学出版社1996年版，第137页。）

判庭如此写道：

理由：（1）蓄意杀害刘茜的犯罪行为，该凶犯黄克功既已直供不讳，更加以检察机关所提出各种确凿证据证明，罪案成立，已无疑义。（2）值兹国难当头，凡属中国人民，均要认清日本帝国主义及其走狗——汉奸才是自己国家民族的死敌，我们用血肉换来的枪弹，应用来杀敌人，用来争取自己国家民族的自由独立解放，但该凶犯黄克功竟致丧心病狂，枪杀自己的革命青年同志，破坏革命纪律，破坏革命团结，无异于帮助了敌人，无论他的主观是否汉奸，但客观事实，确是汉奸的行为。（3）刘茜今年才十六岁，根据特区的婚姻法律，未达结婚年龄；黄克功是革命干部，要求与未到婚龄的幼女刘茜结婚，已属违法，更以逼婚不遂以致实行枪杀泄愤，这完全是兽性不如的行为，罪无可赦。无论刘茜对黄克功过去发生过如何好的感情，甚至口头允许将来结婚，其后因不同意而拒绝，亦属正当，绝不能以此借口加以伤害。（4）男女婚姻，因完全是出于自愿结婚，条件或不适宜，亦可正式分离，绝不许任何的强迫。黄克功与刘茜的关系，最高限度只不过是朋友相恋，即使结婚，各人仍有其个人的自由，黄克功绝不能强制干涉刘茜的行为，更不能借口刘茜滥找爱人成为枪杀原因。（5）凶犯黄克功对刘茜实行杀害以后，清洗衣鞋，擦拭手枪，湮没罪证，复在刘茜信上，假造时日，捏造反证，更在学校法庭询问的时候，初尚狡赖，推卸责任。这些足以证明黄克功预谋杀人的计划及对于革命的不忠实，这些表现实为革命队伍中之败类。本院根据以上种种理由，特为判决如主文。[①]

[①] 张世斌主编：《陕甘宁边区高等法院史迹》，第94页。

该判决书的格式分为主文、理由、事实三段,与晚清以来新式审判机关所采用的判决书完全一致,也与边区党政军其他行业及部门的文书明显不同。判决书的理由部分也尽可能地从法律层面对本案判决的结果进行阐释,其中的一些阐释颇具专业水准,反映了裁判者已具有一定的法律修养。但仔细阅读则又不难发现,裁判者的着眼点并不完全站在法律层面,突出表现为判决书通篇所贯串的政治和道德论说。黄克功的杀人行为原本是一个极为简单的法律问题,但该判决书的第二部分却又生硬地将黄的行为与汉奸罪名联系在一起,用政治语言代替法律思考,即直接将司法等同于政治工具。本判决书是一篇典型的陕甘宁边区早期刑事判决书,它对于正确认识边区早期司法机关的功能和司法理念有着重要的价值。

总之,在陕甘宁边区早期的司法理念中,司法工作必须无条件地服从中国共产党的路线方针和政策,但在具体执行中又禁止其他部门和民众的干预,也就是说司法机关应是一个相对独立的部门。

四、方便民众

1939 年,陕甘宁边区制定的第一部施政纲领明确规定"建立便利人民的司法制度"①,这使方便民众成为一项宪法原则。1939 年 5 月 13 日,陕甘宁边区高等法院发布第 5 号通令,规定"受理民刑事件,如果当事人自诉者,应当有原告人的诉状(原告人不会写诉状的,可让他自己口述,由书记员代他记录起来,作为诉状)"② 以备存案。此外,对于诉状,陕甘宁边区政府和高等法院还采取了两项便民措施:一是除规定群众口头控告,由法院书记员无条件地代写状词。各县民众教育馆、群众团体的工作人员、乡村小学教员亦负责此项工作。著名作家杜鹏程 1939 年下半年在延川县群众教育馆工作时,就经常无偿地为

---

① 艾绍润、高海深主编:《陕甘宁边区法律法规汇编》,第 3 页。
② 同上书,第 78 页。

群众代写诉状,由于他写的诉状内容表述实在,裁判员和当事人都较满意。①二是诉状不拘格式,只要说清诉讼原因,讲明理由,能看清楚即可,司法机关不得以格式不符合规定而拒绝受理。

此外,为了方便民众,边区政府还规定诉讼不收取诉讼费。

1940年4月公布的《陕甘宁边区政府关于新区行政工作之决定》又从政府的角度对此进行了细化:处理与接受案件,一切应便利民众,少拘形式。1941年5月10日,陕甘宁边区高等法院对各县司法工作的指示信中进一步指出:"司法机关从受理案件一直到判决,一切必要便利当事人。"②边区政府主席林伯渠说得则更为直截了当:(边区的)诉讼手续必须力求简单轻便。总之,边区政府和高等法院尝试将方便民众落实到具体的诉讼程序之中。

由此可见,方便民众已成为陕甘宁边区司法的基本理念。同样是方便民众,仔细辨析陕甘宁边区司法系统1941年以前的做法,可以明显地发现,这一时期强调的方便民众,侧重点主要集中在外在的形式上,具有一种自上而下的略带施舍的性质,它同1942年后边区司法系统在强调司法为民之后推行的一些做法仍然有很大的不同。

第二节 司法制度

陕甘宁边区的司法机关,从名义上讲受南京国民政府最高法院管辖,但实质上保持着完全的独立。

一、司法体制

陕甘宁边区的司法体制和制度,是在继承中华苏维埃时期的司

---

① 引自延安市中级人民法院审判志编委会《延安地区审判志》,陕西人民出版社2002年版,第62页。
② 陕西省档案馆馆藏档案,全宗号15。

第三章　改弦易辙：大众化司法制度之试验

法体制基础上，结合抗日根据地的实际情况逐步建立起来的。中国共产党的领导、议行并立以及民主集中制是陕甘宁边区政权建设的基本原则。

（一）司法机关与中国共产党的关系

在陕甘宁边区司法体制中，司法机关与中国共产党的关系处于最核心的地位。陕甘宁边区政权实行中国共产党的一元化领导。[①]中国共产党的一元化领导，包含两层含义：

1. 在同级党政军民等组织的相互关系上，中国共产党领导一切。1942年9月1日，中共中央《关于统一抗日根据地党的领导及调整各组织间关系的决定》中首先提出了根据地领导的"一元化"问题，强调"根据地领导的统一与一元化，应当表现在每个根据地有一个统一的领导一切的党的委员会（中央局、分局、区党委、地委），因此，确定中央代表机关（中央局、分局）及各级党委（区党委、地委）为各地区的最高领导机关，统一各地区的党政军民工作的领导"。[②]抗战时期的陕甘宁边区是中共中央所在地，因而，无论是从理论上讲，还是从实际操作层面看，陕甘宁边区政权系统的所有部门都必须带头接受中共中央的领导。中共中央西北局则是陕甘宁边区党的直接领导机关。中共中央西北局的前身为1939年成立的中共西北工作委员会和1940年9月成立的中共陕甘宁边区中央局，1941年5月上述两个机构被撤销，成立中共中央西北局。换言之，边区政权系统的所有部门，理所当然地包括法院，都处于中共中央西北局的直接领导之下。抗战时期党的一元化领导尚处于起步阶段，加之受战争环境的影响，党组织本身的规范化程度也有待提高，因而无论是中共中央，还是中共中央西北局内部尚未形成类似于日后的"政法委员会"之类的具体领导机构。

---

① 有关边区党的一元化领导问题的研究请参见李智勇《陕甘宁边区政权形态与社会发展（1937—1945）》，中国社会科学出版社2001年版，第62—64页。
② 中央档案馆编：《中共中央文件选集》第13集，中共中央党校出版社1989年版，第427页。

2. 在党内的上下级关系上，下级服从上级。"个人服从组织，下级服从上级，全党服从中央"，党员个人无条件地服从组织，这是党内必须坚持的原则。"在政权系统中工作的党员和干部，必须服从党委与党团的决议、决定与纪律，不得利用自己的地位自由行动"，"假如党团同志因为自己的意见与同级党委有分歧而不坚决执行党委的决定，这是党团同志违反党纪的行为，应当受到指斥与处分"。党的基层组织、地方组织"对上级及中央之决议、决定、命令、指示，必须坚决执行"，不得"阳奉阴违，或在解决新的原则问题及按其性质不应独断的问题时，不向上级和中央请示"。①

为了落实党的一元化领导，边区还在各级政府的民间团体之内，建立了同级党的组织，从而确保党的路线、方针在各级政府、各个部门、各种民间组织中得以落实。

在党组织的一元化领导下，司法的功能开始被拓宽，司法工作开始越来越服务于政治。也就是说，边区的司法机关除要承担解决纠纷，维护社会秩序与公正之外，还担负着必要的政治功能，立法和司法在党的统一领导下开始高度一致，共同为落实党的路线、方针、政策服务。不仅如此，在陕甘宁边区立法不足的情况下，司法还承担着弥补立法不足的责任。这或许就是陕甘宁边区司法工作的最大特点。

在这种体制下，司法机关与税务、教育、建设等机构只有分工的不同，本质上没有任何区别，它必须与党和边区政府的路线、方针、政策保持一致，必须服务、服从于党和边区政府的路线、方针和政策。中华人民共和国成立后，董必武曾对此进行过总结，他说：

> 我们党从井冈山建立革命政权的时候起，就有了自己的政法工作。人民政法工作和军事工作、经济工作、文教工作一样，在

---

① 中央档案馆编：《中共中央文件选集》第13集，第433—434页。

第三章 改弦易辙：大众化司法制度之试验

表2：陕甘宁边区议会和行政组织图

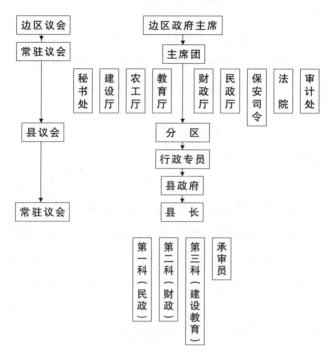

党中央和毛主席的领导下，从民主革命到社会主义革命，逐步积累起丰富的经验，形成了自己的优良传统。这就是服从党的领导、贯彻群众路线、结合生产劳动、为党和国家的中心工作服务。①

明白了这一点之后，就会懂得为什么党和陕甘宁边区政府所布置的一切工作，无论是精兵简政、整风，还是征兵征粮、开荒种地，司法机关都要参加。换言之，司法只是政权的一个分支，是政权整体工作中的一个环节，因而司法权力不是终极的。党与司法机关的关系是

---

① 董必武：《实事求是总结经验，把政法工作做得更好》，1959年5月16日，载《董必武法学文集》，法律出版社2001年版，第423—424页。

决定与执行之间的关系。司法是党夺取政权、维护政权的一种工具和手段，因而边区司法机关必须在中国共产党和边区政府的领导之下，那种想摆脱党的领导的想法是绝对不能容忍的。司法机关和司法工作不可能，也不应该具有独立性；而司法机关与教育、工会、妇联等部门和团体之间的关系，则是在党和边区政府的统一领导下相互配合、分头负责的关系。

（二）司法机关与民意机关的关系

1937年5月颁布的《陕甘宁边区议会及行政组织纲要》规定：边区各级民意机关为议会。抗日战争全面爆发后，为了适应抗日民族统一战线的需要，保持中国境内政权组织形式上的统一，陕甘宁边区政府从1938年起，根据南京国民政府的规定，将议会改称为参议会。陕甘宁边区参议会开始成为边区的权力机关，"边区各级参议会为边区各级之人民的代表机关"，"各级参议会为各级政权的最高权力机关，各级政府服从各级参议会之决议"。参议会的职责是制定、颁布和修改法律，选举和监督边区政府、边区司法机关等。

陕甘宁边区在政权体制上同苏维埃时期的最大不同，就是放弃了议行合一的原则，改行"行政与立法并立"的新体制。具体而言，从法律上讲政府从属于议会，就职能而言两者并列。《陕甘宁边区各级参议会组织条例》规定，边区参议会的职权为：

（1）选举边区政府主席、边区政府委员及边区高等法院院长；（2）监督及弹劾边区各级政府之政务人员；（3）批准关于民政、财政、建设、教育及地方军事各项计划；（4）通过边区政府所提出之预算案；（5）决定废除或征收地方税捐；（6）决定发行地方公债；（7）议决边区之单行法规；（8）议决边区政府主席或政府委员会及各厅厅长提交审议事项；（9）议决边区人民及民众团体提交审议事项；（10）督促及检查边区各级政府执行参议会决议案之事项；

(11) 决定边区应兴、应革之重要事项。①

《陕甘宁边区高等法院组织条例》第 2 条、第 3 条规定,边区高等法院在边区参议会之监督、边区政府之领导下"独立行使其司法职权"。根据上述规定,我们基本可以将司法机关与参议会的关系归结为监督和被监督的关系:作为执法机关,司法机关须严格执行参议会通过的各种法规,并接受其检查和督促;各级审判机关的负责人由各级参议会选举产生,参议会有权监察和弹劾所有的司法人员。

(三) 司法机关与政府的关系

《陕甘宁边区议会及行政组织纲要》以及《纲要说明》中指出:"边区法院审判独立,但仍隶属于主席团之下,不采取司法与行政并立状态。因为时局变动,审判常须受政治的指导。与其设特别法庭或特种审判来调剂,不若使法院在主席团领导下保持其审判独立,这样于保障人权较为有利。"② 而 1943 年起草的《陕甘宁边区政纪总则草案》中对此表述得更为清楚:"司法机关为政权工作的一部分,应受政府的统一领导,边区审判委员会及高等法院受边区政府的领导,各下级司法机关应受各该级政府的领导……司法工作应该在各级政府的统一领导下进行,在未成立法院的地区,行政长官应兼负审判责任。"③

在这种体制下,司法机关为隶属于各级政府的职能部门,各级政府对司法机关的管理不仅包括日常的行政、财政、人事等,还包括具体的审判事务,如重大案件须经县政务会议讨论决定等。换言之,司法机关与同级政府是一种领导与被领导的关系。在边区领导人看来,

---

① 《陕甘宁边区各级参议会组织条例》,1941 年 11 月边区第二届参议会通过,第 2 条。参见陕西省档案局编《陕甘宁边区法律法规汇编》,三秦出版社 2010 年版,第 40—41 页。
② 《陕甘宁边区参议会》编写组编:《陕甘宁边区参议会(内部资料)》,中共中央党校科研办公室 1985 年刊印,第 46 页。
③ 《陕甘宁边区政权建设》编辑部编:《陕甘宁边区的精兵简政(资料选辑)》,求实出版社 1982 年版,第 10 页。

这种体制具有鲜明的优点：

> 一方面纠正资本主义国家各阶级在法律面前虚伪的平等，而代之真正的实质的平等，规定法庭代表人民进行审判，案件绝对公开；另一方面剥除司法表面上超乎政治，实际上则受政治决定的伪装，而清楚地规定法律是服务于政治的，法庭要受各该同级政府领导，直接对人民、对政府委员会负责。人民对司法不满，可向各级参议会或政府控告，或依法改选法官。[1]

二、司法机关

陕甘宁边区具体从事审判、检察以及司法行政，甚至部分侦查职责的机关是边区高等法院和县司法处。中央红军到达陕北后，恢复建立了司法部。1937年2月，司法部发布第一训令，规定"司法机关是非常尊严的，应选正直而有革命历史的同志负担，建立他的独立工作，不得以人随便兼任"。[2] 陕甘宁边区司法机关的建立由此步入正轨。

（一）终审机关

陕甘宁边区的终审机关是边区高等法院。陕甘宁边区高等法院成立于1937年7月12日，系在中华苏维埃共和国中央政府西北办事处司法部的基础上改组而成，驻地延安。此时，陕甘宁边区政府尚未成立。为何要先于边区政府成立边区高等法院，中华苏维埃共和国中央司法部的工作报告中说得极为明白，是为了尽快建立抗日民族统一战线之需要："苏维埃政府为了实行抗日的民族统一战线，取消国内两个政权的对立，首先将中央司法部改组为边区高等法院，遵行南京政府颁布

---

[1]《边区的司法》，载《解放日报》1941年10月13日。
[2] 艾绍润、高海深主编：《陕甘宁边区法律法规汇编》，第379页。

之一切不妨碍统一战线的各种法令章程。"① 至于为何称"高等法院"，而不称"最高法院"或"裁判部"，仍然是为了建立统一战线之需要。南京国民政府实行三级三审制，省设高等法院。陕甘宁边区为省级建制，其裁判机关自然也应称为高等法院。不仅如此，边区高等法院的职权范围也与南京国民政府的省级高等法院大致相同。②

就审判业务而言，高等法院负责审理：重要的刑事一审案件；不服地方法院、县司法处一审判决而上诉之案件；不服地方法院、县司法处裁定而抗告之案件；非诉事件。此外，高等法院还设有检察人员和看守所，同时负责领导全边区的审判和司法行政工作，但在1941年以前，边区高等法院对基层司法机关的领导表现得并不明显。

边区高等法院实行院长负责制，首任院长为谢觉哉。院长的职权为：负责管理边区的司法行政事宜及高等法院内部的行政事务；监督、指挥全院一切诉讼案件的执行；审核地方司法机关对案件的处理；没收稽核赃物、罚金以及对人犯的处理；对违法的司法人员进行惩戒、管理司法教育等相关司法事务。

按照规定，初设时的边区高等法院有法庭庭长、推事、书记员、检察员、管理员各1人，加上院长，共计6人，机构设置极为简陋。但就实际情况而言，连这一点也并未做到。边区高等法院设立之初，党尚未做好充分准备。换言之，初设时期的边区高等法院象征意义远远大于实际作用。

1938年2月15日，边区政府下达第3号命令，对边区高等法院的人员编制进行了专门规定。

---

① 中央司法部：《中央苏维埃共和国中央执行委员会司法部工作报告》，1937年7月23日，载中国共产党历史资料丛书编辑委员会《陕甘宁边区抗日民主根据地·文献卷》（上），中共党史资料出版社1990年版，第207页。

② 有关陕甘宁边区高等法院职权范围的研究，请参见汪世荣《新中国司法制度的基石：陕甘宁边区高等法院（1937—1949）》一书，商务印书馆2018年版。

表3：陕甘宁边区高等法院编制表（1938年）

职别	名额	说明
院长	1	
庭长	1	
检察长	1	
检查员	1	
推事	1	
书记长	1	
书记员	3	
看守所长	1	
通信员	1	
特务员	1	院长的
勤务员	3	
管理员	2	
警卫排	21	
伙夫	4	
马夫	2	
合计	45	
骡马	4	院长1 公用1 驮柴水

1939年4月，陕甘宁边区第一届参议会通过了《陕甘宁边区高等法院组织条例》，高等法院的组织建设才有了相应的法律依据。按照该组织条例，边区高等法院"设院长一人，由边区参议会选举，由边区政府呈请国民政府加委"。[①] 条例同时规定，高等法院内设总务科、检察处、民事法庭、刑事法庭、书记室、看守所等机构。其中检察处代表边区政府行使检察权，如案件侦查、案件裁定、证据搜集、提起公诉、监督判决执行等。

民事、刑事审判庭行使审判职权。庭长的职权为执行审判任务；指挥并监督本庭推事的工作；分配并督促审判案件之进行；公审案件

[①] 陕西省档案局编:《陕甘宁边区法律法规汇编》，第72页。

之决定；强制执行之决定；审判之撤销或判决。

书记室设书记长和书记员，在书记长的领导和监督下负责司法行政工作，如司法工作人员任免之登记，案件收发、登记、分配，撰写文稿，编制各种报告、统计，掌管记录，典守印信，等等。书记员在法庭开庭审判时执行其职务，服从审判员指挥。

总务科则负责本院的会计、庶务、生产以及不属于院内其他部门之事项。此外，高等法院还设有看守所及武装警卫队。看守所与监狱不分，已决和未决人犯均归看守所监押。看守所执行对人犯的收押、检查和看管。

但由于受战争环境和领导人注意力不够等影响，边区高等法院的组织建设仍然不尽如人意。边区高等法院对此并不回避，1941年，院长雷经天在工作总结和计划中公开承认："在过去，本院司法工作是缺乏重心的。审判为司法工作的重要阶段，未曾被提到应有地位，这表现在组织机构和干部配备上，法庭只有两个推事、两个书记员，而行政部门秘书室下的一、二、三科则为16人。院长的精力多放在行政与生产上。书记长调办生产、造织，久悬无人。法庭庭长也花很多精力在生产委员会主任工作上。由于对审判工作不够重视，于是影响（造成）了诉讼案件的积压、迟缓和草率。"[①] "虽然名义上分开民事、刑事两个法庭，但只有两个推事，实际上是分不开的，分配的案子是刑事，法庭就成了刑事法庭；案件是民事的，这个法庭就成了民事法庭。"[②]

（二）一审机关

陕甘宁边区成立初期，县级设裁判员行使审判职权，为第一审级。1937年7月7日抗日战争全面爆发后，中华苏维埃共和国中央政府西北办事处决定将苏维埃时期各县设立的裁判部撤销，在县级政府

---

① 《陕甘宁边区高等法院1942年工作计划总结》，陕西省档案馆馆藏档案，全宗号15。
② 雷经天：《在陕甘宁边区司法工作会议上的报告》，1941年10月，陕西省档案馆馆藏档案，全宗号15。

内设司法承审员为第一审,负责审判民刑事案件。各县的承审员由各县人民从县政府的委员中选出一人充当,并由边区高等法院加以委任,另需调边区法院学习一个时期,然后派回各县担任工作。同年12月,边区召开各县承审员联席会议,"考虑到群众的习惯和职权的不同",决定改承审员的称呼仍为裁判员。1938年8月8日,陕甘宁边区高等法院发布通令,决定在各县成立裁判委员会,组成人员包括裁判员、县长、中共县委书记、保安科长、保安大队长等,由裁判员召集会议并任主席,对案件进行集体讨论。较为重大或有分歧的案件呈报陕甘宁边区高等法院裁决。这一制度受到各方的好评,认为既可以使案件审理更为慎重,同时还得到了党政军各方面的认可,有利于案件的执行。但令人遗憾的是,到1941年,边区23县市的裁判员仍然未能配备齐全。"甚至有好几个县连裁判员也没有,工作只得由县长兼任,还有些县份连书记员也没有,至于检察员更说不上了。"[①]为了适应建立抗日民族统一战线的需要,1941年9月边区政府再度发文,撤销县裁判员,同时取消县裁判委员会,探讨成立地方法院之可能。1941年11月陕甘宁边区第二届参议会第一次会议通过了《陕甘宁边区县政府组织暂行条例》,该《条例》第5条规定:在地方法院未成立之县,设司法处,分管各项行政司法工作;第11条规定:司法处掌理各项民刑事案件,在县长领导下进行审判;第14条规定:司法处设审判员兼检察员一人,书记员1人或2人,看守所所长1人,均由县政府决定,呈报民厅及主管厅部院处备案。[②]边区高等法院也趁机于1942年1月13日发布通令,敦促各分区设立地方法院,"其他各县则在县政府下设司法处,三边分区之定边县规定司法处人员为3人,裁判员1人,书记员2人(一司检察职务,一司口供笔录、文牍、缮校、统计、档案等

[①] 雷经天:《在陕甘宁边区司法工作会议上的报告》,1941年10月,陕西省档案馆馆藏档案,全宗号15。
[②] 引自杨东:《陕甘宁边区的县政与县长研究》,中国社会科学出版社2015年版,第87页。

职务)。其余延安、清涧、延川、靖边、环县、志丹、安塞、富县、曲子、延长、合水、安定、新宁、镇原、吴堡、淳耀、固林、华池、盐池、赤水、同宜耀等县规定司法处人员为2人：一为裁判员，一为书记员。原裁判员下设之看守所取消，归并于保安科。原有之检察员取消，由裁判员兼行检察职务"。①

一审司法组织建设终于有了明确的方向。

此外，边区政府还在乡（或相当于乡的市）设立人民仲裁委员会为司法辅助机关。依照边区政府1942年1月公布的《陕甘宁边区各乡市政府组织条例》的规定，乡市政府为工作需要可设立各种专门工作委员会，"人民仲裁委员会"就是其中之一。人民仲裁委员会是乡政府的组成部分，业务上受县司法处指导，是人民群众自己运用法律，以模拟法庭的形式来解决人民群众之间纠纷的一种组织形式，它不是第一审机构，其渊源是苏维埃时期的同志审判会。

三、审判制度

（一）法庭审判

陕甘宁边区早期在审判方式上以法庭审判为主，但1941年前，法庭审判，尤其是民事审判，不讲任何形式，较为随便，雷经天说：

> 法院没有故意摆设庄严的法庭，使犯人产生恐惧。在边区，司法机关审问一切案件，完全采取说服解释的谈话方式，主要是将案情审问清楚，寻求解决的途径，而不是实行威慑。②

法庭审判，基层县一级实行独任制，高等法院则实行合议制，由

---

① 《边区高等法院关于撤销所属组织机构和编制问题的通令》，陕西省档案馆藏档案，全宗号15。
② 雷经天：《陕甘宁边区法院两年来司法工作总结》，1940年，陕西省档案馆藏档案，全宗号15。

3名推事组成合议庭进行审判。

（二）巡回审判

所谓巡回审判，是指各级司法机关组织巡回法庭到出事地点进行审判，是对苏维埃时期相关制度的继承。但在1942年以前，除一些重大案件外，巡回审判使用相对较少。

（三）人民陪审

陕甘宁边区实行人民陪审制度，基本做法是由机关、部队、团体选派代表，出席法庭参加陪审。但并非每个案件都实行陪审，而是由司法机关根据案情斟酌决定。从实行情况来看，陪审主要适用于政治、经济、文化相对比较发达的延安等地区。

四、主要特点

（一）司法半独立

所谓司法半独立，又称为"司法半权"，系出于谢觉哉的概括。他说："某些学过法律的同志说：边区司法只是半权，不完全是瞎说。"[①] 按照谢觉哉的解释，所谓司法半权，就是司法机关受同级政府领导，同级参议会监督，按照党的政策、方针、法律审判案件，独立行使审判权。他说："考虑到审判独立，但仍然在边区主席团的领导下，使审判能适合于当时政治的环境。所以我们不主张司法与行政处于并立状态，而是在边区政府领导下，由法院独立行使审判权。"[②]

"司法半权"是一个全新的概念，其含义似乎应该从以下几个方面来理解：第一，边区司法工作必须坚定不移地接受中国共产党的领导，成为执行党的路线、方针和政策的工具；第二，边区不实行三权分立的体制，司法权并非一项独立的权力，其产生和监督均受制于参

---

① 《谢觉哉日记》（下），1945年1月31日，人民出版社1984年版，第756页。
② 谢觉哉：《陕甘宁边区政府组织与建设》，1937年6月，载《谢觉哉文集》，人民出版社1989年版，第231—246页。

议会；第三，司法机关与行政机关不是并立的关系，而是上下级关系，司法机关由参议会产生，受其监督，受同级政府领导，在行政机关领导下审判独立，司法机关对同级政府负责并报告工作。司法机关的财政完全由政府负责。

对于所谓的半独立，雷经天则从另一个角度，即法院内部推事与院长关系的角度做过解释，他说："过去，我当院长时，推事问了案子以后，要写出意见书，包括诉讼当事人的情况、告状的目的、事实的经过、怎样处理、提出具体意见，然后，将这个意见书连同诉状口供案卷一起交来。我看推事的意见书，再看案卷的口供，审查里边有什么问题，为什么要这样处理，我也写一个意见书，我们有相同的，也有不相同的，都说出自己的理由，这样对案子就有一个全部清楚的了解。我对案子就是这样做的。现在有的人按国民党的办法，推事审判的，庭长不能过问，这种审判独立是错误的，我主张打破这个东西。"[1] 雷经天还在另外一份工作总结中对此进行过说明："独立审判的意义，绝对不是司法人员的专断，而是司法人员对于审判的负责。"[2] 也就是说，在法院内部也完全按照行政系统的原则，实行院长负责制。

总之，所谓司法半权，或半独立，其准确含义应该是，司法机关在中共和政府的领导下，依照法律从事审判工作，行使审判职权。需要指出的是，这里的"工作"是就司法工作整体而言的，并非指法官个人，也不是指具体个案。

这种半独立的司法，不仅强化了边区司法工作同政治的关系，还使初建的边区司法制度深深地打上了行政化的烙印，为司法大众化扫除了制度上的障碍。其逻辑极为简单：既然法院是政府的下属部门，那么就必须与政府步调一致；而边区政府始终宣称以人民满意为宗旨，

---

[1] 引自杨永华、方克勤《陕甘宁边区法制史稿（诉讼狱政篇）》，法律出版社1987年版，第18页。
[2] 雷经天：《陕甘宁边区法院两年来司法工作总结》，1940年，陕西省档案馆馆藏档案，全宗号15。

司法工作也自然要虚心地接受民众的意见。剩下的只是民众意见该如何介入司法活动之中，即民意导入司法活动的渠道问题。此外，这种半独立的司法体制，还使边区司法最终走向大众化有了组织制度上的保证。此后，边区司法制度的理念、制度、技术，乃至风格，都开始与边区政府日趋一致，却与晚清以降历届政府在司法制度方面的追求有了明显的不同。

（二）审判、检察与司法行政不分

陕甘宁边区实行审检合一的体制。边区高等法院成立之初，只在法院内部设有检察员1人，由徐时奎（又写作徐世奎）担任，在院长的统一领导下，对案件先行审查，然后提起公诉。"到1938年底他（徐世奎——引者注）走了，就没有检察员了。县上就是保安科，有了反革命捉了就送县上去判决。徐世奎走了以后，就来了刘福明，到高等法院名义上当检察员，实际上他（做的）是生产工作。"[①]1939年4月，陕甘宁边区参议会颁布《陕甘宁边区高等法院组织条例》，规定高等法院设检察处："高等法院检察处，设检察长与检察员，独立行使检察权。"[②]1941年3月，李木庵出任边区高等法院首任检察长，并配备检察员和书记员各1人。1941年5月，边区高等法院发布指示，要求"各县司法的组织，最低限度要有裁判员主持审判实务，检察员负责调查，书记员负责记录抄写，看守员负责管教犯人，通讯员负责传递拘捕，分别执行司法工作的任务"。[③]在此背景下，一些县亦即开始设立检察员，或由其他人（行政首长、公安人员）兼任检察员，检察工作得以逐步推行。但时隔不久，边区实行精兵简政，高等法院检察处和各县检察员被一并裁撤，凡属汉奸、盗匪、间谍等政治性案件的侦查和起诉，

[①]《边区高等法院雷经天、李木庵院长等关于司法工作检讨会议的发言记录》，1943年12月10日，陕西省档案馆馆藏档案，全宗号15。

[②] 陕西省档案局编：《陕甘宁边区法律法规汇编》，第73页。

[③]《边区人民法院关于建立新的司法组织机构与培养司法干部的意见，及为确定司法组织机构加强法治的提案》，陕西省档案馆馆藏档案，全宗号15。

由保安机关或公安机关行使，一般刑事案件则由司法机关代行。

不仅如此，陕甘宁边区还实行审判与司法行政合一的体制，大凡法制宣传、人犯看守、司法人员管理等事项亦均由法院负责，未曾设立独立的司法行政机关。或许正是这种特殊环境下形成的特殊体制，形成了日后我们所习惯的一种分类方式，即把法院、检察院、公安，乃至于司法行政机关都统一称为司法机关。

(三) 程序简便

建立一套专门的程序，平衡、制约各种诉讼参与者的利益关系，同时也将审判活动在形式上与普通民众的日常生活做出必要的区分，使审判成为一种不受民众生活经验和其他力量影响的专门技术，这是近代以来中国主政司法者下决心仿效西方司法制度后的基本思路和做法。但面对着文盲率较高的边区环境，陕甘宁边区政府则反其道而行之，对司法程序进行大幅度精简。据统计，从1937年到1941年，边区参议会、政府有关司法程序方面的立法数量极少，主要以边区高等法院的通知、指示为主，如1937年的《关于裁判员工作手续规定之通令》，1939年的《关于管辖事件的通知》《为呈报判决死刑案件应将口供判决书等附送审核的通令》《重新规定办理案件手续通知》等。雷经天对此公开讲：

> 在第一届参议会讨论边区施政纲领时，我们就提出建立便利于人民的司法制度，一切为着人民着想，真正为群众解决问题，故诉讼手续非常简单，着重于区乡政府的调解和仲裁，没有什么审级、时效、管辖的被限制，案件处理也比较迅速。①

边区政府的努力结果，使程序简单、诉讼审判中专业知识和技术含量低等成了陕甘宁边区早期司法制度的一大特点。

---

① 雷经天:《关于改造边区司法工作的意见》，1943年12月18日，陕西省档案馆馆藏档案，全宗号15。

如审级制度，1941年以前边区政府在审级上实行两审制，县裁判员或地方法院为第一审级，边区高等法院为第二审级，彻底改变了晚清以来历届政府所坚持的三审终审制。

再如审判制度，法律规定地方法院或县司法处审理案件实行独任制，即由裁判员独立审判，高等法院实行合议制，审判由推事3人以上合议行之，但在特殊情况下，亦可以采取独任制，这一规定为事实上的独任制打开了方便之门。

再譬如法律法规和各种司法文书的文字尽可能地通俗易懂，避免使用各种专业色彩较浓的术语。我们不妨以边区政府颁布的《陕甘宁边区惩治贪污暂行条例》为例加以说明：

《陕甘宁边区惩治贪污暂行条例》(1938年)

第一条 边区所属之行政机关、武装部队及公营企业之人员犯本条例之罪者，依本条例处断。

凡群众组织及社会公益事务团体之人员犯本条例之罪，经所属团体控告者，亦依本条例处理。

第二条 有下列行为之一者，以贪污论罪。

（1）冠（克）扣或截留应行发给或缴纳之财物者；

（2）买卖公用物品从中舞弊者；

（3）盗窃侵吞公有财物者；

（4）强占强征或强募财物者；

（5）意在图利贩运违禁或漏税物品者；

（6）擅移公款作为私人营利者；

（7）违法收募税捐者；

（8）伪造或虚报收支账目者；

（9）勒索敲诈，收受贿赂者；

（10）为私人利益而浪费公有之财物者。

第三条 犯第二条之罪者，以其数目之多少，及发生影响之大小，依下列之规定惩治之。

（1）贪污数目在五百元以上者，处死刑至三年以上之有期徒刑；

（2）贪污数目在三百元以上五百元以下者，处三年以上五年以下之有期徒刑；

（3）贪污数目在一百元以上三百元以下者，处一年以上至三年以下之有期徒刑；

（4）贪污数目在一百元以下者，处一年以下之有期徒刑或苦役。

第四条 前第三条之未遂罪罚之。

第五条 犯本条例之罪，除依照第三条之规定处罚外，应追缴其贪污所得之财物，如属于私人者，视其性质，分别发还受害人全部或部分，无法追缴时得没收犯罪人财产抵偿。

第六条 犯本条例之罪，于发觉前自首者，除依第五条之规定令其缴出所得财物外，得减轻或免除其处罚。

第七条 犯本条例之罪者，由地方法庭审判，呈边区高等法院核准后执行之。

该条例以简练的语言，详细列举了贪污罪的具体行为、量刑标准，以及在量刑时所应考虑的自首和未遂两个情节，但对何谓自首与未遂，乃至于嫌疑人的主观动机等较为复杂的技术问题却未做任何界定。这种情况绝非个案，如1939年4月颁布的《陕甘宁边区婚姻条例》亦仅有22条，不足千字。显然，对于任何一个稍通文字的人来说，理解类似法律文件的内容都不会太困难，而执行这样的法律也就无须专门的知识和技术了。

(四) 注重镇压手段

对镇压功能的强调，势必导致边区司法系统对司法工作的关心聚焦为如何将打击变得更为准确、及时和有力，不妨通过以下两个问题加以说明：

1. 辨识技术的发明。要想做到打击准确，却又成本较低，就必须发明一套便捷的识别技术。纵观陕甘宁边区的做法，不外乎几点：

一是对血统论的变相坚持。血统论曾是苏维埃时期司法工作的基本原则，所谓司法工作中的血统论既包括强调司法权必须掌握在工农革命者手里，也包括司法的打击对象以出身于地主、资本家等敌对势力者为主。陕甘宁边区成立后，在建立抗日民族统一战线的压力下，主政者对这一原则进行了适当的调整，如取消了地主、资本家犯罪加重量刑的原则，但仍然强调司法权必须掌握在出身于工农家庭的革命者手里。此外，与苏维埃时期不同的是，陕甘宁边区的主政者还不断地进行尝试，如何让出身于剥削家庭的人从内心里对此自觉接受。

朱明的经历就是最好的佐证。朱明，女，安徽人，出身于富有的剥削阶级家庭。1938年，追求进步的朱明满怀热情来到延安投身革命，并入党。但让她没有想到的是，因为家庭出身，边区政府对她始终无法完全信任。她先是被安排在文化单位工作，后到延安中国女子大学学习，学习结束被分配到中央研究院，最后又被调至中央党校三部接受党组织的审查。这种经历使她极度痛苦，甚至怀疑起自己最初的选择。但经过不断的、反复的思想改造之后，她终于承认：

> 今天我明白了，党为什么珍惜无产阶级出身的干部和革命后代，以及先烈遗孤，因为不仅他们的思想有传统，就连他们的血液也是干净的，党为什么不珍惜他们呢？①

二是把社会成员按照对待共产党的态度分为左中右或进步分子、

---

① 引自《延安中央党校的整风学习》第1集，中共中央党校出版社1988年版，第262—263页。

中间分子及坏人和特务三类区别对待。所谓进步分子就是"赞成彻底反帝反封建，奉公守法，勤于职守，对共产党信任、爱护"的人。对于进步分子"不仅应该使其有职有权，而且需要以对待同志的态度对待之。不然，他们会觉得不满足"。中间分子人数最多，具体又包括了三种人：政治上有见解，也有作为，大方向与中共一致的。对于这种人或要给予一定的职权，担负一定的工作，在一些具体问题上"让步"，或敬老尊贤、密切联系。不左不右分子，即"政治上唯唯否否，态度中庸，不惹人，作为不大，工作平常，与其说是为了政治思想，不如说是为了生活出路"。对于这类人要给予一定的好处，让其跟着共产党走。不顾大局，一切全凭自己的私利处事，对旧政权有不满也有留恋，对新政权有称赞也有怨言。对于这种人要给予适当的礼貌与尊重，团结他们，但不可以重用。第三类是坏人和特务，包括"顽固不化的和悔悟自新的"，对于前者要坚决打击，对于后者要尽量争取。①

这种分类从理论上似乎较为清楚，但在特定的乡村社会中实际落实起来则并不容易。曾在陕甘宁边区工作过的延泽民回忆说，他在实际工作中经过不断摸索，最后将上述分类标准简化为如下的结论进行实际操作：所谓左派就是有入党要求的积极分子；中间分子就是"老好人"，只管过自己小日子，对别的事不管不问；右派就是认为当干部、当积极分子的都是傻瓜，都不是正经过日子的人。②

三是对识别确定者进行标注。1937年陕甘宁边区高等法院甫一成立，便于10月27日发文规定，为防止犯人逃跑及易于辨识起见，特令犯人穿着半红半蓝的衫裤，发蓄在头之左右方，头顶及前后部之发，一律剃光。这种出于辨识需要、完全不顾及人犯人权的做法遇到了一

---

① 中共中央党史资料征集委员会编：《中共党史资料》第18辑，中共党史资料出版社1986年版，第45—47页。
② 《延泽民文集》第8卷，黑龙江人民出版社2000年版，第33—34页，引自杨东《乡村的民意：陕甘宁边区的基层参议员研究》，山西人民出版社2013年版，第358页。

定的阻力，自1939年起，这种制度已在刑事犯人中改为少量使用，但在政治犯及一些特定运动中则仍然坚持。

在强调司法的镇压功能的情形下，嫌疑人的权利和程序等司法问题退居其次。

2. 对死刑核准程序的复杂态度。陕甘省政权创建之初，司法工作中对死刑判决和执行均较为随意。为了制止这种现象，中华苏维埃共和国临时中央政府驻西北办事处司法部专门发布命令规定："为慎重人命起见，除紧急处置外，凡死刑之判决均应送最高法院为最后之批准。"① 司法部长谢觉哉亦指出："先斩后奏的办法不合司法的规定，而且现在是和平时代，不应有此紧急的处分，以后务必改正。"并要求呈送复核的死刑案件，必须事实清楚、证据确凿，绝不容许草菅人命。然而这一规定的执行情况却不尽如人意。在司法工作的任务是打击敌人的政治压力下，即便是司法系统内部对此规定也很难坚持到底。于是，陕甘宁边区高等法院的规定便屡经变化。1938年8月25日，边区高等法院发布第4号通令规定："倘在战区或剿匪区及有特殊情形者，县裁判委员会可以判决并执行死刑，然后再将经过的情形，详细地报告本院备案。"这一规定显然与司法部的原规定不尽相同，它公开允许了县裁判部具有先斩后奏的权力。但时隔不久，边区高等法院即发文废弃了这一规定："除军法另有规定外，与在作战时捕押，因抵抗、逃跑或其他紧急情况中被击毙者外，各下级政府不得擅自处决死刑……在剿匪中或其他情况中，因群众急切要求处决人犯时，亦当急电报告本府批准。"然而，令人诧异的是，1941年5月10日《陕甘宁边区高等法院对各县司法工作的指示》中再一次变相地推翻了上一个规定，指出："在边区，非至不得已，绝不应随便轻判死刑。因政治条件或群众关系，必要判处死刑时我们亦绝对不许宽容姑息。"如果仅从字面上看，这一

---

① 艾绍润、高海深主编：《陕甘宁边区法律法规汇编》，第380页。

规定似乎是在强调死刑的复核程序，但大凡熟悉中国国情的人都会懂得，一句"因政治条件或群众关系，必要判处死刑时我们亦绝对不许宽容姑息"，无疑又为先斩后奏提供了合法的依据。①

实事求是地讲，在陕甘宁边区内部出于维持社会秩序的考虑，客观上存在着规范死刑执行程序的需要，边区政府和司法机关为此也做了种种努力。但由于受"司法是镇压敌人的有力手段"这一理念的影响，加之面对着一部分早已习惯了"非法"生活的人们，边区政府和司法人员的努力显得异常艰难。

第三节 司法人员

至1942年，陕甘宁边区各级司法机关共有司法人员150余人（1946年增加至300人左右），但真正从事审判工作者并不多。纵观这一时期边区的司法工作者，其构成大致可以分为两类。第一类是以董必武、谢觉哉、雷经天、王子宜等为代表的职业革命家。除董必武外，他们大都未系统地接受过现代法学教育，但文化素养高，有着较强的学习能力，坚信马克思列宁主义的国家观和法律观，对法律问题有着共同的理解，且在法律实践方面经验丰富。此外，他们无一例外地经历过长期的革命斗争考验和锻炼，立场坚定。第二类是土生土长的工农干部。他们出身于社会底层，文化修养偏低，对包括法律在内的规则有着一种本能的不信任，但大都是为人机敏、因各种原因参加革命并成长起来的积极分子。他们熟悉乡村社会，同群众有着天然的联系，又经历过革命斗争的考验，具有吃苦耐劳的传统和较为丰富的实践经验。第二类人是边区司法人员中的主体。

---

① 有关边区死刑复核问题的资料和谢觉哉的指示均转引自延安市中级人民法院审判志编委会《延安地区审判志》，第80页。

一、司法工作领导人

1942年以前，陕甘宁边区法制工作的主要领导人是谢觉哉、雷经天和董必武。其中，谢觉哉和雷经天的影响最大。谢觉哉是中共的元老级人物，为中共"五老"之一，尽管在党内从未进入过实质的决策层，但知名度较高。

谢觉哉（1884—1971），湖南宁乡人，字焕南，别名觉斋。出身于殷实的农家，自幼接受私塾教育，清末秀才。早年在湖南省立第一师范学校任教。1918年至1919年受进步思想影响，创办《宁乡旬刊》。1920年8月任《湖南通俗报》主编。1921年加入毛泽东等创建的新民学会。1923年加入中国国民党。1925年加入中国共产党。1926年初，任党的刊物《湖南半月刊》主编。同年夏，任《湖南日报》编辑，并主编《湖南民报》。1928年3月到上海，主编中共中央机关刊物《红旗》。1931年秋，进入湘鄂西革命根据地，历任湘鄂西省委秘书长、文化部副部长，同时主编《工农日报》。长期的报人生涯，对其一生影响巨大，使他爱学习，勤于写作。后调任省委党校教育长。1933年进入中央苏区，任中华苏维埃共和国临时中央政府和毛泽东的秘书。1934年1月任中央工农民主政府秘书长兼内务部长，并兼任中央政府机关党总支书记，其间参与起草过一些法律法规。[①] 同年10月参加长征，到达陕北后任中央工农民主政府内务部长、秘书长。1937年初，任司法部长及陕甘宁边区高等法院院长。"七七事变"后，任中共中央驻兰州八路军办事处代表。1939年任中共中央党校副校长。1940年任中共陕甘宁边区中央局副书记，兼任陕甘宁边区政府秘书长和政府党团书记。1941年9月在第二届陕甘宁边区参议会上当选为副议长、政府党团书记。

谢觉哉任边区高等法院院长的时间极短，但1941年以后，由于工

[①] 参见《谢觉哉传》，人民出版社1984年版。

作的关系，他对政权建设，特别是司法工作表现出了浓厚的兴趣，参与确定了陕甘宁边区司法制度的大政方针，负责起草了绝大多数相关法律法规，并亲自审理案件，成了边区司法工作的主要领导人，对陕甘宁边区司法制度的构建影响巨深。

董必武（1886—1975），湖北黄安（今红安）人，字洁畬，又名用威。早年曾留学日本学习政治法律。1911年加入同盟会，并参加辛亥革命和反对袁世凯称帝的斗争。后在俄国十月革命影响下思想发生转变，1920年在武汉建立共产主义小组。1921年参加中国共产党第一次全国代表大会。大革命时期曾主持制定《惩治土豪劣绅暂行条例》《审判土豪劣绅暂行条例》等法规。1932年后，在中央革命根据地历任中央党校校长、中央党委委员会书记、中华苏维埃共和国中央执行委员、中华苏维埃共和国临时最高法庭主席、最高法院院长、工农检察委员会副主任。长征到达陕北后，任中华苏维埃共和国临时中央政府驻西北办事处主席，1937年7月接替谢觉哉出任陕甘宁边区高等法院院长。董必武是中国共产党的创始人之一，同时又是党内早期为数极少的系统接受过西方现代法学教育的人。遗憾的是，董必武任边区高等法院院长的时间也极为短暂，不足三个月，即让位于雷经天。

雷经天（1904—1959），原名荣璞，广西南宁人。其父系知识分子，曾任同盟会南宁支部负责人。雷经天自小聪慧，早年在家乡求学，在接受新式教育的同时，也接受了民主、自由等进步思想。五四运动爆发后积极投身学生运动，以14岁的年龄当选为南宁学生联合会会长，并更名为经天，号擎天，激励自己一生要如雷经天，要做擎天一柱，绝不平庸。1923年考取厦门大学理科，翌年因参加学生运动被校方开除学籍。转学上海大夏大学，但时隔不久，因参与学潮再遭校方开除。1925年加入中国共产党，成为职业革命家。先是在上海从事工运工作，后参加了北伐战争、广州起义和广西右江根据地的创建工作，曾任右江苏维埃政府主席、中共红七军前委委员。雷经天生性耿直，性格外向，因坚持己见在随后的党内斗争中受到排挤，两次被开除党籍，妻死子散。更有甚者，苏区肃反扩大化时曾被判处死刑，因与政治部保卫局局长邓发相识，得以免遭杀身之祸。1934年10月以待罪之身参加长征，被编在中央军委红色干部队当学员兼炊事员。长征到达陕北后，中央党务委员会根据他的表现，批准他重新加入中国共产党，他亦被调至司法部工作。1937年7月陕甘宁边区高等法院成立，雷经天也来到了边区高等法院，初任审判庭庭长，负责院内日常工作，同年10月接替董必武代理院长，1939年起任院长，直至1945年3月。[①] 至于为何要抽调雷经天到边区高等法院工作，应该与其此时正好在司法部工作有关。陕甘宁边区高等法院原本就是在苏维埃西北办事处司法部基础上改组而成的，雷经天也就顺理成章地到了高等法院。在陕甘宁边区高等法院的历史上雷经天任院长的时间最长，边区司法系统和司法制度由此深深地打上了他的烙印。雷经天在入主陕甘宁边区高等法院前，几乎没有任何法律背景，也就是说，既未接受过法学教育，也未从事过法律实务工作，但他断断续续地接受过现代高等教育，仅就受教育程度而言，在当时党内属文化水平较高者。[②]

仔细观察1942年前边区高等法院院长的履历，我们大致可以得出如下结论，即担任边区高等法院院长者须有较高的文化水准和一定的司法工作经验，至于是否受过现代法学教育则是考虑的第二位因素，有则更好，无则可以在工作中边干边学。

二、从业人员

为了与南京国民政府的司法制度在形式上保持一致，边区高等法

[①] 有关陕甘宁边区高等法院成立的时间及历任院长的任职时间，历史记载并不完全一致。相关考证请参见汪世荣等著《新中国司法制度的基石：陕甘宁边区高等法院（1937—1949）》（商务印书馆2011年版）中的相关章节。

[②] 参见上海社会科学院院史办公室编著：《重拾历史的记忆——走近雷经天》。

第三章 改弦易辙：大众化司法制度之试验

院的审判人员亦称为推事，但基层县一级审判人员的称呼则屡经变动。边区政府成立初期称之司法承审员，因民众对此称谓较为陌生，1937年12月，边区各县司法承审员会议上统一更名为裁判员。1942年后，随着各县裁判员的撤销，基层审判人员再改称为审判员。需要说明的是，无论是推事、司法承审员，还是裁判员、审判员都是书面语言，民间日常生活中一般都称为法官。审判人员名称多变的本身，从一个侧面反映了陕甘宁边区建立初期司法制度的实践性特征。

（一）任职资格

陕甘宁边区司法制度创建之初，出于建立抗日民族统一战线的需要，主政者强调司法制度在形式上需与南京国民政府大致相同，但审判人员则必须坚持自己的特色。接下来的问题是，边区政权到底需要什么样的司法人员？有无具体标准？1937年，中央司法部发布第一号训令，指出"裁判是保障民主利益，巩固人民政权的主要任务之一，他的工作，并不容易，需要懂得法理，懂得政治，懂得人情，这种专门人才，我们尚少，但是也并不是难学，只要时时注意，每个案件每个判决，都可以给我们很多知识。一面研究犯罪的原因和事实，一面可照以前的判决例子做比较，既判决之后，又研究怎样执行，执行的结果怎样，这些都是我们学习的材料，我们的裁判干部，应以这样的过程锻炼出来"①，强调司法人员需要懂法律、政治和人情。1937年11月4日，边区《新中华》报上刊登了一份会议通知，要求各县推荐一名人员到高等法院进行司法培训，并对条件做了规定：共产党员；政治上坚定；能看文件和报告；过去做过保卫局或裁判部工作的更好。现有材料表明，这份通知可以看作陕甘宁边区政府对司法人员任职条件的最初规定。1941年5月10日，边区高等法院在此基础上，对各县司法工作干部标准做出了具体的规定：要能够忠实于革命事业；要能

---

① 艾绍润、高海深主编：《陕甘宁边区法律法规汇编》，第381页。

够奉公守法；要能够分析问题，判断是非；要能够刻苦耐劳，积极负责；要能够看得懂条文及工作报告。①

由此可见，陕甘宁边区政府把司法人员的政治信仰放到了第一位，文化水平只要能看懂文件即可。但司法工作毕竟是特殊工作，从业人员在边区的环境下是否应该具备一些必要的业务能力，达到一定的标准，在陕甘宁边区的历史上一直对此存在着争议，一部分人坚持对司法人员的业务能力必须有一定的要求：

> 司法工作，不是简单的工作，一定对于学识经验都有很丰富的准备，才能不负民众所托。所以，从来对于司法人员的限制很严。就其教育过程来讲：学法律的比学政治经济的年限往往要长，比如政经系三年可以毕业，而法律系非有四年不可，这因为法律是一种更细密的学科，潦草从事，是不能得到何种成绩的。而毕业后，还须经过法官考试，及格，然后再派到实际工作中去学习候补，若干年后，方能补得一个正式法官。②

但1942年以前，这一观点并未得到官方的认可。

陕甘宁边区政府对司法人员从业标准的规定，直接导致了边区早期司法系统，特别是基层司法系统中的从业人员在出身上以土生土长的工农干部为主。司法是一种专门工作，它对从业人员的文化素质要求高于一般的行政工作，边区政府对此也十分明白。为此，专门开办培训班对这些业务上难以适应审判工作需要的司法人员进行培训。据统计，到1941年前，边区高等法院共开办了三期短期培训班。第一期短训班的开办时间为1937年12月，时间为两个星期，对象为各县的裁判员，讲述《民刑法概要》《检察实务》、司法公文，以及锄奸、贪污、

---

① 《新中华》，1937年11月4日。
② 鲁佛民：《关于边区司法的几点意见》，载《解放日报》1941年11月15日。

第三章 改弦易辙：大众化司法制度之试验

土地、婚姻、债务等现实生活中常见案件的办理办法及必要程序。第二期的开办时间为 1939 年 7 月，时间为三个月，对象是各县的裁判员、书记员等，参加人数为 26。开设的课程有政治、司法行政、边区的法令、司法公文、法律概论、民法述要、刑法述要、民事审判、刑事审判、检察工作、统计学、法医学等。第三期是 1939 年 12 月，培养对象、时间和课程与第二期基本相同，人员为 13 名。三期共计培训司法人员 50 余人。用雷经天的话说："这个训练班就是我们司法干部的来源，甚至现在在高等法院院部工作的人员中也有从这个训练班调来的，如李育英同志，虽然过去没有法律素养，但他在法院的工作成绩是很好的，现在担任推事工作。也有些书记员经培训后代替了原有的裁判员，如延长的朱志峰同志。"①不过，这些培训班均属短期速成性质，加之授课时间较短，入学者文化素养较差，除个别人之外，总体效果如何不言自明。

志丹县裁判员奥海清就是其中的佼佼者。奥海清（1897—1968），陕西神木人。出身于贫苦的农家，童年随父辈至靖边县以为人揽工为生，后迁至保安（今志丹）县张渠南家湾定居。他为人正派，乐于助人，务农的同时，经常为邻里调解纠纷，因而在民间较有威信。1935 年参加革命，同年加入中国共产党。历任杏河区区长、金汤区区长，妥善地处理过甘肃华池水泛台区五乡农民与保安县金汤区三乡农民之间的土地纠纷，进一步显露出这方面的才华。1940 年 3 月调志丹县政府任司法裁判员。尽管其文化水平较低，根本未接受过任何正规的法学教育，但通过实际工作的锻炼和组织培养，加之他不徇私情、秉公办案，审结案件 300 多起，无一不服判决，被群众称为"奥青天"。以下是奥海清处理的两起案件，材料来源于边区《解放日报》对奥海清事迹的报道：

---

① 雷经天：《在陕甘宁边区司法工作会议上的报告》，1941 年 10 月，陕西省档案馆馆藏档案，全宗号 15。

正是运盐的时候，脚夫傅老五不小心把钱丢在草料店的炕上，被人拿去了。傅老五和他的同伙赶的二三十头牲口，当时就不能走了。奥海清同志去解决这个问题，他知道这钱是店主拿了，把店主和脚夫找来，对脚夫说："你们的钱我知道是谁拿了，明天你们好好在住处四周找寻，一定可以找出。"第二天，他们真的在院墙里把钱找出了，脚夫拿了钱，高高兴兴地驮盐去了。

志丹县六区三乡有两户人家为了地界发生纠纷。奥海清把乡长、村主任、邻居及当事人约二十人叫到现场，先查看地形，然后在现场生起一堆火，大家一边烤火抽烟，一边议论地界，不过两个小时就把问题解决了。①

由于工作出色，奥海清得到了陕甘宁边区政府的表彰，称号为"模范司法工作者"，这在边区司法人员中并不多见，因为许多人并不喜欢自己的工作。边区《解放日报》为此专门刊文介绍他的事迹。

表4：1942年以前陕甘宁边区延安地区各县司法处司法人员名单表

延安县政府裁判处（司法处）
裁（审）判员：崔正冉（1937.9—1941.10）
张世杰（1941.10—1943.8）

固临县政府裁判处（司法处）
裁（审）判员：李育英（1937.7—1938.8）
王汉珍（1938.8—1939.10）
杜振清（1938.8—1939.6）
白炳明（1939.6—1941.7）
贺生辉（1941.7—1944.7）

延安市特别法庭
庭长：廖承志（1937.2—1937.3）
副庭长：周景宁（1937.2—1937.3）

延安市地方法庭
庭长：周景宁（1937.3—）
国家检察员：华一凡（1937.7—）

---

① 《解放日报》，1944年4月13日。

第三章 改弦易辙：大众化司法制度之试验

裁判员：李林夫、刘临福

延安市地方法院
院长：周玉洁（1941—1948.7）

志丹县政府裁判部（司法处）
裁（审）判员：周玉洁（1937.9—1938.8）
李育英（1938.8—1939.9）
党鸿魁（1939.9—1940.12）
奥海清（1941.1—1949.9）

安塞县政府裁判处（司法处）
裁（审）判员：石子珍（兼，1937.9—1940.7）
劭清华（兼，1940.7—1943.7）

子长县政府裁判处（司法处）
裁（审）判员：黄聚俊（兼，1942.5—1944.10）

延川县政府裁判处
裁（审）判员：曹增荣（1937.5—1940.1）
贺治周（1940.1—1942年春）
王权吾（1942年春— ）

延长县政府裁判处（司法处）
史文秀（1937.10—1939.6）
焦生炳（1939.6—1941.5）
朱志峰（1941.6—1943.1）
裁（审）判员：朱志峰（1943年初—1945.8）

甘泉县政府裁判处（司法处）
司法处长：王宜亭（1939.10—1941.12）
樊学礼（1942.1—1943.1）
陈思功（1937.9—1939.10）
裁（审）判员：樊学礼（1943.1—1945.8）

富县政府裁判处（司法处）
处长：罗成德（兼，1940.6—1941.3）
谢怀德（兼，1941.3—1944年春）
张生旺（1940.6—1942.7）

除极个别者之外，名单中的绝大多数人与奥海清的出身、文化程度、经历基本相似。

总之，从陕甘宁边区政府成立的那天起，边区政府主政者就放弃了中国自晚清法制变革以来所孜孜以求的司法人员专业化的路线。而大量工农干部的出现则进一步推进了司法制度的大众化，以工农干部为主体的司法人员成了边区司法制度大众化的体制内的动力。实际上，任何一项制度的确立和推行，如果没有体制内的需求和动力都难以持久。

（二）任免方式

陕甘宁边区司法干部的任免，大致有两种形式：一是通过边区权力机关选举产生，任期与每届参议会任期相同，可连选连任，选举产生之后，还需报经主管上级政府任命，同时发布任免命令和委任状。任期内如因工作需要，上级行政机关可以调动，但需要履行必要的法律手续，即向参议会说明情况，重新选举或决定递补人员。参议会休会期间，上级政府可以委派他人暂时代理。如高等法院院长雷经天，就曾在1941—1945年的任期内到中央党校学习，而由政府委派李木庵代理院长。二是由具有任免权的行政机关直接任命。按照法律规定，边区高等法院院长、副院长、各分庭庭长由边区政府主席任命。由于县司法处处长绝大多数由县长兼任，因而也由边区政府主席任命。县司法处审判人员，既可以由边区政府民政厅委派，也可以由县政府报请民政厅委任。司法干部依照法定程序任命后，因各种原因出缺，司法机关负责人可以指派他人代理，但代理期限不得超过3个月，以此杜绝司法机关负责人对司法干部的个人控制。

（三）司法人员的职权

1939年颁布的《陕甘宁边区高等法院组织条例》规定，推事的职权有："（1）关于案件之审判事项；（2）关于案件之调查事项；（3）关于证人之传讯及证物之检查事项；（4）关于案件之批答事项；（5）关于案件之判决及模拟判决书。"[1] 由此可见,早期边区政府为司法人员所确定的职能就是审理案件，并没有日后所强调的其他职能。

---

[1] 陕西省档案局编：《陕甘宁边区法律法规汇编》，第73页。

第三章 改弦易辙：大众化司法制度之试验

第四节　小结

　　1941年以前的陕甘宁边区司法制度，是边区大众化司法产生和发展的第一个阶段。经过初步摸索，陕甘宁边区的司法制度已形成了自己的特色，显示出了与古今中外一切司法制度的明显不同。这些特色包括：强调司法工作的政治化；强调司法机关的一体化；强调司法程序的简单化。雷经天曾十分自豪地说："这样的司法制度和工作方法，在全中国范围内，只有边区敢于这样实验。"①

　　如果局限于战争和农村环境进行观察，必须承认这种司法制度无疑具有一定的合理性，似乎也是一个以夺取政权为目的，并用司法发动群众的革命政党的唯一选择，其中的一些经验值得认真加以总结。然而，若以执政为目标对此加以考察，其不足之处亦十分明显。

一、问题及表现

　　从执政的角度讲，边区早期司法制度中存在着不足，其中最大的问题就是不利于法律秩序的形成。

　　（一）制度过于简陋

　　简化程序是陕甘宁边区早期司法实践追求的基本方针。方便群众，原本无错，但方便群众不能简单地等同于一味地简化司法程序。现代司法的核心是程序正义，唯有完备的程序才能使参与诉讼的各方的行为得以规范，权益得到保障，并保证程序不被他人利用，实现实体的公正。此外，程序过于简陋最终还会威胁到法制本身。

　　如司法机关不健全。陕甘宁边区所辖面积13万平方公里，下辖26个县，人口最多时达到了200万。区内地形复杂，交通极为不便。

---

① 雷经天：《陕甘宁边区的司法制度（边区通讯）》，载《解放》周刊第50期。

因而要求健全专业司法机关，结束行政兼理司法的呼声一直不断。如1941年9月8日，陇东专署吴谦致函边区政府主席林伯渠、参议会副议长谢觉哉，要求在陇东专区设立高等法院分院，理由为：

> （1）陇东六县之司法工作，均不健全，仅仅依靠各县司法处不行，如有一高等分院于诉讼会大有帮助；（2）陇东地偏西陲，如人民有不服而上诉，必须远道来延，人民增加讼累（废时、伤财、劳民），高等法院调卷侦查亦不易，故最好于陇东设立高等法院第一分院为第二审之机关。①

再如法庭制度缺失。除一些重大案件审判外，法庭布置大都随意，缺乏必要的仪式感，不易让当事人感受到法律的庄严感，以致有的当事人，甚至刑事犯罪嫌疑人在法庭上肆无忌惮，信口乱言，藐视法庭，无理取闹；民事案件审理中还发生过当事人动手打审判人员的情形，给案件的公正审理和执行造成了较大的困难。

（二）执行随意

边区的司法制度原本就简陋，如果执行再随意，势必会人为地加剧制度的混乱，导致效率低下。以审级制度为例。设立审级的意义是为了充分保证公民的诉权，同时也给司法工作本身提供纠错的机会。而边区的现实情况则是，有的当事人不服县裁判员判决，跑到专员公署上诉；有的未经县裁判员处理，直接到专署诉讼；有的县裁判员把自己处理起来没有把握的案件，径直送到高等法院；有的经县裁判员调解不服者，也送高等法院；也有的当事人不管案情大小，径直跑到高等法院起诉；甚至有的县裁判员把区乡政府也当成一级司法机关，未经区乡处理，他不受理。作为边区事实上的终审机关，高等法院的主要职权是审理不

---

① 引自杨永华、方克勤《陕甘宁边区法制史稿（诉讼狱政篇）》，第25页。

服一审判决、裁定而上诉、抗告的案件，虽然也有审理"重要之刑事第一审诉讼案件之职权"，但毕竟是特例。然而，高等法院本身对此规定也不尊重，经常超出法定职权范围行事，案无大小，不问审级，来者不拒，加剧了司法审级的紊乱。这种现象在1940年最为突出。①

对此，边区高等法院在1942年的年度工作总结中公开承认：

> 在审判案件上，亦多游击作风，如案件没有卷宗可查，宣判多无判决书，往往刑事案件有当事人被压三四年之久始行判决者，有羁押日期不折算在徒刑期内者，上诉日期无明文规定，第二审常与第一审案件混同办理，在司法制度上形成紊乱现象。②

（三）审判人员专业素质较差

就整体而言，边区早期司法从业人员，特别是基层司法人员对革命事业大都忠贞不贰，政治立场没有问题。但若按照专业标准来衡量则不难发现，许多人在业务能力方面存在着明显的不足：文化素质普遍较低，法律专业知识和技能严重不足，现代法律意识更是无从谈起。有些人甚至连判决书都不会写，"请示的案情写不清楚。有些县呈报案件将案情写不明白，以致了解不到全案的情形。有些报告的用语使人看不懂，如固临的报告中常用'蛮婆'等，不加注解使人不知是说什么东西，还有些县份报告案子常常用的名字前后不一使人莫名其妙。还有些县统计不正确，甚至排列颠倒的，如庆阳、志丹等县都是的"③，以致日后在边区政府的各类文件中，司法人员"工作能力很差"几乎成了习惯用语。也有一些司法人员公开承认自己业务能力较差，请求调换工作："再，我的能力很差，所以我情愿在关中无论哪个县上工作。

---

① 引自杨永华、方克勤《陕甘宁边区法制史稿（诉讼狱政篇）》，第112页。
② 《陕甘宁边区高等法院1942年工作总结》，陕西省档案馆馆藏档案，全宗号15。
③ 《陕甘宁边区高等法院命令》，1942年第53号，陕西省档案馆馆藏档案，全宗号15。

[请]调一强干部担负专署复杂案件（各县未判决及已判决不服案件），是否可以，祈指示为盼。"① 专业素养差者，对于以程序正义为特征的现代司法制度极易产生本能的抵制。

此外，司法人员工作调动频繁。这里仅以高等法院为例加以说明。高等法院成立之初只设有一个审判庭，由雷经天任庭长兼推事，雷之外再无其他推事。而此时，院长谢觉哉和董必武又相继离任，雷经天还需负责全院的日常工作。为工作需要，1937年10月前从延安抗日军政大学调来袁平及任扶中任书记员。1938年初，再调雷新至高等法院任推事。但时隔不久，雷新即被调任他职，不得已调王一味任推事。同年5月王一味又被调走，其职位只能由书记员任扶中接任。② 高等法院尚且如此，基层就更可想而知。如此频繁的工作调动，影响了案件和纠纷的处理速度，造成案件的积压，引发民众的不满。

表5：高等法院1941年12月—1942年3月结案统计③

案别	新收	已结	未结件数
民事	14	20	14
刑事	23	13	11
合计	37	33	25

（四）无法平等地保障一切抗日人民的合法权益

陕甘宁边区正处于从革命司法向管理的司法转型的特殊时期。一方面，作为一个以夺取政权为己任的政党，它必须保持从苏维埃时期就已经形成的传统，即把司法当作一种镇压敌对分子和发动群众的工具；另一方面，作为国民政府特别行政区的执政者，边区政权又必须

---

① 洲鸣：《洲鸣给高等法院的函》，1942年3月12日，陕西省档案馆馆藏档案，全宗号15。
② 有关陕甘宁边区高等法院早期人员变动情况，请参见艾绍润《陕甘宁边区审判史》（陕西人民出版社2007年版）一书中的相关章节。
③ 《陕甘宁边区政府工作报告》，载陕西省档案馆、陕西省社科院合编《陕甘宁边区政府文件选编》第5辑，档案出版社1988年版，第302页。

第三章 改弦易辙：大众化司法制度之试验

使自己的司法承担起维持社会秩序，保障广大抗日同盟者人权，维护广大民众利益的重任。也就是说，陕甘宁边区司法工作面临的任务和问题，远比苏维埃时期要复杂得多。

特别是边区第二届参议会后，随着"三三制"①的推行，一些要求抗日并支持民主的地主、资产阶级、小资产阶级的代表人物开始进入政权或民意机关，其所代表的阶级和阶层的利益也开始得到承认。然而，司法人员固有的思维方式、能力，以及粗糙简陋的司法制度却无法担此大任。雷经天对此从不掩饰，他在一份材料中介绍说：边区高等法院成立后，"我们受理的第一个案件就是延安市有名的大地主蔡凤璋与挑水工人陈海生因典地纠纷的诉讼，在地方法庭（庭长是周景宁）第一审蔡凤璋胜诉了，经第二审蔡凤璋败诉，典地无价归还陈海生，并赔砍损树木的损失。因此周景宁说过我们没有放弃苏维埃时期阶级的偏见，没有执行统一战线的政策，并向党要求对我工作的审查"。②

周景宁的态度尚且如此强烈，当事人蔡凤璋的反应就可想而知了，他以各种方式不断向各级政府，甚至直接给毛泽东写信反映问题。迫于无奈，雷经天只得向董必武请示究竟如何处理：

董主席：

蔡凤（凤）璋的问题，他现在又变卦了。他说法院要曲判强逼他缴款赔偿，他要见到毛主席的批示，他才能服从判决。但缴现款是没有的，如要只有以陈海生伯叔弟兄的典地低（抵）偿。因为这都是要犯罪的，就是赔偿以后，他还是要宣布他是受枉的，

---

① 陕甘宁边区为了适应建立抗日民族统一战线之需要，在政权机构和民意机关的人员名额分配上，代表工人阶级和贫农的共产党员、代表和联系广大小资产阶级的非党左派进步分子和代表中等资产阶级、开明绅士的中间分子各占三分之一。为防止地主豪绅钻进政治机关，规定基层政权的成分可以依据实际情况酌情变通。

② 雷经天：《关于改造司法工作的意见》，1943年12月18日，陕西省档案馆馆藏档案，全宗号15。

态度很强硬。因此不好结案。究竟如何处理，请示办理。

雷经天①

至于为什么要改判蔡凤璋败诉，雷经天说得也极为明白：

> 我对边区司法工作的观点：边区司法工作是整个政权工作的一部分，应该由政权机关统一领导。……认为边区司法工作的主要任务是巩固边区抗日民主政权，保护边区人民大众的利益，因此边区的司法工作必须服从边区政府的政策，遵守边区政府的法令。过去我们对于破坏边区及叛变革命的案件处刑特重（这种情形曾经受过谢老的批评）。我们以为法律是阶级统治的工具，因此我们一贯地指出国民党的法律是地主资产阶级的法律，对于工农劳动群众只有剥削和束缚的作用，在边区是不适用的（谢老也曾批评我们过分强调阶级，既否认地主资产阶级的法律，但自己又没有法律，这是不合于新民主主义政策的，倘若没有地主资产阶级的法律，就不能创造新民主主义的法律）。②

在社会性质较之苏维埃时期已发生明显变化的陕甘宁边区，主政司法者仍然坚持苏维埃时期的观点和做法，其所作所为极易引发不必要的矛盾，甚至造成边区内部各阶层之间的冲突。为此，毛泽东于1941年公开指出："边区的革命秩序还做得不够。"③

---

① 引自张世斌主编《陕甘宁边区高等法院史迹》，第20页。
② 雷经天：《关于改造司法工作的意见》，1943年12月18日，陕西省档案馆馆藏档案，全宗号15。
③ 引自杨永华、方克勤《陕甘宁边区法制史稿（诉讼狱政篇）》，第186页。

第三章　改弦易辙：大众化司法制度之试验

二、成因及分析

这些问题产生的原因，除苏维埃时期司法制度的惯性外，还与一些领导人的主观态度有关。笔者无意否定环境，特别是无意否定动荡的战争环境对正在形成的边区司法制度所产生的影响，但反对那种将边区早期司法制度上述特点的形成，完全归于外部环境的观点。前面所引的边区高等法院院长雷经天的话，已经对这种观点做了最好的否定：边区早期司法制度的形成是有意而为之，并非完全自发。在笔者看来，边区早期司法制度上述特点形成的原因，除环境问题之外，还应包括以下几点。

（一）观念转变尚未完成

1. 对司法工作不够重视。所谓观念转变尚未完成，具体是指主政者尚未完成从革命向革命与执政相结合的司法观念转变，其重要的表现就是对司法工作的不重视。陕甘宁边区高等法院成立于1937年7月12日，成立之日中央苏维埃政府任命谢觉哉为首任院长，但5天之后，即7月17日谢觉哉就接到了新的任命，远赴甘肃出任八路军兰州办事处党代表。院长一职由董必武代理。但令人难以置信的是，同年10月院长一职再次发生变动，董必武离任，奉命调往武汉八路军办事处，以中共中央代表的身份领导统一战线工作，院长一职暂由审判庭庭长雷经天代理。其实，各种材料表明，早在9月，董必武就已不在延安，而是到了南京。① 高等法院院长一职变动如此频繁，唯一的解释就是对司法工作不重视。更有甚者，高等法院成立之初并没有专门的审判人员。②

2. 重政治态度轻业务能力。陕甘宁边区早期司法人员专业能力偏低的状况前面已有介绍。这一现象的产生既与边区专业人员的缺乏有

---

① 湖北省社科院编：《忆董老》第1辑，湖北人民出版社1980年版，第189页。
② 《高等法院：两年半来陕甘宁边区司法工作》，1940年2月，陕西省档案馆藏档案，全宗号15。

关,也是主政者有意选择的结果。对此,雷经天说得极为清楚:

> 关于干部,我以为经过土地革命斗争锻炼出来的工农干部,虽然他们的文化程度较低,不懂得旧的法律条文,但他们的政治立场坚定,与群众发生密切的联系,能够负责地为群众解决问题,给予教育训练,就是边区司法干部的骨干,如周玉洁、李育英、史文秀、石静山、陈思恭、焦生炳等,都是边区的工农分子培养出来的很好的司法干部,至于外来的知识分子,我们也一样的(地)使用,但没有经过长期的考验,政治面目还不清楚以前,我们是不敢付以重大责任的。①

也就是说,在雷经天等看来,司法人员最主要的是"必须忠实于革命事业,能够奉公守法,刻苦负责,并了解新民主主义的法律精神,现在我们所有的司法干部,法律知识虽较为缺乏,但他们都经过长期革命斗争的锻炼,而得到人民的信任"。②

雷经天的这段话极为重要。在以往的一些研究中,研究人员往往从司法专业人员短缺的角度来对此现象加以解释,而雷经天的话明白无误地告诉我们,这只是问题的一个方面。边区司法人员短缺,特别是符合条件的司法人员短缺是一个不争的事实,但这只是问题的表面现象。事实上,从全面抗战爆发后,大量的知识青年开始源源不断地来到延安,其中自然不乏曾经学习法律者,即使没有学过法律,凭借其文化和教育背景,从接受新事物、新知识的角度讲也远比工农干部要容易得多,只是因为政策上对他们不信任,不愿意也不敢放手使用,才进一步加剧了人才的短缺。换言之,边区缺乏专业水平高、能力合格的司法人员,政策选择是一个重要的原因。为了更好地说明这一点,

---

① 雷经天:《关于改造司法工作的意见》,1943年12月18日,陕西省档案馆藏档案,全宗号15。
② 同上。

还可以引用鲁佛民的文章加以佐证。他说:

> 现在边区实行统一战线,友区的专门人才进边区的不少,不妨尽先试用,一则可以收"借才"之效,一则使专门人才能用其所学。我的意见应该把大部分的专门人才,集中(于)高等法院,使能展其所长,然后逐步正式设立各地下级法院……专门人才,经过了实地练习,一定能培养出一部分比较有相当修养的高级司法干部,这岂不是一举而两得吗?这是急需要纠正的。或者有人顾虑到外来的人,不甚可靠,这是一种因噎废食之谈,我们今天实行进步的新民主主义,我们要大胆一点,同时也要大量一点。反对关门主义的倾向。①

(二)司法知识欠缺

中共早期的领导人中,系统接受过现代法学教育的为数不多。此外,残酷的生存环境,又迫使中共早期的领导人将自己,也包括全党的注意力都集中在政治和军事问题上,很少有时间和精力留心法律问题。尽管苏维埃时期也曾一度建立了政权,如中华苏维埃共和国等,但限于环境和政权存在的时间较短,司法机关大都有名无实,因而也并无多少实践经验可谈。

翻检陕甘宁边区的文献即可以发现,1942 年以前,在党和边区政府的各种文件中,涉及司法制度方面的几乎是空白,因而,完全有理由说,司法制度建设尚未引起党和边区领导的重视。直到 1944 年,边区高等法院关中分庭在工作总结中仍直言:"领导对司法工作的认识不够,甚至于看不起司法工作。"②此外,翻检边区政府的文献,还可以发现一个有趣的现象,即司法人员身体状况普遍较差,因病休养者大有人在。如 1942 年,边区高等法院三个科长有一人因病休养,两名推事

---

① 鲁佛民:《关于边区司法的几点意见》,载《解放日报》1941 年 11 月 15 日。
② 《陕甘宁边区关中分庭工作总结》,1944 年,陕西省档案馆馆藏档案,全宗号 15。

中有一人因病休养。这种情况在基层司法处也时有发生。上述情况很难说只是一种巧合。

对此，边区党和政府的领导人自己也不回避。1945年，时任中共中央西北局书记的习仲勋在司法工作会议上公开讲：

> 有些司法干部反映，大家感到司法工作进步很慢，政治上落后，以前从我们手里提拔起来的干部有的已当县长、县委书记的，我自己还是一个"烂法官"。这一点我们以前没有照顾到，今后应该很好地照顾到。现在所有的党的机关都要注意到司法工作，你说共产党为了什么？为了政权，政权就要靠司法来保护。所以过去做党的工作不注意司法工作，那是很幼稚的，不知道自己做什么。①

谢觉哉在很多场合也表达过同样的观点。

（三）体制问题

相比于观念和认识，体制性的问题更为重要。陕甘宁边区法律规定，司法机关和司法人员必须无条件地服从行政机关的领导。但司法与行政工作性质上的差异，加之彼此间权限划分上的不清晰，经常引发两者之间的摩擦。

1. 领导人个人问题。绥德县裁判员刘汉鼎介绍，在政府的政务会议上，他就为一个案件同县长发生了争执：

> 有一个人，为了同一个女人通奸，弄得倾家荡产。后来这个女人翻脸不认人，说男的强奸了她。县长要定成强奸罪，我不同意，会议决定判处男人一年半徒刑，我再次声明，县长说非判一年半

---

① 习仲勋：《在陕甘宁边区第二届司法工作会议上的讲话》，1945年12月30日，陕西省档案馆馆藏档案，全宗卷号15。

第三章 改弦易辙：大众化司法制度之试验

不可。①

这位县长自己把案件的性质定错了，但他拒绝采纳审判人员的正确意见，固执己见，反而训斥司法人员闹独立性。这种行政领导不尊重司法人员意见，以"长官意志"代替法律的现象在陕甘宁边区并非个别现象，如何处理，有时连谢觉哉本人都颇感为难。据介绍，1941年8月，谢觉哉担任着陕甘宁边区中央局书记兼边区政府秘书长，同时担任边区政府机关党团书记等重要职务。这期间有一件要案由谢觉哉直接办理，因案件涉及党内的一个重要人物，让他颇感棘手。依照法律，谢觉哉坚持要对被告判处刑事处分，可是当时有人却想以长官意志代替法律，以权势向谢觉哉施压。谢觉哉对此十分愤慨：封建帝王曾有"刑不上大夫的遗律"，而我们今天是领导全中国老百姓干革命的共产党，如果共产党的领导人里有触犯法律的可以网开一面，那么我们的革命同志和千千万万的贫苦百姓该用什么眼光看我们？谢觉哉面对权势和说情人毫不让步屈服，坚决不改原来的主张，并把他的观点和处置意见报告给了毛泽东。

毛泽东看了报告以后，完全支持谢觉哉的见解。9月7日这天，谢觉哉仍在为此事忧虑，秘书吴谦拿着一封信走进来。谢接过信封一看，不由得露出一丝惊喜，这正是毛泽东的笔迹。毛泽东在信中说："此等原则立场我们决不能放松，不管犯错误的是何等样的好朋友好同志。"谢觉哉看完信，顿觉精神振奋，意志更加坚定，他协同边区司法机关判了那个要人的刑。

几个月以后，谢觉哉回忆这件事的时候对几位来访的老友说："不遵守法令的大都是公务人员。"他说，有的人往往藐视地方政府的法令，认为地方政府的"职权低弱"。因此谢觉哉强调："在三令五申之后，

---

① 引自杨永华、方克勤《陕甘宁边区法制史稿（诉讼狱政篇）》，第19页。

就要坚持应罚的罚，应拘的拘，任何人的威胁不屈，任何大头子的说情不理。要硬起颈骨来，做得几次，威信就建立了。"① 严格地讲，谢觉哉本人并无审判权，其能够审案，这件事本身就足以表明边区各种权限不分已到了何等严重的程度。

2. 集体问题。领导人个人的问题解决起来相对容易，而一些集体性的问题则似乎就无解了。有关非司法机关不得插手司法事务规定的执行情况就是如此。前面已经指出，1941年5月1日颁布的《陕甘宁边区施政纲领》中明确规定："除司法系统及公安机关依法执行其职务外，任何机关、部队、团体，不得对任何人加以逮捕、审问或处罚。"②《陕甘宁边区施政纲领》在当时的边区属宪法性文件，具有最高的效力。但即便如此，落实起来仍然难上加难。

革命是近代中国的主旋律。身处革命大潮中的中国共产党人急欲以武力方式夺取政权，并对社会进行彻底改造。长期"非法"的武装斗争，使一些人早已养成了漠视法律的习惯，因而现实生活中一些党政机关乱捕、乱审、乱罚、乱判等违法的现象时有发生。如有些县各机关都受理案件；有些县保安科则径行审判反革命分子；有的工厂私设公堂，审讯盗窃嫌疑分子；有的军队及其附属单位任意抓人、罚人；特别是一些区乡政府对刑事嫌疑犯随意进行拘捕、吊打、关押、审讯和处罚；有些县的区乡政府乱罚现象更为严重，竟然定出了处罚人的十种办法：罚苦工、坐禁闭、罚钱、罚石炭、罚红布、罚红旗、罚做鞋、罚粉笔、罚粪、罚哨。③ 以至于老百姓私下里说："不怕八路军新四军，就怕基干自卫军；不怕官（法官），就怕管（区乡干部）。"④

直到1948年7月28日，清涧县仍有一些区乡干部向县司法处反

---

① 王萍：《谢老与司法实践》，载王定国等编《谢觉哉论民主与法制》，法律出版社1996年版，第315—316页。
② 艾绍润、高海深主编：《陕甘宁边区法律法规汇编》，第5页。
③ 请参见李智勇《陕甘宁边区政权形态与社会发展（1937—1945）》，第37页。
④ 引自杨永华、方克勤《陕甘宁边区法制史稿（诉讼狱政篇）》，第85—86页。

映：有些刑事案件，比如打架、斗殴、偷盗、赌博，案情较为轻微，送县府究办值不得，但若不处理，群众有意见，犯法者也无法受到教育，因而要求应该允许区级政府拥有一定的司法权。县司法处为此向边区高等法院建议，能否规定：区政府对刑事案件被告的处罚，可罚半个月生产，或一百斤到二百斤柴炭。同月，边区高等法院院长马锡五对请示函进行了答复："我们主张区乡无审判权，就是说没有处罚人的权力，审判权集中于司法机关。目前形势的发展，更需要这样做。"[1]边区高等法院巧妙地以"我们主张"进行答复，并未做硬性限制性规定。显然，在共同的利益面前，司法工作本身的规律只能退居其次。

总之，陕甘宁边区政府和主政司法者在既无多少司法实践方面的经验积累，又缺少必要的司法知识的储备，甚至法治意识也存在着某种欠缺的情况下，凭着创建新型司法制度的政治需要，对晚清以来历届政府追求的专业化、精英化司法制度大刀阔斧地进行了改造，使陕甘宁边区早期的司法制度呈现出了迥异的风格。

---

[1] 引自杨永华、方克勤《陕甘宁边区法制史稿（诉讼狱政篇）》，第86页。

第四章 平地波澜：大众化司法制度之争论

①司法干部对法律知识缺乏研究和修养；②一般干部未能吸收过去司法工作中的宝贵遗产；③对边区风俗习惯，未能彻底了解；④了解案情，侦查案情，各方面的技术不过关的很；⑤狃于过去游击作风，蹈常习故，保守老的一套，不求进步；⑥成文法不够用，民法尚可援用比附，刑法则不然，处理案件，处处遇到棘手。

鲁佛民：《对边区司法工作的几点意见》

初建的陕甘宁边区司法制度呈现出了明显的大众化倾向。这种司法制度，对于边区内部那些接受过西方现代法学教育的人来说自然难以接受，他们通过各种渠道和方式对此加以指责，当这种指责一旦遇到了合适的机会，就会变成一种有组织的行动。

全面抗战爆发后，中国共产党改变了1928年以来的知识分子政策，打开大门，"广招天下士，诚纳四海人"，电令各地党组织大力输送青年知识分子到延安，加强了对青年知识分子的争取。平津宁沪港穗汉渝等地的左翼报纸发文介绍延安，承诺"来去自由"，来则欢迎，去则欢送，再来再欢迎，于是，大批知识分子源源不断地涌进延安。他们当中既有大学教授、左翼艺术家、新闻记者，又有青年学生，还有跨海越洋而来的南洋华侨子弟。据统计，1937年，中国共产党有党员5万人，1940年便达到了80万，新党员中知识分子更是高达90%。[1]1943年任弼时在中共中央书记处工作会上通报说，"抗战后到延安的知识分子总共四万余人（其中高中以上19%，高中21%，初中31%，初中以下约30%）"。[2]他们的到来不仅改变了中国共产党的人员结构，还带动着边区的价值观悄然地发生着变化。

此外，1941年以后，伴随着第二届参议会的召开，中共对政策进一步做出调整，一切拥护抗日、拥护民主的阶级和阶层的利益受到了边区政府的承认和保护。在这一背景下，一些原本逃离边区的地主、商人等又重新返回边区。边区内部人员构成和阶级结构的新变化，使简单粗糙的司法制度自然又多了一些反对者。需要指出的是，提出对新型司法制度迫切要求的人，在当时的陕甘宁边区毕竟还是少数。换言之，尽管当时边区的司法制度存在着诸多问题，但就总体而言，建立一种新型司法制度的社会基础并非像想象的那般强大。

---

[1] 引自中共中央文献研究室编《日本学者视野中的毛泽东思想》，中央文献出版社1991年版，第42页。
[2] 裴毅然：《延安一代士林的构成与局限》，载《社会科学》2013年第3期。

形势的变化,自然会通过各种渠道反馈到决策层,并给他们带来不大不小的压力,促使边区主政司法者下决心对现行的司法制度进行完善和改革。

第一节　专业司法人员的到来

1942年前后,在陕甘宁边区围绕着现行司法制度展开了一场激烈的争论,最终引发了一场以强调审判制度规范化和司法人员专业化为主要内容的司法改革。但由于种种原因,改革以失败告终。斗转星移,当年的当事人,无论是支持者,还是反对者,都已成为历史的故人。有趣的是,对于这次改革,无论是在当时还是在事后,中国共产党几乎所有的正式文件和党史著作中都鲜有提及,人们似乎都在刻意回避,以至于了解的人极为有限,改革的声音似乎早已被陕北那厚重而连绵的黄土高原所淹没。然而,这次改革及其最终失败的结局,对于边区乃至中华人民共和国司法制度的最终走向确实产生了难以估量的影响。

一、李木庵的理想

陕甘宁边区早期司法工作的领导权,主要掌握在以雷经天为代表的一批职业革命家手里,他们受的教育断断续续,导致知识结构单一,视野局限明显。1941年以后,这种情况发生了明显的变化。李木庵、张曙时、鲁佛民、朱婴、何思敬、陈瑾琨等一批深受中国传统文化熏陶,又系统接受过现代西方法学教育,并长期从事司法实务的司法人员从各地陆续来到延安,使边区司法队伍的人员结构发生了显著的变化,完成了改革所需要的人才准备工作。

李木庵(1884—1959),原名李振塈,又名李清泉,字典武(午),湖南桂阳人。少时熟读四书五经,15岁考取秀才。不久入长沙岳麓书

李木庵:1942年4月—1943年12月任陕甘宁边区高等法院代院长

院读书,后赴北京国子监太学进修,再入京师法政专门学堂,1905年毕业,系中国较早接受过正规现代法学教育的专业人士之一。其间接受维新思想,笃信"传播教育,开发民智"是重要的革新任务,先后在八旗学堂、法政学堂任教,并充报社主笔,撰写文稿,宣传革新思想,立志匡时救国。民国初年任广州地方检察厅检察长。1915年后受排挤离职,在京津一带任律师,筹建两地律师公会,并参与筹办了司法储才馆。1914年曾到福建办学,兼理省路局路政。此后任闽侯地方检察厅检察长、闽侯县知事和福建督军公署秘书等职。

五四运动后,在马克思主义思想影响和进步人士帮助下走上革命道路。1925年春加入国民革命军,被编入第十七军,任军政治部主任。同年夏加入中国共产党。不久参加北伐战争,随军经浙江、江苏进攻南京,在攻打南京战斗中负伤。"四一二"政变后,被蒋介石通缉,隐匿在上海靠卖文为生,但仍同组织保持联系。1931年回湖南家乡,准备组织农民武装,被当局发觉,被迫辗转到南京,此后开办律师事务所执律师业。

第四章 平地波澜：大众化司法制度之争论

1936年春受中共上海地下党组织委派到西安开展工作，到杨虎城部宪兵营任书记。中共西北特别支部成立，任宣传委员。参与组织成立西北各界抗日救国联合会，任总务部负责人。参与领导西安地区抗日救亡运动，并在东北军和西北军中开展抗日民族统一战线工作，推动张学良、杨虎城发动西安事变。1937年抗日战争全面爆发后，奉命回到家乡，在桂阳东镇乡举办抗日自卫游击干部训练班。1939年秋开办桂阳县战时中学，任校长，为抗日战争培养干部。1940年被顽固派搜捕，11月辗转到达延安，任陕甘宁边区政府法制委员、陕甘宁边区高等法院检察长。李木庵喜欢旧体诗词，写有《西北吟》《解放吟》《窑台诗话》等诗稿。1941年与林伯渠、谢觉哉、张曙时、鲁佛民、朱婴等发起成立怀安诗社。诗作亦多收入《十老诗选》和《怀安诗社诗选》。

张曙时（1884—1971），江苏睢宁人。出生于地主家庭。幼时入私塾读书，15岁参加童子试，后又应试科场。外出应试过程中接触到康有为、梁启超等人的变法维新思想，耳目为之一新，放弃功名，考入睢宁高等学堂学习。1906年秋，东渡日本留学。次年初归国探亲时被家人所阻，无法再回日本，改到南京就读于两江师范，继又转读法政学馆和两江法政学堂，研习法律。1909年参加中国同盟会，负责南京学生界的宣传和联络工作。武昌起义爆发后，张曙时日夜奔忙，参与各种推翻清廷的活动。南京临时政府成立后任司法筹备处秘书。袁世凯出任大总统后，他受到通缉，到山东潍县、沂州和江苏徐州等地组织发动了多次倒袁起义。"二次革命"时，在江西都督李烈钧司令部任秘书。"二次革命"失败后，加入孙中山组织的中华革命党，重返南京，任中华革命党南京支部长。1919年10月，加入改组后的中国国民党。1921年，担任南京建业大学校长。1924年1月，出席国民党"一大"，会后担任国民党中央政治委员会上海分会委员、江苏省政务委员会委员，专门从事党务工作，成为著名的国民党左派人物。1927年，参加南昌起义，被推选为革命委员会委员，兼任党务委员会主席。起义失败后辗转香港、上海，致力于革命基本理论的研究。1932年加入中国共产党，从事地下工作。1935年初，受上海中央局特科的派遣，赴四川、重庆从事地下组织工作。抗日战争全面爆发后，继续留在四川开展统战工作，1938年6月任中共四川省工委统战部部长。1940年6月转移到延安，被任命为西北中央局统战部副部长，继为陕甘宁边区政府法制室主任。①

鲁佛民（1881—1944），名鲁琛，字献卿，佛民为其别号，寓意"我不下地狱，谁下地狱"。山东济南人。出身贫寒，早年靠自学成才，21岁起以当塾师为生。1912年考取山东法政专门学校，接受系统的法学教育。毕业后先在山东高等检察厅工作，1917年取得律师资格证，执律师业，兼学校教员，并积极参与了各种社会进步活动。1926年加入中国共产党后，长期从事地下工作。"七七事变"后由北平转赴延安。1938年调陕甘宁边区政府秘书处任秘书，分管对外文件和法院重点案件的处理工作。1943年出任边区政府法制委员会委员兼边区银行法律顾问。②

朱婴（1889—1970），又名辟安，湖南华容人。早年读私塾，1921年考入朝阳大学法律系，系统接受现代法学教育。1924年加入国民党，次年加入中国共产主义青年团，后转为中国共产党党员。与罗章龙往来密切，后罗在党内斗争中失势，朱婴亦在1931年受牵连被开除党籍，但继续从事革命工作。1938年接受董必武的建议，回家乡创办"东山中学"，自任校长，培养进步学生。后因受到国民党特务迫害，带领家眷和学生十多人，历时两个多月步行三千余里到达延安。到延安后，朱婴被安排到陕甘宁边区司法训练班任教务主任，编写过刑法、民法等讲义。随后改任陕甘宁边区高等法院秘书。1941年初再改任陕甘宁

---

① 有关李木庵、张曙时的生平材料来自徐友春主编《民国人物大辞典》，河北人民出版社1991年版。
② 参见《中共党史人物传》第13卷，陕西人民出版社1984年版。

第四章 平地波澜：大众化司法制度之争论

边区政府秘书。①

何思敬（1896—1968），浙江余杭人。早年留学日本，入京都帝国大学社会学系学习。其间与郁达夫、成仿吾、郭沫若等人往来密切。1927年回国后任中山大学教授和法科副主任。1932年加入中国共产党，1938年到延安历任抗日军政大学教授、延安大学法学院法律系主任、中共中央党校研究院、政策研究室负责人等，从事法律理论教学与研究。

李木庵、张曙时、鲁佛民、朱婴、何思敬等人有着大致相同的人生履历：年龄较大，幼时接受过中国传统文化教育，喜爱中国古典文学；早年系统学习过现代法学并有法律工作的经历；加入中国共产党时间较早，经历坎坷；来到延安的时间短，同时在党内从未担任过任何实际职务等。这一切都使他们无论是在生活方式、工作作风、眼界，还是思维方式上同边区司法系统原有的人员形成了较大的反差。于是这些志趣相投，但原本互不认识、来自五湖四海的法律人到延安后便迅速形成了一个相对稳定的人际交往团体。初来乍到，李木庵、张曙时、鲁佛民、朱婴等人对延安充满了新鲜、信任的感情。如李木庵到达延安后一口气写下竹枝词17首，由衷地表达出对延安的热爱和急于贡献自己才华的迫切心情，不妨从中摘录两首：

延安新竹枝词

一

边地风光迥不同，延山西至水流东。
杨家岭上云深护，气象葱茏有卧龙。

二

桥儿沟畔柳成荫，学府宏开气象新。
多少人才闲不得，文章艺术并时珍。②

---

① 参见华容县志编纂委员会《华容县志》，中国文史出版社1992年版。
② 选自《十老诗选》，中国青年出版社1979年版，第252页。

二、谢觉哉的不满

　　谢觉哉是陕甘宁边区政权建设和法制工作的主要领导人。1937年，陕甘宁边区高等法院成立，谢觉哉出任法院的首任院长，但任期只有几天，因而可以忽略不计。他1940年从兰州调回陕甘宁边区，任边区政府秘书长，次年又出任陕甘宁边区参议会副议长，开始了对边区政权建设、法制工作的实际领导。作为前清的秀才，谢觉哉一生保持着对文字的喜好，喜欢读书，且来者不拒，又勤于动笔，并有写日记的习惯，因而留下了大量的著述。正是这些著述，使我们了解到一个极为重要的问题：陕甘宁边区领导人对现行司法制度的不满。有关这一点，谢觉哉的日记中记载得十分清楚。不仅如此，透过这些日记，还可以发现一个明显的规律：1942年以前，谢觉哉对于边区司法问题关注较少，因而记录不多；但从1942年起，日记中有关司法问题的记载和思考开始增多。同时，谢觉哉对边区现行司法制度及高等法院领导人的不满也开始公开化：

　　　　边区司法似乎是政权中较落后的一环，原因，大家对司法不注意，不去研究，很少人有司法知识，人民缺乏法律观念，而我们又是要求比旧民主主义进步的司法；老百姓要求断讼的公平、迅速，又很迫切。因此更显得司法工作的落后。①

　　　　拿实际事件来启发智力，教育干部，谁都知道。但并不是知道就能做或会做，甚或对他反复提示，他还不知道或不愿去做。司法是要用脑筋又最易牵涉及发现各方情状的。然而边区设司法七八年了，总是茫茫然，连好坏判例都举不出，更不要说帮助立法。②

---

① 《谢觉哉日记》（上），1943年2月26日，第411页。
② 《谢觉哉日记》（上），1944年10月24日，第700页。

第四章　平地波澜：大众化司法制度之争论

前面已经指出，陕甘宁边区早期司法制度从形式上讲，与晚清以降历届政府推行的制度和司法人员精英化方针有了明显的不同，其侧重点是从形式上简化程序，以求方便群众。但这种仅从外部为群众着想，只顾形式的做法却遭到了谢觉哉的批评。在谢觉哉看来，这种做法无疑是从一个极端走向了另一个极端，而这种现象产生的根源则是不重视司法理论研究："至于公审、陪审、不收讼费、以口头控诉等等只是余事。抵抗外来一套，又加入了外来一套，大家没注意，妨碍向这方向发展：一是思想没有弄通；二是教条与经验的作祟。和群众结合的司法：条文不是第一，第一是群众的实际；经验不是第一，第一是到实际中去获取新经验；形式（组织、手续、法等）不是第一，第一是能解决问题。……然而我们有的不是第一，而是第二的东西。"①

谢觉哉为人比较平和，话说得如此严厉极为少见。仅此一点便足以表明，谢觉哉对当时的司法制度和某些当事人的不满已到了非常严重的程度。尽管谢觉哉的日记中没有公开点出被批评者的名字，但通过其他材料则极易证实谢觉哉批评的对象主要是边区高等法院院长雷经天。

为了说明这一点，同时也是为了进一步表明谢觉哉对现行司法制度的不满，有必要以被批评者雷经天本人所写的材料进行补充。1943年12月18日，雷经天在一篇题为《关于改造司法工作的意见》的报告中写道：

> 我负边区司法工作的责任差不多有5年的时间，确实没有做出什么成绩，在过去政府党团检讨我的工作给予鉴定时，谢老曾指出我的思想是狭隘的，不能容纳他人（指李木庵、朱婴等）的

---

① 《谢觉哉日记》（上），1943年12月4日，第557页。

意见，在工作中没有搞出一套来。①

在这篇报告中，雷经天还多次提到谢觉哉对他的批评。

这里有两点需要说明：

1. 谢觉哉的观点代表的是边区政府的态度。谢觉哉对边区司法工作和雷经天的不满及批评，并非个人恩怨，也不仅仅代表其个人，否则的话，即将由李木庵主导的司法改革的意义和价值将大打折扣。稍加观察，即可发现，1942年前后边区政府对司法工作的批评也开始增多，并公开反映在政府的文件和函件中：

> 雷院长：
> 顷据在各县回来的同志讲，各县的司法工作已大有进步，但仍有需改进的地方，我们有几点意见，请参酌之。
> 各县对一定司法程序，不严格遵守，如每次口供的笔录，被审讯者应盖手印，各县忽略此事；又如旧案卷宗等收存，注意也不够，一旦查起旧卷来，就寻不到了；每次没收的烟土物品或赃物，在判决后应交给财政机关，未判决前，应切实按数严封上封条，盖上章子，免致遗失，但各县对这手续似乎并不注意任其散置，难免不发生流弊。
> 各县政府的大门前，应设置司法公告牌，凡犯人判决后，应公布判决主文，凡接受人民诉状应将批示贴出使大家知道，建立司法威信。
> 裁判确定前羁押之日数，以一日折抵有期徒刑拘役一日或罚金一元，无论在苏联在资产阶级国家，为了保障人权皆是采取此进步的办法，但我们外县多不按此执行。

---

① 雷经天：《关于改造司法工作的意见》，1943年12月18日，陕西省档案馆馆藏档案，全宗号15。

第四章　平地波澜：大众化司法制度之争论

各县司法工作虽渐趋正轨，但究或有不周或更加改进之处，我们希望你们除了督促每县每月向你院做详细的报告外，希望尽可能派有司法经验的同志到各县去亲自视察司法工作，更深入地了解情形和帮助改进一下司法工作。

以上诸点，希望采纳执行，并分饬各县遵照是幸。

致以

敬礼！

边府秘书处

1941年4月，陕甘宁边区政府在工作报告中亦批评说：

因为司法人才的幼稚，成文的法令尚少，虽然在新民主主义政治的笼罩下，却未能建设起新民主主义成文与深入的司法制度。而和平三年，个别地方还有不按司法程序处置人的。因为没有成文法，轻点重点，可以意为。个别地方发现不尊重人民自由权利的事，司法机关未能彻底纠正。这都是我们司法的弱点，必须彻底纠正。①

也就是说，谢觉哉的批评和意见代表的是边区政府的态度。

2. 谢觉哉的态度与李木庵等人有着一定的关系。阅读谢觉哉的日记可以发现，谢觉哉对法律问题的理解、对边区法律问题的关注，乃至不满与李木庵等人的影响有着一定的关系：

前闻木老谈："司法是统治权之一，不可和行政分割的。资产

---

① 《陕甘宁边区政府工作报告》，1941年4月，载陕西省档案馆、陕西省社科院合编《陕甘宁边区政府文件选编》第3辑，176页。

阶级民主的司法独立,只是审判独立,审判前的检察阶段,检察官是代表国家,即代表政府;审判后政府又有特赦、减刑等权。"我过去不赞成司法独立,持论没体察到此。专门知识不足,立论不免外行。①

三、交往合作平台

初来乍到的李木庵等人欲以自己的专业知识服务于边区政府,与此同时,谢觉哉等边区领导人对边区现行的司法工作也表露出了强烈不满,但两者如若真正合作尚需互相信任。

(一)新法学会

1941年4月12日,为了适应建立抗日民族统一战线之需要,加强新民主主义法制理论研究,朱德、王明、叶剑英、林伯渠、谢觉哉、高自立、雷经天等人在延安举办座谈会,筹备成立延安新法学会。1941年6月8日,中国新法学会正式宣告成立,并发表了成立宣言,张曙时任会长,李木庵、何思敬、南汉宸等人为委员,朱婴任秘书。新法学会的成立为李木庵等新人之间彼此相互熟悉,以及李木庵等与以谢觉哉为代表的党的领导人相互熟悉提供了平台。新法学会成立后,开办了业余法律学校,向边区各界传播法律知识。

(二)怀安诗社

1941年9月5日,陕甘宁边区政府主席林伯渠邀请在延安工作的边区各部门干部,以及边区参议员中的几位地方进步士绅聚会。政府方面出席的人员有林伯渠、谢觉哉、高自立、李木庵、鲁佛民、朱婴等,地方士绅则有安文钦、贺连城、李丹生、白钦圣等,其中包含多位前清秀才。宴会上林老倡议成立"怀安诗社",并即席咏唱。倡议获得在

---

① 《谢觉哉日记》(上),1943年3月14日,第427页。

第四章 平地波澜：大众化司法制度之争论

座人的积极响应。大家公推李木庵为社长。关于怀安诗社名称的由来，李木庵说：自抗战以来，延安为抗日民主中心，光辉灿烂，如日方中，天下葵倾，万民拥戴；爱国志士不畏险阻，不远万里而来，汇为革命洪流，在中国共产党和毛主席领导之下，对日寇进行英勇的艰苦卓绝的搏斗，卒能挽救民族的危亡，而奠国基于磐石，这不就是天下怀安吗？

宴会后，徐特立、吴玉章、朱德、叶剑英、董必武等一些传统诗词爱好者闻知亦依韵奉和。怀安诗社并非文人墨客吟风弄月的传统诗社，而是一部分喜欢旧体诗词形式的革命者抒发自己情感的新文学团体。它没有章程，无须入社手续，只要能作诗、能唱和、以诗笺相投送者就算是诗社的成员。诗社较为固定的成员有50余人，其中，李木庵及谢觉哉等最为活跃。其时，尚无条件出诗刊，会员写诗自备一册，将自己的新作抄上去，送与另一人，另一人添上自己的新作，送与第三人，如是辗转传递，互相唱和，名曰《怀安诗抄》，并在《解放日报》副刊上开辟"怀安诗选"专栏。

新法学会和怀安诗社为李木庵、谢觉哉等人的联系提供了活动场所。谢觉哉从兰州调回陕甘宁边区后，分工负责边区的法制工作。这一时期正是中国共产党思考和探索未来国家政权应该如何建设的起步阶段，谢觉哉理所当然地肩负起创建新型法律、当然也包括司法制度的重任。谢觉哉为人谦虚好学，但苦于不懂法律，身边也缺少懂法律的人。李木庵等人的到来、新法学会的成立，对谢觉哉来说无异于久旱逢甘霖。特别是李木庵等人对边区现行司法制度不注意吸纳当地的民风民俗、脱离实际的指责，同延安正在开展的整风运动在精神层面上十分吻合，也深深地打动了谢觉哉。

谢觉哉、李木庵、朱婴是湖南同乡，年龄相近，人生经历相似处也颇多，同时又都对旧体诗词抱有浓厚的兴趣。诗以言志，借助怀安诗社，谢觉哉、李木庵、朱婴等人一见如故，过从甚密，往来十分频繁，工作关系之外，又有了良好的私人关系。①

更为重要的是，1941年前后，李木庵出任边区高等法院首任检察长；张曙时出任边区参议会法制室主任；朱婴为新法学会秘书，1942年初改任边区政府审判委员会秘书。一时间边区司法系统的大权几乎全部被新来的专业司法人员所掌握。谢觉哉不满之处的改善、李木庵等人的理想终于有了实行之可能。

当然，还需要指出的是，李木庵等人主导的司法改革之所以会在1942年发生，还与边区政府推行的规范化运动存在着一定的因果关系。伴随着抗日战场上战局的稳定，1941年起，陕甘宁边区政府开始在边区范围内推行规范化管理，试图改变此前的游击作风。如边区政府在陕甘宁边区第二届参议会的工作报告中称：

> 边区的民主制度仍然有它很多的缺陷。这表现在民主政治的正规化还没有达到应有的高度。各级参议会仍未能按期开会；各种成文的法律还很不完备，而保障人民的权利的标准还不够明确，个别干部未能充分依照法治精神尊重人民的民权，又表现在人民没有养成民主的习惯，对政府工作的监督还十分的不够。②

在此背景下，雷经天本人也于1941年下半年推出了自己的司法正规化主张。1941年10月，陕甘宁边区第一届司法会议召开，雷经天任主席团主席，做了司法工作的报告。报告中对现行司法制度进行检讨，指出现行司法工作中存在着机构不健全、人员短缺和成文法不足等问

---

① 有关谢与李等往来的情况，参见《谢觉哉日记》（上）（下）（人民出版社1984年版）、《十老诗选》（中国青年出版社1979年版）、《怀安诗选》（人民出版社1978年版）等书中的相关诗文和记载。
② 《边区政府工作报告》，载《陕甘宁边区参议会（内部资料）》，中共中央党校科研办公室1985年刊印，第85页。仅该报告中，"正规化"一词便出现了5次，"正规"则出现了2次。

题。① 在随后召开的边区第二届参议会上,雷经天又领衔提出了若干件完善现行司法制度的提案。之所以特意指出这一点,是要再一次提示,中国共产党的"一元化"领导在陕甘宁边区政治运行中的实际意义。

第二节 司法工作正规化方案的推行

1942年初,李木庵主导的以司法正规化为核心内容的改革正式开始。其实,新法学会成立后,有关这次司法改革舆论和人才培养等方面的准备工作就已开始。如1941年11月15日,延安《解放日报》上发表了鲁佛民的题为"对边区司法工作的几点意见"的文章,对边区司法中的一些做法公开提出批评:

(1)司法干部对法律知识缺乏研究和修养;(2)一般干部未能吸收过去司法工作中的宝贵遗产;(3)对边区风俗习惯,未能彻底了解;(4)了解案情,侦查案情,各方面的技术不过关的很;(5)狃于过去游击作风,蹈常习故,保守老的一套,不求进步;(6)成文法不够用,民法尚可援用比附,刑法则不然,处理案件,处处遇到棘手(的情况)。②

文章用语之严厉极为少见。此外,新法学会还着手在边区公安局成立了业余法律学校,张曙时为校长,李木庵为副校长,朱婴为教务长,自编教材,培养司法人才。

1942年4月,雷经天离职到中央党校学习(有关雷经天这次职务的变动,与谢觉哉对他的不满是否有关,我们不得而知。但在1943年

---

① 参见雷经天《在陕甘宁边区司法工作会议上的报告》,1941年10月,载韩延龙主编《法律史论集》第5卷,法律出版社2004年版,第403—404页。
② 鲁佛民:《对边区司法工作的几点意见》,载《解放日报》1941年11月15日。

底召开的司法工作检讨会上,曾提及因谢觉哉时任边区政府党团书记,因而李木庵代理高等法院院长一事应由谢觉哉负责①),同年6月9日,边区政府党团会议决定任命李木庵为陕甘宁边区高等法院代理院长,改革有了明确和具体的领导者。

有关这次改革的指导精神和目的,李木庵上任伊始在一份写给边区政府的报告中做了极为清楚的说明:"(1)提高边区的法治精神;(2)切实执行边区的法令;(3)使边区人民获得法律的保障;(4)建立适合边区的司法制度。"在同一份报告中,李木庵还一再提到改革的目的,就是要"肃清游击主义的残余,建立革命秩序,养成法治习惯","建立适合边区的司法制度。"②显然,对于这次改革,李木庵等人绝非偶然为之,而是有着较为远大的目标的。至于改革涉及的内容,大致可以将其归结为以下几个方面。

一、改善司法环境

在李木庵等人看来,如若要做到司法正规化,必须从中观层面改善边区的司法环境。

（一）抓紧制定法律法规

法律供给不足严重地制约着陕甘宁边区的司法环境。具体而言,实体法的欠缺使边区司法审判结果的正当性令人生疑,③程序法的欠缺则直接影响着边区司法审判的正常运行。为了改变这一状况,在谢觉

---

① 请参见刘全娥《陕甘宁边区高等法院历任院长任职起止考略》,载《陕西档案》2006年第5期。
② 《陕甘宁边区高等法院1942年3月—9月工作报告》,1942年10月,陕西省档案馆档案,全宗卷号15。
③ 成文法不足是一个长期困扰边区司法审判的老大难问题,对此高等法院在工作报告中多有提及。如1940年《两年半来司法工作报告》中说:"边区的地方单行法令还不完备,已经颁布的没有加以整理、纂葺,未经制定的也没有继续拟议,固有一些案件的处理,找不到适合的根据,尤其是刑罚的标准,没有固定更感困难。"1942年的工作报告中说:"大部分县份感觉无成文法法律依据,延安县谓'无法律根据,全凭良心解决不了问题',清涧县谓'判决时群众提出质疑,根据什么法律,便无辞以对'。"以上材料见陕西省档案馆馆藏档案,全宗号15。

第四章 平地波澜：大众化司法制度之争论

哉等领导人的支持下，李木庵等人在可能的范围内抓紧制定最紧缺的法律法规，仅 1942 年一年就制定了《调解条例》《复判条例》《审限条例》《县司法处组织条例》《高等法院分庭组织条例》《边区司法人员任用条例》《保外生产条例》《边区妨碍抗战动员处罚条例》《监狱人犯保外服役暂行办法》《监狱人犯夫妻同居暂行办法》《释放人犯暂行办法》《继承处理暂行办法》等程序性法规。此外还起草了《陕甘宁边区刑事诉讼条例草案》和《陕甘宁边区民事诉讼条例草案》两部诉讼基本法。其中《陕甘宁边区刑事诉讼条例草案》共 6 章 76 条。第一章总则，第二章第一审程序，第三章上诉程序，第四章再审程序，第五章执行程序，第六章附带民事诉讼。《陕甘宁边区民事诉讼条例草案》共 5 章 50 条。第一章"总则"，第二章"第一审"，第三章"上诉程序"，第四章"再审程序"，第五章"执行程序"。就章节、条目数量而言，说是条例，其规范程度与法典已无本质区别，开中国共产党人立法工作之先河。这些程序性法规如能得到执行，将为陕甘宁边区司法制度的规范化运行提供基本的制度框架。

更加值得一提的是，还起草了《陕甘宁边区刑法总、分则草案》，同时提请政府尽快制定《婚姻条例》《土地条例》等，并对已有的各种法规进行整理汇编，使边区的司法审判有了必要的法律依据。

（二）适当援用南京国民政府的法律

苏维埃时期，受王明"左倾"错误路线的影响，根据地政权对法律性质的理解和司法实践中出现了过分强调法律阶级属性的现象和做法。李木庵并不否定法律的阶级性，但对于那种过分强调法律阶级性的做法显然是不满意的。"我初到时，我看到边区司法没有什么条文做依据，……过去我看惯了条文，觉得办事没依据"，"我认为在革命政权里，大后方的法律、资产阶级的法律都可以用，因为大后方的法律是进步的，在刑法上是保卫工农的，总理颁布的法律条文是可以采用的，比如操纵物价、垄断粮食，违法者要判刑五年，这是保卫各界的，

173

这条文是进步的，我们可以采用。"① 鲁佛民也认为："边区政府，为国民政府一部分，是一个完整的地方政府，所以国民政府颁布的法律（民、刑、民诉、刑诉）一般可以使用，但边区为保存过去优良传统，凡所颁布的或尚为草案的单行条例,都有优先采用的效力。"② 他希望通过司法实践中对南京国民政府法律的适当引用，使人们明白：法律固然有其阶级属性的一面，但其中也包含着许多人类的共同智慧，对此必须给予足够的尊重。

李木庵等人也深知，即便是在抗日统一战线的大背景下，援用南京国民政府的法律也是一个极为敏感的问题，因而，尝试制定具体的适用标准。如1942年边区高等法院在其发布的《关于佃权时效的通令》中指出："对于国民党政府的一般法律如民法等，是部分地参照援用。如对《中华民国民法》中关于永典权的规定，可以参照援用；但对其中保护所有权神圣不可侵犯的规定，则不用援用。"③ 高等法院还计划"规定适用国民政府民刑法的标准与范围，作为提案向参议会提出及建议"。④

此外，从现实的角度讲，在边区制定法严重不足的特定情况下，在不违背边区政策的条件下，审判中适当援用一些南京国民政府的法律，不仅使审判活动有法可依，还可以在一定程度上解决司法随意性的问题。

关于边区援用国民政府《六法全书》的实际情形，日后成为陕甘宁边区司法工作代表人物的马锡五曾回忆说：

---

① 《雷李等关于司法工作检讨会议的记录》，1943年12月10日，陕西省档案馆馆藏档案，全宗号15。
② 鲁佛民：《对边区司法工作的几点意见》，载《解放日报》1941年11月15日。
③ 引自杨永华等《统一战线中的法律问题——边区法律史料的新发现》，载《中国法学》1989年第5期。
④ 《高等法院本年三月至九月的工作计划》，1942年，陕西省档案馆馆藏档案，全宗号15。

边区高等法院，在1942年高干会议以前，曾指示过各县于判决时，要批判地引用《六法全书》条文，《六法全书》也曾用作司法人员培训班之教材，虽然当时说是批判地引用，批判地教授，但考试的测验中，根据《六法全书》背诵默写的（得）熟，即可多得分的结果，是鼓励了《六法全书》的采用。于是各县司法处都买到一本《六法全书》，视为奇货。虽然运用时，大多数是先确定案情，然后套引条文，但"依法办事"的思想与《六法全书》有他进步地（的）一面"的认识方法，却占据着支配的相当作用，虽然只是从四二年下半年起至四四年春就得到党的纠正，但纠正并未彻底。[①]

（三）落实审判独立

现代法学教育，加之既往的工作经验，使李木庵等人懂得，唯有审判独立，才能使人民合法的权利得到切实保护，实现社会公正，建立起稳定的社会秩序。陕甘宁边区实行行政领导司法的体制，但同时又规定审判独立，司法工作有其特殊性，不能与行政、党务等工作等同。因而，如何做到既坚持政府的领导，又保证审判独立是一件非常困难的事，需要不断地进行探索。1943年，李木庵主持起草了《县司法处组织条例》，尝试通过法律在县级范围内将审判与行政之间的关系进行规范。《条例》第8条规定："司法处受理民刑案件，如系下列各案，经过侦讯调查后，须将案情提交县政府委员会或县政务会议讨论，再行判决。（1）民事案件诉讼标的物其价格在边币一万元以上者，婚姻、继承、土地案件与风俗习惯影响甚巨者；（2）刑事案件中之案情重要者；（3）军民关系案件之情节重大者。"第9条规定："司法处办理民刑案件之程序，悉依边区民刑诉讼条例之规定。"[②]

[①]《人民法院马锡五在延大关于司法工作中几个问题的报告》，1949年5月，陕西省档案馆馆藏档案，全宗号15。
[②] 艾绍润、高海深主编：《陕甘宁边区法律法规汇编》，第41—42页。

李木庵希望在现行的体制下，依法划清行政领导与审判人员的权限，力争各方都能依法办事，尽可能地使审判人员摆脱行政的干预，不受或少受诸如当事人身份、领导人意见，甚至政策等其他因素的干扰，做到审判独立。

对于李木庵等人的做法，雷经天指责说，"李木庵对于案件的审判，只就犯罪行为论刑，从不提高到政治方面，追究其政治责任"，"不注意当地党政负责人及下级司法机关对案件解决的意见"①，是搞"司法独立"。审视李木庵等人的主张和做法，无法找到支持雷经天观点的证据。不仅如此，在前引的谢觉哉日记中记录的李木庵观点，也清楚地证明了李木庵本人对所谓的司法独立是持否定态度的。

二、健全司法体制

（一）取消乡人民仲裁委员会以及群众公审

所谓群众公审不是公开审判，也不是公开宣判，是陕甘宁边区司法实践中逐渐形成的一种针对特定案件，由司法人员和人民群众共同进行审判的特有方式。此外，陕甘宁边区初期还继承了陕甘苏区的做法，成立人民仲裁委员会，即由经过人民选举产生的代表与政府、群众、社会团体的负责人一起组成人民仲裁委员会，共同审理纠纷。这种民众主导、官方参与的半官方民间组织固定化之后，一定程度上破坏了司法权的统一性，还出现了腐败现象，"有的仲裁员利用职权，借调解骗取吃喝，不事生产，引起群众的不满"②。李木庵认为群众的公审是不合法的，因而在征得边区政府的同意后，下令撤销。

（二）严肃审级制度

对于审级，边区早期即有规定，但实践中却并未得到切实执行。

---

① 雷经天：《关于改造边区司法工作的意见》，1943年12月30日，陕西省档案馆馆藏档案，全宗号15。
② 引自杨永华、方克勤《陕甘宁边区法制史稿（诉讼狱政篇）》，第189页。

第四章 平地波澜：大众化司法制度之争论

李木庵执政后，开始严肃审级。

1. 坐实县司法处。在整个司法组织中，一审机构的重要性毋庸置疑，其规范化程度和审判能力对整个边区的司法状况有着重要影响。经过反复摸索，1941年前后，边区政府最终决定县级司法组织应以司法处为准。李木庵抓住这一有利时机，起草了《陕甘宁边区县司法处组织条例（草案）》(1943)。该条例对司法处的权限，审判员与县政府、司法处与高等法院、高等法院分庭之间的关系均做了清晰的界定。如《陕甘宁边区县司法处组织条例（草案）》规定，"各县司法处受理辖内第一审民刑事诉讼案件"，"县司法处处长由县长兼任，审判员协助处长办理审判事务。如诉讼简单之县份得由处长兼任审判员"。司法处受理重大民刑案件时，应"将案情提交县政府委员会或政务会议讨论，再行判决"。"对于司法文件，由处长名义行之，但裁判书由审判员副署、盖用县印"。①边区高等法院又发文指示："各县裁判员关于司法行政以及审判工作，盖须商同县长办理，不得有固执己见以及闹独立性之现象。"②条例不仅推动了司法处的落实，事实上还推动了专职司法人员队伍的建设。原因极为简单，尽管条例明确规定，县司法处以县长为处长，或县长直接兼审判员，但基于边区的战时环境和生产建设需要，县长的行政性事务已极为饱和，故而根本无暇顾及司法工作。"我们的问题并不是兼与不兼的问题，而是县长或是因为事忙，来不及兼顾，须得有专人负责；或是因司法常识与经验缺乏，恐弄出错误。这是今天新区需要司法干部的主要原因。"③

2. 设立高等法院分庭。边区地广人稀，交通落后，民众赴延安高等法院上诉极不方便，因而各地常有设立高等法院分院的要求，高等

---

① 陕西省档案馆、陕西省社科院合编：《陕甘宁边区政府文件选编》第7辑，档案出版社1988年版，第164—165页。
② 引自杨永华、方克勤《陕甘宁边区法制史稿（诉讼狱政篇）》，第30页。
③ 陕西省档案馆、陕西省社科院合编：《陕甘宁边区政府文件选编》第1辑，档案出版社1986年版，第260页。

法院对此进行答复:"边区辖地不过二十余县,不合设立高等法院分院,将来干部如够支配,再行斟酌地区高等法院分庭。"① 因没有高等法院分庭,而民众又不愿意到高等法院进行上诉,于是司法实践中便出现了民众到专员公署进行上诉的现象,高等法院发现后又发文试图制止:

(1)当事人不能到专署上诉,专署亦不必受理上诉案件,因专署不是司法上的一个审级。(2)地方法院判决前专署可以提示意见,既已判决后,专署不应改判,因司法有法定的审级制度,有一定的诉讼程序,专署更改是不符合判决、不合法律手续的。(3)关于案件处理上的疑难问题应向边区高等法院请示解决,专署非司法机关,不能受理普通民刑诉讼案件,以免发生矛盾。若案件与行政方面有关系或专署送办之案判决后,将判决书抄录一份函专署以查照,但不是对上级报告的手续,因专署在法令上不是地方法院的上级机关之故。②

鉴于此,为方便群众诉讼,同时也是为了健全司法机关,1943年3月,边区政府制定了《陕甘宁边区高等法院分庭组织条例(草案)》,规定:高等法院分庭是高等法院的派出机构,并非一独立的审级,只是代表高等法院负责管理不服该分区所辖基层司法处第一审判决的民刑事案件。高等法院分庭设于分区专员公署内,组织极为简单,设庭长1人(大多由分区专员兼任)负责庭内行政与审判事务,推事1人,书记员1—2人。分庭对外一切行文,均以庭长名义行之,裁判书由推事副署,使用分庭印章。③ 尽管分庭庭长大都由行政专员兼任,从形式上看有换汤不换药之嫌,但由于执行中并非一切民刑案件的审理均须

---

① 《高等法院1942年工作报告》,陕西省档案馆馆藏档案,全宗号15。
② 《高等法院1942年工作报告》,陕西省档案馆馆藏档案,全宗号15。
③ 陕西省档案局编:《陕甘宁边区法律法规汇编》,第77页。

召开专员公署会议集体讨论,只有重大案件才执行此种程序,也就是说大多数案件是由法官审理的,因而就过程而言有利于审判独立及司法理念之普及。此后,陇东分庭、绥德分庭、关中分庭和三边分庭陆续成立。

在此基础上,高等法院又重新申明,县司法处受理一审案件,高等法院及高等法院分庭为上诉审机关,同时,还在诉讼条例中对审限和上诉时间等做了规定,凡不符合审级要求和时间要求的,不能受理。

3. 设立再审程序。审限及上诉时间的限定,可能导致某些案件实体上的错误。为了解决这一问题,李木庵在他所起草的《陕甘宁边区刑事诉讼条例草案》中设置了再审程序。该条例第51条规定:"上诉逾期之案,法庭审查原判内容,实有冤抑或处刑失当者,得以再审程序,更为处理。"①再审程序的设置,既从程序上分清了中间判决与终局判决,维护了判决的终极性和权威性,又从制度上防止了实体方面的错误。

4. 推行三审制。对于边区事实上实行的两审制,李木庵等人也持有异议。在陕甘宁边区第二届参议会上,李木庵等人从遵循国际惯例,保障人民诉权,补救边区司法人员业务水平,减少错案等多个角度,提出了实行三审制的主张。李木庵说,边区"司法技术错误尤多,增加一个审级是一种补救的办法","审级关系人民的权利,多一审级就使人民多一次的希望权,这与判决死刑的人最有关系,各国民法上都有希望权的规定,我们用两级两审,而无三审,是剥夺了人民的希望权,在法理上是说不过去的"②,并与张曙时、朱婴等提出议案,力主在边区建立第三审机关,实行三级三审制,确实保障人权。1942年6月,李木庵又和朱婴等向林伯渠主席建议,设立陕甘宁边区政府审判委员会,取代名义上的国民政府最高法院,实施第三审,以便完善司法程序。

---

① 陕西省档案局编:《陕甘宁边区法律法规汇编》,第472页。
② 李木庵:《对1945年边区二届司法会议总结报告的意见》,1946年12月29日,陕西省档案馆馆藏档案,全宗号15。

"张曙时、李木庵、朱婴、鲁佛民等,则坚决主张边区实行三级三审。"① 在李木庵等人的一再要求下,边区政府第 25 次政务会议,考虑到边区《施政纲领》和 1942 年 2 月公布的《陕甘宁边区保障人权财权条例》第 18 条"边区人民不服审判机关之案件,得依法按级上诉"之规定,予以通过。同年 7 月 10 日,以"战"字第 393 号命令颁布边区政府令,设立审判委员会,受理第三审案件。边区政府审判委员会以边区政府主席林伯渠为委员长,李鼎铭、刘景范、贺连城、毕光斗为委员,朱婴为秘书。该命令还公布,以后凡遇有第三审案件、行政诉讼案件及死刑复核等,均由审判委员会负责办理。

8 月 10 日,审判委员会草拟《陕甘宁边区政府审判委员会组织条例》,经边区政府第 30 次政务会议审查通过,于同年 8 月 22 日以"战"字第 446 号命令公布。公布时增设了一名副委员长和秘书长,明确委员长和副委员长由边区政府主席和副主席兼任,其余 3 名委员由政务会议在政府委员中聘任,委员长任期 3 年,可连聘连任,秘书长掌理委员会诉讼文件之草拟并保管印信。审判委员会的职权为:

(1) 受理不服高等法院第一审及第二审判决之刑事上诉案件及不服高等法院第一审判决之民事上诉案件;

(2) 受理行政诉讼案件;

(3) 婚姻案件;

(4) 死刑复核案件;

(5) 法令解释。②

1943 年 3 月,在李木庵、朱婴等人的努力下,又对审判委员会组

---

① 雷经天:《关于改造司法工作的意见》,1943 年 12 月 18 日,陕西省档案馆馆藏档案,全宗号 15。
② 陕西省档案局编:《陕甘宁边区法律法规汇编》,第 70 页。

第四章 平地波澜：大众化司法制度之争论

织条例进行了修订，规定设专职承审推事一人，并加大了承审推事的作用。边区政府审判委员会在林伯渠、李鼎铭的领导下，一般每月开一次会，必要时还临时召集会议，审理了许多案件，尤其是绥德、米脂、吴堡一带土改中产生的大量土地纠纷案件，坚决贯彻了抗日民族统一战线政策，在坚持保护农民利益的基础上团结地主阶级和富农一致抗日方面起了较好的作用。典型案例如吴堡县王生秀与呼生祥争窑案。大革命时期，贫农呼生祥分了地主王生秀的土地，但窑洞5孔未分。由于王生秀逃出边区，窑洞一直由呼生祥占用。后王生秀受边区政策的感召自动还乡，提出让呼生祥归还其窑洞，遭呼生祥拒绝，发生纠纷。诉讼到县，吴堡县司法处判决：5孔窑洞中，3孔归呼生祥，2孔归王生秀。该判决违反了1938年4月陕甘宁边区政府《关于处理地主土地问题的布告》之规定，从而引起当地群众不满，导致260人向边区参议会请愿，为王生秀鸣不平。边区政府审委会经审理判决：5孔窑洞因未实施分配，应全部归王生秀所有，贫农呼生祥居住困难，可暂住王生秀2孔窑洞，但须在2年内自建窑洞，建窑费用由王生秀资助一半。① 这样的判决合法合理，深受群众拥护，既确认了地主王生秀的产权，又贯彻了照顾贫苦农民利益的原则，使当地干部群众受到法律和政策的深刻教育。审判委员会处理的案件绝大部分正确，切实纠正了二审不恰当的判决或错误判决。

不仅如此，审判委员会还承担着其他一些功能，如对下级司法机关进行业务培训。谢觉哉在1943年8月25日的日记中写道：

> 上午参加审判委员会，我讲了几点意见：审判委员会，应着重对于第一、二审政策的领导和审判方法的指示。像行政机关一样，善于检讨与总结司法上的经验，而不以自己能判决几个案子为能。

---

① 引自杨永华、方克勤《陕甘宁边区法制史稿（诉讼狱政篇）》，第37页。

高等法院对于分庭，分庭对于司法处，都应这样。各级互不相通，不交换知识和技术，不相互批评，便不可能创造出新的成绩。①

（三）尝试设立检察机关和司法行政机关

1941年11月15日，鲁佛民在《解放日报》发表题为《对于边区司法的几点意见》的文章，明确提出了建立检察机关的主张。朱婴亦于次年1月写成《论检察制度》一文对鲁佛民的观点进行细化，文章送报社后因故未能发表。此外，在同年召开的陕甘宁边区第二届参议会上，李木庵、张曙时、何思敬、朱婴等又联名正式提出议案，建议恢复检察机关。

1. 呼吁和强调设立独立检察机关的必要性。鲁佛民等指出，"法院只是审判机关，不能管辖检察工作"，必须实现审检分署。就现实而言，检察独立也并非一个新奇的提法，中国自采用检察制度以来，虽然有些变化，但却一直在坚持。苏联也实行检察独立，还把检察权提得很高，只有这样才能保证社会主义事业顺利发展。其理由：

第一，司法规律使然。整个诉讼过程（包括侦查、起诉、审判、执行）中，所有工作环节统统由审判人员承担，容易产生弊病："（1）精神不能集中，对于案情不能加以慎密地分析和思考；（2）一人的知识有限，对于一个案子的处理，只能闭锁在狭隘的见闻之内，不能对证据及原告情况有更多的搜集和了解；（3）在侦查的时候，遇到顽固和狡猾的被告，审判员因厌恶和恨怒容易冲动，而在判决的时候无意地不免要激起严厉惩罚的心理，使得量刑不能持平。为了保持审判员冷静清醒的头脑，而为详慎公平的判决起见，所以把审判官安置在全过程的中间一个审判阶段，不要他再分心于审判前及审判后的事务，而将侦查起诉及确定执行两阶段的工作，都交给检察官去做。"这样既可以补法

---

① 《谢觉哉日记》（上），1943年8月25日，第531页。

官知识之不足，又可以防止审判的专断。

第二，边区司法现状决定的。司法人员素质较差，侦查案情方面的进步还很不够，游击作风，踏常习故，不求进步；成文法不足。司法工作如此薄弱，扩大检察权更属必要。

2. 具体方案。鲁佛民和朱婴都主张实行审检各自独立。但考虑到边区的现实，鲁佛民认为只是稍稍扩大即可，"高等法院设检察处是可以的，但它的体制，除检察系统内关于行政事宜归法院总管办理外，它的关于侦查、起诉、检验、执行的本身职权，要保持独立性，方合法理"。①

至于司法行政事务，李木庵等人认为司法行政事务繁多，法院无力承担。法院受边区政府领导，而边区政府内部没有专门管理司法行政的机关，结果导致司法行政事务无人过问，影响了这方面的工作，因而应该在政府内部成立专门的司法行政机关。但边区政府认为，由于处于特殊的战争环境中，干部短缺，财政困难，尚无成立专门司法行政机关的可能。

边区政府最终没有采纳李木庵等人的主张。

（四）规范诉讼审判制度

由于片面强调法律的阶级属性，强调为人民服务，陕甘宁边区的司法制度对程序重视不够，规范性较差。为了扭转这一局面，李木庵等人采取了如下措施：

1. 规范各种司法文书。1942年4月15日，李木庵一上任，就发布第7号指示信，特别强调"受理案件，无论是自诉或公诉，必要有起诉书，当事人没有起诉书，由受理该案的机关为之代写，以便有案备查"。此外，李木庵还狠抓了诸如诉讼案卷的建立和保管、各种统计报表的健全等工作，如规定各级司法机关都要按时填写"处理案件调

---

① 朱婴：《论检察制度》，载《边区政府审判委员会秘书处朱婴、毕珩的检讨会记录和有关材料》，陕西省档案馆馆藏档案，全宗号15。

查表""收结案件表"等。1942年,边区高等法院的工作总结中讲到,原有的不规范"问题在1942年被解决了,做到了每个案件都有卷宗和判决书,传讯、拘提、羁押、审级、上诉日期、折算徒刑标准等制度,都全部建立起来了"。①

2. 实行败诉方付费制度。陕甘宁边区为了方便、减少人民的诉讼负担,免收一切诉讼费用,但这一制度在方便民众的同时,也在一定程度上助长了诉讼的泛滥,一些群众认为,"在边区打官司,不打不骂,又不收讼费,赢了占便宜,输了也不赔本",②因此一再兴讼。

为了纠正此现象,李木庵在其主持起草的陕甘宁边区《民事诉讼条例草案》中大胆创造,规定实行败诉方付费制度,试图扭转滥诉现象,维护司法的尊严。该条例第26条规定:"无理缠讼者,法庭得依当事人申请,或以职权判令败诉人赔偿胜诉人自起诉日起至执行完毕之日止,每日因诉讼所需要之费用。"③

需要指出的是,对于边区司法要便利于民众的方针,李木庵等人没有意见,而且还是坚定的执行者。李木庵与雷经天的分歧主要是,李木庵强调规范化,强调这种便利应通过具体的法律制度来实现。对此,有学者指出:

> 为了满足广大群众对政府公平迅速断讼的迫切要求,边区参议会副议长谢觉哉和高等法院代院长李木庵同志呕心沥血,共同研讨诉讼程序。他们主张要有一定的程序,但又必须简便易行,应搞一些必要的手续,但又不能机械烦琐,切忌故弄玄虚,要实在具体,便于老百姓执行。以后就陆续公布了一些切实可行、方

---

① 《陕甘宁边区高等法院1942年工作总结》,1943年2月8日,陕西省档案馆馆藏档案,全宗卷号15。
② 《在陕甘宁边区第二届司法工作会议上的发言》,1945年12月20日,陕西省档案馆馆藏档案,全宗卷号15。
③ 艾绍润、高海深主编:《陕甘宁边区法律法规汇编》,第68页。

便群众的法令等，以补充条例之不足，使边区诉讼进一步走向正轨和日益健全。①

3. 规定审判方式以坐堂办案的庭审为主。边区早期审判以对话式为主，较为随意，这种方式如同免收一切诉讼费一样，在方便了人民的同时，也在一定程度上造成了民众对司法机关的轻视。为此，李木庵在主政期间，尽可能地对审判方式加以规范，特别是法庭秩序。如强调法官审判以坐堂办案为主，并对独任制审判和合议制审判加以规定，什么样的案件法官一人独自审理，哪一种案件须合议，有了基本规则。同时对法庭的秩序做了必要的规定，如规定刑事法庭一般设在一孔窑洞内，布置须庄严郑重，有必要的法定仪式。开庭时，有徒手法警一人值勤警戒，维持法庭秩序。民事案件一般在办公室等地开庭，当事人必须严肃认真，旁听群众要遵守审判秩序。经朱婴努力，边区政府审委会也专门设立了法庭：

> 去年政府没有门岗，诉讼当事人随便跑到我们的窑洞内，一些待办的案卷及证物都放在桌子上。我怕有人偷案卷和证物，我要总务科做一个案卷柜和购置其他必需品（如印色盒、捆卷麻线），总务科不理。再，我觉得审委会是第三审机关，应该局面一点，这是关系于政府的威信。我觉得应另设一个法庭（虽然第三审一般是书面审理，但必要时还是要开庭）。经李鼎铭同意。修改了审委会条例。②

---

① 杨永华、方克勤：《陕甘宁边区法制史稿（诉讼狱政篇）》，第55—56页。
② 朱婴：《审判委员会一年工作自我检查》，载《边区政府审判委员会秘书朱婴、毕珩的检讨会记录和有关材料》（1942年1月10日至1943年8月3日），陕西省档案馆馆藏档案，全宗号15。

4. 加强证据建设。现有史料表明,自边区司法机关建立的那天起,边区政府就不断地强调审判案件要重视证据。如早在 1939 年,雷经天就曾指出,"自诉公诉均须证据"。①但由于证据立法不足,缺乏法定的证据规则,因而审判案件时在事实认定方面难免出现混乱,如果主观上再掺杂进一些阶级意识,则更容易造成错案。谢觉哉就曾批评过某些司法人员"不重视取得证据口供,或取得了不研究,或仅注意对被告不利方面,不注意其有利被告方面"②的错误倾向。

1942 年,边区高等法院制定颁布了《关于搜索和扣押的规定》《关于勘验的规定》,起草了刑事、民事诉讼条例,对证据的种类、证据的搜集、证据的运用与认定等做了详细而明确的法律规定。如证据种类包括物证、书证、证人证言、被害人陈述、被告人的口供、鉴定结论、勘验笔录等 7 种。如关于证据的搜集,《关于搜索和扣押的规定》中规定:夜间不得搜索,但有威迫情形或得居住人之同意不在此限。住宅的搜索,应命居住人或邻居在场等。如关于证人证言,《刑事诉讼条例》第 20 条规定:"证人与原被告有血亲或姻亲关系,或订有婚约者,应拒绝证言。"③《民事诉讼条例》第 15 条规定:"询问证人,需先告以作证之义务及伪证之处罚。"④完善的证据制度,加之刑法总、分则草案等实体法的起草,使边区司法审判真正成为一种专门的知识和技术,同时也从制度上使审判者摆脱民众的情绪和个别权力者的干预成为一种可能,有利于从根本上促进审判水平和质量的提高。有民众为此评价说:"而今的政府和过去不同,不管你手腕大小,说得再好听,呈状写得再好,没有证据,怎么耍私情手段,也打不赢官司。"⑤

---

① 雷经天:《在陕甘宁边区县区长联席会议上的司法工作报告大纲》,1939 年 3 月 12 日,陕西省档案馆馆藏档案,全宗号 15。
② 引自杨永华、方克勤《陕甘宁边区法制史稿(诉讼狱政篇)》,第 107 页。
③ 艾绍润、高海深主编《陕甘宁边区法律法规汇编》,第 62 页。
④ 同上书,第 67 页。
⑤ 《在陕甘宁边区第二届司法工作会议上的发言》,1945 年 12 月 20 日,陕西省档案馆馆藏档案,全宗号 15。

5. 规范判决书的内容与格式。边区早期因审判人员文化水平较低，加之对判决书本身不重视，导致司法实践中判决书写作较为随意，甚至有些案件有无判决书的情况。1942年起，边区高等法院针对上述现象，对判决书做了专门规定，要求所有的案件，不问大小都要制作判决书，并对判决书的格式和内容做了明确规定。按照《陕甘宁边区刑事诉讼条例草案》和《陕甘宁边区民事诉讼条例草案》规定，刑事判决书一般包括司法机关名称、原被告简历、审判员署名及年月日，"判决书首，先为主文，除应记载主刑、从刑或刑之免除外；如有以徒刑劳役易科罚金，或以罚金易服劳役者，应记载其折算之标准；如宣告缓刑者，应记载其缓刑之时间；如宣告没收者，应记载其没收之物。其次，为事实及理由，关于轻微案件之判决书，其事实理由可并为一栏，只说明其要旨，亦得以命令代判词，判词文字须力求通俗"。①

附：陕甘宁边区高等法院民事判决书

上诉人：侯丁卯，男，现年二十七岁，庆阳曹家嘴，农。

代理上诉人：侯贤儒，男，现年六十二岁，同。

被上诉人：侯张氏，女，现年二十五岁，同。张明，男，现年三十岁，庆阳西川暂家寨子，农。

右上诉人因婚姻涉讼一案，不服庆阳地方法院于民国三十一年七月二十九日所为第一审判决提起上诉，本院判决如下：

主文

上诉驳回

事实

缘张明之妹侯张氏于民国二十二年，经媒说与侯贤儒之次子丁卯结婚，婚后侯张氏始知侯丁卯为神智（志）不清之傻子，且

---

① 艾绍润、高海深主编：《陕甘宁边区法律法规汇编》，第64页。

有羊羔风。初冀请医诊疗，病可痊愈，时经九年，医诊无效。侯张氏以侯丁卯有不治之神经错乱病，不堪同居，要求离异，诉于庆阳地方法院，经判决侯张氏与侯丁卯离婚。侯丁卯不服，由其父侯贤儒代理上诉，主张侯丁卯年轻力壮，并无不治之症，果今后无子，亦可以侯丁卯之侄为嗣。并诉张明从中唆使侯张氏诉请离婚，图另嫁贪财，要求废弃原判。经本院传讯两造，侯丁卯确为不识五以上之数（在数六个凳子为八件），不晓自己之年龄（二十七岁说十岁），不识农时（说正月可以种谷粟子），更不知男女之乐（同床各睡，不省房事），神经错乱，傻而且有羊羔风不治之恶疾。侯张氏以其空有夫妻之名，不能享天伦之乐，坚主离婚，自属人情之常，侯贤儒谓由于张明唆使，另嫁图财一节，殊属无据。案经讯明，记录在卷。

　　理由

　　查侯丁卯神经错乱，不识五以上之数，不知自己年龄，更不知男女之乐及夫妇之情，且患有羊羔风病，既已当据讯明。上诉人谓丁卯年轻力壮，并无不治之病，显属遁词，而欲以侯丁卯之侄与侯张氏为嗣子，亦何能弥补侯张氏终身幸福之缺陷，侯张氏结婚以来苦恼九年，侯丁卯病愈无望，自念青春瞬逝，前途悲观，要求离婚，实出诸不得已之衷心，更何得指为张明之唆使图财。原判依边区婚姻条例第十一条第二款、第八款之规定，判决侯张氏与侯丁卯离婚，于法于情均无不合。本件上诉为无理，故判决如主文。

　　　　　　　　　　　　　　　中华民国三十一年九月二十日
　　　　　　　　　　　　　　　　　　民事法庭
　　　　　　　　　　　　　　　　庭长：任扶中
　　　　　　　　　　　　　　　　推事：王怀安
　　　　　　　　　　　　　　　　书记员：李仲民

该判决书与前面所引的黄克功案的判决书，已有了明显的不同。

上述措施，使边区高等法院的业务管理与诉讼审判制度向规范化方面迈出了重要的一步。

6. 严禁随意羁押被告。为了从根本上树立人权观念和无罪推论原则，1942年10月，高等法院发布命令，规定"被告人非得具备下列情形者不得滥行羁押：无一定住所者，有逃亡之虞者，有湮灭证据或串供之虞者，案情重大者。除上列各款外，如系寻常案件情节较轻之被告人，可准其交保候讯，无须羁押"。①

（五）司法工作专门化和司法人员专业化

强调司法工作专门化和司法人员专业化，是李木庵改革中着力推行的重点。

1. 淡化法院的行政化色彩。陕甘宁边区司法制度创办之初，作为各级政府的下属部门，司法机关除承担审判职责外，还担负着许多其他任务，行政化倾向十分严重。李木庵上任后，在自己力所能及的范围内，对此进行了适当的纠正，"在过去，本院司法工作是缺乏重心的，审判为司法工作中的重要阶段未曾被提到应有的地位。这表现在组织机构与干部配备上，法庭只有两个推事、两个书记员，而行政部门秘书室下的一、二、三科则为16人。院长的精力多放在行政与生产上，书记长、法庭庭长也花很多精力在生产委员会主任工作上。由于对审判工作的不重视，于是影响（造成）了诉讼案件的积压、迟缓和草率。可是这偏向在1942年内大体被纠正了，院长抓紧了对审判工作的领导，并充实了法庭的干部，推事增加到4人，连书记员共9人……"，同时减少不必要的会议，增加办案时间。②

2. 不得随意借调审判人员从事其他工作。在司法半独立的体制下

---

① 艾绍润、高海深主编：《陕甘宁边区法律法规汇编》，第70页。
② 《陕甘宁边区高等法院1942年工作总结》，1943年2月8日，陕西省档案馆馆藏档案，全宗卷号15。

边区各级政府为了其他工作的需要,随意借调司法人员一度"几成普遍现象",给司法审判工作造成了较大冲击。合永县裁判员赵生英曾专门向边区高等法院反映此问题:

> 本县裁判处只有二人,司法书记员唐廷壁同志已于七月间参加选举工作,暂由监所抽调犯人,由职监督,帮助书写事宜。现在征粮工作开始,经县委扩大会议决议,裁判员亦参加征粮,赴乡帮助工作。裁判员职务,着暂由保安科长李正廷兼代办理。唯查去年征粮,史裁判员四月余未能视事,致案件积压,群众诸多不满。本年案件繁多,在此时期中,一切司法事宜,故由兼代人员负其全责,犹巩(恐)发生案件积压等问题,职当不负责,理合呈明,仰祈鉴核。①

而该县前任裁判员史文秀则反映说:在这两年中间,有一半以上时间,常在乡村做行政动员工作,并提议,司法干部不要随便调派其他的工作,以便专门处理司法事件。因为根据以往的经验,司法干部一出去工作,司法工作就可以说停止了,人民告状没人管,易产生对政府的不满。

为了保持司法人员的稳定性,李木庵特向边区政府建言不得随意借调审判人员,边区政府于1942年11月18日为此专门发布命令:

> 查司法工作,为政权工作中重要之一环,如司法工作无成绩,政权工作,亦必倍形减色。则各该县凡担任司法工作之干部,如非万不得已,不应随便调做其他行政工作,致使诉讼事件无人专

---

① 陕西省档案馆、陕西省社科院合编:《陕甘宁边区政府文件选编》第6辑,档案出版社1988年版,第394页。

门负责,以致引起当事人不满。切切为要。此令。①

通过上述努力,法院的行政化倾向得到了一定程度的遏止。

3. 强调司法人员专业化。司法人员要不要专业化,是专业知识技能重要,还是政治素质第一,这也是李木庵等想要尝试解决的问题。李木庵的做法:一是对现有人员进行培训,"办理司法干部培训班,调各县的干部来受训;延长时间为一年半,功课学完以后再实习半年始毕业"。所开课程为"(1)边区概况(2)中国问题(3)边区法令(4)诉讼程序(5)法律常识(6)审检实务(7)看守工作(8)司法公文(9)司法行政(10)法医学(11)公证学(12)刑罚问题"。

高等法院"设立法律研究组,将每月研究法律的提纲发给各县使之解答。在文化方面习作论文,按期测验"。② 从1942年起,规定各县所有裁判员、检察员、书记员各作法律论文一篇、普通论文一篇,并进行检查评比,奖勤罚懒。

表6:各县司法干部学习成绩表 ③

姓名	职别	作文篇数	总分数	备考
官振寰	曲子县书记员	12	891	
石静山	庆阳县裁判员	11	899	

---

① 陕西省档案馆、陕西省社科院合编:《陕甘宁边区政府文件选编》第6辑,第394页。
② 《陕甘宁边区高等法院1942年3月—9月工作报告》,1942年10月,陕西省档案馆藏档案,全宗号15。按照规定,司法训练班的具体情况为:规定学员名额为60人,以有阅读书报、草拟报告的文化程度为合格。学员的数目分配于下:各县未经司法训练的裁判员10人(延安、延长、鄜县、志丹、定边、安定、合水、绥德、清涧、镇原等县,每县1人),各县未经司法训练的书记员10人。各县市调派区助理员1人,共27人。由边区政府调选编余干部13人。设主任1人、教务长1人、公差1人、伙夫4人。教员除由法院工作人员兼任外,并聘请其他机关学校对法律有研究、对司法工作有经验的同志担任。课程以实际的工作需要为主,但应与理论联系。
③ 《陕甘宁边区高等法院1942年3月—9月工作报告》,1942年10月,陕西省档案馆藏档案,全宗号15。

(续表)

姓名	职别	作文篇数	总分数	备考
谢道顺	曲子县裁判员	10	734	
史文秀	合水县裁判员	9	701	
崔士杰	新宁县裁判员	9	683	
贺治国	延川县裁判员	8	544	
王 杰	环县裁判员	8	601	
李思纲	淳耀县书记员	8	554	
任君顺	赤水县裁判员	7	575	
张为民	淳耀县裁判员	7	505	
李逢春	清涧县书记员	7	438	
周玉洁	延安地方法庭庭长	6	475	
白卓武	安定县裁判员	6	442	
李福原	盐池县裁判员	6	427	
刘成问	清涧县检察员	6	334	
焦生炳	延长县裁判员	5	295	内有一题分数未登记
杨增衍	延川县书记员	5	312	
刘志刚	赤水县书记员	5	401	
张生旺	鄜县裁判员	4	159	内有二题分数未登记
王致中	鄜县书记员	4	142	内有二题分数未登记
王宜亭	甘泉县裁判员	3	246	
宋常华	绥德裁判员	3	239	
金 伟	延安地方法院书记员	3	153	
袁谦让	甘泉县书记员	3	190	
张建堂	华池县裁判员	3	226	
冯明勋	志丹县书记员	3	196	
任韵峰	赤水县书记员	3	137	
白炳明	固临县裁判员	3	132	
高思恭	固临县书记员	3	149	
霍凤翔	靖边县书记员	3	134	
朱志峰	延长县书记员	2		
刘汉鼎	清涧县裁判员	1	80	
赵玉文	志丹县代裁判员	1	72	
贾登恩	靖边县裁判员	1	78	

（续表）

姓名	职别	作文篇数	总分数	备考
丁生杰	吴堡县书记员	1	80	
路浚	延安地方法庭书记员	1	77	
李考年	绥德书记员	1	78	
井助善	安定县书记员	1	76	

此外，李木庵还设想从这些受训人中再挑选几十人，送到行政学院或延安大学法学院进行长期的法律学习，学成后用以接替现有司法人员。二是"尽可能罗致在边区的司法人员来参加司法工作"，①在新近从国统区来的知识分子中挑选具有一定的法律知识者担任司法工作，如先后选调了乔松山、陈质文、石汶、王怀安、周泓、叶映萱、王权五、李碧岩、孙效实等充实到各级司法队伍中；其中乔松山、王怀安最有代表性。

乔松山（1894—1968），原名吉甫，字松山，陕西佳县人，国民党党员。1919年毕业于北京国立法政专门学校。毕业后回到家乡，先在陕西护法靖国军总部任秘书，后任佳县教育局局长，1930年代赴南京任国民政府监察院科员、主任书记官等，抗战全面爆发后再回到家乡。1941年任陕甘宁边区参议会常驻议员，1942年任绥德地方法院院长，次年改任高等法院绥德分庭庭长及陕甘宁边区高等法院审判庭庭长。乔松山系专业人士，又曾在南京国民政府任过职，他能被重用，表明李木庵等人对专业司法人才求贤若渴的心态。②

王怀安（1915—2015），原名王玉琳，四川自贡人。自幼天资聪慧，

---

① 《陕甘宁边区高等法院一九四二年工作计划大纲》，陕西省档案馆馆藏档案，全宗号15。
② 1943年陕甘宁边区推行"三三制"政策以后，边区司法系统按照此规定配备了少量的党外人士。但从政治信仰和组织关系方面讲，这种安排更多地具有一种象征意义。边区司法系统的从业人员几乎都是中国共产党党员，而李木庵之所以敢如此，除对专业人士求贤若渴外，还与1943年4月颁布的《陕甘宁边区各级政府干部任免暂行条例》有一定关系。该条例的第3条对边区政府司法从业人员在综合素质上开始有了一些特殊的要求，尽管这种要求较晚清以降历届政府对司法人员业务能力方面的要求相比已大大倒退："各级政府干部之任用，以适合下列标准者为合格：1. 拥护并忠实于边区施政纲领；2. 德才资望与其所负职务相称；3. 关心群众利益；4. 积极负责，廉洁奉公。"

陕甘宁边区法院系统审判人员在延安合影，右一为乔松山
（图片转自张世斌主编《陕甘宁边区高等法院史迹》）

读书过目成诵，但却命运多舛，10岁丧父，之后哥哥、弟弟和母亲在贫困交加中先后去世，沦为孤儿。在族人的资助下，他读完初中、师范学校，1935年以全校第一名的成绩考入四川大学法律系。入学后除认真研习法学外，还积极投身抗日救国运动，成为该校学生进步组织的负责人及四川大学党总支书记。不久，受党指派，利用其担任民族革命大学（阎锡山办的军校）新生大队指导员的身份，于1939年冬带领近200名四川籍进步青年学生奔赴延安，其中有中华人民共和国成立后任最高人民法院经济审判庭副庭长的何惊心等。到延安后先入延安青年干部学院高级班学习，被评为模范学生。1941年任延安各界青年联合会主席。1942年调陕甘宁边区高等法院工作，任推事、法庭代庭长，参与了多起重要案件的审理。他主持公道，平易近人，方便人民群众诉讼，受到好评。

加之高等法院原有的任扶中等人，边区司法，特别是高等法院的司法能力有了较大的提高。任扶中（1908—1980），安徽太和人，安徽大学法律系毕业，曾任陕西临潼县司法处书记官、陕西省高等法院书记官。全面抗战爆发后到延安，入抗日军政大学学习。1937年边区高等法院成立，调高等法院任书记员，1939年后任推事，1942年后任法庭庭长。

三是将某些不称职的工农干部进行调换。如将原高等法院推事李育英调离审判岗位，任典狱长。"原靖边裁判员贾登恩及安塞代裁判员马能彪因工作不适宜，调回学习，并派贺晓成、刘临福前往接替裁判员的任务。"① 派陈质文、王怀安、叶映萱为高等法院推事。另准备将延安地方法院院长周玉洁调离，因延安市市长强烈反对，只得作罢，等等。档案材料表明，从 1942 年 6 月到 12 月，边区司法系统人员调整一直未间断。据雷经天讲，李木庵甚至有将边区法院系统中的所有工农干部全部调换的打算。② 这些措施使边区司法系统的人员结构开始改变，司法系统内有了职业革命家、土生土长的工农干部外的第三种力量。③

第三节　策略和方法

就方案本身而言，李木庵等人的做法与晚清以来各届政府推行的司法制度相比并无多少特别新颖之处，其中的一些主张从法理上讲也可以商榷。但即便如此，对于那些缺乏起码程序意识，或对程序本能反感的人来说，李木庵的许多做法仍然很难接受，何况李木庵的改革又是发生在战火纷飞的战争年代。不过，李木庵等均已人到中年，早已过了鲁莽的年纪，又有着或多或少的官场经历，专业知识和人生阅历都可谓丰富，因而对于改革的困难有着一定的认识，故此，他们采取了相对谨慎的做法。

---

① 《陕甘宁边区高等法院一九四二年工作计划大纲》，陕西省档案馆藏档案，全宗号 15。
② 雷经天：《关于改造边区司法工作的意见》，1943 年 12 月 30 日，陕西省档案馆藏档案，全宗号 15。
③ 所谓第三种力量是指新近从国统区而来的知识分子型司法干部，他们文化程度高，专业素质好，对边区具有新鲜感，革命热情高，工作积极，多集中在高等法院或分庭一级。

一、将政治案件和普通案件分开处理

政治是中国一切问题的核心，改革能否成功也决定于此。李木庵等人对此极为清楚。为了减少阻力，不至于授人以口实，他们制定了《陕甘宁边区军民诉讼暂行条例》，强调"边区过去军民诉讼管辖，因无明文规定致发生不少纠纷，为了使今后执法中实现军民关系的改进，特规定以下条例以便共同遵守"，① 同时制定了《调整军政民关系，维护革命秩序暂行办法》等，一方面对军民之间的诉讼管辖范围做出明确规定，同时又将对汉奸、盗匪等犯罪的惩罚与普通犯罪在程序上区分开来，即规定"在此抗战非常时期，此项汉奸盗匪之类多数紧急情况，应为迅速处置，方足以镇压"，与此同时强调普通刑事案件必须严格按照已有的程序办理。②

二、增强方案的合法性

为了增强改革方案的合法性，李木庵等人颇费了一番脑筋。其基本做法有二。一是加强彼此沟通，提高方案质量。如前引的鲁佛民1941年11月15日发表于《解放日报》的重头文章《对边区司法工作的几点意见》，就是集体讨论的结果。鲁佛民的次子曾撰文对该文的写作过程做过交代：文章的观点是鲁佛民、张曙时、李木庵、朱婴的共同看法，文章是他们在交换了意见后，由鲁佛民起草、朱婴修改后发表的。朱婴在写给雷经天的信中说，文章是鲁佛民起草，他帮忙修改的，修改后直接寄给负责《解放日报》工作的博古发表的。③ 二是向边区参议会提交提案使方案合法化。本次改革发生在边区第二届参议会期间，

---

① 艾绍润、高海深主编：《陕甘宁边区法律法规汇编》，第71页。
② 《陕甘宁边区高等法院请示函》，1943年10月17日，陕西省档案馆藏档案，全宗号15。
③ 《边区政府审判委员会秘书朱婴、毕珩的检讨会记录和有关材料》，（1942年1月10日至1943年8月3日），陕西省档案馆藏档案，全宗号15。

李木庵等充分利用这一机会,与张曙时、何思敬等联署向会议提交了三项提案,涉及制定暂行法律、实行刑事调解及设立三审终审机关等问题。会议对三项提案进行公决,获得通过,交参议会常驻议会与边区政府协商办理。

三、加强对县司法处的业务领导和检查落实

李木庵上任后,加强了边区高等法院对县司法处业务上的领导。翻检这一时期的边区高等法院档案,可以明显地发现这样一种现象,即高等法院就司法业务方面的指示信显著增多,且事无巨细。如关于各级审判机关要按时填报"处理案件调查表"及"收结案件表"的命令及指示信就一连发了数道,甚至连表格的样式都亲自制作,对于填报中的错误,以及如何填写等问题均一一指出和说明。① 在1943年底的边区司法工作检讨会上,谢觉哉提到,李木庵所在的党支部反映说,李老日夜抄写,起草各种条例和文件。②

高等法院的这种做法获得了基层司法人员的拥护,他们说:"对于高等法院没有意见,它给我们的帮助很大。批月报,哪一个字不对,都批改在旁边。我们自己的缺点是,月报来得不够,高院三次五次督促我们。我们的书记员复写很慢,因此月报堆下很多。他时常要回家,我常给他提意见,常不去改正。高等法院的批答对我们有很大的帮助。"③

再譬如,指令各级审判机关判决书上一定要注明上诉的期限等。这些指示信真实地反映了当时边区各级司法人员的业务素质和水平,同时也反映了李木庵的工作作风和方法。

---

① 《陕甘宁边区高等法院命令》,1943年3月11日、1943年5月30日、1943年5月10日、1943年7月13日,陕西省档案馆馆藏档案,全宗号15。
② 《雷经天、李木庵院长等关于司法工作的检讨会议发言记录》,陕西省档案馆馆藏档案,全宗号15。
③ 奥海清:《在陕甘宁边区第二届司法会议上的发言》,1945年10月24日,陕西省档案馆馆藏档案,全宗号15。

四、及时总结发现问题

经过半年多的推行,边区司法工作有了新的变化。在制订边区高等法院 1943 年的工作计划时,李木庵没有盲目乐观,而是将总结 1942 年下半年以来的工作,即改革方案的实施效果作为全院工作的重点,规定要对陕甘宁边区前一年审理的所有案件进展情况进行系统梳理。内容包括:全年结案统计,结案最快和最慢所需的时间以及平均审理的时间各是多少,未结案的原因,判决和撤诉的各是多少,上诉案件是多少,刑事被告人犯罪的原因及累犯者有多少,民事案件发生的原因,等等。总结的步骤是各县先按照要求对材料逐一汇总,然后上报边区高等法院。[①]

与此同时,李木庵又在高等法院内设立了法律研究组,并提请边区政府成立司法工作研究委员会,加强对司法工作的研究。李木庵亲任主任委员,并建议该委员会于 1943 年内对全区的司法工作,特别是 1942 年以来的工作进行一次全面系统的检查,及时发现问题,并借助政府的力量为进一步改革制造声势,推动改革深入发展。司法改革的效果,最终是通过所办案件来反映的。这种结合具体案件进行总结的做法,既可以检验改革的效果,及时发现问题,同时又能使改革者明了下一步改革的任务。由此可见,李木庵所进行的改革并非简单地照搬南京国民政府的做法。

五、争取民众的拥护

边区政府成立初期便规定民事诉讼不收诉讼费,但由于渠道不畅通,民众对此政策并不知晓。1943 年 7 月 5 日,鉴于边区民众生活困难、文盲较多的现实,为了维护穷人的诉权,李木庵又专门规定,法院派

[①]《陕甘宁边区高等法院 1943 年工作计划》,1943 年 2 月,陕西省档案馆馆藏档案,全宗号 15。

专人代写诉状，不收任何费用，并以群众喜闻乐见的方式，广而告之：

> 近闻人民诉讼，请人代写状词，花钱动辄盈千，穷人真不明了。法院便于人民，准许口头控告，有人代写状词，费用分文不要。特此布告周知，望勿自增苦恼。①

第四节 改革戛然而止

为此改革，李木庵等人做足了功课，但司法正规化的努力仍然以失败告终。是什么原因导致了改革的失败？大多数人或许会认为是时机问题，如受战争环境、精兵简政、整风运动、政权体制等问题的影响。这些原因无疑都是重要的，但除此之外，笔者认为还应包括以下几点。

一、原有司法人员的反对

李木庵等人的改革，主要是强调司法人员专业化和司法工作规范化，并没有多少创新之处，但即便如此，改革还是引起了原有司法人员的强烈不满和反对。

这种不满和反对伴随着改革的全过程。如 1941 年 11 月，鲁佛民的文章刚一发表，雷经天等反对者就"综合大家的意见写了一篇反驳文章交给谢老看，谢老说不必同他们争论，应该允许他们对边区司法工作多批评些，边区的司法工作才能够改进"。②此后，双方在边区的司法工作会议上也发生过正面冲突，只是因为缺乏来自主政者的支持，反对者的意见才没有被采纳。

---

① 《陕甘宁边区高等法院布告》，1943 年 7 月 5 日，陕西省档案馆馆藏档案，全宗号 15。
② 雷经天：《关于改造边区司法工作的意见》，1943 年 12 月 18 日，陕西省档案馆馆藏档案，全宗号 15。

(一) 反对的原因

那么，又是什么原因引起了原有司法人员如此强烈的反对呢？

1. 双方对边区司法工作的性质与任务的认识不同。关于这一点，从接下来所要引述的雷经天的言论中看得十分清楚。

2. 自尊心受到伤害。李木庵等人推行的改革也伤害了原司法系统内一部分从业人员的情感和自尊心。如据雷经天讲：李木庵、张曙时等曾在某些场合批评高等法院是"无法无天"。①这种批评自然引起了雷经天等人的强烈不满。实事求是地讲，雷经天所推行的简便诉讼程序的做法，得到了大多数边区司法人员的拥护，那些缺乏必要法律知识的工农干部，对烦琐程序有着一种本能的反感。再譬如，李木庵的改革中规定审判案件必须制作规范的判决书，并对写作不规范者进行批评和"斥责"，其结果使相当一部分人无法工作。"延安地方法院院长周玉洁因为不会翻法律条文，审判案件，只得请学过法律的推事帮助写判决书。"②陕甘宁边区的司法人员专业素质普遍较低，这种现象在基层更为严重，许多司法人员连最简单的司法文书都写不了，实行规范化以后许多人无法适应。

对于人才的匮乏，李木庵等有着非常清醒的认识，他们一方面寄希望通过淘汰那些不称职的司法人员来提高整个队伍的素质；另一方面也有长期的人才培养想法和准备，但毕竟"远水解不了近渴"。人是有自尊心的，类似周玉洁这种一直被视为边区司法系统的骨干，并掌握着一定实权的人员，其所面临的尴尬和难堪，积攒到一定时候势必会爆发。

3. 触动了某些人的既得利益。任何改革都是利益的重新分配，李木庵所推行的改革也不例外。损害达到一定程度，那些利益受损的人

---

① 雷经天：《关于改造边区司法工作的意见》，1943年12月18日，陕西省档案馆馆藏档案，全宗号15。
② 同上。

自然就会起来反对乃至斗争,并最终形成了一股力量;相反,以李木庵为代表的新力量在边区司法系统里毕竟过于微弱,从而使改革者失去了司法系统内部基本的支持力量,陷入了四面楚歌的尴尬局面。必须指出的是,在反对者中许多人是出于维护革命的理想和信念,没有掺杂个人的私利。

4. 阶级感情上的对立。在近代中国,广大贫苦劳动人民与少数社会财富的掌握者处于深深的对立之中,两者在情感上的隔阂极深。加之社会文化教育的落后,只有家庭富有的人才可能接受系统的法学教育,因而,出于阶级的本能,广大下层民众,特别是那些不甘于现状的下层民众对于富有者手里所掌握的专业知识也极为厌恶。事实上,在许多时候,这些所谓的专业知识和技能也确实成了富有者们对付那些不甘于现状的下层民众的工具。因而,一旦边区政府的态度明朗之后,无须动员,边区司法系统内的工农干部就会主动出击,向那些出身富有、掌握着专业知识的人们发动进攻,将斗争和非专业化倾向推向极致。

陕甘宁边区司法系统内部各种对立势力的存在,以及李木庵改革的最终失败,深刻地揭示了一个道理,即司法职业共同体存在的必要。没有职业共同体,司法人员在一些重大的问题上就无法形成共识,不但形不成合力,还会在利益的诱惑下产生内讧。

关于反对者的不满和态度,我们可以通过雷经天的一篇报告以及事后的总结看得十分清楚。在前面反复引用的雷经天的那篇报告中,雷经天对李木庵等人的改革逐项进行了批判。关于法律的阶级性问题,他说:

> 我对边区司法工作的观点:边区司法工作是整个政权工作的一部分,应该由政权机关统一领导。……认为边区司法工作的主要任务是巩固边区抗日民主政权,保护边区人民大众的利益,因此边区的司法工作必须服从边区政府的政策,遵守边区政府的法

令。过去我们对于破坏边区及叛变革命的案件处刑特重（这种情形曾经受过谢老的批评）。我们以为法律是阶级统治的工具，因此我们一贯地指出国民党的法律是地主资产阶级的法律，对于工农劳动群众只有剥削和束缚的作用，在边区是不适用的（谢老也曾批评我们过分强调阶级，既否认地主资产阶级的法律，但自己又没有法律，这是不合于新民主主义政策的，倘若没有地主资产阶级的法律，就不能创造新民主主义的法律）。①

关于司法制度问题，雷经天说：

> 边区司法工作是属于边区政府的，不是属于国民政府的，一切关于司法工作的设施，必须是适应于边区特殊的历史环境，无论在司法的组织机构、在司法干部条件、在司法制度的建立、在法律的执行，各方面都与国民政府司法工作的设施不同。边区工作必须执行中国共产党的政策和边区政府的法令，凡违反政策和法令的行为，司法机关即有权干涉、纠正及制裁，在国民政府未正式承认边区政府之前，（应）明白宣布国民政府的法律不适用于边区。②

关于不注意程序问题，雷经天公开承认，并坚持认为这正是新民主主义司法制度的优点，是根据地法律与一切旧的剥削阶级的法律的不同之处，"在第一届参议会讨论边区施政纲领时，我们就提出建立便利于人民的司法制度，一切为着人民着想，真正为群众解决问题，故诉讼手续非常简单，着重于区乡政府的调解和仲裁，没有什么审级、

---

① 雷经天：《关于改造边区司法工作的意见》，1943年12月18日，陕西省档案馆馆藏档案，全宗号15。
② 同上。

第四章 平地波澜：大众化司法制度之争论

时效、管辖的限制，案件处理也比较迅速，因此受到许多旧的法律学者（李木庵、朱婴等）的非难，说边区的司法工作仍然保持游击主义的作风，而极力主张正规化。换句话说，就是要将边区的司法工作依照国民党那一套去做"。如在雷经天等人看来，规范化后的判决书无疑就是司法八股文，是搞形式主义，不合群众需要。"沿袭旧的观念，只知做形式上的判决，不注意实际的效果，认为案件既经判决，即为完事，至于当事人双方实际争执的问题，是否得到合理解决，则不计及，遭有不服，介绍上诉，做出一纸判决书，算为责任已尽，其实纠纷问题仍然存在，诉讼案件未能减少。办案机关与诉讼人民均无利益。"①

关于司法人员，雷经天认为："关于干部，我以为经过土地革命斗争锻炼出来的工农干部，虽然他们的文化程度较低，不懂得旧的法律条文，但他们的政治立场坚定，与群众发生密切的联系，能够负责地为群众解决问题，（如果）给予教育训练，就是边区司法干部的骨干，如周玉洁、李育英、史文秀、石静山、陈思恭、焦生炳等，都是边区的工农分子培养出来的很好的司法干部。至于外来的知识分子，我们也一样地使用，但没有经过长期的考验，政治面目还不清楚以前，我们是不敢付以重大责任的。因此谢老批评过我无容人之量，不善于领导。在李木庵来代理法院院长工作后，恰恰相反地排挤工农的老干部，重用外来的知识分子，几乎将边区司法的领导权全部交给一些不可靠的人的手里。"② 也就是说，在雷经天等人看来，司法人员"最主要的必须忠实于革命事业，能够奉公守法，刻苦负责，并了解新民主主义的法律精神，现在我们所有的司法干部，法律知识虽较为缺乏，但他们都经过长期革命斗争的锻炼，而得到人民的信任"。③

---

① 雷经天：《关于改造边区司法工作的意见》，1943年12月18日，陕西省档案馆馆藏档案，全宗号15。
② 同上。
③ 同上。

关于设立检察机关的问题，雷经天亦表示出了强烈的反对。雷经天的理由为：边区是地域分散的农村环境，经济比较落后，社会情况简单，人口不足200万，成分单纯。大部分地区经过土地革命，消灭了经济剥削和政治压迫，发案率低，而且案情也较简单，又加之缺乏专业人员，所以由保安机关或公安机关以及群众团体代行检察机关的职权即可；与国民党政府不同，边区刑事政策上采取半干涉主义，侵犯国家公益的刑事案件，可由公安和司法机关分别行使检察权，侵犯私益的民事案件及一般轻微的刑事案件，在受害人同意的情况下，大都采取调解方式解决，而且案件发生后，广大人民群众从节省人力、财力和时间出发，渴望简化手续，少费周折，使案件得到迅速解决。这符合边区的战争环境的实际情况和要求；施政纲领中已明确规定"人民则有用无论何种方式，控告任何公务人员非法行为之权利"。① 此外人民群众和群众团体，对于无论任何人的违法行为，都有检举揭发的权利，因而设立检察机关全无必要。而法院和检察机关的关系，雷经天也坚决主张由法院领导检察机关：

  边区整个的政权应统一于边区政府，而行使司法职权的部分则统一于司法机关，检察和审判都属于司法职权的范围，就应统一地受法院的管辖。主张检察独立，法院又是审判机关，不能管辖检察工作，必然造成各自为政的现象。②

（二）反对的方法

显然，雷经天与李木庵等人的分歧是全面的，几乎涉及改革的

---

① 李木庵：《对二届司法会议工作总结报告的意见》，1946年12月29日，陕西省档案馆馆藏档案，全宗号15。
② 雷经天：《关于改造边区司法工作的意见》，1943年12月18日，陕西省档案馆馆藏档案，全宗号15。

所有方面。关于这次改革,雷经天等人始终将其认定为一场政治斗争,而非技术问题。因而雷经天等人的反击办法,也主要是对李木庵主导的司法改革从政治角度、路线方针以及意识形态上进行批判,这在当时以及日后的中国都是最为致命的做法。对党内的斗争,雷经天显然比李木庵等人更有经验。尽管从加入中国共产党那天起,雷经天就几乎一直处于被动挨整的地位,但久病成医,因而积累了足够的经验。除了从路线上公开同李木庵等人划清界限[①],旗帜鲜明地进行批判外,雷经天等人还采取了其他一些做法,既表明自己的态度,又进行反攻,这些做法包括:

1. 游说领导人。向谢觉哉等领导人进行游说,使其改变对自己的看法,积极寻求主政者的支持。就个人感情方面讲,谢觉哉并不喜欢雷经天,这一点他内心十分清楚,种种材料也表明,谢觉哉与雷经天之间并无私交,但为了扭转局面,他一改以前的做法,开始多次前往谢觉哉的住处。《谢觉哉日记》中记载:1943 年 5 月 3 日,"傍晚经天同志来谈"[②];7 月 12 日,"经天、木庵、玉洁、育英来谈"等[③]。此前日记中从未有雷经天等人主动到谢觉哉家中谈话的记载,因而,雷经天等人频繁的到访绝非偶然。尽管日记中并未记载谈话的内容,但从此后事态的发展来看,这种努力是颇有成效的。

2. 利用整风运动。利用整风审干的时机,对李木庵等人从组织上进行清算。延安整风运动开始于 1941 年前后,其初始阶段主要是进行学习,从党风、学风和作风方面反对主观主义、教条主义和宗派主

[①] 值得注意的是,在陕甘宁边区第二届参议会期间,雷经天本人也提出了关于适时颁布边区民刑法和诉讼法的提案,该提案内容与李木庵、张曙时、何思敬等人的一项提案内容差别不大,因而被会议合并立项讨论。但这一事件本身则极有意义,它一方面反映了当时边区司法系统内部新旧力量之间的隔阂,另一方面也反映了雷经天政治经验之丰富,即不与反对者进行合作。参见中国科学院历史研究第三所《陕甘宁边区参议会文献汇辑》,科学出版社 1958 年版。
[②]《谢觉哉日记》(上),1943 年 5 月 3 日,第 458 页。
[③]《谢觉哉日记》(上),1943 年 7 月 12 日,第 509 页。

义；1942年底开始对边区的干部，特别是知识分子干部逐一进行审查；1943年夏，审干运动进入最后的"抢救失足者"阶段。在审干中，由于中央负责肃奸审干工作的康生等人坚持了错误的做法，借助群众运动大搞逼、供、讯，对被审查者进行精神和肉体折磨，审干运动被扩大化，有些单位逼迫被审查者自己承认有历史和现实问题，清查出了大量所谓的特务分子。凡历史上同国民党有些关系，或从国统区新来的知识分子，只要对延安的政策、做法有过批评甚至牢骚者几乎均被打成特嫌，仅1943年一年里，整个边区即查出所谓特嫌15000人之多，造成了大批冤假错案，一时人人自危。① 其中尤以延安、绥德最为严重。审干运动的扩大化，是典型的不讲法制，以政治代替法制，以运动代替程序的结果。但面对着狂飙似的群众运动和运动中取得的所谓"成就"，原本对法制、程序本身就抱有偏见的人们，进一步失去了理智，更加强化了原有的偏见；而那些受到了伤害的人们，出于自卫的需要，也开始对法制、程序的话语噤若寒蝉。

审干运动无疑给了反对者一个极好的反击机会。囿于史料的限制，有关陕甘宁边区高等法院审干运动开展的具体情况，一些细节已很难还原，但借助雷经天、朱婴等人所写的几份材料，大致可以再现边区司法系统审干运动的基本轮廓。

1943年7月，陕甘宁边区政府成立了边区司法检查委员会，以雷经天和李木庵为负责人，委员会制定了详细的工作纲要，计划从司法政策、司法制度、司法组织和人事几个方面对边区高等法院成立以来的司法工作进行一次彻底的清查。然而，事实上检查工作主要是围绕着李木庵代理院长期间的司法工作进行的，且不局限于司法系统。由于李木庵本身也是检查委员会的负责人，雷经天避实就虚选择以朱婴

---

① 有关延安整风审干问题，参见朱鸿召编选《众说纷纭话延安》(广东人民出版社2001年版) 中的相关记载，以及韦君宜《思痛录》，北京十月文艺出版社2002年版。

第四章 平地波澜：大众化司法制度之争论

等人为批判的矛头所向。① 9 月 30 日，雷经天撰写了《关于边区司法工作检查情形》的报告，直接把 1942 年下半年以来边区司法工作中出现的新现象定性为两条路线的斗争。

> 综合以上几个问题，我们认为朱婴在边区的工作，是负有其特殊任务的，这表现在他用尽一切方法和力量，企图篡夺边区司法职权，霸占边区司法机关。他在法律方面，要边区与国民政府完全一致，解除我们保卫边区政权与人民利益的有力武器。他在组织方面，要边区的司法机关完全脱离边区政府的领导，直接受国民政府中央的管辖和支配。他在干部方面，要完全任用友区来的专门人才，将边区原有的干部完全调换造成"清一色"的系统，以此来分割边区整个的政权，实现消灭边区的阴谋事实俱在，这绝对不是过分的估计。②

---

① 1943 年，在边区司法大检查中，朱婴被定性为不可靠的人、特务分子，公开受到批判。他百口莫辩，痛苦至极。1943 年 7 月 12 日，他写信给雷经天和李木庵，向共产党陈述自己内心的苦闷："一句话就是我的认识是错误的，……不过因为这一点而联系到我的政治问题，我是不甘服的，反对派于我有何恩何德？我为什么要那么做？我又为什么地把一家人送到大口口里去？我近来为这事不免常常暗泣。我已年近半百，还落得一个不明不白之身，我实在痛苦已极。"（见《司法工作检察委员会的报告》等，陕西省档案馆藏档案，全宗号 15）1943 年 8 月 31 日，他再次给雷经天写信，对鲁佛民所写的文章过程进行说明，同时也主动向谢觉哉陈述自己的冤情。这些陈述并未取得任何效果，对朱婴的批评还在不断升级。这里仅举一例，1943 年 12 月 10 日，在边区政府召开的司法工作检讨会上，曾任边区财政厅厅长的南汉宸激动地说："比如米脂的土匪案子，我们主张要杀，朱婴怎么判决呢？他就说不杀，越杀越多，他说你看黄花岗七十二烈士不是越杀越多吗？他妈的！他把土匪当作黄花岗烈士，把我们当作满清黑暗的统治者。真是岂有此理！"（《雷李等关于司法工作检讨会议的记录》，陕西省档案馆馆藏档案，全宗号 15）抢救运动过后，朱婴留在边区高等法院秘书室工作。1946 年经中共中央西北局批准，重新加入中国共产党。中华人民共和国成立后，任西北军政委员会司法副部长、最高人民法院西北分院秘书长、西北大学党委书记、陕西省科委副主任等职。"文化大革命"中，朱婴再次受到极左路线的迫害，身体精神均遭到严重摧残，被迫还乡，1970 年病死于老家华容。
② 雷经天：《关于边区司法工作检查情形》，1943 年 9 月 30 日，陕西省档案馆馆藏档案，全宗号 15。

与此同时，直接参与此次改革的其他重要人物，如张曙时[①]等，也在各自单位中受到批判，并被认为有倾向、偏袒剥削阶级的行为，朱婴更是在 1943 年 8、9 月份受到了党内处分。

1943 年 12 月 8 日到 10 日，边区政府专门召开司法工作检讨会议。林伯渠、谢觉哉、李维汉（政府秘书长）、周兴（保安处长）、南汉宸（财政厅厅长）、唐洪澄（民政厅厅长）等边区政府主要领导人，以及雷经天、李木庵等参加了此次会议。雷经天和李木庵分别就自己任职期间的工作、干部任用情况以及法律观进行检讨。雷经天的发言与前引的言论仍然如出一辙，李木庵则诚恳地谈了自己对国民政府和边区法律的认识："我们是政治领导法律，政治在前，法律在后，大后方是法律在前，政治在后。"[②]

与会者对两人既往的工作和检讨情况进行评价，最后得出结论，雷经天时期边区司法工作的大方向是正确的，而李木庵时期的方向则有问题。李维汉的发言基本上代表了这种结论："把国民党的司法路线当成了我们的路线"，所以，边区"司法系统的工作是要来一个革命的，从国民党化回到无产阶级共产党化"。[③] 12 月 18 日，雷经天又撰写了《关于改造边区司法工作的意见》，进一步表明自己的态度，并把矛头直指李木庵、张曙时。

报告中，雷经天首先从性质上对李木庵等人借助新法学会的来往

[①] 审干期间，边区政府曾在大会议室召开会议，约有二三十人参加。主持会议的边区政府秘书长李维汉宣布，凡是有问题的，都应该坦白交代，但是会场上没有人发言。李维汉站起来说，有些老同志回延安已经有些时候了，但问题没有交代。会上仍是鸦雀无声，一片肃然。这时，张曙时问：这话是不是对我讲的？李维汉大声说，就是对你讲的，今晚的火，就要烧到你头上去。张曙时愤怒道，你有什么证据，把证据拿出来嘛，我没有问题，这种会我不参加了。张曙时随即走出会场。张曙时后来得到边区政府主席林伯渠的保护，才幸免于难。参见陈永清《纪念林伯渠同志诞辰一百周年》，载《怀念林伯渠同志》，湖南人民出版社 1986 年版，第 136 页。
[②]《雷经天、李木庵院长关于司法工作检讨会议记录》，1943 年 12 月 10 日，陕西省档案馆馆藏档案，全宗号 15。
[③] 同上。

第四章 平地波澜：大众化司法制度之争论

行为作了认定，他说：新法学会成立后，"我们认为张曙时是司法界的前辈，又是一个老的共产党员，即推选他出来负领导责任。但没有注意到张曙时竟利用新法学会的组织，与李木庵、朱婴结合起来形成一个小组织的派别活动"。

在此基础上，雷经天指出："以上的事实可以说明李木庵在边区高等法院的工作是执行新法学会的计划的，将边区的司法工作完全变为国民党的一套，司法工作因此无论在干部、法律、政策、审判方面，只是为着地主资产阶级，而不是为着工农群众，这完全违反了党的路线。"也就是说，李木庵等人的所作所为完全是有组织、有预谋的。

其次，公布了经过审干以后的结论，李木庵重用及提拔的干部大多数是有政治嫌疑的。经过对这些干部的审查，全院36个干部中（管理员在内）即有17个人自己承认有问题，说出了组织和做过破坏工作的特务分子最少有9人。

> 法院本身审查出有政治问题的十七个：有四个送到保安处来了，其他十三个在学习中继续审查。十七个当中有复兴三个，CC六个，蓝衣社一个，国民党一个，托派一个，自首叛变的两个，别动队一个，其他国特两个，合起来共十七个。在职务分配上，庭长两个，一个任扶中、一个王怀安。推事四个……，科长一个，科员十个……，法院共有三十六个干部，审查出十七个特务，还有三个嫌疑分子，是有材料值得追问的。①

李木庵重用的郭钢钟、陈质文、王怀安、任扶中等均被列入有问题者的名单中，其中郭钢钟、陈质文是特务。一个只有36人的高等法院，有问题者竟然达到17人，运动的严酷和荒唐可想而知。地方法院

---

① 《雷经天、李木庵院长关于司法工作检讨会议记录》，1943年12月10日，陕西省档案馆馆藏档案，全宗号15。

中，李木庵所重用的新人，如绥德地方法院的孙敬毅等也被定为特务。①对于中国的政治稍微有一点常识的人都会懂得，任何人一旦和反党、反革命组织联系在一起，且有非正常的组织活动，其错误便非同寻常，其政治生命也就基本上终结了，何况又是在整风审干这样一个极为特殊的时期。

3. 抓住具体问题。此外，一起突发事件则进一步加快了李木庵下台的步伐。1943年3月的一天，自李木庵上台后一直受到排挤的高等法院推事李育英到李木庵家中谈工作，光天化日下被在延安科学院工作的李木庵侄孙、因病正在李木庵家中休养的黎丹用菜刀砍伤。黎丹被抓获，李木庵坚持认为黎丹为精神病。黎丹是受人指使而蓄谋杀人，还是一次偶然巧合？关于这一案件的真实情况，限于原始材料的缺乏，已无法得知。但有两点可以肯定：这一事件给某些反对者又一次提供了千载难逢的利用机会，它势必强化双方已有的矛盾。

雷经天就认为该案有很多可疑之处。"这一黎丹杀人的事件，内幕是很复杂的。前一天朱婴来看李木庵，晚饭后黎丹送朱婴回去，转来到山下，看见井边有人，他即跳到井里去，经人救出，水仅淹到半身。第二天即行凶杀人，这样的行为是有预谋的。在要将黎丹送走时，郭钢钟（李木庵起用的新人之一——引者注）急忙地对黎丹说：'你认识我吗？你知道砍了李育英吗？这是你一个人做的。'明白地告诉黎丹到保安处去不要供出同谋的人。在后朱婴一再来同李木庵谈这件事，蛛丝马迹实在可疑。"②

事到如此，李木庵下台就成了一件不可避免的事情。

改革是一种利益的再分配，只有在改革过程中以尽可能少的成本减少反对者的阻力，改革才会成功。李木庵等人对此虽有所认识，但

---

① 雷经天：《关于改造边区司法工作的意见》，1943年12月18日，陕西省档案馆馆藏档案，全宗号15。
② 同上。

第四章　平地波澜：大众化司法制度之争论

又估计不足，有时方法上也欠妥当。如，对反对者，李木庵不是积极说服、争取，而是基本上采取了回避态度。据雷经天说："在边区司法会议开会时，李木庵不肯继续出席参加，他说他到会一定同雷经天发生冲突的。"① 此外，诸如在高等法院全体大会上说边区是"无法无天"，也在客观上起了增加反对者人数的作用。

二、失去权力者的支持

随着司法改革的不断深入，特别是新旧双方矛盾的加深，谢觉哉对司法改革的态度开始出现了变化。仔细审读谢觉哉的日记，不难发现，谢觉哉对改革以及对李木庵等人的看法到1943年下半年发生了明显的变化，其观点同雷经天的观点开始趋同。如1943年8月25日写道：

　　过去审判委员会实际在靠不住的秘书手里，不对的处所颇多。②

同年9月1日日记：

　　上午座谈检查司法工作，我整理出审判委员会几个民事案卷的材料，觉得有几点：(1) 不注意调查诉讼当事人的经济状况；(2) 不够尊重区、乡政府及其他党政负责人的意见；(3) 不是从实际出发而是从条文出发；(4) 缺乏真实替人民解决问题的心思。

同年12月4日，谢觉哉在日记中谈论当时边区司法中存在的问题时又写道：

---

① 雷经天：《关于改造边区司法工作的意见》，1943年12月18日，陕西省档案馆馆藏档案，全宗号15。
② 《谢觉哉日记》(上)，1943年8月25日，第531页，此时审判委员会的秘书为朱婴。

（一）司法独立问题——司法独立在旧社会有好处，在新社会政权下独立的好处已渐失去而成了害。现在闹独立表现在：(1)和行政不协调；(2)和人民脱节；(3)执行政策不够。(二)把司法看作超阶级的——《六法全书》，现在超实际的，法律尊严。(三)形式绝对化——如检察制度，终审机关问题，"官无悔判"问题等，甚至全无内容的审讯笔录、判词等。(四)干部问题上——重书本知识，不重实际经验，看行为不重内心。毛病就出在这里。新法学会是十足的旧法学会。旧的法学，这里不需要。

从各方面听取群众对司法的意见，听取当事人对审判的意见，因而检查自己的工作，哪些需要改进。我们现在没有这样做，过去也没有这样做。关在法庭上写判决，"官无悔判"，"不服，你上诉好了"，不仅不搜集政府、团体和群众的意见，甚至上级法院和下级法院也不互相知道和交换经验。

司法是保证政策实施的一个方面。党的政策由群众中来，又向群众中去考验。我们要了解政策的内含（涵），应用于具体审判，同时又由各种不同情状的案件中，发现政策的不足或不适，因而提出意见，求得改正。我们现在没有这样做，过去也没有这样做。[①]

同样是未点名的批评，但仔细阅读之后就会发现，批评的对象已经发生了根本的变化。对于谢觉哉态度的细微变化，李木庵等人不可能没有察觉，因而也在尽量争取谢觉哉的支持。如1943年7月12日当天，在雷经天、周玉洁、李育英等人走后，日记中便记载了"夜朱婴同志来谈"，只是从最终效果来看，李木庵等人的努力未能奏效。

是什么原因导致了谢觉哉态度的转变？

需要指出的是，谢觉哉态度的转变，同其人品没有任何关系。仔

---

① 《谢觉哉日记》（上），1943年12月4日，第556页。

细考察分析谢觉哉的言行不难发现，导致其态度变化的原因是多方面的。

（一）对司法正规化看法的差异

迫于新形势的压力，尽管谢觉哉本人对创建新民主主义的司法制度十分支持，但其内心里对新民主主义司法制度的朦胧看法，同李木庵等人的某些做法并不一致。谢觉哉为人十分谦和，对李木庵等人又极为信任，因而，一开始他能旗帜鲜明地放手支持李木庵等人的改革，但当李木庵等人的改革在形式上愈来愈多地表现为同旧有法律制度等同时，谢觉哉开始对李木庵等人的改革方向有所怀疑。按照谢觉哉的理解，新民主主义司法制度的特点应该是创新，而绝不应该是向旧的制度回归。这种认识上的差异可以借助《解放日报》刊登的一篇社论来表述：

> 如果针对我们政权工作中还有一些游击主义的残余，那么提出正规化的问题是对的，我们应该克服某些不合乎时代与条件的游击作风。但是这些同志所设想的"正规化"的内容，是远离了这种现实的条件需要的，他们所设想的"正规化"，是要到达那样理想的地步，要求我们的组织要那样的齐全，我们的分工要那样的细密，我们的人员要那样的专门，我们的办事要那样的"科学"。照这些同志所设想的"正规化"，那就要把我们的政权机构变成一副比现在的更为庞大而复杂的组织。可是这些同志却忽略了一件"小事"，就是我们现在所处的是落后的农村环境与抗战的困难时期，这种正规化虽然是好的，可是今天的条件还限制着我们，不能实现，如果勉强去做，那就只有变成形式主义。[①]

---

① 《解放日报》，1942年10月7日。

（二）对改革所必然导致的司法独立感到担忧

作为对法律问题较有研究的政治家，谢觉哉敏感地意识到改革如果再推行下去，势必会出现司法工作与政治脱离的倾向，或者更准确地说是司法工作将逐渐成为一种独立的、不受边区党的领导的工作，这让谢觉哉极为担忧。实事求是地讲，谢觉哉的担忧也并非杞人忧天。如司法改革期间，边区政府及高等法院准备派朱婴到绥德地方法院任院长，朱婴坚辞，但提出了如果满足下列条件，便可以考虑：（1）绥德地方法院的工作不受边区高等法院管辖，实行审判独立；（2）要政府派一个庭长、两个推事、一个书记长随他去绥德；（3）准许他在高等法院的干部中挑选两人一起去绥德；（4）绥德地方法院的经费独立，司法款项由地方法院直接支配；（5）地方法院审判案件，当地政府不能干涉；（6）专门做地方法院的工作。① 朱婴所提的条件，强化了谢觉哉的担忧。

（三）边区民众的质疑

推行司法正规化会遭到反对，谢觉哉对此有心理准备，但让他意外的是，反对的力量会如此强大，特别是改革引发了一些民众的质疑时，谢觉哉的态度发生转变，从支持到反对便是一件极为自然的事情。在谢觉哉的认知里，新民主主义的司法一定会得到民众的拥护，一定能够解决边区的实际问题。

必须指出的是，李木庵等人所进行的改革，某些方面确实存在着脱离边区实际的情况，从而引起了一些民众的不满。对此，无论是主张改革的李木庵，还是先支持、后反对的谢觉哉，冷静之后，都公开承认这一点。谢觉哉说："1941年成立新法学会，以后无形散了。木庵

---

① 当然，朱婴后来对此进行了解释，提出这些条件的原因，是雷经天不好相处，想通过"闹情绪"的方式调换工作专门去从事法律方面的研究，载《边区审判委员会秘书朱婴、毕珩的检讨会记录和有关材料》，1942年1月10至1943年8月3日，陕西省档案馆馆藏档案，全宗号15。

说'时机未到'。凡事除必要外,还需'时机',只看'必要',不看'时机',鲜有不碰壁的。"①

剖析边区民众的不满,主要集中在几点上:对于李木庵等强调的诉讼程序不理解,嫌程序烦琐,效率太低;判决结果上只强调依法,而没有照顾贫苦农民。但就司法机关而言,诉讼当事人的行为只有合法违法之分,不应过多地考虑当事人的出身等法外因素。如朱婴等人就认为,司法人员必须严格依法办案,不能抛开法律而顾及底层民众的权益。对于这种做法,陕甘宁边区的许多农民,甚至党的高层领导都认为,共产党掌握的边区法院不应该做出有利于地主和富农的判决。边区领导人习仲勋曾言:"曾有个别司法人员,硬搬《六法全书》,侵害过老百姓不少的权益,值得我们今后所有司法工作者大大地警惕。"②

发生在清涧县的拓邦厚诉拓邦随土地纠纷案即是如此。此案是一件因争买土地在亲属之间引发的普通民事纠纷。1942年7月23日清涧县司法处经审理对此案做出一审判决,并依据《民事诉讼法》规定,告知当事人对一审判决如若不服,应于20天之内上诉。但拓邦随却直到10月3日才上诉,超过法定上诉期限,边区高等法院依法裁定,驳回上诉,维持原判。拓邦随不服,再上诉至边区审判委员会,审判委员会经调查后,再次裁定驳回,引发了当事人的更大不满。③

再如,在民众看来,起诉书的规定也给自己带来了极大的不便。高等法院1942年指示信中规定:起诉必须有起诉书,虽然也规定了当事人不识字者可以由司法机关的书记员代写诉状,但由于基层司法机关的书记员工作太忙,也有的文化水平过低根本不能胜任,不得已,

---

① 《谢觉哉日记》(下),1947年2月23日,第1068页。
② 《贯彻司法工作正确的方向》,1944年11月5日,载西北五省区编纂领导小组、中央档案馆《陕甘宁边区抗日民主根据地·文献卷》(下),中共党史资料出版社1990年版,第180—189页。
③ 引自胡永恒《陕甘宁边区的民事法源》,社科文献出版社2012年版,第46页。

群众只好请社会上一些人代写起诉书。如绥德县这种现象就很普遍，写一份起诉状，要花费边币千元，徒增了群众的负担。

有关边区民众对司法工作不满的问题，本书后面将做专门讨论，这里从略。

"要在人民对于司法的赞否中，证明司法工作的对与否。"① 换言之，人民的满意与否是判断司法工作好坏的唯一标准，边区领导人已开始形成了这样的观念。

对待这次改革，谢觉哉以及由谢觉哉所代表的边区政府态度上的变化，为研究司法专业化问题提供了一个难得的范例。正如读者前面所看到的，在改革开始阶段，边区政府对待改革的支持态度极为鲜明。没有边区政府关于正规化的提倡，就不可能有这次改革运动。甚至可以说，改革本身就是在边区政府的号召和支持下才得以开始的。可一旦改革出现了试图脱离政治、脱离民意支配，而朝着形成具有自己独立知识系统和价值取向的方向发展的时候，边区政府便感到了问题的严重。尽管此前雷经天曾通过各种渠道表达过对李木庵等人的不满，但谢觉哉等主政者却并未当真，并尽量从中说合，但一旦改革显现出脱离党政领导的倾向与可能时，尽管谢觉哉清楚地知道李木庵等人的做法并无政治目的，只是想完善司法制度，雷经天的说法大多是其个人主观上的臆想而已，但谢觉哉和边区政府仍然一刻也不能容忍。

作为边区政府的主要领导，谢觉哉对于司法与执政党和政府的关系态度始终如一，"司法独立在旧社会有好处，在新社会政权下独立的好处已渐失去而成了害。现在闹独立表现在：（1）和行政不协调；（2）和人民脱节；（3）执行政策不够。不够尊重区乡政府及其他党政负责人的意见"。在谢觉哉看来："司法工作的内容，是为人民大众——工农兵服务呢，还是和人民大众有多少隔离甚至对立？即是说和群众

---

① 《谢觉哉日记》（上），1943 年 5 月 17 日，第 469 页。

结合或者否？因而表现在形式上，是共产党型的？新民主主义的？非新民主主义的？必把这根本思想弄清，才可言司法建设，才可解决其他问题。"①"我们的法律是服从于政治的，没有离开政治而独立的法律。政治需要什么，法律就规定什么"，因而司法人员一定要"从政治上来司法"。②

于是，当李木庵等人的改革出现了所谓闹独立的倾向时，他便借助民意和司法系统内部的反对力量，毫不犹豫地将其终止，重新将改革控制在自己的权力范围内。尽管谢觉哉对雷经天的许多做法都不满意，甚至意见还很大，但两人在司法与政治的关系这个根本问题上的看法则完全相同。因而，在所谓的大是大非面前，谢觉哉与雷经天暂时放弃前嫌、再度联手也就极为自然了。

《谢觉哉日记》记载，进入1943年12月以后，边区政府连续开会，讨论司法问题："12月2日开司法小组会。""12月3日开学委会会议。""12月10日继续开学委会会讨论司法工作。""12月13日开司法小组会。""12月23日开学委会会。""12月24日边区政府开会，今天司法工作报告。"③尽管谢觉哉的日记中没有就会议的内容做详细记载，但结合前引的史料可以得知，对李木庵及其推行的司法改革运动的批判是会议的核心内容之一。在这一系列批判中，李木庵的改革已走到了尽头。

中国近代以来的几乎所有法制改革均是自上而下的，因而离开了权力的支持，改革不可能成功。

---

① 《谢觉哉日记》（上），1943年12月4日，第557页。
② 谢觉哉：《在司法训练班的讲话》，1949年1月，载王定国等编《谢觉哉论民主与法制》，第156—159页。
③ 《谢觉哉日记》（上），1943年12月2、3、10、13、23日，第555、556、558页。

三、深层原因

1943年底,李木庵以身体有病为由,辞去边区高等法院代理院长的职务,司法正规化的努力以失败告终。1944年1月,陕甘宁边区政府委员会第四次会议以政府工作总结的方式对这次改革从政治上正式做了定性:这次司法改革是一些旧的法律工作者,"脱离边区实际和边区人民的需要","照搬旧型司法制度和旧型法律"的结果,核心是要"司法独立",改革导致"人民的正当权益或有遭到损害,而破坏分子的不法行为或且反获宽容",并给边区司法工作带来了"坏作风"。① 此后,这种观点和结论,便不时出现在边区有关司法问题的各种文件中,如在边区高等法院1948年所写的一份总结中,仍然认为,李木庵等人援引南京国民政府《六法全书》的行为是错误的。该总结说,1942年至1944年边区司法系统的某些领导和司法工作人员错误地认为"国民党反动集团的六法就有'进步性'而乱行引用,把保护大地主大官僚及资产阶级利益的法律用到无产阶级领导的人民大众的反帝反封建的新民主主义社会里来,违反了劳动群众的利益。最明显的是佃户与典主争买出典土地时,典主有优先承买权,只照顾了资产阶级的典主,而不照顾无地的农民,……当时,不是从群众中来,到群众中去,而是从《六法全书》的条文来,到边区新民主主义社会里去,脱离群众,脱离边区的实际情况,幸而我们党和边区政府很快就把这种错误纠正了"。②

改革之所以失败,除原有司法人员的反对外,还有许多深层的原因。

(一)法治精神欠缺

法治精神欠缺是制约边区司法制度建设和司法改革的重要问题。

---

① 陕西省档案馆、陕西省社科院合编:《陕甘宁边区政府文件选编》第7辑,第458—461页。
② 陕甘宁边区高等法院:《自苏维埃时期至1948年12月边区司法工作总结报告》,1948年,陕西省档案馆馆藏档案,全宗号15。

第四章 平地波澜：大众化司法制度之争论

翻阅边区司法档案，可以看到，轻视法治的现象俯拾皆是。

> 在边区还有个别的工作干部没有遵守法令的习惯，以至于违法乱纪的行为仍然极严重地存在，因此革命秩序无从建立。如延安学生疗养院的运输队长刘世容与管理员李德成斗殴被该院私行捆绑毙命。富县杜茂林、杨石锁、刘秃子因捉奸击毙鲁党才，已经高等法院判决释放回家，该县又将杜茂林等逮捕羁押。本院曾以原告无足以推翻原判决的新证据，一再去令着行释放恢复原状，但该县坚持己意，延不遵办，以至狱窑塌陷，压死杨、刘两命。①

普通民众、干部如此，司法从业人员也不例外。李木庵等人主导的司法改革工作失败后，一位司法人员曾对改革中严明上诉的制度要求从专业角度进行过评价。"在上诉期间，机械地执行上诉期间的规定，凡上诉逾期，即予以驳回，不问其内容事实、问题之解决与否。在判决书上还专门刻一面戳，载明'若一方当事人不服判决，应于接获判决书之当日起×××日内向本院声请上诉，以便将案卷转送审判委员会'。这似乎是唯恐当事人之不上诉，唯恐上诉案件太少似的。"②对于这样一项保护当事人诉权的规定，评论者竟会得出如此结论！如果不是亲眼所见，笔者实在难以相信这段话竟然出自司法人员之口。法律素养如此的司法人员，对李木庵等人所做工作的意义，对程序的价值确实很难真正理解。

正因为如此，李木庵、张曙时等曾多次指出，并把"提高边区的法治精神"和"建立革命秩序"，确定为边区司法改革目标中的重中之重。

---

① 《陕甘宁边区高等法院1942年3月—9月工作报告》，1942年10月，陕西省档案馆馆藏档案，全宗号15。
② 《陕甘宁边区高等法院两年半来的工作报告》，1944年9月30日，陕西省档案馆馆藏档案，全宗号15。

边区法治精神欠缺的原因很多,诸如中国传统文化重道德轻法律的负面影响、长期战争环境养成的游击作风等,其中有几点不容忽视:

1. 中国共产党早期人员的构成。在人员构成上,早期中国共产党人以农民为主,辅之以少数的工人和青年知识分子。那些生活在社会下层的工人和农民,特别是生活随意散漫的农民,既缺乏起码的法律知识和程序意识,很多人又有着深受国民党法律欺凌的亲身经历,充满了对旧法律(甚至一切法律)本能的抵触与仇恨,"现在有些做司法工作的人,自己也是这样:仇视过去执法的人"[①]。而青年知识分子在长期的地下斗争和游击战争中,也逐渐地沾染上了较强的游击作风,对法律在现代社会的作用认识不足,缺乏对法律、规则和程序的起码尊重和耐心。

2. 对革命的误读。谢觉哉曾从时代的层面分析过陕甘宁边区轻视法制的原因,他说:"革命,是推翻反革命的法的(维持反革命秩序的),所以革命者不爱谈法,革命的法要在革命建设稍有成绩之后才有,所以又不遑谈法。但是今天不仅解放区已可能并需要法,同时还要以我们的法——尤其基本政制的法,去推动大后方及沦陷区的革命运动。"[②]

(二)思维方式的影响

改革的失败还和边区民众的思维方式和某些思想观念有关。这些观念包括:

1. 反专业化的观念。尽管早期中共在人员构成上以农民为主,但其决策层则基本上是知识分子。然而,当这些投身革命的知识分子通过战争炮火的洗礼快速地成长为革命家和军事指挥家,特殊的人生经历极易使他们得出如下结论:共产党人是特殊材料构成的,是无所不能的。只要有坚定的共产主义理想和信念,任何工作都可以做好。相反,

---

① 习仲勋:《在陕甘宁边区第二届司法工作会议上的讲话》,1945年12月30日,陕西省档案馆馆藏档案,全宗号15。
② 《谢觉哉日记》(下),1945年1月22日,第737页。

第四章　平地波澜：大众化司法制度之争论

过分强调程序，无异于对这些具有特殊才能者的一种限制。

此外，列宁的人人当家作主的政治理想，也在一定程度上促使中国共产党内形成了一种政治第一、经验第一，即轻视知识、轻视专业的倾向。"有些政治工作者，好似不十分看得起技术人员，再则自己以为自己是政治工作人员，政治问题再也没有人能比得上他那样认识清楚的。在他看起来，科学的技术人员不过像个木匠，或手工业者——木匠或手工业者是一个群众，而科学技术人员好像不是一个群众，是一种很奇怪的东西——有一次，我听一个政治工作者对一个技术人员说：'近来生活怎么样？应当多参加政治生活喽'。"[①] 作家陈学昭访问延安后留下了这样的感受。需要指出的是，表面上看，陈学昭谈的是科技人员，其实也包含着从事审判工作在内的各种专门人才。[②]

在边区历史中，还可以发现一种有趣的现象，即一些党和政府的领导人从不回避自己在某些专业知识方面的缺欠，乃至公开承认自己没有专业知识，但同时又十分自信地对各种专业人士发布指示和布置工作，并要求大家必须认真执行：

> 司法工作是一个专门性质的工作，也是一门专门知识，我在这方面很不懂，我记得去年绥德分区曾经召开一个司法会议，在那个会上我讲了话，我现在翻看一下，那个讲话有毛病。你们这次会议，我一次也没有参加，也没有听你们讲各地的情况，所以我在这里给大家讲司法工作，那是乱弹琴，我在这方面是一个小学生，比大家知道的少得多。这是专门知识，我在这方面丝毫没有摸过，所以我这次对这些问题也是抱着学习的态度，学习大家

[①] 陈学昭：《延安访问记》，广东人民出版社2001年版，第96页。
[②] 如陈学昭早在20世纪40年代就认为"技术人员来到延安，还嫌太早，再迟10年，情形一定不同"，但吴玉章则一针见血地指出："抗战与建国是分不开的，不能现在抗战，将来建国，将来又哪有时间呢。"参见陈学昭《延安访问记》，第96、101页。

总结好的经验。

　　……但我们哪些工作能不受政府领导呢？我们要把领导和干涉、司法工作的独立性和闹独立性分清楚，不然出好多的毛病，工作搞不好，大家的关系搞得不好，许多问题难处理。以后不仅要在字面上讲，要真正在实际行动上能解决这个问题，那就好办事。比如在县上，司法工作固然在处理案件时不受干涉。如果说司法出了问题或一个大的原则事情，为什么不可以和县上的同志商量呢？这只有好处没有坏处。一两个月我们把工作总结一下发生什么案件，请来县长县委书记研究一下，看是不是合乎原则，来改进工作，这不叫干涉。我觉得以后有些审判员可以参加县委和县政府的工作，大家一起商量研究，工作一定搞得更好一些。①

　　诸位都是学过法律，做过司法工作的，我没学过法律，也没做过司法工作，今天来讲司法，有点"班门弄斧"。②

2. 思想的趋同化。思想趋同是许多到过延安的知识分子的共同感受。1944年，著名记者赵超构访问延安，他在其所著的《延安一月》一书中对此有过精辟的描述：

　　除了生活标准化，延安人的思想也是标准化的。我在延安就有这么一个确定的经验，以同一问题，问过二三十人，从知识分子到工人，他们的答案，几乎是一致的。不管你所问的是关于希特勒和东条，还是生活问题、政治问题，他们所答复的内容，总是"差不多"。在有些问题上，他们的思想，不仅标准化，而且定型了。说主义，一定是新民主主义第一，这不算奇。可怪的是，

---

① 习仲勋：《在陕甘宁边区第二届司法工作会议上的讲话》，1945年12月30日，陕西省档案馆馆藏档案，全宗号15。
② 谢觉哉：《放下臭架子，甘当小学生》，载王定国等编《谢觉哉论民主与法制》，第162页。

对于国内外人物的评价，也几乎一模一样，有如化学公式那么准确。……这种标准化的精神生活，依我们的想象，是乏味的。但在另一方面，也给他们的工作人员以精神上之安定，而发生了意志集中行动统一的力量。和延安人士接触多了，天天倾听他们的理论，慢慢地使人感到某种气氛之缺乏。什么气氛呢？现在才想起来，缺乏"学院气"。延安人不像我们，我们大都是受了正规的教育，而且凭着这种教育在社会上经营职业生活的。……当然，延安并非没有留学生和大学生出身的人。不过我很怀疑他们过去所学的有无应用的机会。他们口口声声以群众为第一，少数服从多数，即有少数的"精神贵族"，恐怕也免不了向群众低头。……因为摒弃了学院派的学说，延安青年干部所赖以求知的途径，只有向经验探索。虽然他们还保留着"马恩列史"的学习，但也可以说他们的理论水准，将以马恩列史的理论为最高的界限。这结果，免不了要形成偏狭的思想，而且大大地限制了知识的发展。①

每一个在延安生活过的人，对这一点都有着深刻印象。曾在陕甘宁边区工作的王仲方晚年回忆说："在延安的人，都与布尔什维克结下了不解之缘，讲话离不开布尔什维克，看书离不开布尔什维克，写信也离不开布尔什维克。好事离不开布尔什维克，不好的事也离不开布尔什维克。久而久之大家习以为常，谁也知道布尔什维克，谁也搞不清楚什么是布尔什维克。"②

形成这种敌我分明、非此即彼的标准化的思维方式的原因，诚如赵超构所言与教育程度有关。前面已经指出，雷经天以及抗战爆发后大量进入延安的青年知识分子，在经过短期培训之后很快就成为基层干部，构成了边区政权的基础。但稍加留心又不难发现，这些青年知

---

① 赵超构：《延安一月》，上海书店出版社1992年版，第80—81页。
② 王仲方：《延安风情画，一个"三八式"老人的情思》，中国青年出版社2010年版，第157页。

识分子所受的教育并不完整，知识较为破碎，具有热衷政治、轻视书本的特征。有学者也曾指出：延安一代知识分子既缺乏前辈士林的传统教育与留洋经历，亦无后辈学子对西学的渴求钻研，学基较为薄弱，识力有限。在20世纪中国历代士林中，延安一代的知识结构最为单一，视野最为局限。除了在延安经过短期培训输入的革命理论，他们头脑中几无其他不同价值体系的人文知识，[1] 即知识结构中没有其他的参照坐标，因而自己所信奉的理论也就不可能得到其他知识体系的校验纠正，极易形成非此即彼的思维方式。

人员构成、生活环境、思维方式、观念意识、工作作风，这一切最终形成了边区特有的生活方式：简朴、通俗、排斥精致。关于这一点，我们再借用陈学昭分析延安时期话剧命运的一段话做一注解："在延安，从事学习话剧的人听说有相当的苦闷，为着时势的需要，大鼓、相声各种杂耍……都变成极受人欢迎的娱乐。艺术家，在延安，就是会唱大鼓、玩杂耍的人们，他们被一般人活宝似地（的）捧着。"陈学昭为此大声呼吁，严肃的艺术家"不要太迁就民间"。[2]

在轻视知识、轻视知识分子、思想和观念高度标准化的氛围下从事司法改革，不言而喻，成功的可能微乎其微。显然，观念问题和生活方式，是制约改革成功的深层原因。

第五节　后果

从表面上看，李木庵等人所发起的司法改革运动似一股不和谐之音，很快就在边区的土地上一掠而过。其实，仔细观察则不难发现改革失败的影响十分深远，它使边区的司法制度进一步大众化。

---

[1] 裴毅然：《延安一代士林的构成与局限》，载《社会科学》2013年第3期。
[2] 陈学昭：《延安访问记》，第76页。

第四章　平地波澜：大众化司法制度之争论

一、原审案件被推翻

1944年2月边区政府发布指示，对李木庵主政期间司法系统所审理的案件重新进行审理：

>　　清理案件。甲、重新审查特务分子经手的案件：（1）先审查刑事案件，后审查民事案件。（2）如发现有重大错误的，即另行改判，给以平反。（3）搜集特务分子在司法工作中进行破坏的材料。乙、结束积案：（1）在清理案件期中，将过去积压的民刑案件，审理清楚，完全结束。（2）如有特殊原因未能如期结案的，应呈报备查。本项工作统限于五月底完成。清查案件的材料，随时报告高等法院。①

有了这个尚方宝剑，雷经天复职后，所做的第一件事就是"清理案件"，即将李木庵主政期间边区司法系统所审理的案件进行彻底的清理和平反，"前审判委员会朱婴经手处理的案件，请政府司法工作委员会指定专人负责清理。高等法院及延安地方法院任扶中、王怀安②、叶映萱、周弘、陈质文、石汶所经手处理的案件，由雷经天、周玉洁、乔松山、李育英、刘汉鼎负责清理。绥德县司法处孙敬毅经手处理的

---

① 陕西省档案馆、陕西省社科院合编：《陕甘宁边区政府文件选编》第8辑，档案出版社1988年版，第69页。
② 晚年的王怀安回忆说："1943年到1945年延安在整风审干中，由于'左'的思想影响，搞了'抢救运动'，夸大敌人，怀疑自己，认为延安混入了大批国民党特务，对白区的地下党组织和从白区过来的知识分子大加怀疑。我从四川带了100多人到延安，任过川大地下党总支书记，因此我成了重点审问的对象。在监狱里一待就是三年"。（孙琦：《王怀安先生访谈录》，载《环球法律评论》2003年夏季号）王怀安在解放战争期间出任东北解放区哈尔滨特别市人民法院副院长、院长。中华人民共和国成立后曾任司法部办公厅主任、部长助理。1958年11月，王怀安被错划为右派，先后下放到黑龙江虎林850农场、湖南汨罗屈原农场劳动改造，直到1979年1月平反。任最高人民法院刑二庭庭长、副院长等职务。1986年退休。

案件，由绥德高等分庭负责清理"。① 笔者没能找到高等法院有关案件清理结果方面的材料，但却找到了边区政府对审判委员会既往案件清查的结论。边区政府对审判委员会所处案件的清查始于 1943 年 8 月底。该月，边区政府审判委员会秘书朱婴被撤职，薛何爽为新任秘书，他与高等法院书记长仲鲲一起对审判委员会处理的 22 起案件进行了清理。经清理，薛何爽得出以下结论："把 22 起案件的材料，整理和审查了一下，发现过去判决正确的 11 件，11 案内完全处理适当的仅有 4 案，余 7 案基本上的判决是对的，但由于处理不当，也使案子不能了结。" 22 件案件完全正确的仅 4 件，其他案件因推事别有用心、当事人缠讼、缺乏调查、观点右倾等导致了案件判决不正确或问题解决不彻底。② 仲鲲的结论注重从主观意识方面去揣摩上述问题出现的原因，出语极为惊人。如边区警备三团剿匪时因误会击毙清涧县龙易区聋哑居民席幕生一案。审判委员会审理后认为，即便被害人聋哑，部队正在清乡剿匪，但不加仔细辨别，即随意投弹打死百姓，也应给予指导员处分。仲鲲清理后认为：这种表述是"对军政关系上措辞有挑拨意味，有意使军方对政方不满，而'并请通饬所属严加注意，切勿随便放枪'之语则是给军队戴'紧箍咒'的帽子，以'保障人权'的紧箍咒来做特务分子破坏之护符"。③ 显然，在当时的氛围下，这种清理必定是以大多数案件的判决被推翻重来为目的的。短时期内同一个司法机关所审理的案件判决结果大量被推翻，会给民众法律意识方面带来何种影响不言自明。

---

① 《陕甘宁边区高等法院关于 1944 年上半年工作计划具体执行方案》，1944 年，陕西省档案馆馆藏档案，全宗号 15。
② 薛何爽：《三、四月来整理司法案件的报告》，载《边区关于审判改为二级审，在各分区、县设立看守所，召司法会议，案件处理报告表、命令、指示等》，1944 年 2 月 12 日至 1944 年 8 月 10 日，陕西省档案馆馆藏档案，全宗号 2。
③ 仲鲲：《审委会处理的案件》，载《边区政府审判委员会秘书朱婴、毕珩的检讨会记录和有关材料》，1942 年 1 月 10 日至 1943 年 8 月 3 日，陕西省档案馆馆藏档案，全宗号 15。

二、工农干部重新成了司法人员的主流

林伯渠在边区政府的报告中指出:"司法干部,尤其领导人员与审判人员,必须选择忠实于革命三民主义、愿意切实联系群众与公正无私的干部充任之;同时加强他们的政策教育与业务教育,养成新民主主义司法的熟练人才。"[①] 这一政策执行的结果势必在一定程度上加大原本就有的对那些曾受过系统法学教育的司法专业人员的不信任,甚至形成了一种氛围,此后在边区历史上长期坚持的对所谓"旧司法人员"进行思想改造的工作就成了历史的必然;另一方面则使土生土长的工农干部成为司法系统的主流,如 1945 年陕甘宁边区评选劳动模范,来自司法界的劳动模范有党鸿奎、周玉洁、赵志清、任君顺和崔士杰,无一例外都是工农干部。其中,周玉洁被评选为劳动模范特别值得关注。李木庵主政期间,因对周玉洁的业务能力不满准备将他调出。李木庵去职后,周玉洁则成了劳动模范,这其中透露出来的价值导向不容忽视。长此以往,势必制约司法从业人员整体专业素质的提高,导致边区司法系统人员的整体素质与行政、党务、军队之间的差距进一步加大。

三、程序意识进一步泯灭

李木庵主导的改革工作失败后,司法制度规范化建设和程序意识受到严重打击,以至于在此后相当长的一段时间里,人们对此心存顾虑,不再敢涉及。1944 年 2 月,边区政府以"战"字第 849 号命令的方式通知:

> 区政府委员会第四次会议已决定边区司法审判改为二级制,准此,本府审判委员会着即取消,以后凡民刑诉讼,即以高等法

[①] 陕西省档案馆、陕西省社科院合编:《陕甘宁边区政府文件选编》第 8 辑,第 23 页。

院为终审机关。望即遵照执行,并随时转告上诉当事人为要。①

　　撤销审判委员会,表面原因是为了精简机构,适应财政困难。深层的原因则是主流观点认为三审制是照搬资本主义国家的做法,其结果是逐级上诉,判决不能及时生效,时间长,花费大,劳民伤财,徒增讼累。此外,审委会的部分工作人员所表现出来的坐堂问案,沿袭旧司法工作的八股作风也引起一些人的反感。林伯渠在1944年初的政府工作报告中指出:今后"诉讼手续必须力求简单轻便,……判决书必须力求通俗简明,废除司法八股"。②

　　也就是说,边区司法工作在一定程度上回到了原来的老路。然而,重回老路的结果却并非人们希冀中的无讼理想的出现和民众的普遍满意,反倒出现了令人意想不到的缠讼之盛行。1945年,在边区召开的司法工作会议上,与会的一位司法工作者不得不承认现在边区民众是越来越"顽固、好讼",并实事求是地分析了这一状况的原因,"或因现在官司好打,不花钱,反正到上面讨论讨论,不见黄河心不死"。③林伯渠也承认:"过分随便诉讼,人也会轻视。"重回老路,不但未能使所有的人民满意,反倒出现了所谓的"民风败坏"。

　　当然,对于这种观点,谢觉哉并不完全认同,他认为民众之所以"缠讼",归根结底,还是因为司法人员能力差、案件审判质量不高。

　　　　三审(边府审委会)问题,理论上可以,事实上不可能也不必有。现以高等法院终审,不服可向边府抗告,发回高院再审。(实则司法处、高等分庭、高等法院等于三级)这很好。至于终审而不终,

---

① 陕西省档案馆、陕西省社科院合编:《陕甘宁边区政府文件选编》第8辑,第67页。
② 同上,第23页。
③ 《陕甘宁边区高等法院两年半来的工作报告》,1944年9月30日,陕西省档案馆馆藏档案,全宗号15。

不能怪人民"缠讼",而是有些案确审得不好。案子到终审应该事实早弄清楚了,只是法律争执。我们则常常事实还没弄清楚,那怎么使得人民服,要他"终"。①

四、行政领导司法的体制进一步强化

行政领导司法的体制在陕甘宁边区本身有一个发展过程,最初的做法是采取裁判委员会制。裁判委员会由裁判员、县长、县委书记、保安科长、保安大队长组成,讨论和决定一切重大的民刑事案件。1941年后,为了配合"三三制"的推行,裁判委员会被取消,其权限移交给县政务会议。至于为什么实行这种体制,按照时人的解释和当下学者的分析,理由为:

1. "边区政府是人民自己的政权,则行政与司法的分立也就没有意义。"② "司法独立在旧社会有好处,在新社会政权下,独立好处已渐失去而成了害。"林伯渠、谢觉哉的这些观点在当时具有相当的代表性。

2. 一元化的领导。边区政府是抗日民主政权的代表,享有制定政策和某些法律的权力,而司法机关只是法律的执行机关,因而司法机关不能孤立地进行工作,必须在政府的领导下行使审判权,唯有如此才能更好地执行法律,避免司法机关与行政机关的不协调,与人民的实际生活相脱离。③

3. 司法人员素质较差。边区"司法队伍的文化、业务素质也普遍较低,绝大多数没有从事过司法工作。因此,边区司法机构仅仅靠自身是很难施行司法职责的。而与之相比,边区政府则组织健全,干部

---

① 《谢觉哉日记》(下),1945年1月31日,第576页。
② 林伯渠:《关于边区政府一年工作总结报告》,1944年1月6日,载陕西省档案馆、陕西省社科院合编:《陕甘宁边区政府文件选编》第8辑,第22页。
③ 同上。

队伍中许多是久经考验的经验丰富的职业革命家,素质要高得多。暂时将司法机构纳入政府,由政府领导司法工作,显然有利于借助政府的力量弥补司法工作在组织、人员素质、适用法律等方面的不足,保证司法工作的更好开展"。① 你不行,所以我得管着你。这或许也是当时某些主政边区司法工作的领导人和决策者对司法工作的基本想法和做法。面对着上述现象和逻辑,因与果之间的关系已经无法分清。

笔者以为,在把司法工作作为一种动员群众、整合社会资源的工具和手段的特定时期,在司法审判并非一种专门技术的条件下,这种做法无疑具有一定的合理性,如便于实行执政党的统一领导;此外,因案件的审判结果得到了党政军等各方面的支持,便于判决的执行等。但由于两种权限无法区分,极易导致司法不公和司法人员的不满。

李木庵等人的司法改革就是这种不满的一种公开表露,但由于这次改革最后被定性为是一些"舍不得取去旧司法的眼镜"②的人在向党闹独立,其所主张的"审判独立"自然受到了严厉的批判。为此,边区政府从1943年下半年开始,对边区司法制度的方向重新进行调整,在对那些"闹独立"的同志进行批判、停止其工作或调离司法岗位的同时,对现行的司法制度也进行了改革,开始实行县长兼司法处长、行署专员兼高等法院分庭庭长的制度,甚至在一些人手较少的地方干脆由县长兼审判员,以进一步强化行政对司法的领导。边区政府在指示信中强调,这一"工作关于边区司法工作的改进,非常重要,各专员县(市)长,兼管司法工作,务须亲自负责领导督促,按时完成,勿得延误,是为至要"。③ 这一工作到1944年春基本完成,行政领导司法进入了一个全新的阶段。

---

① 李智勇:《陕甘宁边区政权形态与社会发展(1937—1945)》,第39页。
② 林伯渠:《关于边区政府一年工作总结报告》,1944年1月6日,载陕西省档案馆、陕西省社科院合编《陕甘宁边区政府文件选编》第8辑,第22页。
③ 陕西省档案馆、陕西省社科院合编:《陕甘宁边区政府文件选编》第8辑,第69页。

制度是明确了，高压下不满的情绪也很少有人敢公开表露，但原有的问题却并没有解决，因而，司法人员与行政领导之间的摩擦并未消除。1945年12月，中共中央西北局开会，对这一司法体制重新检讨，最后只得承认这种体制确实遇到了不少困难和问题，它只能是过渡时期的一种权宜之计。

五、司法机关进一步边缘化

雷经天重新主政后的所作所为，进一步削弱了边区司法机关的权威。伴随着权威的削弱，在权力系统中原本就不受待见的司法机关不可避免地更加边缘化，甚至导致无人愿意从事司法工作。在一个充满激情和理想的年代，人们普遍认为上前线打仗最光荣，因而不愿意留在后方，特别是不愿意留在地方从事司法工作。好人好马上前线，这在当时差不多是所有热血青年的信条。而待在无人关注的司法机关，自然难逃升职慢、待遇低、领导不重视的尴尬。1944年，边区高等法院关中分庭在工作总结中讲到："领导对司法工作的认识不够，甚至于看不起司法工作。"[①] 这一现象绝非偶然。1945年，在边区第二次司法工作座谈会上，一位基层的司法人员仍然反映说：

> 谢老那天说司法工作有兴趣，据我的意见不一定正确。有些人认为做司法工作没有前途（我自己不是这样），我觉得还不是现在提拔得慢，而主要的有几个原因：（1）在待遇上不好；（2）组织不明确。有些同志对司法处的认识也是模糊的，究竟这是县政府的一部门呢？还是附属的？生活待遇上和其他科不同，下边有些人认为做司法工作的是些科员。虽然这是些小的问题，但使得在工作上不大方便。另外一个问题：昨天贺晓成同志提到，

---

① 《关中分庭1944年1—10月司法工作总结》，1944年11月22日，陕西省档案馆馆藏档案，全宗号15。

做司法工作的同志是"出力不讨好",党政、上边、领导上在政策技术方面讨论研究很少,只是有些案件处理错了,就来批评(当然这是应当的),特别是某些案件联系到党政上,那就问题多了。①

不要说是一般的司法人员,即便是李木庵这样的高级领导,从此也对司法工作心灰意冷。李木庵曾写信给谢觉哉,以身体衰弱为由,欲辞去一切与法律有关的工作。谢觉哉为此专门作诗勉励:

> 虎虎李夫子,出山才十年;
> 正宜歌破浪,未许赋归田;
> 政易法须革,诗成史共编;
> 待增齿发健,岁艳续魆弦。②

第六节 小结

发生在陕甘宁边区的这场围绕着大众化司法问题的争论以及由争论所引发的司法改革,给后人留下了许多思考的空间。如果仅从司法的角度讲,边区早期的司法制度确实存在着许多问题,解决这些问题也并不困难。但若从政治的角度来考察,问题就不那么简单了。试想在一个革命的年代,对于一个以夺取政权为己任,一个视法律为发动

---

① 《在陕甘宁边区第二次司法工作会议上的发言》,1945年,陕西省档案馆藏档案,全宗号15。

② 王萍:《谢老与司法实践》,载王定国等编《谢觉哉论民主与法制》,第329页。此后,李木庵出任中央法律研究委员会委员、华北人民政府法制委员会委员等闲职,从事根据地法制研究工作。中华人民共和国成立后,出任政务院法律委员会委员、中央人民政府法制委员会刑事法规委员会主任委员,司法部党组副书记、副部长等职,兼任第二、三届全国政协委员。1958年在反右运动中被打成右派。1983年因病去世。

被压迫者工具的政党来说，要求它过分强调法律的公正性，强调司法的程序性，强调法律的超阶级性，显然是很难做到的。此外，在这样一种环境下，强调程序的完善也确实有着一些不现实的地方。也就是说，在如此的时机、如此的地区、如此的条件下，过分强调上述几点，对于一个以夺取政权为己任的革命政党来说势必会冒着失去民众甚至党内大多数人支持的风险。事实上，改革的后期，李木庵等人已陷入来自边区政府、民众以及司法系统内部的一致反对之中。换言之，尽管当时边区的司法制度存在着很多问题，但就总体而言，建立正规化司法制度的政治基础，并不完全具备。

此外，迫于外部的环境，为了适应"三三制"民主制度建设的需要，边区政府又必须对现行的司法制度做出必要的改革。因而"如何改"就成了关键。

一个承载着太多目的的改革，难度会被成倍地放大。不过，两难中的改革，仍然有成功的可能，但李木庵等人未能做到。这是因为李木庵等人未能处理好"如何改"的问题。现有史料表明，李木庵等人对"如何改"的思考，以及对改革难度的思想准备显然不够。他们一方面对边区的特殊情况未能进行详细和认真的调查研究，过于局限于自己心中理想的司法制度；另一方面对中共的运行体制也了解不多。对心中法制理想的追求，是李木庵等司法工作者发起这次改革的原因之一，或许还是主要原因。

如果按照理想的标准来看待当时边区的司法制度，问题无疑很多。但理想的司法制度，能否适合边区的实际，能否得到民众和现有司法人员的拥护，能否解决边区的现实问题，特别是如何平衡政治与法律之间的关系，边区现行司法制度为什么能够存在，其中有无合理之处，对不合理之处能否改造，如何改造，等等，均需认真地进行研究。只有问题意识，但没有边区问题意识，改革不可能成功。

第五章 最终定型：大众化司法制度之确立

我们对审判工作是这样做的：

① 人民在诉讼方面——凡属米脂境内的人民不分阶级党派信仰之别，均有用无论何种方式向政府起诉的权利，如口诉、呈控概予受理，因此民众都说："尔格打官司不要花什么钱，也不要写呈子，这真是人民自己的政府。"

② 审讯态度——无论民刑事案件，凡在审讯中都是叫当事人坐下漫谈式的问法，使当事人一点不拘束，不害怕，不打人，过去过堂要下跪，尔格很随便。"不管呈子写得如何漂亮，一切是依靠证据而断案，没有要私情手段，所以有些老百姓说："尔格政府和过去不同了。不管你手腕大小，说得再好听，说得怎样好，一切是依靠证据而断案，没有要私情手段，所以有些老百姓说："尔格政府实在好，当官的连轿也不坐马也不骑，亲自跑来乡里办案，还连饭也不吃，钱也不要。"还有些案子在群众会上公审，老百姓也表示满意。

③ 办一件案子从各方面要调查好几次，取得人证物证时才予处断。"公家态度好，问事不打人，过去过堂要下跪，尔格很随便。"

④ 复杂重要的案子在法庭上弄不清楚，便下乡到生事之地点勘验调查吸取群众下级干部参加共同判断，从此影响了人民，说："尔格政府实在好，当官的连轿也不坐马也不骑，亲自跑来乡里办案，还连饭也不吃，钱也不要。"还有些案子在群众会上公审，老百姓也表示满意。

⑤ 每个案子宣判后都给发了判词（人民称执据）。以上是我们素日的工作方式。

陕甘宁边区米脂县司法处工作人员如是说

通过对司法正规化的批判和反思，至 1944 年春，陕甘宁边区司法制度的发展方向最终明朗，用谢觉哉的话说："就是毛主席所讲的，就是民主集中制，领导一元化，群众路线，从群众中来，又到群众中去，这就是我们的司法要同群众结合，而成为群众的东西，其他的工作都应该是这样，司法也应该是这样的。"①

雷经天重回原职，政治上春风得意，但工作上仍无多大起色。抛弃旧的司法制度，甚至抛弃陕甘苏区时期的司法制度，以及不再使用旧的司法人员做起来都不难，可要将谢觉哉的话加以落实，换言之，新型的、适合陕甘宁边区需要的司法制度到底应该如何建立的问题解决起来则绝非易事。司法人员对此普遍陷入了一种迷茫之中，没有人能够说得清楚新型的司法到底该如何建立。"经天同志来谈：法院缺干部，缺经费，对怎样改进司法，尚少见解。"②

《谢觉哉日记》中的这段记载，真实地记录了特定时期边区司法系统内部的真实心态。不仅如此，整风运动过后，当一切趋于平静之时，谢觉哉本人也在反思：

> 高等法院搞了八年，总结不出什么。
> 不只是负责人弱，上面帮助与领导也差。
> 三三年我至中央苏区，叔衡同志做最高法庭庭长，惩治反革命条例、惩治贪污决定是那时起草的。虽执笔的不是最高法庭，但反映了不少当时的判案经验，三四年撤叔衡职，处理对的案子以为不对。这种领导不可能培养好的司法作风。
> 边区高等法院成立至现在没有根据经验写好一个能用的东西（条例）。高干会后说司法不要独立，领导错一。把反特务和司法

---

① 《雷经天李木庵院长等等关于司法工作检讨会议的发言记录》，1943 年 12 月 10 日，陕西省档案馆馆藏档案，全宗号 15。
② 《谢觉哉日记》（上），1944 年 5 月 8 日，第 619 页。

第五章　最终定型：大众化司法制度之确立

纠缠一起，领导错二。不批判地反对旧法律，领导错三。重复人的错误，近乎报复，领导错四。不懂领导意义，又把司法案搅到政府来，领导错五。①

显然，谢觉哉的反思已超越了司法制度本身，进入更高的层面。正在人们焦虑和热盼之中，陕甘宁边区司法制度发展史上的另一个重要人物——马锡五脱颖而出，信步走上了边区的司法舞台，迅速成为耀眼的明星。对于马锡五审判工作中采用的方法，陕甘宁边区的领导人和边区的广大民众，不约而同地投去了赞许的目光，并赋予了"革命""人民""群众路线""进步""司法民主"等美好的标签，主政边区的领导人终于找到了适合陕甘宁边区需要的新民主主义司法制度的理想表现形式，而这种表现形式就是日后某些学者们所谓的"大众化司法"。

第一节　催生者

大众化司法制度的形成与马锡五、雷经天等人的作用密不可分。马锡五审判方式的出现，使中国共产党寻找到了解决司法问题的有效方法和理想方式。

一、马锡五其人

有关马锡五的生平材料，特别是其早年的生平材料，文献记载极为简略。透过各种语焉不详的记载，大致可以勾勒出其基本轮廓：

马锡五，祖籍陕西延川，1898 年 1 月 8 日生于陕西保安（今志丹县）一个贫苦的农民家庭，取名"来财"，后改名马文章。保安属典

---

① 《谢觉哉日记》（下），1945 年 7 月 28 日，第 822 页。

马锡五：1946年4月—1950年1月
任陕甘宁边区高等法院院长

型的黄土高原地带，境内沟壑纵横、梁峁密布、干旱少雨、气候寒冷，百姓生活极度贫穷。20世纪30年代美国记者埃德加·斯诺曾走访于此，得出"人类能够在这样恶劣的环境下生存，简直是个奇迹"的结论。马锡五幼年时在家乡务农，11岁入保安县模范小学读书，1916年毕业。因家境贫寒无力继续深造，从此步入社会，先到甘肃合水县一家杂货店做学徒，后经人介绍回到保安县当警察，并加入哥老会。20世纪二三十年代，哥老会是西北一带民间社会中影响力较大的秘密组织，其成员包括农民、手工业者、士兵、无业游民等。[1] 显然，马锡五并非传统意义上的农民，他喜交游，为人仗义豪爽，加之有文化，行走于陕甘各县与各色人等周旋，有"马公道"之称。后结识刘志丹，因佩服其为人，于1934年春加入了刘志丹的革命队伍，"那次见了刘志丹后，就一辈子不愿意离开他，我只要弄点钱，就买些纸烟给他吃。和他一起钻梢林，心里也高兴，他在我心目中就是英雄"。[2] 他先是做国民党军队的兵运工作，组织红色工农武装，后参加了创建陕甘苏区的斗争。历任军需和南梁根据地军事委员会管理科长，陕甘省苏维埃粮食部长、国民经济部长，1935年加入中国共产党。次年5月任陕甘省苏维埃主

---

[1] 相关研究请参见〔韩〕朴尚洙《20世纪三四十年代中共在陕甘宁边区与哥老会关系论析》，载《近代史研究》2005年5期。
[2] 杨正发：《马锡五传》，第32页。

席，抗日战争爆发后，先后担任陕甘宁边区庆环专区、陇东专区副专员、专员。1943年3月兼任陕甘宁边区高等法院陇东分庭庭长，此后，他把群众路线的工作方法运用到司法工作中，解决了一些缠讼经年的疑难案件，纠正了一些错案，减轻了人民的讼累，深受群众欢迎，被边区人民亲切地称为"马青天"。

马锡五进入司法纯属偶然，在他兼任陕甘宁边区陇东分庭庭长之前，既没有任何法律背景，也无相关的专业知识，甚至从未表现出这方面的兴趣。只是由于陕甘宁边区所实行的专员兼任分庭庭长的特殊体制，才使他有机会从事审判工作，展示出这方面的才华。

马锡五的成功绝非偶然，具备了许多有利条件：

第一，出身贫寒，了解民间疾苦。马锡五出身贫寒，长期生活工作在陕甘一带艰苦的农村，和贫苦的农民以及社会最底层的民众同吃同住，情同手足，形成了牢固的怜贫惜苦的群众观点，因而能处处为民众着想，处处为人民办事，竭力方便群众。在陕甘宁边区的历史上，马锡五有过两次风光，其中的一次是作为陇东专署的专员，因为工作出色当选为1942年度边区的先进人物，并在中共西北局高干会议上受到表彰和奖励。1943年2月3日，毛泽东特为受奖的22位先进模范人物题词，为马锡五的题词就是："马锡五同志，一刻也不离开群众。"[①]由此可见，群众路线是马锡五一贯的工作作风。

第二，了解民风民俗。作为土生土长的边区工农干部，马锡五了解当地的民风民俗，而这一点恰恰是李木庵等许多外来的司法人员以及雷经天等外来的职业革命家所不具备的。就文化水平而言，雷经天比马锡五要好得多，尽管雷经天也没有学过法律，但他毕竟接受过现代大学教育，对新事物的理解和接受能力显然要好于马锡五，然而雷经天不了解陕甘宁边区的民情，而且养成了那个年代青年知识分子特

---

① 引自张希坡《马锡五与马锡五审判方式》，第200页。

有的激情和狂热，正是源于此，雷经天不断地受到谢觉哉等人的批评。马锡五则几乎走遍了陕甘一带，加之人到中年，阅历丰富，因而在处理纠纷时他所提的方案容易被民众所接受。

第三，对中国共产党忠贞不贰。参加革命后，马锡五先后从事过多种工作，特别是政府的工作，长期的革命熏陶，使他对党忠贞不贰。只要是中共提出的政策他都尽可能地去研究，了解透彻。在了解的基础上，他坚决遵守中国共产党和政府的政策法令，只要是中国共产党和边区政府布置的工作，他都认真地、不打折扣地坚决执行。1943年5月，边区政府主席林伯渠在其所著的《农村十日》一文中，记载过这样一件小事：在边区推行大生产运动的时候，他曾在马锡五专员家住了一夜。马锡五的儿子马福泰在家种庄稼，并任自卫军连长。1942年冬季，马锡五路过回家时，专门召开家庭会议，给每个人分配了任务，制订了生产计划，并声明次年年底回家时要检查工作。此事让林伯渠印象深刻。[①] 与此同时，他干一行爱一行，对工作绝不挑肥拣瘦。正是这种对中国共产党和政府的忠贞不贰，使马锡五坚信司法便民方针是正确的，因而贯彻执行起来不打折扣，并在实践中创造性地加以发挥。

第四，扬长避短。透过马锡五审理的案件也不难发现，那些给马锡五带来巨大声誉的案件，大都案情较为简单，所需要的法律方面的知识并不太多，主要是一些政策性的问题和生活经验。尽管马锡五缺乏专门的法律认识，文化水平也不太高，但在能力和综合素质方面却具有较大的优势。马锡五肯于钻研，又精明过人，懂得如何扬长避短。审理案件时，他尽可能地倾听群众的意见，将群众的意见、中国共产党的政策和边区的法律巧妙地结合起来，从而得到了各方面的满意和拥护。曾在陇东分区工作过的曲子贞回忆说：马锡五审官司既不像我们在戏上看的那样岸然危坐，惊堂木一拍，也不是先问："叫什么名字？

[①] 林伯渠：《农村十日》，载《解放日报》1943年5月30日。

第五章 最终定型：大众化司法制度之确立

家住哪里？今年多大啦？"而是采用自己的那一套办法。

当接到一个案子以后，马锡五先不开庭审问，而是先派人或自己下去调查，直到心中有数了，再把两家亲戚、邻居全找来，让两家人一家一家地摆事实、讲道理。这时候最热闹，每一家都想用自己最有说服力的语言来压倒对方，恨不得一句话就把对方说得趴下去。马锡五只在当中点上一两句，有时候只是眯着眼坐在饭桌边上听，尽量让双方都把话说透、说完。开始说的时候，双方各不相让，说着说着，也就分出是非来了。最后，马锡五再征求大家意见，这时候差不多都是满意的，不满意的再说上几句也就满意了。当然，这都是指一般的民事案件说的，刑事案件也是先调查，取得证据后再开庭审理，以理以据服人，双方都满意。①

此外，还有一点也需要提及，即马锡五的特殊身份。马锡五是陇东分区专员兼高等法院陇东分庭的庭长，手中握有行政大权，因而他可以综合使用各种权力、动员各种资源来处理纠纷，并影响案件的结果，这一点是那些单纯的司法人员所无法比拟的。

总之，在一个本身就没有多少成文法可以依据，在一个整体法律意识普遍较差的社会里，在一个人们更多地把法律当作政治斗争工具的年代里，在一个主要以民众的满意与否来评价审判结果的环境下，马锡五的成功是必然的。

由于有民众的大力支持，马锡五开始受到边区领导人的重视，边区政府将他所创造的审判方式正式命名为"马锡五审判方式"，并在全边区司法系统中推行。这是中国共产党历史上迄今唯一以个人名字命名的审判方式。从此以后，"马锡五"几乎成了陕甘宁边区司法的代名

---

① 曲子贞：《风雨世纪行》，中国文联出版公司1995年版，第144页。

词，成了一种象征性的符号，马锡五本人也由此步入了他一生的辉煌。1946年4月，在边区第三届参议会上，马锡五当选为边区高等法院院长，开始职掌整个边区的司法事务。中华人民共和国成立后，他先后出任最高人民法院西北分院院长、西北军政委员会政治委员会副主任、最高人民法院副院长。①1962年4月10日病逝于北京。国务院总理周恩来亲自参加公祭大会。国家副主席董必武撰写挽诗，对马锡五的一生做了高度评价：

> 昨天惊闻噩耗传，法曹顿失一英贤。
> 民刑案理三千卷，风雨同舟十二年。
> 未及病床谈片语，只瞻遗体痛长眠。
> 边区惠爱人思念，道马青天不置焉。

谢觉哉则在悼词中对马锡五评价说："不为陈规束缚，不被形式纠缠，能深入，能浅出，既细致，又自然"②。

二、相关案例

给马锡五带来巨大声誉的是他审理的案件。被称为"青天"的马锡五，在陇东分庭庭长的任上，到底审理了多少起案件，没有人能够说得清楚。一些在当地流传很广的案件，经过考证之后则发现与马锡五其实没有什么关系。为了更好地理解马锡五审判方式，本书精选了几件真正属于马锡五审理的案件介绍如下。

---

① 笔者同马锡五之子马秦宁有过多次交谈。据马秦宁讲中华人民共和国成立后，马锡五个人在仕途上得到了重用，但因高岗事件，亲眼看到西北根据地的一些老战友陆续受到各种冲击，心情极度郁闷。
② 谢觉哉：《悼马锡五同志》，载《人民日报》1962年4月11日。

（一）华池县封棒儿与张柏婚姻案

1928年，庆阳地区华池县温台区四乡封家塬子村村民封彦贵按照当地习俗，将3岁女儿封棒儿与同区三乡农民张金才次子张柏订了娃娃亲，收取彩礼若干。当地山高峁深，当事人此后一直无缘相见。后当地聘礼大增，封彦贵感觉吃了亏，因而企图赖婚，要求解除婚约。这种行为在民风较为淳朴的陇东地区，无疑要冒很大的风险。恰逢此时陕甘宁边区政府成立，并颁布了新的婚姻条例，明确反对买卖和包办婚姻，主张婚姻自由。新的婚姻条例为封彦贵退婚提供了合法的理由。1942年5月，封彦贵暗中以法币2400元和银元48块，将棒儿另许与南源村张宪芝之子为妻。张金才得知消息后将封彦贵告发，华池县司法处经审理，判决后一个婚约无效。1943年2月，封棒儿在村民钟家喝喜酒时巧遇张柏，两人一见倾心，表达了结合的愿望。同年3月封彦贵又以法币8000元、银元20块、哔叽布4匹，将棒儿另许庆阳县朱寿昌为妻。封棒儿违抗父命，暗中通知张柏。张金才即纠集其户族20余人，于3月18日深夜携棍棒闯入封家，将棒儿抢回连夜成亲。人财两空的封彦贵当日即向县司法处控告。县司法处未做详细调查，偏信封彦贵的言辞，未追究封彦贵反复出卖女儿的不法行径，于5月3日以抢亲罪判处张金才有期徒刑6个月，并判决封棒儿、张柏婚姻无效，彩礼没收。宣判后封彦贵嫌对张金才判刑太轻要求上诉，附近群众亦感不满。

封棒儿更是坚决反对，直接到庆阳向陇东专员马锡五告状。马锡五听了棒儿的诉说后，便约定时间亲赴温台区四乡封家塬子深入了解案件的始末。

1943年6月，马锡五与推事石静山一起来到封家塬子。从庆阳到封家塬子有百十来里山路。一到案发地点，他首先详细询问了当地乡干部，接着又问了附近群众，最后再征求了封棒儿的意见，棒儿表示死也要嫁给张柏。在全面了解案情之后，马锡五协同县司法处的同志，在当地乡政府院里召开群众大会，依据边区法律进行公开审理。他向案件当事人核实有关事实情节，复又征询了封棒儿对婚姻的意见，再向在场的群众征询对全案的意见，群众一致认为：封彦贵屡卖女儿，扰乱边区婚姻法，应受处罚。张家黑夜抢亲，既伤风化，又碍治安，也应处罚，否则大家仿效起来还成什么世界了。张柏与封棒儿两个少年夫妻不应拆散。

案情审明之后，群众意见和边区婚姻条例的规定也完全一致。马锡五批评封彦贵买卖女儿的行为是违反边区政府婚姻条例的，教育他要为女儿的终身幸福着想；同时教育封棒儿和张柏不能嫌弃父母，要孝敬父母。马锡五态度诚恳，讲道理分析问题深入浅出，通俗易懂，说明利害真切感人，使双方当事人心悦诚服。在此基础上做出如下判决：

陕甘宁边区高等法院陇东分庭刑事附带民事判决书

上诉人：封彦贵，男性，华池县温台区四乡封家塬子人，农业。

被上诉人：张金才，男性，华池县张家湾人，农业。

张金贵，男性，住址职业同上。

被上诉人为聚众实行抢婚一案，构成犯罪事实。上诉人不服华池县司法处民国三十二年五月三日之所为第一审判决，提起上诉，本庭判决如下：

主文

1. 原判决撤销。

2. 张金才聚众抢婚罪判处有期徒刑二年零六个月。

3. 张金贵实行抢婚罪判处有期徒刑一年零六个月。

4. 张得赐附和抢婚罪判处苦役三个月。

5. 张仲附和抢婚罪判处苦役三个月。

6. 张老五附和抢婚罪判处苦役三个月。

7. 封彦贵实行出卖女儿包办婚姻判处苦役三个月。封彦贵出卖女儿法币柒仟元没收。

8. 封棒儿与张柏婚姻自主有效。

事实

缘上诉人封彦贵之女儿（棒儿）小时于民国十七年同媒说合，许与张金才之次子（张柏）为妻。后于二十一年五月该封彦贵见女儿长大，借女儿婚姻自主为名，遂以法币贰仟四百元银币四十八元将棒儿卖与城壕川南塬张宪芝之子为妻。被张金才告发，经华池县府查明属实，即撤销。难料该封彦贵复于本年三月以法币八千元哔叽布四匹银币二十元，经张光荣做媒又卖给新堡区朱寿昌为妻。于三月十日在封家订婚，当即交法币七千元、布两匹、棉花三斤。另外于本年古历二月十三日适有新堡区赵家洼子钟聚宝过事时，该封彦贵之女儿棒儿前赴该事，而张柏亦到，男女两人亲自会面谈话，棒儿愿与张柏结婚，就是被父母包办出不了恶劣家庭环境，而张柏就回家告诉他父张金才，其后张金才听到封彦贵将棒儿许与朱寿昌之消息，即请来张金贵及户族张得赐、张仲、张老五等连儿子张柏共二十人，于三月十八日下午从家中出发，当晚两更后到封彦贵家，人已睡定，首由张柏进家将棒儿拖出，时封姓家中人见来多人，遂让棒儿由张姓抢劫前去，及天明两小时成了婚姻。当日封姓控告至华池县府，县司法处判处张金才徒刑六个月，棒儿与张柏婚姻无效。上诉人不服，上诉本庭。经调查，一般群众对华池县处理此案亦有意见。华池县司法处判决在案。

理由

基于事实，棒儿与张柏之婚约虽系于民国十七年父母之包办，但在地方一般社会惯例均如此，其后在边区政权建立后，封彦贵借男女婚姻之说，将女儿简直当作法宝营业工具，如两次卖给张宪芝之子后又卖给朱寿昌，企图到处骗财，引起乡村群众不满，应受刑事处分；张金才既然与封姓结成亲眷，不论封姓怎样不好，须得以理交涉或控告，不得结合许多群众黧夜中实行抢婚，张金贵更不应参加，但该犯等竟大胆实施抢劫行动，而使群众恐慌，使社会秩序形成紊乱现象，所以对该犯应以刑事论罪；而封彦贵以女儿当牛马出售，且得法币数千，此类买卖婚姻款应予没收；至于棒儿与张柏本质上双方早已同意，在尊重男女婚姻自主原则下，应予成立。而华池县初审之判决，系极端看问题，只看现象，不看本质，对封姓过于放纵，对棒儿、张柏自主婚姻尚未真正顾到，所以该判决应予撤销。

基于结论，封、张两造行为均属违法，一则以女儿当货物出卖，一则胆敢实行抢劫，全依刑法第一百五十一条及同法第二百九十八条第一款之规定处罚。特依刑事诉讼法第三百六十一条第一款及边区婚姻法第五六两条之规定判决如主文。

上列当事人对本判决如有不服，得于送达翌日起，在十日内提起上诉，由本院转陕甘宁边区高等法院核办（驻延安）。

兼庭长 马锡五

推事 石静山

中华民国三十二年七月一日作成

本件证明与原本无异 书记员 陈夷①

当地群众高兴地认为，该判决入情入理，非常恰当。当事人亦觉得自己罪有应得，一对少年夫妻更是欢喜。回到陇东之后，经过再思考，马锡五觉得对张金才等人的判决量刑有些偏重，于7月11日又给边区高等法院代院长李木庵写信，请求减轻对张金才等人的刑罚，"关于6月份报告中有华池县民封彦贵与张金才为儿女婚姻纠纷案，业经本庭

---

① 艾绍润编：《陕甘宁边区判例案例选》，陕西人民出版社2007年版，第80—83页。

处理（详见判决书），在一般群众中认为此案处理适当，不过有几个问题，似觉疑虑：（1）没收七千元聘礼法币如何？（2）对张金才、张金贵之处分是否过重？他们家属要求减轻，是否可以？请指示为盼！"7月26日，李木庵代院长下达批复："据请示华池县封彦贵与张金才的儿女婚姻纠纷一案，经核该庭对封棒儿与张柏的婚姻认为有效，并处封彦贵苦役三月一节，尚属适当。至聘礼已交过法币七千元及布匹棉花应否没收，须视朱家是否善意第三人。如朱家明知前与张家订了婚而经张金才告发县府撤销过，复又与之订婚，则当予以没收，否则应予退还。唯须强令将银币交兑换处兑换边币连同布匹棉花退还朱家，免使其损失过大。张金才、张金贵等率众黉夜抢婚，固属扰乱社会秩序，唯以乡民无知，出于一时感情冲动，婚姻既承认有效，而对其他犯罪行为亦可从宽处理。理应查明张金才等平日行为如何，如确系善良，则当提前假释或宣告缓刑，以示宽大，而资教育。此批。"①陇东分庭随即分别以假释、缓刑将张、封两家判处徒刑、苦役的人一律释放回家。1944年春节，张金才带着张柏和封棒儿一起到封家赔礼道歉，两家和好如初。

（二）李能与胡生清婚姻案

陇东分区华池县元城区一乡，有一个姑娘叫李能，与四乡一个男青年胡生清自由恋爱，相许订婚。李能的母亲为收彩礼，另将李能许给八珠区郭某的儿子，引起胡、郭两家为李能而争婚。1942年腊月28日，胡、郭两家到元城区政府打官司，区政府征求李能的意愿，按照婚姻自主原则，准许李能与胡生清结婚，给李能与胡生清办理了结婚手续，同时让他们在区政府驻地举行了婚礼。不料婚后一个多月，李能突然提出离婚，诉称：她本不愿意与胡生清结婚，是区政府逼着结的。郭家也提出控告，官司打到了边区高等法院陇东分庭。

---

① 引自张希坡《马锡五与马锡五审判方式》，第176—177页。

马锡五携带卷宗,到百里外的元城区办理此案。一到元城,就向当地区乡两级干部和群众了解情况。后翻山越岭,到距区政府 30 多里的胡家所在村庄,找李能当面进行调查。胡家所在村庄是一个偏僻山村,只住着几户人家。他们走到那里已是黄昏,晚上就住在胡生清家。马锡五在油灯下,同胡家一家人一边聊天一边询问情况,又同二位区长及知情群众商量解决办法直到深夜。第二天早上,马锡五坐在庄子门前的草地上,同李能谈话,询问李能订婚、结婚经过和离婚的真实原因,耐心向她解释边区政府婚姻自主的政策,劝导她珍惜自己好不容易争取来的自由婚姻。李能见马锡五说话和气,语词恳切,能为她的自主婚姻做主,就如实承认了和胡生清闹离婚是受其母的挑唆,是迫于母命。马锡五随即把小两口叫到当面做了一番劝导,当天又马不停蹄地返回元城,做通了李能母亲的工作,又做好郭家的工作,李能与郭家将诉状撤回,纠纷平息。

(三)曲子县苏发云"谋财杀人案"

陇东分区曲子县天子区教子川的孙普安去赶集,但几天不见返回。孙家派人出去寻找,在一条山梁上发现了一具无头男尸,经查明被害人系孙普安。孙家曾因地界与邻居苏发云发生过纠纷,因而怀疑系被苏家兄弟所杀,随即控告到县司法处。

曲子县司法处经调查,亦认定本案是苏发云兄弟 3 人所为,动机是图财害命。根据是:出事的那天,苏发云兄弟中有二人曾出过门,其中一个还与被害人孙普安同行过;办案人员在苏发云家的炕上、地面、斧头上都发现了血迹。于是,将苏氏 3 兄弟逮捕归案。但多次审讯,包括使用刑讯手段,苏氏兄弟只承认两家确有积怨,但拒不承认杀人,也不能交代出作案工具和埋藏人头的地点。因无法排除嫌疑,又无法定案,苏氏三兄弟被关押了一年多。

1945 年,马锡五巡视曲子县时得知此事,颇为重视,他先是调来案卷仔细阅读,发现其中确实有些问题。后又带领司法处干部,多次深入当地群众调查，进行现场勘察。经过多方查证，最后查明：苏发云与被害人孙普安确实同行过，但后来分手并有人证，这说明苏发云并未将孙普安带到自己家中；苏发云家距陈尸现场10余公里，如果在苏家将孙普安杀害，然后移尸到10余公里以外的现场，从时间上计算是不可能的；苏家的几处血迹经调查核实，炕上的是产妇生孩子留下的血，地面上的血是苏家有人害伤寒病时流的鼻血，斧头上的血是杀羊时糊的血。县司法处定案的两条证据全被推翻，从而排除苏家兄弟杀人的嫌疑。后进一步查证落实，孙普安系拐骗犯杜老五所谋害。

真相大白，震动全县，召开了群众大会，为苏氏兄弟公开平反，群众齐呼：马青天！并感动地说："这个案子如果放在旧社会的官僚衙门，高高在上，原先有那么多的'证据'，早已枪毙了。只有人民的司法机关负责任，才深入调查，不冤枉好人，判得非常正确。"①

（四）慕荣祥与慕荣华土地纠纷案

1944年8月，马锡五在视察镇原县工作时，得知新集二区的慕荣祥与慕荣华因土地权属问题引起纠纷。他在处理这起土地纠纷案时，特地邀请了当地较有威信、66岁的老人赵启发参与审理。赵启发掌握案情真相和症结所在，他盘坐炕头，态度严肃地向当事人问话，大家补充。他从掌握的事实出发，有劝说，有驳斥，被问的双方无法狡辩，最后判决，由刘乡长负责划分地界，重新立约，多年的纠纷一天就得以解决。②

三、"马锡五审判方式"的塑造

上述案件的处理，为马锡五带来了极大的声誉。但如何定位马锡五的形象，以及如何确立马锡五处理的案件的价值和意义则经过了一个复杂的过程。

---

① 参见杨正发《马锡五传》，第305页。
② 以上案例来源《解放日报》《延安地区审判志》《庆阳地区志·审判志》《榆林地区审判志》等。

（一）"青天"再现

马锡五形象的塑造及价值的挖掘经历了一个从民间到官方的过程，在此过程中文学艺术作品发挥了重要的作用。封棒儿一案处理后，陇东中学语文教师袁静（又名袁行规、袁行庄，《新儿女英雄传》一书的作者）极为敏感地意识到这是一个非常好的题材。1942年，毛泽东《在延安文艺座谈会上的讲话》公布后，以民众喜闻乐见的形式塑造无产阶级新的形象成了边区文艺工作者的追求。袁静认识马锡五，她利用这一有利条件对马锡五进行采访，然后以此案为素材，经过艺术加工创作了大型秦腔剧本《刘巧儿告状》（该剧后被延安文艺团体排演，风靡陕甘地区）。民间说书艺人韩启祥也将此案改编为说书唱本《刘巧团圆》，走街串巷，借助庙会、集市在陕甘地区演唱。

> 手弹三弦口来张，春夏秋冬走四方。
> 说书不为别的事，文化娱乐我承当。
> 咱们边区好地方，男耕女织人人忙。
> 有吃有穿好光景，实行民主气象新。
> 有些男女二流子，都说改造全变样。
> 买人卖人全不行，骗来抢亲也不让。
> 听了这话你不信，有段故事听我讲。
> 编成新书说新人，只说实来不说谎。
> 说的是一九四三年，故事出在陇东西庆阳。[①]

中国百姓自古以来就对婚姻问题抱有极大的兴趣，"清官"文化又在民间有着广泛的市场，加之秦腔和说书均是陕北民间最为流行的艺术种类，因而经过改编后的刘巧儿故事在文化生活极度贫乏的陕甘一

---
① 1944年《刘巧团圆》被列为人民文艺丛书编辑出版发行，全书3万余字，进一步推动了马锡五形象的传播。

第五章 最终定型：大众化司法制度之确立

带迅速流传开来，故事的主人公刘巧儿和马专员在陕甘一带民间声名鹊起，其中"马专员"的称呼则很快就被"马青天"所替代。个中原因不难理解：马锡五办案过程中所表现出来的主动深入乡间调查研究并耐心听取民众意见，以及办案结果的公正和善解人意，同南京国民政府司法人员那种坐堂办案、不告不理的形象形成了巨大的反差，却与中国传统社会中那些为民做主的"青天"类型官员更为接近。因而，民众更愿意以"马青天"称呼之。

留守陇东的三八五旅旅长王维州很快就注意到了这一点，他在一次军人大会上以此为例教育官兵：

> 最近，马锡五专员办了个案，博得了广大人民群众的极高的评价，把他尊称为"马青天"。同志们，咱们可能知道的，这案开始几次都错判了嘛！这就说明了一个很深刻的道理：党的工作中难免有缺点错误出现，看我们怎么样来对待这些错误，有错误也不准备改，怕丢自己的情面，这还能成器？我们就要学习华池县抗日民主政府，学习他们在工作中勇于承认和纠正错误的精神！看嘛，他们一改错，群众中谁去拽"错误尾巴"啦？没有嘛！而且齐声高喊"共产党万岁"，齐声高喊"马青天"，看看，我们学地方的工作，就得学这种精神和行动呀。①

这则材料一方面说明了马锡五形象传播之速度，即很快就从乡间走进了军营；另一方面也表明王维州与民众的兴奋点并不一样，他看重的是马锡五知错就改的精神。显然，此时马锡五的形象还处于自发的传播状态。

---

① 张才千:《留守陇东》，甘肃人民出版社1984年版，第202页。

（二）新型司法的代言人

雷经天和边区司法系统需要的并不是传统的"青天"。因而，伴随着官方的介入，马锡五的形象开始发生变化。有材料表明，最先注意到马锡五的是雷经天。前面已经指出，官复原职的雷经天在司法工作上仍无起色，难免有些尴尬。马锡五的出现无疑是改变尴尬局面的一次难得机会，因而，他希望将对马锡五个人的关注转变到审判方式的层面。他及时把马锡五的事迹报告给边区政府秘书长罗迈（即李维汉）。[①]罗迈经过调查之后，专门向边区领导人汇报了马锡五的情况，并着重描述了马锡五专员办案的形式，他说："他问案子，就到区上去，把区长乡长和老百姓都召集来，在中间放一个桌子，一问就解决了。我们要提倡司法人员到群众中去，露天审判。"雷经天的努力达到了预期的目的，马锡五的形象终于回归到了司法领域。同年12月20日，边区参议会副议长谢觉哉专门在延安接见了马锡五，关于这次会面情况，《谢老与司法实践》一文中做了这样的描述：

> 1943年10月20日下午，谢老正在查阅前些时期在审判委员会上研究过的一些案件材料，忽然从窑洞外走进一位穿着朴素、酷似农民模样的人，谢老一把将人拉到炕边坐下，紧接着一杯湖南茶送到马锡五手中。谢老也坐下来，望着他高兴地说，"你为司法工作创造了经验，我们干什么都离不开群众路线的"。谢老让马锡五同志把自己如何依靠群众办案的经验详细地介绍了一番。
>
> 谢老起身为马锡五同志添茶，称赞地说："你不只是个好专员，还是一个好审判员。"马锡五同志也提出一些民事案件上的问题和谢老商讨。……整整一个下午，谢老与马锡五同志围绕着当时特殊环境中的司法状况，从实际出发，坦诚认真地交换着各自的司

[①] 王林涛等：《雷经天传》，《广西大学学报（哲社版）》1982年第2期。

第五章 最终定型：大众化司法制度之确立

法实践认识，进一步探讨如何加强和提高这项工作的措施和方法。二人谈兴甚高，谢老留马锡五同志吃了晚饭才让他离去。①

1944年1月6日，林伯渠主席在边区政府委员会第四次会议的《边区政府一年工作总结》中指出："诉讼手续必须力求简单轻便，提倡马锡五同志的审判，以便教育群众。"②同年3月5日，毛泽东在中共中央政治局会议上谈到机关干部的工作作风时，指出"也有好的首长，如马专员会审官司，老百姓说他是'青天'"，"我们要建立好的工作作风，就是要放下架子，打开脑筋多想问题"。③作为政治家的毛泽东对马锡五的认知仍然更多地停留在工作作风层面。或许是为了改变毛泽东的看法，4月28日，谢觉哉又向毛泽东详细介绍了他对马锡五审判方式的认识，"马锡五同志的审判方式正是如此，召集群众，大家评理，政府和人民共同断案，真正实现了民主，人民懂得了道理，又学会了调解，争讼就会减少"。④

1944年3月13日边区《解放日报》在头版头条的位置以近半个版面的篇幅用三个生动的案例介绍了"马锡五审判方式"，并发表社论将马锡五使用的审判方法正式定名为"马锡五审判方式"，定性为边区司法制度上的新创造，号召全边区司法系统进行学习。至此，马锡五已得到中共最高领导人及边区党政军、参议会以及司法系统所有领导人的一致认可，其形象与司法工作关系的定位终于完成。于是，这篇社论在最后的结尾部分写道：

这就是马锡五同志的审判方式。

---

① 王萍：《谢老与司法实践》，载王定国等编《谢觉哉论民主与法制》，第318页。
② 陕西省档案馆、陕西省社科院合编：《陕甘宁边区政府文件选编》第8辑，第23页。
③ 毛泽东：《关于路线学习、工作作风和时局问题》，载《毛泽东文集》第3卷，人民出版社1996年版，第97—98页。
④ 王定国等编：《谢觉哉论民主与法制》，第320页。

第一，他是深入调查的。以前举婚姻案来说，他不像华池县初判那样，不调查不研究，片面地认为张金才抢婚不当，于是一切都无理，不征询婚姻当事人的意见，不追究封彦贵以女儿为财物反复高价出售之错误；因此，他就能抓住案件关键，就能从本质上，而不是从表象上解决问题。他真正做到了林主席报告内所说的："切实照顾边区人民的实际生活，切实调查研究案情的具体情况，分别其是否轻重。"我们今天的司法工作要依靠初审，但现有负责初审的干部一般能力较弱，阅历较差，要克服这一缺点，就必须使司法干部多下乡锻炼，多联系群众。关起门来把玩旧型法律教条，是无补于事的。

第二，他是在坚持原则、坚决执行政府政策法令、又照顾群众生活习惯及维护其基本利益的前提下，合理调解的，是善于经过群众中有威信的人物进行解释说服工作的，是为群众、又依靠群众的。马锡五同志说："真正群众的意见比法律还厉害（所谓三个农民佬顶一个地方官）。"这在前举的案例中都表现得很明白。因此，他就能抓住所有人心，就能在当事人内心，而不是表面上解决问题。他真正做到了林主席报告内所说的"依双方自愿为原则的民间调解"。

第三，他的诉讼手续是简单轻便的，审判方法是座谈式而不是坐堂式的。不敷衍，不拖延，早晨、晚上、山头、河边，群众随时随地都可要求拉话，审理案件。华池婚姻案，最初就是封棒儿在路上碰到马锡五同志，拉住他，在一棵树下告的状。而马锡五同志自己，每年总要往各县巡视工作数次，在巡视过程中，必严密巡视监狱，查问犯人，遇有可以改造者，即令交保释放，以便增加我边区劳动力，增强生产。因此，他是真正"民间"的，而不是"衙门"的，真正替人民服务，而不是替人民制造麻烦。

一句话，马锡五同志的审判方式——这就是充分的群众观点。

这就是马锡五同志之所以被广大群众称为"马青天"的主要原因。①

(三)边区政权建设的新成绩

但边区政府并不愿意就此止步,经过进一步挖掘,最终把马锡五的审判方式定性为现代民主制度在司法领域的具体体现,是边区政权建设的新成绩,以此证明边区政权的合法性和先进性。1944年6月,中外新闻记者访问团首次访问延安,中共及陕甘宁边区政府对此高度重视。访问团到访之前,边区政府专门编写了介绍边区政权建设的材料《陕甘宁边区建设简述》,准备发给每一位采访者。该材料由李维汉亲自执笔,并经毛泽东、周恩来等详细审阅。材料将边区司法工作的特色概括为"提倡审判与调解、法庭与群众相结合的马锡五审判方式",隆重对外推出。

美国人冈瑟·斯坦随这次中外新闻记者访问团对边区高等法院进行了采访,留下了以下的文字:

> 宣传调解的群众运动产生了另一个为人民爱戴的人物——调解英雄马锡五。他像农民劳动英雄吴满有那样,做了比政府下命令多得多的工作,使人民对于接受新思想产生了一股热情。这是乡村的"所罗门"。人民亲切地称他为"青天",因为他那模范的调解工作又明确又公正。②

重庆《国民公报》的记者周本源,在参观了边区司法工作展览后写道:"实行马锡五审判方式是边区司法的新猷。"而国民党一位有影响的法律学者访问延安时也特意同马锡五进行了交谈,询问了马锡五

---

① 《马锡五同志的审判方式》,载《解放日报》1944年3月13日。
② 〔美〕冈瑟·斯坦著,马飞海等译:《红色中国的挑战》,上海译文出版社1999年版,第270—276页。

1944年10月9日《解放日报》刊登古元木刻《马锡五调解婚姻纠纷案》

审判方式的特点,并了解了边区的司法制度,最后评价说:

> 马先生这样谦虚地向我叙述了他们的办法,毫不自满,但我愈觉得他是一个为老百姓做事的人,使我看到司法界最踏实的杰出人才,做出了光辉可贵的成绩。①

马锡五审判方式获得了国统区的部分人士,甚至是外国人的认可。1944年10月9日,版画家古元创作了木刻版画《马锡五调解婚姻纠纷案》发表在《解放日报》上,该画以栩栩如生的形象再现了马锡五审理封棒儿一案的情形,进一步扩大了马锡五审判方式的影响。

经过一年左右的研讨和塑造,到1945年,马锡五已得到中共最高领导人及边区党政军、参议会以及司法系统所有领导人的一致认可,其形象的定位工作和意义的挖掘工作终于完成:马锡五是民众喜爱的

---

① 《陕甘宁边区司法考察记》,1946年,陕西省档案馆馆藏档案,全宗号15。

青天；在边区司法领导人的眼里，马锡五代表着一种全新的司法制度；而对于中国共产党和边区政府来说，马锡五则是新型民主制度的具体载体。不仅如此，有关马锡五审判方式的意义也形成了一套固定的话语表达方式。总之，马锡五和他的审判方式具备了推行的所有价值。

四、马锡五审判方式的推行

尽管马锡五的形象具有多重含义，但对马锡五及其采用的审判方式的学习则毕竟是司法系统内部的事情。因而，边区高等法院的作用至关重要。作为边区司法系统的领导机关，高等法院的用意非常明确：把"马锡五审判方式"明确界定为一种与"法庭判决""法庭调解"并行的第三种全新的审判方式，唯有如此，才能真正彰显其在司法制度史上的地位，才能保证这种学习持续长久。为此，《边区高等法院1944年上半年工作计划具体执行方案》强调，"调查模范村的民刑事案件的调解经验，搜集马锡五和奥海清的审判材料"，"通知陇东分庭庭长马锡五，志丹县审判员奥海清各自写出审判的经验，并调奥海清来高等法院面谈，以便更了解他的审判方式"，同时明确规定，把"写出马锡五、奥海清的审判方式"列为该院上半年工作的一项专门任务。①

要对马锡五审判方式加以推行，就必须从司法技术层面对马锡五审判方式进行细化。马锡五本人积极配合这项工作，他认真总结自己办案的做法，近乎手把手地向他人传授自己的经验：

> 作为法官，当你下乡找百姓调查了解情况，恰好遇到他下地归来，这时候，你应该把他手中的牛绳接过来，让他在一旁喝口水，抽抽烟，好生休息后，才跟他了解情况。②

---

① 《边区高等法院1944年上半年工作计划具体执行方案》，陕西省档案馆馆藏档案，全宗号15。
② 转自杨正发《马锡五传》，第354页。

经过一番努力,马锡五审判方式终于成为一种司法上可以操作的方法。1945年1月13日,《解放日报》上刊登署名"林间"的文章《新民主主义的司法工作"边区建设展览会"介绍》,文章指出:马锡五审判方式是边区司法工作的新方向,是司法工作中的群众路线。其特点可归纳为八点:(1)走出窑洞,亲自到发生事件的地方解决纠纷;(2)不片面地听信当事人的供言,要深入调查,搜集材料,多方研究;(3)倾听群众意见,坚持原则,掌握政策法令;(4)经过群众中有威信的人做说服解释工作;(5)分析了解当事人的心理,征询其意见;(6)采用集体自我教育方式,邀集有关人到场评理,提出处理意见,共同断案;(7)审问是座谈式的,不拘何时何地,不影响群众生产;(8)态度恳切,做到双方自愿,使其自觉地认识错误,决心改正,而乐于接受判决。① 与1944年3月13日《解放日报》刊发的社论进行比较,不难发现,"林间"对马锡五审判方式的界定不仅更加全面,且更具司法意义,更易参照执行。

陕甘宁边区政府则积极配合,1944年6月7日发布《关于普及调解、总结判案、清理监舍指示信》,指出"马锡五同志的审判方式,是与调解结合的。这是一个大原则,为群众又依靠群众的大原则。在此原则下,审判上有许多问题,我们要注意研究和创造,各级政府尤其司法部门,必须遵照调解为主、审判为辅的方针,以及马锡五的审判方式,在实践中运用、发挥和积累新的经验"。②

1944年9月,绥德分区召开司法会议,"号召司法工作者深入农村,用马锡五审判方式就地解决民间大小纠纷"。《解放日报》更是连续发文,介绍各地学习马锡五审判方式取得的成绩和先进人物。如《志丹县府审判员奥海清是模范司法工作者——调查研究、适合民情、合理

---

① 《解放日报》1945年1月13日。
② 西北五省区编纂领导小组、中央档案馆:《陕甘宁边区抗日民主根据地·文献卷》(下),第177—178页。

第五章　最终定型：大众化司法制度之确立

解决问题》(1944年4月23日)、《绥德县司法处依靠群众合理调解争窑讼案》(1944年5月8日)、《在马锡五同志教育下，陇东分庭推事石静山判案切实公正》(1944年6月19日)、《马锡五审判方式与民间调解风行各地——合水王县长深入农村调解群众土地纠纷》(1944年7月21日)、《张副专员赴赤水亲为群众调解旧案》(1944年8月17日)、《一个优秀的审判员——赤水任君顺同志虚心学习改进工作》(1944年8月17日)、《富县张县长深入民间调查公平判决鲁杨两家人案》(1944年10月27日)、《靖边王裁判员下农村请地方人士调解纠纷》(1945年2月15日)等。如此密集地报道司法工作，在边区的新闻史上极为罕见。仅此一点，就足以反映边区政府对马锡五审判方式的重视。

与此同时，其他根据地亦开始了对马锡五审判方式的推行。如1944年5月《晋察冀边区行政委员会关于改进司法工作的决定》中规定：必须对司法工作进行改进，要

（1）打破旧的司法工作的一套，使我们的司法工作真正是为群众服务的。进行工作要深入去作切实的调查研究，实事求是，肃清主观主义的作风和"明公""清官"自命的态度。（2）照顾本边区人民生活习惯等实际情况，把司法工作中的某些问题，以现实的办法求得解决。（3）由工作实践中，创造与建立适合新民主主义政治的人民大众法庭。

之所以要对司法工作进行改进，决定中说得极为明白，就是要学习马锡五审判方式——"陕甘宁边区马锡五同志说'三个农民佬顶一个地方官'"。[①]1945年1月山东省行政委员会主任黎玉在山东省第二次行政会议上的总结报告中要求司法人员："马锡五审判方式的介绍，

[①] 韩延龙、常兆儒编：《中国新民主主义革命时期根据地法制文献选编》第3卷，第388页。

应虚心钻研,这就是司法中的群众路线、群众观点,新的司法观点、方法的具体贯彻运用。……今后各地区应普遍运用这个新的方法——马锡五审判方式。"①此外,《解放日报》还刊发了数篇其他根据地推行马锡五审判方式的先进事迹,如《淮南天高办事处实行马锡五审判方式深入调查解决胡陈两姓纠纷》(1944年5月23日)、《滨海实行马锡五审判方式解决远年土地纠纷案》(1944年6月18日)等。

但意想不到的是,马锡五审判方式的推行并不顺利。不顺利的原因大致有二。

(一)主观上存有疑虑

边区司法系统内部对马锡五的审判方式存有争议,且这种争议还一直未曾间断。就总体而言,马锡五的审判方式受到了原有工农干部的拥护,这些工农干部对那些"烦琐""深奥"的程序和法条,有着一种近乎本能的厌恶和不适应。如米脂县司法处的同志对马锡五审判方式的优点做过这样的概述:"便于诉讼,节省办公经费;当事人与司法人员都不感到拘束,便于沟通;深入基层,便于了解案情,有利于案子最终解决得公正等。"②但拥护并不等于没有意见,对于马锡五的审判方式,一部分司法人员从专业的角度提出了许多值得思考的问题:

(1)有的同志认为"这种审判方式只能用于落后地区",是一种无奈的选择,不应过分夸大;(2)有的同志则认为"这种审判方式只能负责人使用",具有一种政策上的意义;(3)也有的认为"这种审判方式只能很少案件使用,尤其是在法庭内就不适宜";甚至有的人干脆反对,说推行这种就地审判的方式,在"缺乏干部"的边区只会起到"紊乱了正常的诉讼程序"的作用和后果,因而

---

① 《山东省革命历史档案资料选编》第14辑,山东人民出版社1984年版,第124—125页。
② 《陕甘宁边区第二届司法会议材料》,1945年,陕西省档案馆馆藏档案,全宗号15。

第五章　最终定型：大众化司法制度之确立

根本行不通。①

1945年边区高等法院代院长王子宜也公开表态："马锡五审判方式的基本精神，不管是农村，还是城市；不管是上级人员，还是下级人员，都是完全可以，而且应该充分运用的。"但同时王子宜又指出："我们提倡马锡五审判方式，是要学习他的群众观点和联系群众的精神，这是一切司法人员都应该学习的，而不是要求机械地搬用他的就地审判的形式。"②

显然，王子宜的态度与雷经天的态度并不完全相同，雷经天强调的是学习马锡五审判方式本身，而王子宜强调的则是马锡五一心爱民的"精神"。

对于这些质疑和反对观点，边区政府领导人的态度十分明确，他们无意从业务的角度与这些司法人员进行沟通，而是从政治的高度加以强调，如边区政府领导人习仲勋指出：马锡五审判方式的精神就是"从案件开始到结束，不脱离群众，就是经过群众解决案子……采取这样的方式，我们可以深入群众，组织临时法庭，经过群众把这个问题搞清楚后，再依据法律解决"③，并要求司法人员要从讲政治的高度来对待这件事情。再如林伯渠曾在各种场合公开指出，司法人员一定要懂得，司法"是整个人民政权中的一个组成部分，因之它的任务也就是保卫中国、保卫人民、保卫政权"④。就是说，作为边区的司法工作者，一定要懂得自己不仅是一个法律家，更是一个政治家，要懂得边

---

① 《陕甘宁边区第二届司法会议材料》，1945年，陕西省档案馆馆藏档案，全宗号15。
② 王子宜：《在陕甘宁边区第二届司法工作会议上的总结》，1945年12月29日，陕西省档案馆馆藏档案，全宗号15。
③ 习仲勋：《在陕甘宁边区第二届司法工作会议上的讲话》，1945年12月30日，陕西省档案馆馆藏档案，全宗号15。
④ 林伯渠：《边区政府一年工作总结》，1944年1月6日，载陕西省档案馆、陕西省社科院合编《陕甘宁边区政府文件选编》第8辑，第22页。

区的司法不仅是一种解决纠纷的工具和手段,还是一种组织社会、改造社会的工具。"只会'断官司''写判决书'的话,即使官司断得清楚,判决书写得漂亮,则这个'断官司''判决书'的本身,仍将是失败的,因为他和多数人民的要求相差很远。"①

(二)实践中难以区分

档案材料表明,边区高等法院努力把马锡五审判方式确定为一种与法庭审判和法庭调解并行的第三种审判方式的想法在实践中很难实现。1945 年,边区高等法院下达指示信,要求各级司法机关对 1944 年 1 月至 1945 年 6 月期间处理的案件进行统计,并如实汇报如下数据:"法庭判决多少?在群众中公开判决多少?经过群众判决(即马锡五审判方式)多少?"各地上报的材料表明,除延安市地方法院和高等法院陇东分庭等少数几家外,大多数司法机关并未将马锡五审判方式作为一种专门的审判方式加以区分。即便是延安市地方法院和陇东分庭,按照马锡五审判方式处理的案件也不占主流。如延安市地方法院 1944 年按照马锡五审判方式处理的案件是 4 件,1945 年上半年为 3 件,但同期该法院判决的案件数量则为 111 件和 113 件,即只占总数的 3.6% 和 2.7%;陇东分庭按照马锡五审判方式处理的案件约占同期案件总数的 19%。②

之所以会如此,法官叶映萱对此有过说明。1945 年他被高等法院派往绥德分庭去推行马锡五审判方式,工作结束后他在写给高等法院的汇报中说:"我们带的六个案件,三个是当地调查回到绥德分庭宣判;一个是宣判,在群众大会上宣判,群众没有讲话;一个是宣判之后,让参加会的人发言,把道理向群众解释说明,这还是经过一番组织之

---

① 习仲勋:《贯彻司法工作的方向》,载《解放日报》1944 年 11 月 5 日。
② 《陇东分庭 1945 年司法工作总结报告》,1945 年 9 月 24 日,陕西省档案馆馆藏档案,全宗号 15。有关马锡五审判方式在边区司法系统的推行情况,请参见刘全娥《陕甘宁边区司法改革与"政法传统"的形成》一书中的相关研究,人民出版社 2016 年版。

后做到的；再一个是用审判和调解同时进行的。"① 也就是说六个案件没有一个是用马锡五审判方式处理的。

即便如此，也必须承认在边区政府和高等法院的大力引导下，边区内部一些司法人员，特别是那些未接受过现代法学教育的基层司法人员还是积极地仿效马锡五的审判方式处理纠纷，如赤水县裁判员任君顺学习马锡五审判方式不到半年，就解决了八九个疑难案件，他在总结自己之所以会取得一些成绩时说："过去工作中的主要错误，是在把案情稍微弄清后，就拿到办公室来判决。现在按照新方式办案，更加注意调查研究，联系群众"，并深有感触地说："解决案子要召集群众，发扬民主。群众力量比办公室大得多；像过去解决不了的案子，现在拿到群众中去，就容易解决。"②

尽管有阻力，但有一点则是明确的，即马锡五开始成为边区新型司法制度的代名词。

第二节 构建理论基础

马锡五审判方式推行中遇到的麻烦，解决起来并不困难。只要把马锡五审判方式上升到更高的层面从理论上进行概括，一切都会迎刃而解。边区高等法院的领导人很快就认识到了这一点，他们一方面派人对马锡五、奥海清等审理过的案件进行梳理，并在此基础上进行理论概括，使之成为一种全新的司法制度；另一方面借助各种场合不断发声，强化马锡五审判方式在人类司法史上的地位："这种新的方式，

---

① 《边区推事审判员联席会议发言记录》（9），1945年12月，陕西省档案馆藏档案，全宗号15。
② 陕甘宁边区高等法院：《自苏维埃时期至1948年12月止司法工作总结报告》，1948年12月，陕西省档案馆藏档案，全宗号15。

使摸索数年的新民主主义司法制度有了实际内容。"①

一、理论基础

作为一种全新的司法制度,大众化司法必须也应该有自己的理论基础。司法民主就是大众化司法制度的理论基础。

陕甘宁边区政府始终强调边区的政权是民众自己的政权,陕甘宁边区是新民主主义的社会,这种社会同以往一切资本主义社会、封建社会的最根本不同就是广大的工人、农民成了国家的主人。既然民众是国家的主人,因而参与政权工作就自然成了理所当然。既然权力来自民众,因而必须人民大众自己当家作主,并通俗地解释说:"民就是咱大家;主,就是当家。民主就是咱大家来当家。"②

> 政权是谁的?政权是人民的。所以一党专政就说不通,政党是阶级的一部分,去替本阶级人民去争夺政权,夺回来后就交给人民,使政权为民谋福利。我们为什么要强调民主,强调人民来管理政权,道理就是如此。③

有些同志认为只要事情做得对,老百姓满意,就是民主。不知这并不是人民民主,你是治者,人民是被治者。你做得好,是"明主",但离人民的"民主",差得天远。"明主"当然也好,然而没有人民的监督、选择,"明主"也可以变成"昏君"。不是吗?边区各级政府因久未改选,不少地方发生强迫命令、贪污腐化,人

---

① 陕甘宁边区高等法院:《自苏维埃时期至1948年12月止司法工作总结报告》,1948年12月,陕西省档案馆馆藏档案,全宗号15。
② 李普:《光荣归于民主》,上海拂晓出版社1945年版。
③ 谢觉哉:《关于民主选举的问题》,1941年11月3日,载王定国等编《谢觉哉论民主与法制》,第108页。

第五章 最终定型:大众化司法制度之确立

民敢怒而不敢言的事。[①]

显然,在中共领导人看来,民主就是人民大众当家作主。民主是现代政治与传统政治的根本区别之一;民主更是边区政权与国民党统治区域争夺民众的重要筹码。中国共产党人对此有着清楚的认识。接下来的问题是何谓司法民主? 1944年4月27日,毛泽东在同谢觉哉谈论边区司法问题时明确指出:"司法也该大家动手,不要只靠专问案子的推事、裁判员,任何事都要通过群众。""一条规律,任何事都要通过群众,造成'群众运动'才能搞好。"谢觉哉则向毛泽东介绍了他从马锡五身上得到的体会:"马锡五同志的审判方式正是如此,召集群众,大家评理,政府和人民共同断案,真正实现了民主,人民懂了道理,又学会了调解,争讼就会减少。"[②] 马锡五审判方式之所以会受到边区政府如此的推许,最为关键之处,就是通过这一具体形式可以将人民群众发动起来,引导他们走上司法工作的舞台。

由此可见,使群众直接参与司法活动,把司法审判置于人民监督之下,在边区中国共产党和政府的领导人看来这就是司法民主。

最后的问题是,为什么要实行司法民主?

按照边区政府领导人的理论,边区的立法权和司法权均来自人民大众,因而司法者也必须来自人民大众,换言之,只有实行司法民主,如法官的家庭出身、个人经历、情感、语言乃至观点和生活方式等都与人民大众保持一致性,边区的法律和司法才拥有合理性与合法性。

对此,谢觉哉指出:边区的法律是民众制定的,民众也必须执行这种法律。他说:

[①] 谢觉哉:《论选举运动的重要》,1941年2月13日,载王定国等编《谢觉哉论民主与法制》,第101页。
[②] 王萍:《谢老与司法实践》,载王定国等编《谢觉哉论民主与法制》,第320页。

我们的法律是反映绝大多数人的意志的，是绝大多数人都能够了解和掌握的。我们社会的主人是人民大众，主要是工农群众。因此我们的法律是人民大众的，人民大众已在实际上掌握了。法庭是人民的工具，法律是群众自己创造出来的，掌握在自己手里，群众自己也必须执行。①

至于民众是否有能力从事司法审判，边区领导人说：司法人员最重要的是政治素质，业务素质可以在实践中逐渐培养。"没有学过法律的人，在实际工作中总结经验，运用马克思主义的立场、观点，也可以知道怎样创造出法律。"②对法律和司法工作不抱迷信态度是中国共产党人的基本特征。

在这种"司法民主"观的指导下，陕甘宁边区的司法实践开始出现了全新的面貌。正如谢觉哉所指出的，陕甘宁边区的司法与一切旧的司法最本质的区别就是，"一个是立于群众之外，来统治群众的；一个是群众自己的工具——由群众中来又向群众中去"。③"上述事实，说明边区民主政权是自下而上真正建立在人民大众上的，是人民有权且有效地行使的；他的政策是来自人民大众中的意见与愿望，又到人民大众中去考验的；他的工作人员是来自人民大众及人民大众化的。"④

雷经天也说，1943年以后的陕甘宁边区在司法制度建设上，开始"使司法工作成为群众自己的工作，司法机关成为群众自己的机关，同群众打成一片，倾听群众的意见，尊重群众的良好习惯，公正负责地

---

① 谢觉哉：《在司法训练班的讲话》，1949年1月，载王定国等编《谢觉哉论民主与法制》，第155页。
② 同上，第157页。
③ 《谢觉哉日记》（上），1943年12月3日，第557页。
④ 谢觉哉：《在陕甘宁边区第三届参议会第一次会议上的讲话》，1946年4月2日，载王定国等编《谢觉哉论民主与法制》，第150页。

第五章 最终定型：大众化司法制度之确立

为群众解决问题，不拘形式地组织群众的审判，以减少群众的诉讼"。①

在苏维埃时期，乃至陕甘宁边区初期，工农民主政府也为人民参与司法活动提供了条件。比如人民可以通过各个群众组织选举陪审员参与案件的陪审，但这毕竟是少数人的事情，与陕甘宁边区所实行的民众参与司法不可同日而语。如苏维埃时期裁判部组织的巡回法院，"到出事地点去审判，比较有重要意义的案件，可以吸收广大的群众来场旁听"，但"这种做法，群众系旁听者，没有发言权，主要是接受教育，充其量对司法工作起某些监督作用"。②

需要指出的是，陕甘宁边区司法政府民主观的形成除政权合法性方面的政治考量之外，还有策略及方法论方面的考虑。策略上的考虑又可以区分为两个方面：一是希望通过司法活动换得民众的满意和拥护，最终夺取政权；二是防止司法独立。对于在野的中国共产党来说，要想战胜强大的对手，就必须在共产党的一元化领导下整合一切力量，使党政军民和各种社会团体等，从思想和行动两个层面保持内部的高度一致。因而，边区党和政府对于一切可能出现的独立倾向都时刻保持高度的警惕，过于专业化的知识和严格的程序，则无疑会在执政党与司法机关之间竖起一道屏障。

司法工作是一门专门工作，它需要一些专门的知识，边区政府领导人对此自然清楚，但在人民是历史创造者的思维定式下，边区领导人又形成了一种特有的方法论，即任何工作一旦和人民群众相结合都会事半功倍：

> 因此脱离群众的一切传统的官僚作风，在边区没有他的地位，而为人民服务的事业，如抗战运动、生产运动、卫生文化运动、检讨工作运动……人民与工作人员一起干，不仅常常成绩超过预

---

① 雷经天：《关于改造边区司法工作的意见》，1943年12月18日，陕西省档案馆馆藏档案，全宗号15。
② 杨永华、方克勤：《陕甘宁边区法制史稿（诉讼狱政篇）》，第142页。

计，且常常创造出许多新的方法与技术，这是其他政权所不能有的，这叫作人民的大团结与大统一。①

二、司法理念

有了理论基础，还需一套被绝大多数从业人员都接受的司法理念，并自觉地用这套理念指导自己的工作，唯此大众化司法制度才会真正形成。

（一）民众满意

毛泽东说："一切问题的关键在政治，一切政治的关键在民众。"②为此，中国共产党的章程规定，全心全意为人民服务是中国共产党人一切工作的宗旨。司法制度以及司法机关自然也不例外。此外，司法民主观的确立，更进一步强化了司法与人民大众之间的联系。在边区党和政府的领导人看来，司法工作的任务是为人民大众排忧解难，因而检验其工作好坏的唯一标准就是人民大众是否满意。谢觉哉将此归结为："要在人民对于司法的赞许中，证明司法工作的对与否。"

边区早期的司法理念是方便民众，并为此设计了一些相应制度，而后期则发展为群众满意。方便民众与群众满意，显然是两个迥然不同的理念。其最大的区别，前者是把民众当成客体，当作服务的对象，而后者则是把民众当作主体。

前面已经指出，边区政府一直把司法工作看作政权工作的一部分，强调司法工作必须符合中国共产党的方针、路线，司法工作必须尊重上级领导的意见，但与此同时又在强调司法为民，强调司法工作必须让人民群众满意。那么，在实际工作中又该如何协调尊重上级领导与

---

① 谢觉哉：《在陕甘宁边区第三届参议会第一次会议上的讲话》，载王定国等编《谢觉哉论民主与法制》，第 150 页。
② 《毛泽东文集》第 2 卷，人民出版社 1993 年版，第 202 页。

人民群众满意两者之间的关系呢？对此曾任陕甘宁边区高等法院代院长的王子宜指出：两者并不矛盾，"应该了解，上级是什么，也无非是为人民服务的。只要我们所有同志都能够忠实于人民的事业，切实地为人民解决纠纷，上级所要求的亦如此而已"。①

（二）教育民众

必须指出的是，民众满意只是边区新的司法理念的一部分，它与教育民众是相辅相成的。中国共产党是一个有着远大理想的政党，改造社会就是其理想之一，因而它不会仅仅出于夺取政权的需要，为了使民众拥护自己而一味无原则地向民众的"不良习惯"和"传统"进行妥协与让步。只要对中国共产党的政策稍加观察，就不难发现："为人民服务"和"教育民众"是其群众观中并行不悖的两点。借助审判对民众进行教育，提高民众的觉悟和对边区政府法律、政策的理解就是一个好的渠道。前所引的封棒儿婚姻案中，马锡五一方面依据边区政府的法律和民众的意愿，对涉案的当事人分别进行了判决；另一方面又向当事人和在场的群众宣传了边区政府新的婚姻条例，使封彦贵、张金才、封棒儿以及在场的群众懂得了什么才是真正的为子女一生幸福负责任的做法，合法的权益要通过合法的手段加以保护，以及要孝敬犯了错误的父母等法律意识和做人的道理。也就是说，在边区政府看来，唯有如此才可能一劳永逸地解决问题，并获得民众的真正拥护。

（三）实质公正

实事求是，是中国共产党人在延安时期确立的思想路线和一切工作目标。它一经确立，便迅速影响和左右着边区的司法工作及司法理念。司法工作中讲实事求是，顾名思义就是强调司法工作必须求真、务实，明断是非。

---

① 引自杨永华、方克勤《陕甘宁边区法制史稿（诉讼狱政篇）》，第72—73页。

至于如何实事求是，边区司法实践的经验一是强调实质公正，反对因形式公正而影响实质公正，因注重过程而影响最终结果，坚持有错必究。也就是说，要从根本上解决问题。二是深入基层，调查研究，广泛听取群众的意见。谢觉哉强调指出，边区的"法官必须依靠民意，依据调查研究的材料进行审判，矫正以往法官坐在家里死啃条文的惯习"，并特别指出，这一点"陕甘宁边区司法机关做得很差"。[1]

实事求是作风的确立，在一定程度上强化了边区司法实践中对实质公正的重视，而对实质正义的追求，其结果必定在某种程度上对晚清以来所信奉的程序正义观提出挑战。

笔者以为，构成实事求是思想路线的理论基础有二：中共一再强调，中国共产党人是由世界上最优秀的人所构成的，其认知能力和道德品行理所当然地是世界上最优秀的；此外，中国共产党人是代表人民大众的，它没有自己特殊的利益追求，也就是说，它同民众彼此之间没有根本的利害冲突，无私无畏。因而新民主主义的司法必须实事求是，也一定能够做到实事求是。换言之，只要共产党人掌握了正确的方法，努力工作，认真负责，就没有弄不清的案情、明断不了的是非。

陕甘宁边区新的与大众化司法制度相配套的理念，可能还有很多，但笔者认为以上三点最为重要。

接下来的问题是，这些司法理念是如何确立，并被大多数人所接受的。本书前面已经表明，1942 年以前，陕甘宁边区已形成了一些司法理念，诸如司法是一种镇压敌对势力的工具等，这些理念在李木庵执掌边区高等法院院务期间受到了一定程度的冲击。与此相适应，晚清以来一些源自西方却在中国大行其道的司法理念，如司法中立等在边区司法系统内部也有一定的市场，因而，新的司法理念的确立方式，换言之，新的理念是如何战胜既有的东西而成为主流的，就自然成了

---

[1]《谢觉哉日记》（上），1943 年 6 月 16 日，第 492 页。

必须论证清楚的问题。

现代司法制度对于中国而言是舶来品，应该秉承何种理念来建立等问题，需要在一个宽松的环境下经过长期的思索、讨论和学术上的积淀才可能逐渐明晰，并形成共识。陕甘宁边区新的司法理念，却是通过延安整风运动在短期内迅速形成的。尽管在形成过程中也有过争论，但这种争论在如风卷残云的整风运动中很快就被消弭，或者说起码是在表面上被消弭了。

延安整风运动开展于20世纪40年代初，它以反对教条主义、主观主义、宗派主义为主要内容，其核心是使中国共产党摆脱对马克思主义的教条式理解，强调中国经验的重要性，确立中国化的马克思主义——毛泽东思想为党的指导思想和在党内的正统地位。整风的方式则是通过声势浩大的集中学习、严厉的批评和自我批评、集体测验等内心自我体验和外部压力并重的方式进行思想教育，以统一思想。

陕甘宁边区高等法院的整风工作开始于1942年4月，高等法院为此专门成立了学习委员会，整个整风工作分两期进行。第一期集中学习，每天4个小时，要求每一位工作人员都必须认真学习中共中央宣传部颁布的整风文件。整风文件共22件，包括毛泽东、列宁、斯大林的文章，以及康生关于整风运动的讲话等，其中第一、二篇是毛泽东的《整顿学风、党风、文风》和《反对党八股》。学习又分为粗读和精读两种。粗读"要求将22个文件全部浏览一遍，读后要做笔记，并进行初步讨论"；而精读"要求将所有的文件分类反复精读，达到眼到（精细研读）、心到（深思熟虑，领会文件的实质和精神）、手到（写读书笔记）、口到（质疑、漫谈、开讨论会）"。[①] 然后自己动手精炼文件的核心内容，提出问题，并结合自己的工作写出心得体会、讨论大纲，经过集体批判、讨论、帮助后，再写出个人的感想，每20天测验一次，到5月中旬第一期结束，

[①] 参见延安整风运动编写组编《延安整风运动纪事》，求实出版社1982年版，第111页。

转入第二阶段。第二阶段的主要任务是组织讨论，中心议题是反对主观主义、教条主义。要求每个人都必须根据学习材料，比照自己的工作，深刻剖析自己工作和全院工作中所犯的主观主义错误。到7月中旬举行全体测验，测验的题目为："高等法院的工作有无主观主义？有或无的表现在哪里？"①

对于司法系统来说，所谓教条主义和主观主义，就是对旧的或已有的司法经验、书本知识的认同及留恋。谢觉哉曾化名在边区报纸上发表文章批判教条主义。他说，教条主义"如果只放在案头上摆样，虽然比屎还没有用，不能肥田，不能喂狗，但狗屎自享，于人无干。若拿了去对付革命，那就为害非浅，容易把革命弄坏"。②

为了使整风运动深入灵魂，防止走过场，中央总学习委员会对整风运动的每一步都有明确的规定，且宁左毋右。如对于写读书笔记，毛泽东态度极为明确，即任何人都必须写，且绝不能应付：

> 中宣部那个决定上说要写笔记，党员有服从党的决定的义务，决定规定要写笔记，就得写笔记。你说我不写笔记，那可不行，身为党员，铁的纪律就非执行不可。孙行者头上套的箍是金的，列宁论共产党的纪律是铁的，比孙行者的金箍还厉害，还硬，这是上了书的，……我们的"紧箍咒"里面有一句叫"写笔记"，我们大家都要写，我也要写一点……不管文化人也好，"武化人"也好，男人也好，女人也好，新干部也好，老干部也好，学校也好，机关也好，都要写笔记。首先首长要写，班长、小组长也要写，一定要写，还要检查笔记……现在一些犯过错误的同志在写笔记，这是很好的现象，犯了错误还要装大爷，那就不行。过去有功劳的也要写笔记，……也许有人说，我功劳甚大，写什么笔记。那

---

① 参见高新民等著《延安整风实录》，浙江人民出版社2000年版，第193—195页。
② 焕男（谢觉哉）：《感性与理性》，载《解放日报》1942年8月10日。

第五章 最终定型：大众化司法制度之确立

不行，功劳再大也要写笔记。①

至于批评和自我批评，中央的规定则更为严厉：

> 每个党员深刻地反省自己与严正地批评别人，检查自己和别人是否犯了"小广播"的错误，曾泄露了一些什么秘密，向外广播了一些什么消息，向党隐瞒些什么，听到了一些什么不利于党的消息没有向党报告，对于这些问题每个党员应该向党诚恳坦白地报告出来。②

批评和自我批评必须严厉，不留情面，一遍不行就再来一遍，直至过关为止。这一切给边区所有干部的心理造成了极大的压力。③疾风暴雨式的整风运动，不但使那些刚刚来到延安的青年知识分子不适应，即便是谢觉哉这样的老革命也感触颇深，用他自己的话来说，整风的目的就是要把"自己完全变个样"。他用自己习惯的诗歌方式表达了自己脱胎换骨的过程。

> 紧火煮来慢火蒸，
> 煮蒸都要功夫深。
> 不要捏着避火诀，
> 学孙悟空上蒸笼。

---

① 毛泽东：《关于整顿三风》，1942年4月20日，载《党的文献》1992年第2期。
② 《中央总学委会关于肃清延安"小广播"的通知》，载中央档案馆编《中共中央文件选集》第13册（1941—1942），中央党校出版社1991年版。
③ 档案材料表明：整风期间延安的干部都竭尽全力反复撰写各类材料，有的干部个人材料写了八次才被通过，个人灵魂受到了强烈的震撼和冲击，普遍食不甘味，夜不能寐，"头痛、失眠、减少饭量、面色发黄"者绝非少数。参见《中央党校二部学风学习总结》，载《延安中央党校的整风学习》。

西餐牛排也不好,
外面焦了内夹生。
煮是暂兮蒸要久,
纯青炉火十二分。①

作家赵超构对此说得也极为明了：

我们应该认识他们的小组批评,对于他们的意识观念有绝大的影响力。所谓"对事实的认识一致,对党策的理解一致",就是通过小组讨论来实现的。②

正是通过这种方式,近代以来已被人们接受的一些司法理念和信条,甚至包括边区早期刚刚树立起来的一些司法理念开始动摇,适合于大众化司法的新理念迅速被整个边区各行各业所接受,并形成了不可动摇的信条。

伴随着司法民主观的确立,严格意义上的陕甘宁边区大众化司法制度才算真正形成。

第三节 制度内涵

陕甘宁边区大众化司法制度内容如下。

一、司法机关及司法人员

（一）司法机关神秘色彩的消除

到民国时期,司法机关存在的正当性已无须论证,但如何消除司

---

① 焕南（谢觉哉）：《拂拭与蒸煮》，载《解放日报》1942年6月23日。
② 赵超构：《延安一月》，第79页。

第五章 最终定型：大众化司法制度之确立

法机关的神秘色彩则是边区领导人经常考虑的问题。李木庵改革失败之后，司法机关的中立性不再被提及，随之而来的是借助各种办法消除司法机关的特殊性。陕甘宁边区司法机关特殊性的消除首先表现在职能方面。就职能而言，边区司法机关除承担必要的审判工作外，还与其他机关一样，承担着大量的社会工作。1945年在陕甘宁边区司法工作会议上，志丹县司法人员在汇报该县调解工作开展的情况时，着重介绍了他们利用扶贫工作推动调解工作的经验：

> 调解是从抓住典型、推动区乡搞起的。自从去年三月到今年一共调解了十八件。怎样做的，首先是从给一些犯人订生产计划找保人，如刘富永，过去是一个二流子，赌博、偷人，曾经有一晚上就偷了十八家，以后就押起来，我们帮助他来改造。原来他家里什么都没有，以后就叫区上来帮助他两个牛，开地、种庄稼非常积极。在村主任检查督促下，使他不犯错误，到去年收秋共收粮食十九石，支公粮时候还缴了四斗，有吃有穿，家庭过得非常好，在乡选时被选为乡的劳动英雄。以后再也没犯错误，老百姓也拥护他。所以我们以后调解时候，就选择拿他来作为典型材料，教育群众。他家里现在有了牛、驴，光景过得很好，他老婆见人很感激地说："我实在感激政府，要不是政府的帮助，现在男人不知道□□□在什么地方。"这就是我们用调解为主、审判为辅的好□，……在毛主席号召开荒下，我们司法人员协助政府改造了二流子，帮助区乡干部解决纠纷，在这样调解下，弄的□闭门也开了。①

其实，大凡边区政府布置的工作，边区司法机关，包括高等法院都要无条件地参与。如在大生产运动中，高等法院的所有工作人员都

---

① 《在陕甘宁边区第二届司法工作会议上的发言》，1945年10月24日，陕西省档案馆藏档案，全宗号15。

有明确的生产任务和指标。但是，边区司法机关，特别是基层司法机关原本就不太健全，加之司法人员职数不够，承担大量的社会工作势必加剧案件的积压。为此，高等法院不得不向边区政府报告，请求减少生产指标："本年度边区的财政计划是统收统支，但法院是例外，就规定法院的生产任务过于艰巨繁重，实属无法完成，请政府另行决定办法。"①

其次表现在管理体制和管理方法上。前面已经指出，在陕甘宁边区司法机关受同级政府领导。既然受同级政府领导，司法机关内部采取与其他机关相同的管理体制也就极为自然。

最后，司法机关还肩负着解决自身生活所需的任务。现在学界常说的单位社会化问题在陕甘宁边区就已十分明显，且被上升为一种理论：

> 如果说政府是一大单位，他的任务在于解决全体人民的衣食住行教所需，使无不得其所。那么，各机关事务人员的任务，就在于解决各机关小单位人员的办公所需。衣食住行教所需无不得其所，是整个政府工作的缩影。古人说：家之不齐，何能治国。真做好一个机关的事务工作，无疑就是为治国的本领打下底子。②

边区高等法院在安塞县设有粉坊和农场，农场主任习仲清同志还曾获得过边区模范生产者的称号，《解放日报》为此曾专门刊文介绍他的先进事迹：

> 他能多想办法，把工作弄好。法院的粉坊过去是专门供给自己机关及其他机关的，与当地群众很少来往；他就想办法与当地

---

① 《陕甘宁边区高等法院一九四二年工作计划大纲》，陕西省档案馆藏档案，全宗号 15。
② 《谢觉哉日记》（上），1943 年 6 月 30 日，第 500—501 页。

群众来往做生意，但农民买货总得赊欠一个时候，他就许可农民欠账。同时他给农民卖货，价钱算得便宜，平均比市价低百分之二十。因此，群众都愿意与他来往，这样生意就慢慢地发展了……他采取了工商畜牧业合并经营的办法，将粉面拿到城市村镇去卖给群众，又买群众的粮食和猪，把粮制成粉，猪养肥，再去卖。这种交易方式农民也很欢迎。……他因恐怕五六月间菜很缺乏，于是他设法试种夏洋芋，去年延安市还没有洋芋出现，法院已经吃上了洋芋炒肉丝了。……由于他的努力，法院粉坊的信用好，当地老百姓有了债务事情都来找他担保，附近农民的婚丧大事，他都给予帮助。①

大量社会工作的承担，使司法机关不再神秘、中立和庄严。自古以来，司法就与神秘和庄严有着天然联系，法袍、法锤等道具的沿用，就是在仪式上对这种神秘和庄严的保留。陕甘宁边区彻底从形式上消除了司法机关与民众之间的隔阂，使司法机关的形象归于世俗和大众化。对于中国的平民百姓而言，一个与自己有着密切关系，并时时为衣食住行而操心的法院和其工作人员无疑具有极大的亲和力，也极易被群众所接受。

同时，边区政府也正是希望通过这种联系使司法机关及其工作人员能够了解民众，真正与最广大的普通民众在感情上打成一片，永远站在民众一边，使一心一意为人民服务成为一种本能。然而，这种亲和力和与民众打成一片从司法的角度讲则潜伏着很大的风险与问题，即一旦需要他们以裁判者的身份行使职权时，很难保持中立和客观，同时也容易伤害公共权力应有的尊严，一旦裁判结果对民众不利时，执行起来也较为困难。

---

① 张世斌主编：《陕甘宁边区高等法院史迹》，第59页。

（二）司法人员非专有化方向的确立

1. 司法人员应来自群众。1943年以后出身于工农的司法人员逐渐成为主体，司法人员的非专业化基本成了定论。边区政府领导人谢觉哉说：

> 新的工作须要新的人才，首先是从人民事业中——生产与抗战中，产生人民自己的干部：劳动英雄、杀敌英雄、合作英雄、卫生模范、模范工作者，等等。他们从人民中来，和以前站在人民上或人民外的人完全不一样。再就是旧有知识分子深入人民中去，向人民学习，把原有脱离人民实际事业的知识分子变为替人民服务的实际事业的知识分子，使知识分子和人民大众结合起来，这个工作，陕甘宁边区做得还好。[①]

与此同时，谢觉哉也指出，对于那些"旧"的法律工作者要尽量加以改造，"人民法律，要人民能懂、能运用，但不等于不要法律专家。我们不要离开人民与离开实际的所谓'专家'，而要深通马克思主义与新民主主义服务的法律专家。因而尽可能选择一些有文化与工作经验的工农干部做司法工作，改造一些可靠的新的或旧的知识分子从事司法工作，这亦是今后要注意的"。[②]

在这种背景下，1943年以后的陕甘宁边区司法系统中，出身于工农兵的司法人员逐渐占据了主导力量。不仅如此，这些出身于工农兵、大都未接受过现代法学系统教育，但却与工农兵在血缘上有着天然联系，熟悉民情，甚至在情感和生活方式上都同工农兵保持一致的司法人员丢掉了他们原有的自卑，变得极为自信。

[①] 谢觉哉：《在陕甘宁边区第三届参议会上的讲话》，1946年4月2日，载王定国等编《谢觉哉论民主与法制》，第149页。

[②] 谢觉哉：《司法工作报告》，1949年8月，载王定国等编《谢觉哉论民主与法制》，第168页。

第五章 最终定型：大众化司法制度之确立

尽管雷经天在各种场合一再表明这些工农干部经过实践锻炼之后，已具备了良好的专业素质，但这些工农干部的专业素质普遍较差，"文化程度较低而大多又无学习习惯"，只相信经验和领导的指示。李木庵执政期间，规定各县裁判员、书记员必须加强业务学习，并要求每月按照高等法院所出的作文题目撰写学习文章，题目均为法律中的最基本问题。

12月的题目是：（1）何谓时效制度？为什么要采用这种制度？（2）边区参议会在群众中的影响如何？1月的题目是：怎样从司法工作中实现人权财权保障条例？缓刑与假释有何不同？2月的题目是：（1）在工作中所感到最迫切的困难是些什么？（2）何谓时效制度？为什么要采用这种制度？①

题目的难易程度真实地反映了边区基层司法人员的专业知识水平。

相反，那些曾经接受过系统法学教育并从事过司法实务工作的法律工作者，由于所受的教育被认定是旧的有害的东西，加之大多数人又出身于富有家庭，而成了被教育的对象，背上了似乎永远也抹不掉的原罪。

尽管在各种文件和公开出版物中找不到任何对知识分子，特别是对那些曾经系统接受过现代法学教育的知识分子的歧视规定，也无法从正式文件中找到有关司法从业人员任职资格方面的变化规定，但经历了李木庵主持的司法改革风波之后，经过边区政府的大力提倡，事实上那些外来的知识分子开始受到排挤，即便是李木庵这样的老革命，在边区司法中剩下的唯一价值似乎也就是作为旧司法的反面教材佐证新型司法的进步：

---

① 《陕甘宁边区高等法院一九四二年工作计划大纲》，陕西省档案馆藏档案，全宗号15。

在司法中的一些专门人才，老的干部，我们应该尊重，特别是一些外来的懂得很多司法的知识分子，比如李老——李木庵，很多这方面的外来同志，他们在这方面做了很多年工作，有些东西是我们要学习的。我们现在搞司法，当然有我们新的法律观点，但是旧的也要懂得，才不至于犯旧的毛病。现在旧的不懂得，你犯了错误也不知道好坏。所以我们今天不懂得国民党的旧的法律就会犯错误。因此对旧的司法人员、外来的老年知识分子都应该尊重人家，向人家学习司法经验，尊重人家，和他们谈，旧的里边有很多观点是不对的，思想不对的，把它说明白，而不是要对人家加以仇视、隔阂，这是不对的。[①]

不仅如此，包括雷经天这样的外来知识分子型的职业革命家，也开始慢慢地从边区司法系统中淡出，而马锡五、奥海清、石静山、周玉洁等一大批土生土长的工农干部，不但受到了民众的欢迎，被民众称为"青天"，而且还受到了政府的嘉奖，逐渐成了边区司法人员中的骨干和领导力量。

2. 统一物资待遇。陕甘宁边区政府对所有的工作人员，自然也包括司法人员，实行供给制。供给的内容包括：

津贴。按照《陕甘宁边区议会及行政组织纲要》中"边区长官的俸给，不得比熟练劳动者的所得为多"的原则，各级干部的津贴，边区政府主席、副主席，委员，边区参议会议长、副议长、常驻议员，各厅、处、会、院负责人，每人每月边币5元。专员、副专员4元。县长、副县长，县参议会议长、副议长2.5元，区长1.5元。乡长（包括办公费、津贴、伙食费在内）小米90斤。一般工作人员1元至1.5元，勤务员、炊事员为1元。

[①] 习仲勋：《在陕甘宁边区第二届司法工作会议上的讲话》，1945年12月30日，陕西省档案馆馆藏档案，全宗号15。

伙食。边区各级干部伙食供给标准,除病员、休养员、荣誉的伤病员适当照顾外,都完全一样。1937年至1940年,每人每日小米1斤4两,菜金3分至4分。1944年降为1斤3两。在延安,平时谁也不打听谁吃什么饭,所有机关、学校、部队都是一样的,早晚小米干饭、白菜汤,中午小米稀饭,没有菜。一个礼拜可以吃一次肉,一个月都吃一次掺小米的白面馒头。

被服。1940年发布缝补棉衣。1941年每人发单衣1套、棉衣1套、棉鞋1双、毛巾2条。①

3. 完善考绩与奖惩制度。李木庵的改革从反面引发了边区政府对司法人员的重视,此后,有关司法人员的管理,特别是考核及奖惩制度逐渐完善。

依据边区政府颁布的相关法令,对司法人员的考绩内容包括:政治坚定性和进取精神;执行政策法令的情况;工作责任心、积极性与纪律性;工作能力和工作成绩;业务熟练程度与精通程度;学习勤惰,民主作风、个人品德之优劣等。考绩一般由司法机关的首长负责,分定期即常规和临时性两种。

奖励的条件有:(1)正确了解、广泛宣传,并积极执行边区《施政纲领》和政策法令成绩优异者;(2)对抗战动员、拥护军队、增强团结方面做出优异成绩者;(3)在险恶或困难环境中,坚持对敌斗争,努力开展工作,打开局面,成绩优异者;(4)保持民族气节,严守机密,英勇不屈者;(5)关心群众,依靠教育群众,尊重人民民主权利,成绩优异者;(6)在执行上级交代的重要任务及参议会决议时,能保证办案质量完成任务,或工作方法完善,有创造性成绩者,或在困难复杂环境中,善于克服困难,努力完成任务者;(7)忠于职守,积极负责,克己奉公,廉洁无私者;(8)遵守政纪堪称模范者;(9)有其他功绩

---

① 参见杨永华《陕甘宁边区法制史稿(宪法、政权组织法篇)》,陕西人民出版社1992年版,第482—483页。

为上级所承认者。凡具备上列各种条件之一者，给予相应的奖励。

奖励的形式包括：提升；记功（包括记大功或记功）并公布；给予奖章奖状等；书面奖励（包括传令嘉奖、通令嘉奖和登报嘉奖）；物质奖励；口头奖励，如当众宣传等。

惩戒的条件主要包括：（1）违反抗日民主政权《施政纲领》及政府其他法令，损害抗战与团结之利益，损害抗日民主政府与军民关系者；（2）不服从或不尊重上级领导、不检查或不管理下级工作，怠工渎职，妨害任务者；（3）贪赃枉法，腐化堕落，假公济私，包庇蒙蔽者；（4）对上级政府、司法机关或同级参议会的重要决定怠工或妨害者；（5）不能团结干部群众，以致酿成不应有的纠纷，损害抗日民主政府与司法工作威信者；（6）遗失关防印记及政府机要文件；（7）违背政纪及其他失职情事者。凡司法人员有上述行为之一者，分别轻重给予不同的惩戒。

奖惩的标准和条件不可谓不细，但无须逐条分析就可以发现这些标准遵循的逻辑、强调的重心并非独立而是服从，即不尽符合司法的职业要求，行政化色彩极为明显。奖惩办法是司法工作的指挥棒，其制定与实施具有明显的导向作用，促进了大众化司法制度在边区的推行。事实也证明了这一点。翻检边区政府的文件可以发现在边区政府表彰、奖励的司法人员中无一例外地是因为在推行大众化司法方面做出突出成绩者，如雷经天、马锡五、奥海清、周玉洁、任君顺等。

二、诉讼审判制度

为了推行大众化司法，边区政府在诉讼审判制度方面进行了许多尝试。

（一）起诉

起诉以灵活、方便群众及主动替民众着想为原则。具体包括：

1.起诉方式。法律规定民众起诉口头和书面均可，书面诉状不拘格式，看得清楚即可。为了方便群众诉讼，司法机关还设专人代民众书写诉状。

2. 取消诉讼费和送达费。《陕甘宁边区保障人权财权条例》第 14 条规定："人民诉讼，司法机关不得收受任何费用。"《民事诉讼条例草案》第 8 条则进一步规定："司法机关对于人民诉讼不收讼费，不收送达费和抄录费。"①

3. 司法机关不得以管辖不合等形式要件而拒绝受理民众诉讼。如属于管辖问题，法律规定"无管辖之案件，移转于应管辖之机关"，即司法人员不得像南京国民政府法院那样，以"管辖不合不受理"一推了之。要主动问明案情，帮助当事人移转管辖，避免使人民对诉讼失望。

4. 不受一事不再理原则的限制。边区《民事诉讼条例草案》第 3 条规定："法庭办理民事案件，以耐心调解解决双方当事人之实际问题，使之止争息诉为主要任务，不得拘守一判不再理之形式。"1944 年起草的《陕甘宁边区司法概况》对此进一步解释说："司法机关是为人民解决实际问题的，一次未能解决的，第二次还是要替他解决，不是只判决了就不管，所以'一事不再理'的办法，在边区是不适用的。"②

5. 放弃民事不告不理的原则。"民事本来是不告不理的，就是说当事人不请求，法院即不替他主张，但在边区，一般人民还没有什么法律知识，他自己应得到的权利，往往不知道请求，如果法院看到了人民受到伤害，仍然要尽到为人民谋利益的本质。"③强调要真正替民排忧解难。

（二）代理

陕甘宁边区不实行律师制度。其原因有二，一是相关人员欠缺，二是认识问题。学者杨永华指出："有的同志对律师制度也存在一些糊涂

---

① 艾绍润、高海深主编：《陕甘宁边区法律法规汇编》，第 67 页。
② 引自艾绍润：《陕甘宁边区审判史》，陕西人民出版社 2007 年版，第 268 页。
③ 《陕甘宁边区司法概况》，1944 年，引自艾绍润《陕甘宁边区审判史》，第 268 页。

观念，认为律师是资产阶级的制度，高等法院有个领导同志曾经说过，解放后也不准备设律师，因律师不能代表人民的利益，不能为人民谋利益，相反，他们是替有钱有势的阶层谋利益，助纣为虐地欺压人民。"①

但诉讼毕竟是一项专业性极强的活动，鉴于陕甘宁边区文盲率极高的现实，为了照顾缺乏法律常识的民众，陕甘宁边区《民事诉讼条例草案》第11条规定："当事人得委任代理人代理诉讼，明确代理权限。"②边区法律规定，拥有代理权的人，包括亲属和人民群众团体代表。由亲属代理是通行做法，而由人民群众团体为其成员实行代理的制度设计较有特色。

边区法律规定，当群众团体组织成员涉讼，自己无能力，不能充分表达自己的意志时，可请求本组织派出代表，或由群众团体主动向法院申请派出代表，经法院批准后，即可出庭为本组织成员充当辩护人或代理诉讼。但在法庭审理时，当事人必须亲自到场，承认人民团体组织为其辩护人或代理人，对代表的辩护和陈述，当事人要当庭认可。

边区人民群众根据性别、年龄和不同职业，都参加了不同的群众团体。当自己所属成员受到非法侵害时，团体有责任和义务对他们进行帮助和保护。如前引的延安市挑水工人陈海生因土地典当与大地主蔡凤璋纠纷案即是如此。一审中蔡凤璋胜诉，陈海生不服判决上诉，边区总工会当即派出代表为陈海生进行代理，经过法庭辩论，结果陈海生转败为胜。

由群众团体对其涉讼的成员进行代理，其作用并不完全是为涉讼者提供法律知识方面的帮助。个中原因极为简单：在法律知识方面代理者与被代理者大致处于同一水平，因而，代理的目的是利用人民群众团体的力量向司法机关施加压力，换言之，它为人民群众参与司法活动提供了一种制度上的保证。不仅如此，人民群众团体参与诉讼活动，

---

① 引自杨永华、方克勤《陕甘宁边区法制史稿（诉讼狱政篇）》，第152页。
② 艾绍润、高海深主编：《陕甘宁边区法律法规汇编》，第67页。

第五章　最终定型：大众化司法制度之确立

还起到了"有效地发动了群众,对地主恶霸、土豪劣绅实行了革命审判,以法律审判本身所固有的公正性实现了阶级斗争的合法性"①的作用。

(三) 审判

1. 审判方式。陕甘宁边区高等法院明确规定:"司法机关从受理案件一直到解决,一切要便利当事人。"为了落实这一规定,边区司法机关首先从审判方式上入手,将传统的审判方式重新分为法庭审判、群众公审和马锡五审判方式三种类型。这种分类方式始于1944年边区政府正式对外公布的《陕甘宁边区司法概况》一文。

第一,法庭审判。与传统的法庭审判不同,边区的法庭审判"完全采取法官与当事人谈话的方式,以劝说解释代替了严厉斥责的旧式审判,这使当事人对法官消除了怀疑恐惧的心理,就不会发生对抗隐瞒的态度,才能使当事人尽量陈述真正的事实,尤其是对刑事被告更应如此"。②对于这种审判方式,米脂县群众如是说:

民刑案件多采取坐下漫谈式,不欺骗打骂,也不威胁利诱,没有戒备森严的法堂,当事人不害怕,不拘束,能把话说完。公家人态度好,问事不打人,过堂不下跪。尔格(即现今——引者注)的政府比旧政权要好得多。我们打官司,公家就管哩!不要下跪,又不要花钱,不写呈状,非常便利,告了就判,有理就能打赢,过去只有有钱的人才能打赢官司。③

在极力推行大众化司法制度的背景下,边区司法实践中"法庭的审判"事实上又演变出"在固定法庭中审判""就地审判"和"巡回审判"

---

① 强世功:《权力的组织网络与法律的治理化——马锡五审判方式与中国法律的新传统》,载《北大法律评论》2000年3期。
② 《陕甘宁边区司法概况》,1944年,引自艾绍润《陕甘宁边区审判史》,第267页。
③ 《在陕甘宁边区第二届司法工作会议上的发言》,1945年10月21日,陕西省档案馆藏档案,全宗号15。

三种不同的类型。上面介绍的是"在固定法庭中审判"的做法，其最大的特点是以谈话式替代了传统的纠问式。特别是在民事诉讼中注意保证原被告人均有充分发言之机会，即平等对待原被告，不能只听原告一面之词，而对被告怀有任何成见，甚至不许人家讲话。不管原告说得如何头头是道，一定要允许被告有公开地充分地辩解的机会。

其实，更能体现大众化司法制度的则是其他两种。

"就地审判"是指法官走出机关，携卷下乡，深入农村，亲赴争议地点，依靠群众现场审判。作为一种审判方式，就地审判被确定于1942年起草的《民事诉讼条例草案》之中，该草案第4条规定："司法机关得派审判人员流动赴事件发生之乡、市，就地审理。"但真正大规模适用此条，则是在1943年边区政府和高等法院大力提倡学习"马锡五审判方式"之后。就地审判多适用于第一审司法机关，主要适用于"久悬不决之案件，或比较复杂有教育意义之案件，及牵连人数较多，不便传讯的案件"。①

1944年7月，边区参议会常驻会第11次会议、边区政府委员会第5次会议上又通过了安文钦、霍祝三提出的"提倡法官深入农村，用民主方式解决民间纠纷"的提案，于是，又有更多的司法人员走出法庭，亲赴案发地点进行审判。

1945年，边区高等法院对陇东地区的司法工作进行了调查：

> 陇东各县司法处干部，甚至有些区级干部对于马锡五审判方式是一般学会了。尤其是县审判员，有些案件，大部分民事案件及一些刑事案件，他们也是普遍地做到下乡处理，深入群众调查，召集干部群众大家研究，把事实弄清楚，然后决定调解或判决，无官僚架子，能够彻底具体解决问题，这是他们的最大优点，好

---

① 《陕甘宁边区高等法院指示信》，1944年8月，陕西省档案馆馆藏档案，全宗号15。

第五章 最终定型：大众化司法制度之确立

的作风，而且到处群众都认为这样做是对的。①

"巡回审判"是指司法机关组织巡回法庭到出事地点进行审判。1939 年颁布的《陕甘宁边区高等法院组织条例》第 10 条规定："高等法院得设立巡回法庭。"高等法院设立巡回法庭的着眼点主要在于进行法制宣传，教育群众和锻炼培养基层司法干部。由于组织巡回法庭需要耗费相当的精力与时间，加之高等法院本身人手就不够，因而直到雷经天重新执掌高等法院之前并未真正落实。为此，1941 年 10 月，在边区第一届司法会议上，周玉洁、焦胜桐、任扶中、兰作馨等司法人员提出："高等法院应即设巡回法庭，巡回各县，督导审判进行。"即便如此，建议仍被搁置。1943 年以后，坐堂办案的作风受到批判，巡回审判才真正开始受到重视。

如 1942 年 2 月，边区安定县司法处审理西二区七乡农民南国栋、史光书、任尚芝（七乡指导员）、刘志成、师占堂、刘海成集体谋杀乡长杨仲秀一案，因"主犯"南国栋、史光书在逃，判处"从犯"任尚芝、刘志成各有期徒刑 10 年，师占堂 8 年，刘海成 6 年。被告人不服一审判决提起上诉，经边区高等法院二审，确认该案为冤假错案。1945 年 10 月 13 日，高等法院组织巡回法庭在该县白庙岔乡开庭审理，宣布撤销原判，所有被告全部无罪释放，同时判处利用鬼神进行诬告的许南英有期徒刑 1 年，高生海有期徒刑 3 年，褫夺公权 3 年。②

至于巡回审判的好处，边区政府认为，巡回审判能够发动群众参与某些特殊案件，当地群众很注意，倘在司法机关审判，当地群众难以参加，不能了解法庭的处理，因此举行巡回审判，更能实地考察案情，倾听人民意见，而给人民影响也更深刻。如靖边县石兰英因奸谋杀亲

---

① 《高等法院陇东分区工作报告和民间调查材料》，1945 年 10 月 5 日，陕西省档案馆馆藏档案，全宗号 15。
② 延安市中级人民法院审判志编委会：《延安地区审判志》，第 75 页。

夫案，高等法院确定罪行后，移到靖边重新审判执行，当地群众举手称赞。

第二，群众公审。所谓群众公审，既不同于公开审判，也有别于公开宣判，是边区司法机关为了落实群众路线摸索出来的一种特殊审判方式。它是在出事地点，由司法人员和出事地点或出事单位的群众代表共同审判的一种方式，在审判过程中，群众的意见对判决结果会产生一定的影响。尽管这种做法在陕甘宁边区早期就已出现，但实行得并不普遍，1943年以后，群众公审开始真正流行起来，并逐渐规范化。按照陕甘宁边区高等法院的规定：凡对群众有特殊教育意义的案件，各级法院或县司法处得举行公审：公审的案件必先经过法庭预审，需有充分的准备。公审法庭以法官为主审，人民代表为陪审（陪审的代表从与案件有关系的机关团体中选出）；公审必须发动群众参加，群众得报名按次发表对于案件的审判意见，但不得表决；案件的判决由法官和陪审进行合议，根据法律裁决。① 群众公审的案件主要有两类：一类是政治性的，主要是盗匪、汉奸、反革命和敌特案件；另一类是人命案，多为仇杀、奸杀、谋财害命等。

至于马锡五审判方式，前面已做过系统介绍，故从略。上述审判方式的确立，彻底改变了司法审判中坐堂办案的传统。

2. 严格审限与农忙止讼。为了减少当事人的经济耗费，避免耽误生产、遭受讼累之痛苦，陕甘宁边区政府在司法人员极端缺少的条件下对审限做了严格规定。陕甘宁边区政府强调：司法机关审理民刑案件，从传到之日起，不得逾30日，必为判决之宣告。中国自古就有严格审限的传统，但对案件不加区别，一律30天判决，时间如此之短毕竟少见。与此同时，边区《民事诉讼条例》第24条又规定："法庭得斟酌农时之必需或双方当事人之同意，酌定中止诉讼之日期，前项中止诉讼期满后，

---

① 《陕甘宁边区高等法院一九四二年工作计划大纲》，陕西省档案馆馆藏档案，全宗号15。

法庭应续为该案之讼之处理。"① 一方面是严格审限,另一方面又允许农忙止讼,这看似矛盾的规定,出发点都是便利民众。

为了严格执行审限制度,边区司法机关和司法人员付出了巨大努力。他们开动脑筋,克服困难,并充分利用体制的特征积极采取各种办法。如案件受理后,须及时拘提审讯,不得拖延;由边区政府通令边区各机关、学校、团体,如司法机关调查案件或收集证据时,必须给予帮助,迅速答复;审讯民事案件,当事人两次抗传不到庭,即缺席审判,刑事被告抗传不到庭,即可缉捕归案;简化判决书;宣判时要讲清上诉期限;责令各级司法保安机关,按时填报未决羁押月报表、掌握情况;等等。

此外,一些基层司法机关还大胆创新,不惜采取一些极端措施,如延安市地方法院便规定了嫌疑而无证据之案件概不受理,抓住中心问题进行调查审讯等措施。抛开诉权和案件审判质量不谈,仅就完成审限的要求而言,前者减少了案件数量,后者节省了大量的时间,院长周玉洁为此受到边区的表彰奖励,其经验在边区推广。

(四)判决

1. 判决书文字务必通俗易懂。1944年,边区政府主席林伯渠为此专门规定:"判决书须力求通俗简明,废除司法八股。"② 简明和通俗易懂只是最低要求,在此基础上,谢觉哉又提出了更高的要求,必须根据群众需要创造一些群众喜闻乐见的新词语:

> 以前的文告是给知识分子看的,尽可掉文;现在的文告是给工农群众看的(知识分子也在内),许多文语不可再用,就用也要在经过工农群众了解或改造之后。我们的词汇太不够用,尤其大众参加社会活动以后。……要在大众中吸收些新语,创造新语;同时有些旧语,要经过新的洗炼才能适用。有一条须注意:长的

---

① 艾绍润、高海深主编:《陕甘宁边区法律法规汇编》,第68页。
② 引自杨永华、方克勤《陕甘宁边区法制史稿(诉讼狱政篇)》,第171页。

名词，大众不喜欢用，总把它切短。①

下面所引的文字系李木庵改革期间边区政府审判委员会撰写的判决书之一部分。在雷经天等看来，这种大段引用与边区民俗不合的民法典之规定，即纯属多余。

> 查民法继承篇，只有财产继承而无宗祧继承之规定，因为宗祧继承系属宗法社会所持血统姓氏的狭隘观念之残余，不合世界潮流之趋势，以故民法不采用，而遗产继承，依民法规定以有无亲生子女为别。有亲生子女者，由其配偶与亲生子女平均继承，无亲生子女者，即由其配偶继承，配偶死后，再以遗嘱定继承人。②

大众化语言不仅体现在判决书中，而且要反映在诉讼审判活动的全过程中。经过一段时间的努力，让司法人员自负的各种专业术语，即人们习惯所说的"法言法语"，逐渐被一般民众熟悉的生活语言或政治话语所替换。就本质而言，法言法语是一道防止民众和政治家随意干扰审判活动的技术屏障，因而语言的转换绝非小事，它为权力和民意进入司法活动提供了可能。

2. 改造判决书结构。语言之外，陕甘宁边区还尝试改变判决书的结构。陕甘宁边区《民事诉讼条例草案》第28条规定："判决书主文事实理由各项，用通俗文字记明之，但简易案件其事实理由栏只记明

---

① 至于如何创造新语，谢觉哉以苏维埃时期为例对此加以解释："湘鄂西苏区建立后，工农学习文化很急进，为着急用，出了些新语，有用旧语变的，有新创的。'环境'成为代表敌人的名词，大概是由于'环境好不好'一语截取来的，有这样一首诗：'一放哨来二砍柴，快去报告苏维埃。前面忽闻号铳响，一定有个环境来。'组织介绍信叫'生活条子'，没有组织关系叫'没有过生活'。新名词有很大势力，不照他的用法，就要误事。知识分子的笔下口头，都是这样地写和讲。"《谢觉哉日记》（上），1943年3月7日，第419—420页。
② 《高等法院雷经天院长关于边区司法工作检查情况和改造边区司法工作的意见》（1943年9月至1943年12月），陕西省档案馆藏档案，全宗号15。

要旨,不必分栏记载,亦得以批示代判词。"① 即简易案件可以用判决要旨或批示代替判决书。

即便如此,1945年仍有人提出对所有的判决书进行改革,主张判决书中的"主文"项可以不要,只依事实、理由,判决的顺序以通俗的文字写出即可。高等法院研究后认为,尽管边区法律对判决书的格式有明确规定,但事实上该规定并未得到真正有效的执行,因而就事实而言在陕甘宁边区判决书并未形成定型格式,所以原有的判决书和改良后的判决书均可以使用,不做统一规定,一切以方便民众为原则。

3. 判决书的内容。文字、结构之外,判决书写些什么亦是边区领导人考虑的问题。就态度而言,"判词要剖析现微,合情合理,使败诉者不能不心服。上诉的案子总是原判失当,或者判得虽对而说理不清,遂使两造都受到上诉的累"。至于内容,谢觉哉强调:"我意断案应根据条文,做判词则应很通俗地说明道理,状词上提到的应给予回答,没提到的,也应替他想到。务必判词出来,人人拍手,同时也就是一种实际的社会教育。"② 在谢觉哉看来,当事人的诉求要答复,当事人没有诉求的,审判人员审理中发现了的也要答复。

4. 死刑执行布告。边区法律规定判决结果必须公开,即将判决结果向社会公布。1941年9月7日,边区政府决定:"在各县政府大门前设置司法公告牌,凡犯人判决后,应公布判决主文,凡接受人民诉状,应将批示贴出,使大家知道,以建立司法威信。"③

特别值得一提的是,死刑判决还须张贴布告宣布罪状。布告由县长和裁判员共同署名,并用朱笔勾点,加盖县政府公印,以广而告之。判决书是写给当事人的裁判结果,阅读者较少,因而其语言是否通俗

---

① 艾绍润、高海深主编:《陕甘宁边区法律法规汇编》,第68页。
② 《谢觉哉日记》(上),1943年2月8日,第396页。
③ 《陕甘宁边区政府致雷经天同志函》,1941年9月7日,〔后〕字第1102号,陕西省档案馆馆藏档案,全宗号15。

易懂事实上影响并不大，但布告则不同，它是民众了解司法审判的最直接渠道，也是中国民众最喜欢阅读的文告。因而，布告的语言是否通俗易懂则更为重要。

被告汤海彦，男性，年四十八岁，安塞四区三乡汤家河人，原系地主成分。

查汤犯过去曾盘踞一区李家塌一带，练团抽丁派粮派款，剥削农民，阻碍革命的举行。并屠杀我梁仲兰、任文祥、艾大及惠姓等无辜良民。民国二十三年同伪团总薛生华等，请兵剿共，与敌四二师王团副等部到八里坪桥一带清剿，沿途抢劫民财，骡马牛羊、粮食衣物不可胜数，更施杀人残行。在破坏坪桥八里湾的两个岸窑时，即拉去叶鹏飞兄弟三人、李长贵父子三人，及教师张老先生（山东人）等七人，除李姓兄弟二人，当时囚狱中，后我军打开新乐寨时救出外，其余一律枪杀。又杀死砭儿峁李应兰，还在化子坪川绑走了张柄勋、张俊贤、牛文孝等数人，吊拷勒索每人银洋一百余元。二十四年和梁伪营长到阎家沟，将我兵工厂一火烧光。又在牛家沟捉住五名打土窑工人，当即杀死三人。在寺湾山里捉得放羊和砍柴的张、南二姓两个孩子，也一齐枪杀。以及在洛河川一带，奸淫烧杀无恶不作。同年五月，我军解放新乐寨时，该犯得以漏网。逃到延安后，仍积极进行反革命活动，充任保安第三分队队长。十二月间敌人被迫退出延安，该犯又趁机逃到绥德。次年双十二事变后，该犯始被迫回延，虽缴械归里，但反心犹存，曾逃至宁夏接洽省委党部书记井仰山进行特务破坏，并在马匪部下受训年余，于三十六年胡匪侵占延安后，该犯夜行逃回安塞，于八月底逃去延安出任延安北川乡反共支队长，经常出动与我军作战，更逞凶虐杀我居民，抢劫民财，计先后在陈家沟慈事湾一带抢了六十多只羊、骡子三头，在解家沟挖了十二石多粮，万庄一带挖了二十一石多粮，又在侯家沟挖了一石五斗多粮，受害群众不可胜举。后至胡匪军向南逃窜时，该犯又任伪副连长之职，仍未稍减杀人、抢劫、奸淫之恶行，直到荔北战役中，这一久为群众切齿的巨犯，始为我俘获于寺前镇，后解回本县，群众普表心快，纷纷到县要求枪决，为民除害。本院鉴于群众公愤，及查汤犯一贯本着反革命反人民本质，进行烧杀奸掠，剥削勒索，无恶而不为。一九三七年为争取该犯自新，曾本宽大政策，未予究处，不料该犯仍续前恶，不忍向善，又继续残害我群众，抢劫民财，实属恶贯满盈，罪无可恕，特本"首恶者必惩"之政策，呈奉陕北人民法院于十月四日以公字第一二六号批答，批准判处极刑在案，本院遵于本月十五日上午十二时，组织临时法庭，举行公审，当将汤海彦犯验明正身押赴刑场，执行枪决，以雪众恨而快人心。

此布

一九四九年十月十五日
兼院长：奕和亭
审判员：胡永清 [1]

布告的性质决定了其篇幅不能太长，但本布告的篇幅则较长，它不厌其烦地历数汤犯之罪恶，起到了较好的宣传效果。对于判决公开的优点，马锡五指出："体现了人民司法工作的民主性，它不仅使法院可以对群众进行法纪宣传教育，提高群众的法治知识，培养群众遵守法律的习惯，而且，使审判工作置于群众监督之下，有利于审判质量的提高。" [2]

---

[1] 引自艾绍润编：《陕甘宁边区判例案例选》，第140—141页。
[2] 马锡五：《新民主主义时期陕甘宁边区的司法工作》，载《政法研究》1955年第1期。

三、执行制度

执行不力,是近代以来引发民众对新型司法制度不满的重要原因之一。缘此,边区政府对执行问题给予了高度的重视。

（一）刑事案件之执行

边区刑事判决执行的基本原则是灵活和注重教育:

> （1）从犯人经过教育后,考察其是否改正过来;（2）为了加强农村劳动,发展生产,支援革命战争;（3）在执行过程中,重视群众是否有反对意见;(4) 一般说来,非汉奸特务盗匪重案,只要适合以上要求的,即选择适当方法处理之,并不十分重视刑期之长短。①

徒刑和苦役的执行。徒刑在监狱内执行,配以学习及劳动。在监舍执行之徒刑犯,执行一定刑期后,经考察如果具备了对罪行认识深刻、思想转变显著或表现好,或家庭生活困难而群众又不反对者等条件,可采取外役生产、假释、提前释放、取保释放和交乡执行等灵活方式。

罚金刑的执行。罚金刑可依受刑人经济情况,采取变通办法。对无力缴纳罚金者,得按当地工资易服劳役,或予以减免。

与刑罚相比,狱政管理方面的变化更大,并给来访者留下了深刻的印象。1946年一位来自国统区的法官在参观陕甘宁边区的监狱后,写下了自己的观感,其中不乏赞美之词:

> 记得有一次遇到世界学联来华考察的柯乐满先生,他兴奋地说道:他在陕甘宁边区看到的监狱,是他认为最好的监狱,是这

---

① 陕甘宁边区高等法院:《自苏维埃时期到1948年12月边区司法工作的总结》,陕西省档案馆馆藏档案,全宗号15。

第五章 最终定型：大众化司法制度之确立

样的干净和朴素的土窑洞，没有铁锁和禁闭，人们自由地住在里面，他以为很像旅社。他笑着说，再到延安，他准备去借住一下，因为在那里没有旅馆中扰人的跳蚤。这次我的参观，引起过去的谈话回忆，在我看来，与其说像旅馆，毋宁说更像一所学校。

负责者告诉我，我们管理的信条，首先要记住"犯人"两个字中的"人"字，因为他们是人。便一切要给以人的待遇，但也不要忘记了"犯"字，更因为他们是犯了错误的人，便要负责施以教育，使其改正，去掉犯罪的恶劣习惯，变成一个普通的人。最好的教育，便是发扬其自尊心，使他们自己管理自己，教育自己。因为这样的认识，犯人是生活自治中的，监狱当局只处于监督指导地位。他们用自由的无记名的投票选举自己的队长、组长以管理学习，选出俱乐部委员以管理生活。如果他们生活上思想上还有错处，当局不给以任何的肉体处罚和精神上的刺激，这里没有打骂、加镣铐、饿饭、关黑房子等外面所流行的那些玩意。谁错了只有小组的批评和自我反省。还不能改正的人，当局便和他耐心地解释，仍然无效时，便来一个全体大会的批评。对最顽固的分子，唯一的处罚，是停止他的工作、学习和娱乐，使其独自坐下来想一想。然而需要使用这种处罚的顽固分子是十分少的。当局适当地使用着鼓励表扬的办法，他们做得好，思想进步，学习努力，每一点极小的进步，都随时加以褒扬。半年开一次研讨会，各小组自由地相互批评讨论，对每个人做出鉴定，再经过全体讨论通过和当局的批准，便成为书面的鉴定。法院根据这种鉴定，将彻底改正错误的人予以减刑或假释。[①]

---

① 引自艾绍润：《陕甘宁边区审判史》，第180页。

（二）民事案件之执行

民事判决执行上，贯彻"私益服从公益；局部利益服从全部利益；少数人利益服从多数人利益；一时利益服从永久利益；富裕者提携穷困者；有文化知识者帮忙文盲无知者"[1]的原则，也就是说以社会整体利益和公正为原则，这或许就是边区法律文献中常说的"情"与"理"的结合。

具体而言，陕甘宁边区的民事执行制度有以下特征：

1. 依靠基层政府和发动群众搞好执行。陕甘宁边区民事和轻微刑事案件的判决主要依靠区乡政府并发动群众执行。边区《民事诉讼条例草案》规定，区乡政府对司法机关有协助之责任，对于司法机关交给执行的案件，不得任意搁置。案件执行完毕后，要呈报司法处备案。关于婚姻事件之执行，如系为夫妇同居之判决，得将男女双方各交其家长亲属或村长劝之。

2. 照顾被执行人的经济情况。执行应该贯彻"富裕者提携穷困者"的原则，为此，边区政府强调，执行不能片面地认为是保护胜诉者的权益，更不能搞极端行动。被执行人的合法权益，也须予以保护。具体执行中，判处徒刑的人犯，除汉奸、破坏边区者、盗匪外，如其家庭生计确实无法维持者，可由司法机关予以假释；执行债务之判决，查封拍卖债务人之动产或不动产，应酌留债务人及其家属生活费用与其必要之生活器具，由执行机关酌定之。债务人职业上所必需之物应酌留为债务人职业上之使用。

这一切使边区司法判决的执行状况较之南京国民政府时期的执行情况有了较大的改观。

---

[1]《陕甘宁边区高等法院工作报告》，1948年12月，陕西省档案馆馆藏档案，全宗号15。

第五章　最终定型：大众化司法制度之确立

第四节　方法与技术

经过陕甘宁边区政府和高等法院的不懈努力，大众化司法制度已经不再只是一种口号，或者一种精神、一种态度，而是成了一种实实在在的制度。但若想把上述制度安排真正实现，即便是在陕甘宁边区这样特定的环境下，也并非一件易事。为此，边区司法机关经过不断摸索和实践，总结出了一套简便的方法和技术。

一、司法人员必须与群众同心同德

中国共产党人历来强调精神的作用，因而，在党和边区政府的领导人看来能否落实大众化司法制度，精神的作用仍然不可低估。用谢觉哉的话说，与群众同心同德就是要有"真实替人民解决问题的心思"。边区政府领导人习仲勋也说：

> 司法工作是人民政权中的一项重要建设，和其他行政工作一样，是替老百姓服务的。这样就要一心一意老老实实把屁股在老百姓这一方面坐得端端的。旧的司法机关的屁股就不在老百姓这一方面坐，是坐在少数统治者的怀里。我们的司法方针是和政治任务配合的，是要团结人民、教育人民、保护人民的正当权益。越是能使老百姓邻里和睦，守望相助，少打官司，不花钱，不误工，安心生产，这个司法工作就算越做得好。①

前面已指出，1943年陕甘宁边区政府举行表彰大会，在此次表彰活动中，陇东分区党政领导共有三位获奖，毛泽东分别为他们题词。

---

① 习仲勋：《贯彻司法工作的方向》，载《解放日报》1944年11月5日。

为陇东特委书记马文瑞的题词是"密切联系群众",为华池县县长李培富的题词是"面向群众",而为马锡五的题词则是"一刻也不离开群众"。仔细比较三个题词,虽然说的都是与群众的关系,但轻重程度却绝不相同。至于差异何在?曾与马锡五一起工作过的曲子贞回忆说:

> 马锡五同志给我留下印象最深的,是他的群众观点。我常常感到,马锡五同志的群众观点,不是后来学的,也不不是故意装的,而是天生就是那样,自自然然,朴朴素素,毫无做作或勉强的痕迹,简直可以说,群众观点是马锡五同志的习惯,他的一切都受着群众观点的支配,都与群众观点密切相连。①

马锡五审判方式确定之后,陕甘宁边区政府也陆续表扬了一些司法人员。仔细梳理这些被表扬者,大致可以得出一个结论,他们之所以被表扬,主要是因为能同民众在精神上打成一片。

二、深入案发地点调查研究

深入案发地点调查研究是边区司法工作的主要方法。对于调查研究,边区高等法院认为,必须首先从思想上入手,结合整风运动对全边区司法人员头脑中残存的主观主义进行彻底清洗,发自内心地认识到调查研究的重要性。但知易行难,直到1944年在边区参议会常驻会第十一次会议上,还有参议员对边区司法工作者的主观主义作风进行批评,并提出了《加强下乡调查,改进司法工作》的提案,指出目前边区司法"对案件处理,往往不下乡深入调查,单凭口供契约判处案件纠纷,有时会不合民情,不合事实的",建议"今后对案件的处理,最好都下乡调查"。②为了配合该提案,边区高等法院又专门发出指示信,

---

① 曲子贞:《风雨世纪行》,第142页。
② 引自杨永华、方克勤《陕甘宁边区法制史稿(诉讼狱政篇)》,第64—65页。

第五章 最终定型：大众化司法制度之确立

要求各级审判人员必须加强调查研究，切实改进司法工作，将调查研究真正落实到司法工作中，掀开边区司法工作新的一页。

在边区领导人看来，调查研究的重要性，就大处而言，它是力戒空疏、力戒肤浅、扫除主观主义作风的有效方法。只有搞好调查研究，重视对历史、环境、国内外、省内外、县内外具体情况的调查与研究，才能制定出符合中国国情、符合边区情况的制度；从小处来说，重视调查研究，才能使自己的注意力转移到实践层面，特别是中国自己的实践经验层面上来，从而使创制的制度紧扣中国的国情、中国的社会发展程度，而不再是从已有的"条文出发"、从书本知识出发，才能真正做到不照搬任何现成的制度。

此外，对具体的案件来说其意义同样不容忽视。案件发生在基层，发生在民间，仅靠案卷、口供等既有的材料是很难了解真实情况的。也就是说，只有调查研究才能做到从个案实际出发，不过分重视已有的形式、制度和程序。

审判工作的核心是判断，而判断的前提是对案情的了解和把握。那么，边区司法理念中强调的调查研究，与一般意义上讲的对案情的把握和了解又有哪些不同呢？纵观边区的做法，其关键之处主要有二：一是反对坐堂办案，反对单纯依靠案卷、依靠即有的规则进行判断和推理，司法人员要深入基层，亲自了解案情；二是调查中要依靠群众。在此基础上，边区司法工作者开始将作为方法的"调查研究"转换为一套专门的司法技术。

> "实事"是调查，"求是"是研究。有了"实事"而后可以"求是"。知道了"实事"，不一定能求出"是"来，这就要看谁会"求"些；"实事"太多，一顿乱找，不一定是合乎我所"求"的。所以在调查之前不妨有个"假定"，依此去调查，比乱找一顿要好。
>
> 常识是宝贵的，不过要知道它的限度，不是随时随地都灵，

把常识当教条,要碰钉子的。缺乏常识,又往往走前人所走过的岔路,把你的脑壳碰昏。①

就调查的方式而言,审判人员亲赴出事地点进行调查,又可分为庭外调查、法庭调查和委托地方政府或群众团体调查等三种;应调查的对象是"针对不同的案件,采取不同的方式进行调查。如土地案件,一般向当事人双方族长、家长及村中老者、公正人士等去查问;对经过土地改革的地方,应着重向区乡干部和长期在该区工作的人员去询问。盗窃案件,则首先向老实守法的农民调查,然后再在素日行为不正的人中间询问。调查的内容应了解盗犯的历史出身,本人平日品行、经济地位、生活状况、习惯嗜好,等等";②某些疑难案件"邀请群众共同调查,勘验实地;把需要弄清的问题,交给群众进行调查;对于当事人狡猾,又缺乏可靠证据的案件,则采取召开群众会的方式,大家提线索,分析研究,弄清事实"。③

传统中国流传着许多官员神机妙判的故事,仔细分析,则不难发现故事所宣传的大都为个人的机警,而边区强调的则是一种方法、一种司法技术,强调的是群众参与。也就是说,边区司法审判理念和技术,同中国传统的审判理念和技术之间,既有联系又有区别。

三、不同性质的案件采取不同的处理方法

边区司法机关强调案件性质不同,处理的方法也应不同。

(一)政治案件和重大刑事案件法庭审判

观察边区的司法实践,可以发现凡属政治案件、农民与地主之间

---

① 《谢觉哉日记》(上),1944年3月4日,第584页。
② 《在陕甘宁边区第二届司法会议上的发言》,1945年10月24日,陕西省档案馆馆藏档案,全宗号15。
③ 引自杨永华、方克勤《陕甘宁边区法制史稿(诉讼狱政篇)》,第76页。

的案件以及重大刑事案件基本上采用法庭判决的方法加以解决。审判时尽量发动民众参与，充分考虑当事人的经济状况，并依据民众的要求和民愤来判决。雷经天对此公开指出：

> 第一，判决案件应站在群众的立场上，为群众谋利益。第二，判决案件应便于大多数的群众，便于穷苦的人民。第三，判决案件要保证群众的利益，为此，就要注意诉讼当事人的经济状况，按照他们的需要加以解决。比如，判决一个争买窑洞的案子，虽然出高价的有优先权，但他有窑洞住，另一个没有窑洞住，这就不能只按表面现象做出判决，而应该按其经济的需要，断给这个穷人。第四，判决案件要做到倾听群众的意见。过去对群众的意见不理，对各级党政机关及其负责同志的意见也不理，这是不好的。①

边区《民事诉讼条例草案》也对此做了明确的规定，该草案第22条规定，"债务人或义务人，如确系生计艰难，法庭得以职权为减轻其偿还额或履行额之判决"；第23条规定："土地窑房争买事项，法庭应以职权调查双方对于土地窑房孰为需要，而为斟酌调剂之判决。"②

（二）民事纠纷以调解方法解决

凡民众之间的民事纠纷，提倡调解，使双方都能接受。关于这一点，时任陕甘宁边区政府主席的林伯渠在《边区政府一年工作总结》中明确指出："百分之九十以上甚至百分之百的争执，最好都能在村中由人民自己调解解决。"至于人民调解的好处，边区几乎所有的文件都说得十分明白：即通过民间调解，把诉讼纠纷压缩到最低限度。笔者以为，这里要压缩的"诉讼纠纷"，似乎应该包括两层含义：一是当事人之间的"纠纷"，即调解可以避免矛盾激化，减少纠纷；二是一方当事人因

---

① 雷经天：《关于边区司法工作的检讨》，1943年12月10日，陕西省档案馆馆藏档案，全宗号15。
② 艾绍润、高海深主编：《陕甘宁边区法律法规汇编》，第68页。

不满司法机关的判决而上诉或缠诉，也就是针对司法机关的纠纷。对此，谢觉哉说得较为明白："审判是强人服从；调解是自愿服从。"① 有了纠纷自己解决，就不会把矛头指向政府了。

（三）部分民事纠纷采取马锡五审判方式

调解毕竟不是万能的。因而一些非经审判不能解决的民事纠纷则提倡以马锡五审判方式加以解决。前面已经指出，马锡五审判方式的特点是司法机关和民众共同审判，真正实行了民主。"马锡五同志的审判方式是与群众调解结合的。这是一个大原则。为群众又依靠群众的大原则。"② 陕甘宁边区《民事诉讼条例草案》第4条明确规定："司法机关得派审判人员流动赴事件发生之乡市，就地审理。流动审理时，审判人员应注意当地群众对于案情意见之反映为处理之参考。"③

所谓民众的参与应该包含两种方式：其一是物理意义上的，即民众代表对审理过程的实际参与；其二是将民众的生活经验作为判决的法源之一种。这种力图将生活经验与司法审判合而为一的做法，极大地方便了广大民众。不管是哪一种，只要民众亲自参与了审判，对政府和司法机关不满的可能就会降低。此外，发动群众直接参与审判，还可以起到通过审判对民众进行教育，以及将司法审判置于人民群众监督之下的作用。

部分发生于民众之间的民事纠纷之所以强调用马锡五审判方式加以解决，其目的除了通过这种审判方式化解纠纷之外，还在于马锡五审判方式对民众的教育功能。对此，林伯渠主席在边区政府委员会第四次会议上所做的《边区政府一年工作总结》中讲得十分明白："诉讼手续必须力求简单轻便，提倡马锡五同志的审判，以便教育群众。"换言之，边区政府不仅仅把司法当作一种纠纷解决的机制，还把审判活动作为

---

① 《谢觉哉日记》（上），1944年5月11日，第622页。
② 同上。
③ 艾绍润、高海深主编：《陕甘宁边区法律法规汇编》，第67页。

一种社会治理的手段,当作一种向民众宣传边区政府法律、政策的渠道。

四、不拘泥于程序

陕甘宁边区的司法制度以程序简便为特征,但即便如此,边区领导仍然不断强调,处理案件只要对民众有利,可以不必拘泥于程序。谢觉哉曾以苏联的司法实践为例对此加以说明:

> 苏维埃法庭,传一个农民来问案。农民说,现在农忙,没有工夫,改期吧! 传票者回去报告,法庭即予改期。①

边区党与政府的一些领导人认为,在一个人民群众普遍厌讼的国家里,民众之所以诉讼,是因为他真的有了明显的冤仇,需要党和政府为其做主。也就是说,他不需要什么程序正义,要的是实体公正。因而那些烦琐的程序必须简化,"官无悔判"等所谓传统的原则等都应该废除。

同时,按照边区领导人的理解,诉讼程序的作用和出发点固然是为了案件实体的公正,但程序并不能保证所有个案的公正,因而,对程序绝不能迷信,要想所有的案件都做到实体公正,就不能墨守成规,就需要具体问题具体处理,需要灵活。

1944年,边区高等法院关中分庭发生了一起公开违背法律程序、未经边区政府批准即将人犯处死的案件。边区政府下令高等法院进行调查,并给予解释。面对边区政府的指责,高等法院公开替关中分庭的做法进行辩解:

> 核匪犯严忠成,男性,年二十七,原籍陕西蓝田人,民国

---

① 引自杨永华《谢觉哉法律思想》,载《中国法律思想通史》第4卷,山西人民出版社1996年版,第798页。

二十七年移居淳耀县二区八乡铁头塬村，成分中农，原名严老八，又名黑生，二十八年开始为匪，二十九年腊月被捕，三十年五月反狱逃跑参加便衣队继续为匪，先后在高陵高家桥、富平岔口村、同官金锁关和淳耀县苏家店、赵家坡、侯家沟、袁古庄、柳树村、苏家沟、阿古庄、东古庄等处伙同匪股或进宅抢劫或拦路抢劫，已在三原八里店抢劫时打死柯娃一人，姚渠抢劫时打死不知姓名的路客一人。查该犯反狱脱逃抢劫多次，似（始）终无改悔，该分庭未奉批答遂予指示公审、执行枪决，于法固属不合，而该犯之罪，据呈实亦无可宽宥。谨将本案情形详呈钧府，以上所拟意见，是否适当，敬请示，以便答复。①

死刑案件执行前必须报边区政府批准，边区政府为此曾三令五申，而边区高等法院之所以敢于公开为关中分庭的不法行为开脱，最为重要的原因，就是"匪犯严忠成因罪恶重大，甫经被捕群众一致要求，立即处以极刑"。②

陕甘宁边区政府曾经对民众不满意司法的原因做过调查，其中以程序烦琐、耽误事最为突出。大众化司法的目的是让民众满意，而要想让民众满意，就必须简化程序，并力求打破司法程序与民众生活经验之间的隔阂，注重个案公正和实质公正。

五、以民众满意与否评价司法工作的好与坏

大众化司法创设的动机和目的是让民众满意，更好地接受民众的意见，同时也是便于人民大众对司法制度随时发表自己的意见，并据此加以改进。陕甘宁边区第二届参议会第二次大会关于政府工作报告的决议中说："防止官僚主义的有效药剂，是发动人民群众自下而上的

---

① 陕西省档案馆、陕西省社科院合编：《陕甘宁边区政府文件选编》第8辑，第335—336页。
② 同上书，第335页。

批判、监督、控告,以至要求罢免或直接实行罢免。"[①]

为此,《陕甘宁边区施政纲领》中明文规定:"人民则有用无论何种方式,控告任何公务人员非法行为之权利。"[②]为了保证这种控告权的实现,《陕甘宁边区政纪总则草案》还进一步规定:"各下级政府或政务人员,如接得人民向上级政府控告的诉状,特别是控告政务人员的诉状,须随时负责转呈上级政府,不得有任何阻难,亦不得置之不理。"边区政府还多次发布命令和指示,对此加以强调。如1942年6月25日,边区政府发出了《关于派公正干部切实调查群众控告案件的命令》规定:"以后凡遇本府要各专署及各县政府调查的案件,各专署及各县政府一定要负责,一定要派公正的人去切实调查,中间不能有丝毫袒护或者敷衍了事的情形……若是调查或者呈复不确实,将来一经本府查出,只有依靠公务人员惩戒办法给以一定的处分。"[③]边区民众对司法机关和司法人员的评价,从方式上讲主要还是一种针对个案的个体行为,但这种个体行为给司法人员造成了极大的压力,促使他们自觉或不自觉地从各个方面,甚至是生活方式上向民众靠拢。

总之,在一个人民大众具有特定含义的地区,在一个非人民大众几乎没有任何权利可言的时期,做到司法工作让人民大众满意,从技术上讲是完全可能的。

第五节 成因汇总

陕甘宁边区大众化司法制度的最终确立,是边区各种因素综合作用的结果,其中既有客观环境的问题,也有政治上的考虑,同时还包

[①]《陕甘宁边区参议会》编写组编:《陕甘宁边区参议会(内部资料)》,中共中央党校科研办公室1985年刊印,第466页。
[②] 陕西省档案馆、陕西省社科院合编:《陕甘宁边区政府文件选编》第5辑,第3页。
[③] 陕西省档案馆、陕西省社科院合编:《陕甘宁边区政府文件选编》第6辑,第232页。

括对未来司法制度方面的长远安排。

一、中国问题特殊化的产物

大众化司法制度的确立,首先是出于政治上的考虑和需要。政治上的考虑亦包括很多方面,它首先是"中国问题特殊化"的产物。

政党制度的产生,是20世纪中国历史进程中影响最为深远的事件之一。传统中国,"君子不党"的观念受到知识界的广泛推崇。19世纪末20世纪初,伴随着西方政治文化在中国的流布,各类政党组织在中国亦有喷发之势。大浪淘沙,在经过了最初的"繁荣"之后,到20世纪三四十年代,基本上形成了国民党与共产党双雄并峙的政治格局。全面抗战初期迫于中日之间的民族矛盾,国共两党又一次走到了一起。抗日民族统一战线的建立,不仅最大限度地团结了一切抗日的力量,也使共产党由非法政党变成了合法的政党,并在抗战的过程中进一步壮大了自己。

中国共产党是一个有着远大抱负的政党,其指导思想是来自西方的马克思列宁主义,但在推行的过程中,却遇到了如何将马克思列宁主义与中国国情相结合的问题。中国共产党在成立初期,由于对中国国情的重视不够,加之受党内教条主义的影响,对于马克思主义曾一度采取了机械地全盘照搬的做法,致使党的事业遭到了重大的损失。面对这种挫折,党内一部分有识之士开始尝试将马克思主义的普遍原理同中国国情相结合,放弃了城市战略,开始了农村包围城市的革命道路,从而使革命具有了鲜明的中国特色。

纵观20世纪40年代中国共产党的思想史,可以发现一个明显的现象,即随着抗日根据地政权的建立和壮大,随着从农村包围城市的道路越走越宽,中国共产党人在理论上也开始逐渐成熟和自信起来。其突出表现就是在对待外来文化,甚至包括马克思主义的态度上逐渐理性起来。中国共产党内部将马克思主义同中国实践相结合的毛泽东思想终于占了上风,并成为主流观点,"中国问题特殊化"的结论开始逐渐被全党所接受。

毛泽东于 1940 年曾十分自信地说道:

> 一切外国的东西,如同我们对于食物一样,必须经过自己的口腔咀嚼和胃肠运动,送进唾液胃液肠液,把它分解为精华和糟粕两部分,然后排泄其糟粕,吸收其精华,才能对我们的身体有益,决不能生吞活剥地毫无批判地吸收。所谓"全盘西化"的主张,乃是一种错误的观点。形式主义地吸收外国的东西,在中国过去是吃过大亏的。中国共产主义者对于马克思主义在中国的应用也是这样,必须将马克思主义的普遍真理和中国革命的具体实践完全地恰当统一起来,就是说,和民族的特点相结合,经过一定的民族形式,才有用处,决不能主观地公式地应用它。公式的马克思主义者,只是对于马克思主义和中国革命开玩笑,在中国革命队伍中是没有他们的位置的。①

以毛泽东为代表的中国共产党人的成功,从方法论上讲就是将马克思主义的普遍原理同中国革命的具体特点相结合,并在结合的过程中找到了符合中华民族的表现形式,也就是说将马克思列宁主义中国化。作为成功者,毛泽东语重心长地告诫和要求全党:

> 我们这个民族数千年的历史,有它的发展法则,有它的民族特点,有它许多珍贵品。……共产党员是国际主义的马克思主义者,但马克思主义必须通过民族形式才能实现。离开中国特点来谈马克思主义,是抽象的空洞的马克思主义。因此,使马克思主义在

---

① 毛泽东:《新民主主义论》,载《毛泽东选集》第 2 卷,人民出版社 1991 年版,第 707 页。

中国具体化，使之在其每一表现中带着必须有的中国的特性，即是说按照中国的特点去应用它，成为全党亟待了解并亟须解决的问题。洋八股必须废止，空洞抽象的调头必须少唱，教条主义必须休息，而代之以新鲜活泼、为中国老百姓所喜闻乐见的中国作风和中国气派。①

前面已经指出，开始于20世纪40年代初的延安整风运动，其核心就是反对教条主义、反对本本主义、确立毛泽东思想的统治地位。所谓教条主义和本本主义，其确切含义大致相同，都是指对既有理论、书本知识和经验的过分迷信行为。

从此以后，"中国问题特殊化"就逐渐成为一种思维方法和思维定式，任何工作、任何领域都必须无条件地遵循这一方法。立法、司法制度的建设理所当然地也该如此。对此，谢觉哉讲得极为明白：

  过去旧中国请外国人来编写法律，虽然很快写好了，而且也颁布了，可是中国人民不要。不仅阶级观点不对，就是条文和名词，老百姓也根本不懂。我们的法，要从实际出发，即从具体的实际情况和经验中，摸索出规律来。②

纵观陕甘宁边区司法制度的建设，可以发现一条非常明显的规律，那就是尽一切可能摆脱同旧的甚至是已有的司法制度之间的关系。雷经天和李木庵之所以会受到批评，根本的原因就是雷经天与李木庵所力主的司法制度与旧的、已有的司法制度存在着很多的相似之处，前者是与苏维埃时期司法制度的相似，后者则是与南京国民政府或者说

---

① 毛泽东：《中国共产党在民族战争中的地位》，载《毛泽东选集》第2卷，第534页。
② 谢觉哉：《在司法训练班的讲话》，1949年1月，载王定国等编《谢觉哉论民主与法制》，第158—159页。

西方现代司法制度的相似。

"中国问题特殊化"观点的提出,一方面使党开始摆脱了教条主义的困扰,此后党所制定的各种政策、路线逐渐注意到了中国的国情,使中国革命和各项工作焕发了活力,获得了广大民众的拥护;但另一方面,对民族性的强调却使中国传统文化中轻视法治的负面因素不知不觉地影响到党内。此外,伴随着中国革命从农村包围城市的道路的确立,特别是农村根据地的开辟,革命队伍的人员结构也开始发生变化。中国共产党早期是一个以知识分子为主体的政党,但自进入农村以后,农民逐渐成为革命队伍的主体,轻视理论、不相信法制的特征在党内愈发明显。

因而,"中国问题特殊化"观点的提出和落实似一把"双刃剑",大众化司法的最终确立显然与这种思维定式存在着关系。

在以往的研究中,研究者们在解释边区法律制度(自然也包括司法制度)之所以个性鲜明的时候,大都从阶级属性方面寻找原因,认为边区政权是新民主主义性质的政权,是中国共产党领导的一切要求抗日并拥护民主的阶级的联合专政,因而该政权所依赖的制度,当然包括法律制度,自然要同一切剥削阶级的法律制度有着本质的不同。这种解释有一定的道理,事实上我们也可以看到边区政府的领导人在解释、强调边区政府的法律制度时也往往强调其阶级属性。但笔者认为,坚持边区法律的阶级性固然使边区的法律制度出现了一些与以往一切剥削阶级的法律迥然不同的特征,但却不足以说明所有问题。只有将方法论,即"中国问题特殊化"与阶级性两者相结合,才能真正揭示边区政府领导人对全新法律制度追求的真实动力。

二、探索新型政权之需要

中国共产党领导的新民主主义革命胜利后,应该建立一个什么样的新型国家,这是党自成立的那一天起,就一直思考的问题。苏维埃时期，特殊的战争环境极大地限制了这种思考和实践。到达陕北之后，由于陕甘宁边区地处战略后方，环境相对比较稳定，特别是在"中国问题特殊化"的观点被普遍接受之后，毛泽东等领导人在对中国共产党历史反思的基础上，对未来新型国家有了系统的思考，逐渐形成了相对成熟的理论。1940 年，抗日战争进入战略相持阶段以后，毛泽东发表了著名的《新民主主义论》，它标志着党对未来新国家建设的设想最终形成：

> 这种新民主主义共和国，一方面和旧形式的、欧美式的、资产阶级专政的、资本主义的共和国相区别，那是旧民主主义共和国，那种共和国已经过时了；另一方面，也和苏联式的、无产阶级专政的、社会主义的共和国相区别，那种社会主义的共和国已经在苏联兴盛起来，并且还要在各资本主义国家建立起来，无疑将成为一切工业先进国家的国家构成和政权构成的统治形式；但是那种共和国，在一定的历史时期中，还不适应于殖民地半殖民地国家的革命。因此，一切殖民地半殖民地国家的革命，在一定历史时期中所采取的国家形式，只能是第三种形式，这就是新民主主义共和国。①

中国共产党对新型国家政权的思考，自然包括很多方面，涉及很多问题，但其中最为根本的问题则是如何解决公共权力与社会的脱节问题。纵观毛泽东的一生，可以明显地发现，对如何防范权力异化问题的思考伴随始终。早在 1937 年 8 月，陕甘宁边区政权成立不久，中国共产党在《抗日救国十大纲领》第 4 条"改革政治机构"中就明确指出："实行地方自治，铲除贪官污吏，建立廉洁政府。"到 40 年代，毛泽东

---

① 毛泽东：《论联合政府》，载《毛泽东选集》第 2 卷，第 675 页。

第五章　最终定型：大众化司法制度之确立

又把对这一问题的思考同宪政问题结合起来进行，显示出思考的深度。就延安时期而言，毛泽东对此问题的思考既有纯粹理论上的阐释，也有现实的原因。

权力的腐败问题无时不在，即便是被许多人称为当时国内首善之区的陕甘宁边区，权力的腐化现象也并未断绝。仅据不完全统计，1942 年，边区政府公开处理的各种腐败案件就有数起，涉及县长、税务局长、区长等。不仅如此，各种重大案件也时有发生，除前面叙述过的黄克功案之外，刘振球案亦较为典型。

刘振球，出生在一个极其贫苦的农民家庭，青少年时期曾长期靠为他人放牛和从事各种苦力为生。1930 年加入中央红军，参加过轰动全国的五次反围剿斗争和长征，后任营教导员，参加了著名的平型关战役并负伤。1938 年 1 月升任团政治处主任，后任该团政委。十年间他三次负伤，对中国革命可谓功勋卓著。然而随着职务的提升、环境的改善，刘振球的世界观和价值观开始迅速转变，短时期内即犯下许多错误和罪行。表现为消极怠工，工作不负责任，一无布置、二无检查，几个月不开会，放弃领导责任，欺上瞒下，随意谩骂和惩罚干部，甚至公开对抗上级的指示，严重的官僚主义，给部队工作造成重大损失。更为严重的是，刘振球本人生活极端腐化，经常拿公款购买私人奢侈品，几个月中此类消费在 300 元左右，又私吞公款 240 元。经过多次教育、劝告、批评、斗争，刘振球毫不反省，以致最后与山西某些反动分子秘密往来，并在党组织最后一次为挽救他而召开的会议上，声言要另找出路。为了巩固党组织的纯洁性，严肃党的纪律，总政党务委员会于 1939 年 1 月决定：开除其党籍，交法庭处理。刘振球案在当时的延安引起了强烈的反响。针对此事，胡耀邦专门撰写了《拥护开除刘振球的党籍，为党的事业奋斗到底》一文，以便教育全党和全军。

其实，边区司法系统内，这种现象也无时不在发生。如镇原县裁判员于三青，就因徇私舞弊、贪赃枉法，被陕甘宁边区政府以"战

311

字第 808 号命令予以撤职。"延川裁判员王某某、吴旗裁判员张某某、镇原裁判员于某某等工作很坏,均行撤职处分。"① 其中王某某被民众称为"糊涂官"和"半脑子"。此外,边区还有个别人民仲裁员和基层调解人利用仲裁和调解的机会或贪图吃喝,或从中舞弊、中饱私囊,而被撤职,或被群众告发,受到应有的处罚。

此外,诸如官僚主义、铺张浪费等问题也已渐露端倪。谢觉哉的日记对此多有记载:

> 官僚主义的具体表现是些甚(什)么?
>
> 对人:上级与下级,同事和同事,不止(只)要互相信,且要互相知,如果主席对各县市长、专员、厅处长、科长,院厅处长对其所属(厅处院内人员及县市所属部门负责者)不甚了了,要推进工作是难的,更说不上培养人才。不是难了解,不是难接近,而是不去接近。
>
> 除公事往来外,无书札往来;除公事接洽外,无个人扯淡,甚至住在一栋房子,也只有请示、开会、公事往来,没有随时扯扯,交换意见。上下级如此,同事间亦如此。上级机关如此,下级机关自然也如此。因此,新的意见,新的积极分子不易发现,发现了也不容易发扬。
>
> 对事:公文材料不好好研究,把研究责任推给秘书,发现了问题,不去跟踪追究。不少的经验不去整理,更说不上去累积。今天忘记昨天,不肯研究所以然与将来怎么办?只求目前办得去。"会议解决问题",而不是会前深刻思索,会后又边做边想。只向上级请示,依赖上级。不肯自己负责想,及向旁人采集意见。凭狭隘的实际经验,拒绝理论。

---

① 《边区高等法院两年半工作报告》,1942 年至 1944 年上半年,陕西省档案馆馆藏档案,全宗号 15。

第五章 最终定型：大众化司法制度之确立

上面这些，我们犯得不少。①

对于权力的异化问题以及官僚主义，边区政府极为担忧：

近年来，一切事实证明了参议会和施政方针及各种政策是正确的，大多数干部是认真执行的，但因为若干干部中文化不足，或保留着封建文化的某些影响，于是在工作作风上表现为民主不足，或官僚主义习气相当浓厚，需要严格地并耐心地加以纠正。官僚主义作风不仅在下级干部中存在，而且在领导机关中存在，所以特别需要警惕。②

这一切不能不引起毛泽东及党内高层的思考和重视，这种思考随着抗日战争结局的日益明朗而越加迫切。1945年，毛泽东在延安同来访的著名社会活动家黄炎培谈话时明确表示，终于找到了解决这一问题的办法：

有一回，毛泽东问我感想怎样？我答：

我生六十多年，耳闻的不说，所亲眼看到的，其所谓"其兴也勃焉"，"其亡也忽焉"，一人，一家，一团体，一地方，乃至一国，不少单位都没有能跳出这周期率的支配力，大凡初时聚精会神，没有一事不用心，没有一人不卖力，也许那时艰难困苦，只有从万死中觅取一生。既而环境渐渐好转了，精神也就渐渐放下了。有的因为历时长久，自然地惰性发作，由少数演为多数，到风气养成，虽有大力，无法扭转，并且无法补救。也有为了区域一步步扩大了，它的扩大，有的出于自然发展，有的为功业欲所驱使、

---

① 《谢觉哉日记》（下），1947年2月9日，第1065页。
② 陕西省档案馆、陕西省社科院合编：《陕甘宁边区政府文件选编》第8辑，第470页。

强求发展，到干部人才渐见竭蹶，艰于应付的时候，环境倒越发复杂起来了。控制力不免趋于薄弱了。一部历史，"政怠宦成"的也有，"人亡政息"的也有，"求荣取辱"的也有。总之没有能跳出这周期率。中共诸君从过去到现在，我略略了解了，就是希望找出一条新路，来跳出这周期率的支配。

  毛泽东答：我们已经找到新路，我们能跳出这周期率。这条新路，就是民主。只有让人民来监督政府，政府才不敢松懈。只有人人起来负责，才不会人亡政息。①

  实行民主，还权力于人民大众，这就是毛泽东为中国共产党所寻找到的问题的答案。

  伴随着新型国家政权理论的形成，党也着手在陕甘宁边区进行实验。关于这一点，毛泽东等领导人说得十分明白：边区的作用，就在于做出一个榜样给全国人民看。一个新民主主义的中国不久就要诞生了，让我们迎接这个伟大的日子吧。②

  为此，毛泽东不断地鼓舞全党：

  延安的窑洞是最革命的，延安的窑洞有马列主义，延安的窑洞能指挥全国的抗日斗争。蒋介石现在比我们阔气，有洋房，有电灯，可是全国人民都不听他的。我们不要看不起自己，不要看不起土窑洞，全国人民的希望都寄托在我们身上，寄托在延安的窑洞里。③

  同时又以他诗人的激情向全党呼吁：

---

① 长江文艺出版社编：《毛泽东访问记》，长江文艺出版社1992年版，第115—116页。
② 毛泽东：《论联合政府》，载《毛泽东选集》第3卷，人民出版社1991年版，第1098页。
③ 《毛泽东思想年谱》，中央文献出版社2011年版，第277—278页。

第五章 最终定型：大众化司法制度之确立

新中国站在每个人民的面前，我们应该迎接它。

新中国航船的桅顶已经冒出地平线了，我们应该拍掌欢迎它。举起你的双手吧，新中国是我们的。①

时任陕甘宁边区政府秘书长兼政府研究室主任的李维汉，几十年后在自己的回忆录中对此又做了进一步的解释："毛泽东是要求陕甘宁边区在执行党的政策中带个头，自觉承担试验、推广、完善政策的任务。"② 这种特殊的地位，使陕甘宁边区的许多政策和措施的制定并非完全是以当时边区的具体情况为出发点的，而是带有较大的前瞻性和试验性。

特别是 1941 年陕甘宁边区第二届参议会召开后，随着新的边区施政纲领的颁布，陕甘宁边区各项工作中的试验性更加明显。

新型国家政权体制的探索，理所当然地包含着法律制度方面的内容。

为了探讨这种新型的法律制度，陕甘宁边区专门于 1941 年 6 月 8 日成立了新法学会。该会在成立宣言中明确指出：

> 新民主主义的法治当是保障一切抗日各阶级正当利益及联合政权的法治，是保障民族生存秩序的法治。此种法治，可谓空前创举，其发展前途有无限光明，而具体实行则千头万绪。本会愿下最大的决心，为新民主主义的法治而努力。
>
> 本会的任务就要推进新民主主义的法治运动，首先应研究法学史的演进及适合客观现实的理论，来配合新民主主义的政治经济与文化，来配合今天抗日阶级的切实需要。于此应当坦白指出至今的法学连所谓的社会法学派在内，其最大部分是为少数人服

---

① 毛泽东：《新民主主义论》，载《毛泽东选集》第 2 卷，第 709 页。
② 李维汉：《回忆与研究》（下），第 499 页。

务的，是不合民族解放战争到胜利的条件的。我们今后除加以批评研究外，应当首先声明，新民主主义的法学，应当为大多数人们服务，应当推动大多数人们共同研究，由理论变成物资的力量，来完成民族解放的任务。

新民主主义法治必需成为人民自己真正了解与运用以保卫民族保卫切身利益的工具。倘人民真能了解与运用，而抗日各阶级的人民之间方有自由调整并真正调整其利害关系之可能；有优良法治而人民不能活泼运用，那优良也是徒然，法治也成问题。新民主主义的法学与法治必须是人民日常运用的精神财产，本身才真正成为新民主主义的法学与法治。①

不管新型的国家、新型的司法制度采取什么样的模式，但最根本的则是为人民大众所认可和接受，这是人人都懂得的道理。大众化司法就是这样一种制度，"政府和人民共同断案，真正实习了民主"。②

三、群众路线的确立

中国问题特殊化观点的胜利，不仅预示着，其实已经决定了以传播书本知识为主要任务的知识分子在党内的作用和影响开始下降；与此同时，人民群众在生活中表现出来的智慧开始受到重视，其作用在党内也开始凸现，依靠群众终于被上升到党的组织路线的高度。在中国传统政治文化中，民众一直是"愚蠢"的代名词，而掌握着知识的读书人则代表着聪明和文明。然而，这种观点在延安开始受到批判：

> 有些同志见了一些表面现象，如农民怕官的神气，不愿管事。解不下新名词等，……并不知道人民文化低，是认不得汉字，懂

---

① 《新法学会宣言》，陕西省档案馆馆藏档案，全宗号 15。
② 谢觉哉：《关于调解与审判》，1944年5月11日，载王定国等编《谢觉哉论民主与法制》，第137页。

不了你那套"分析国际与国内形势"的演说。至于他切身的事，怎么才好，怎么才对，政府做的那些事于他有益或者有害，那就谁也没有人民自己高明。世上只有愚蠢的英雄和领袖，从没有愚蠢的大众。政府人员的意见必须经过人民的校正，才能正确；政府人员的举措，必须得到人民的拥护，才合实际。当然，人民的愚蠢样子，比诸某些工作人员聪明样子，差得很远，为这表象所迷惑，于是自以为是，看不起人民，不虚心去听人民的呼声，问人民的意见。其实人民的愚蠢里包含着聪明，而我们表面聪明，里面是草包的也常常有，必须改变这个观念。①

与此同时，群众的智慧被无限放大。据不完全统计，仅在延安时期，党内各种重要文献中阐述群众观点的就有40多篇。许多我们耳熟能详的经典名言都产生于这一时期。如："只要我们依靠人民，坚决地相信人民群众的创造力是无穷无尽的，因而相信人民，和人民打成一片，那就任何困难也能克服，任何敌人也不能压倒我们，而只会被我们所压倒。"② "我们共产党人区别于其他任何政党的又一个显著的标志，就是和最广大的人民群众取得最密切的联系。"③ 有学者对1935年至1948年期间毛泽东已公开发表的布告、通电、声明、政策、形势分析、信件、谈话记录、演讲稿、论文、书稿等文献进行统计，发现"群众"一词共使用过913次，使用频率仅次于"民主"一词，高居第二。④ 在政治高度一元化的陕甘宁边区，指导思想方面发生的变化，对司法制度的影响不言自明。

仅就司法工作而言，边区领导人就一再指出：

---

① 谢觉哉:《论选举运动的重要性》，1941年，载王定国等编《谢觉哉论民主与法制》，第104页。
② 《毛泽东选集》(合订本)，人民出版社1968年版，第997页。
③ 同上书，第854页。
④ 张纯厚:《论延安精神与延安民主政治的有机统一》，载《求索》2010年第7期。

我们要相信群众。敌人头上虽没写"反革命"几个字，可是群众心里是有底的。一有坏人，老百姓马上就会发觉，用不着我们动手，老乡就会把他抓起来！只要我们心里装着群众，处处想着群众，群众就会永远和我们在一起，他们是革命的真正的铜墙铁壁。①

谁个劣，谁个不劣，谁个最甚，谁个稍次，谁个惩办要严，谁个处罚从轻，农民都有极明白的计算。②

毛泽东这样告诫司法人员。

认真领会毛泽东教导的马锡五更是深有体会：

人民群众是真正伟大的，群众的创造力是无穷无尽的。我们只有依靠了人民群众，才是不可战胜的。所以审判工作依靠与联系人民群众来进行时，也就得到了无穷无尽的力量，不论如何复杂的案件和纠纷，也就易于弄清案情和解决。③

当然，群众路线的确立，特别是在司法工作中强调群众路线，还与以下两点有着很大的关系。

（一）政治地位所决定

人民群众创造历史，毛泽东与中国共产党人始终这样对外宣称。观察中国共产党人的"群众路线思想"，可以发现这一思想的确立主要基于以下两点：

1. 策略上的考虑。即出于夺取政权的考虑。关于这一点，青年毛泽东就曾公开指出："一国的民众，总比一国的贵族资本家及其他强权

---

① 李新市：《回望陕北：毛泽东和当地老百姓的感人故事》，2012年2月21日，人民网。
② 《毛泽东选集》（合订本），第17页。
③ 马锡五：《新民主主义革命阶段陕甘宁边区的人民司法工作》，载《政法研究》1955年第1期。

者要多。"① 因而，要想夺取政权，就必须获得民众的拥护。延安时期，中国共产党的这一策略观点更加牢固。延安时期毛泽东曾对"政治"的概念有过一个经典的解释，他说，所谓政治就是把拥护我们的人搞得多多的，把反对我们的人搞得少少的。

任何政党都有自己所代表的特殊阶级或阶层，共产主义运动从本质上讲是无产阶级的运动。因而，在中国近代的政治格局中，中国共产党从一开始就是以工农阶级的代言人身份活跃于政治舞台的。这种身份决定了中国共产党要想生存就必须使自己同一切贵族、精英，乃至高雅，划清界限，并追求平民化或大众化。正是在这种背景下，伴随着共产主义运动在中国的兴起，大众文学、大众哲学、大众文化、大众司法等口号纷纷出台，各种通俗的，民间的文化、语言、生活方式，甚至作风开始在中国共产党党内和中国共产党所统治的区域大行其道，而高雅、精英等则成了被批判和嘲笑的对象。

2. 宪政层面的考虑。即是为了解决公共权力的异化问题。从逻辑上讲，群众是一个内涵极广的概念，知识分子理所当然地包含在内，但只要你仔细地品味一下边区政府领导人的言论，就不难发现，这里的群众含义基本上讲的是以体力劳动为生的劳动人民。换言之，靠智力为生的知识分子是小资产阶级，并不包括在内。按照毛泽东的说法，知识分为生产斗争的知识和阶级斗争的知识，真正的知识只能通过参加生产斗争和阶级斗争中才能获得，也就说是只有生产斗争和阶级斗争的参与者——群众才具有真正的知识。② 因而群众路线的确立，实质上是对现存书本知识的否定。

此外，群众路线的确立还与中国共产党的领导人毛泽东个人在理论上对民众的偏爱有着直接关系。

与此相适应，强调法律的人民性也是毛泽东法律思想中的一条主

---

① 毛泽东：《民众的大联合》，载《湘江评论》1917年7月21日。
② 毛泽东：《整顿党的作风》，载《毛泽东选集》第3卷，第815页。

线。所谓法律的人民性,不仅包括法律内容要体现对民众的保护,如1925年,毛泽东在为湖南农民第一次全省代表大会起草的《司法问题决议案》中指出,"民刑法律须全部改订,凡不利于农民的条文须一律废除"①;还包括民众亲自参与立法和司法活动。早在青年时期,毛泽东就明确地提出过民众立法、民众司法的主张。1920年9月27日,毛泽东在《大公报》上著文,针对一些人"我没有学政治和法律,我总有一点怕开得口"的视法律为畏途的情绪,批评说:"这还是认政治是一个特殊阶级的事,还是认政治是脑子里装了政治学法律学,身上穿了长褂子一类人的专门职业,这大错而特错了。"他反问道:"俄国的政治全是俄国的工人农人在那里办理,俄国的工人农人都是学过政治法律的吗?"同时他还公开表明自己的态度:"只要你满了十五岁(这是我的成人标准),又只要你没有神经病,不论你是农人也罢、工人也罢、商人也罢、教员也罢、兵士也罢、警察也罢、乞丐也罢、女人也罢,你总有发言权。"②这种民众立法和民众司法的主张,在人类思想上较为独特。

当时机成熟后,他就毫不迟疑地开始推行民众立法和民众司法主张。

(二)以往经验教训的总结

苏维埃时期,司法机关关门办案造成的负面后果,也在一定程度上促进了司法工作中群众路线的确立。苏维埃时期,由于受苏联肃反机关体制和"左倾"错误路线的影响,一味强调专政机构的神秘性和关门办案,导致脱离群众,给苏维埃运动造成了重大损失,留下了惨痛的教训。

1932年前后,中华苏维埃共和国中央委员会决定在根据地内开展

---

① 《湖南农民第一次省代表大会宣言及决议案》,载《第一次国内革命战争时期的农民运动资料》,人民出版社1983年版,第423页。
② 毛泽东:《释疑》,载《大公报》1920年9月27日。

第五章 最终定型：大众化司法制度之确立

肃清暗藏的反革命分子和一切敌对分子的活动，并决定成立国家政治保卫局和肃反委员会等组织。此后，又陆续颁布《关于肃反委员会的决议》《国家政治保卫局特派员工作条例》等法规，将肃反运动推向高潮。国家政治保卫局、工农红军总政治部、中央革命军事委员会联合发布的训令规定：

> （1）必须保持保卫局的独立性，保持保卫局一贯的垂直系统；（2）特派员在政治上受各该部红军军事政治负责者之指导，组织系统及工作关系绝对隶属于保卫局；（3）根据以上两项，军政首长必须予特派员以帮助，正确的（地）采纳特派员意见；（4）特派员在红军单位里的群众中有权专门进行关于肃反问题的报告和鼓动；（5）各部红军军政首长应该尊重特派员权限，并尊重保卫局的组织系统；（6）保卫分局及特派员行使职权时，如逮捕、拘留乃至审讯、制裁等问题，同级军政首长应完全尊重分局及特派员的意见。如不同意只能向上级陈述，而不能妨碍分局长及特派员行使职权。分局长及特派员也应依照规定行使自己（的）职权。[①]

不仅如此，国家政治保卫局及其分局更是获得了在根据地内、在战场上、在敌匪活动区域，对于反革命分子有不经过法庭直接处置和对重大的紧急的反革命案件紧急处置的权力。

按照上述训令，地方政府及红军指挥机关，不仅无权过问政治保卫局和肃反委员会的工作，更无权改变或停止国家政治保卫局的命令。这种封闭的体制直接导致了政治保卫局和肃反委员会组织上的特殊化和神秘化，脱离了党和各级政府的领导，脱离了群众的监督，权力过重，严重破坏了根据地的革命秩序，给整个苏区建设和苏维埃运

---

① 参见韩延龙、常兆儒编《中国新民主主义革命时期根据地法制文献选编》第3卷，第328—329页。

动带来了无法挽回的损失,谢觉哉、雷经天等人都曾深受其害。苏区肃反时,雷经天本人就曾被判处死刑。

更为可怕的是,这一运动还波及其他根据地。仅在陕甘根据地,肃反委员会就将边区的主要创建者和领导人刘志丹、高岗、马明方、习仲勋、张秀山、杨琪、刘景范、马文瑞、高朗亭、杨笑萍等打成右派、"反革命"、"逃跑主义",随意逮捕,刑讯逼供,一批优秀的革命者被处决,"陕甘根据地党、政、军机关及其所属各县、区的主要领导,军队营以上的、地方县级以上的干部几乎被一肃而光"①,这种死在自己同志手下的惨剧造成的伤害无论如何评价也不为过,陕甘苏区内部一时人人自危。幸运的是,中共中央及中央红军此时抵达陕北,及时纠正了"左倾"错误,挽救了这块全国唯一保存下来的根据地。

整风运动之后,边区司法系统内部开始认识到司法民主的重要性,逐渐在司法系统树立起了坚持群众路线的工作作风。

四、边区特殊环境和条件

大众化司法的确立,还与陕甘宁边区所处的战争环境和农村条件等有着一定的关系,如时局的动荡不安、农民的愚昧和落后等。几乎所有的研究者都认可这一结论。

> 抗战阶段中,边区处在相对和平的后方环境……但虽是后方,内外情况却十分严重,以言内部,人口稀少,仅百五十万,经济文化落后,又经内战破坏;以言外部,敌人与我隔河对峙,屡次进攻,国民党数十万大军的包围、进攻、封锁,加之特务破坏,企图消灭我们,因此,虽不是战区,却肩负十分重大的历史任务,

---

① 杨正发:《马锡五传》,第145页。

第五章 最终定型：大众化司法制度之确立

龙湾山陕甘宁边区高等法院旧址全貌

必须进行严重的防卫，以保护边区……①

陕甘宁边区高等法院只存在了13年，但因时局动荡不安，仅院址就搬迁了8次。

此外，动荡不安的战争环境给边区司法工作造成的影响和麻烦，边区司法工作者曾以土地问题为例从另一侧面做过说明：

---

① 林伯渠：《陕甘宁边区建设的新阶段——在陕甘宁边区第三届参议会第一次大会上的政府工作报告》，1946年4月4日，载西北五省区编纂领导小组、中央档案馆编《陕甘宁边区抗日民主根据地·文献卷》（下），第619页。

表7：陕甘宁边区高等法院院址变动情况一览表

延安凤凰山麓石成祥院内（1937年7月9日—1938年春）
安塞李家沟（1938年春—1938年11月20日）
龙湾山（法院山）（1941年底—1943年1月）
白家坪（1943年1月—1946年11月）
安塞李家沟（1946年11月—1947年3月）
山西省离石（1947年3月—1948年4月）
白家坪（1948年4月—1949年5月）
西安新城（1949年5月—1950年1月）

第一，分配过的土地现存的问题。国内战争土地革命时分土地，凡是围剿围得紧的地方，土地不巩固，地分给谁就一说，在地畔插一牌子，是私人的就插个私人牌子，归公的插公牌子。敌人一来敌人（就）拔掉，分地委员也拔掉，也没有发土地证，分给谁的土地根本没有经过手。地主把地收回来就不认为把地分了，借机会要地，或把地当给别人。我们边区一天一天巩固下啦，那人回来说，那时这个地分给我（他）啦，但地主把地典给别人，或由别人种，而实际上那是分给我（他）的，我（他）□争。究竟怎样解决？

第二，未分配之荒山土地存在的问题。没有分的土地归谁有，里面很复杂。赤水有些山地没有公布分配。可是这几年我们号召移难民。难民来了很多。当时我们讲："见山地你就开，见窑洞你就住，开的荒住的窑洞就是你的。"当时没有分□□□荒，结果难民来在这里见了窑洞就住，荒地、二荒地都开了，一下开了很多，在这两年地主来啦，这些土地没有分配你就说领荒，也已二三年了，你应该上租子了！而难民讲政府说见荒就开见窑就住，现在又怎

第五章 最终定型：大众化司法制度之确立

样啦？！于是两家就发生争执，向政府打官司。①

上述显而易见的原因之外，笔者所说的环境和条件问题指的是下面几点。

（一）民意的影响

1. 对现代司法制度缺乏了解。艰苦的战争环境以及地广人稀，经济、文化落后是陕甘宁边区政府必须面对的客观现实。陕甘宁边区是近现代中国最为贫穷落后的地区：经济上以农业为主，且生产手段原始，现代工业几乎为零；文化教育落后，民众居住分散，文盲高达99%，对现代文明了解极为有限。人们需要的是传统的、能为民做主的"青天大老爷"，很少有人懂得现代司法制度为何物。

1941年，来自国统区的知识女青年邵清华经过抗日军政大学培训后被任命为安塞县县长。安塞地处偏僻，男权思想极为严重，加之邵清华是安塞县历史上第一位女县长，因而很多人对她并不看好。但邵清华与一般的外来干部不同，她办事果断，处事利落，工作绝不拖泥带水。此时安塞县发生了一起通奸案，一位出身贫寒的妇女与人通奸并害死了丈夫，引发民众热议。该女犯在关押期间表现良好，帮助工作人员拆洗衣服和被子，因而政府工作人员中有人替她求情。但邵清华则坚持将女犯处以死刑。群众得知后说："女县长真有魄力，大布告一贴，把坏人就杀了。"②重庆的《新华日报》就此报道说："年轻的女县长邵清华女士，到任之后，处理了几个案件，在市镇向群众讲了一两次话，不久就名声大震，在老百姓心目中成了真正的民之父母官了。"③此事具有相当的说服力。

---

① 任君顺：《在陕甘宁边区第二届司法工作会议上的发言》，1945年12月20日，陕西省档案馆馆藏档案，全宗号15。
② 路岩：《女校长邵清华同志在安塞工作的一些情况》，载《陕西党史资料通讯》1983年第6期。
③ 陕甘宁三省区妇联编：《陕甘宁边区妇女运动大事记》（内部资料），第104页。

2. 传统道德观影响依然较重。说到陕甘宁边区的民众,还有一个问题也应引起关注。即陕甘宁边区绝大多数乡村中阶级发展并不充分,阶级对立也不明显,民众的行为方式仍然受着传统道德观的影响和支配。苏维埃运动时期曾在陕北一带从事革命工作的耿炳光在写给同学的信中公开说:"因为此地交通不便,所以政治的消息不灵,一般人对政治乏趣,同学中多不看报,而且此地人民较陕西中部人民所受的压迫稍少,所以几乎没有革命性!此地人民之苦况,是自然界给他们的(如交通不便、田地少、生活苦),他们以为这是'命该如此'!"①

苏维埃运动时期,年轻的中国共产党人受共产国际及苏俄革命的影响,显现出思想过激、作风狂热、热衷暴力等"左倾"现象,过分强调司法的镇压功能。抗日战争全面爆发后,中共出于团结各种力量共同抗战的需要,对政策做了必要调整,搁置了一些过激的做法,但并没有放弃对苏俄经验的学习和借鉴。史料表明,陕甘宁边区时期才是中国共产党真正准确理解、全面把握联共(布)党史发展规律的关键时期。此外,抗战时期的党组织也没有放弃阶级斗争的思维方式,一直强调对于边区内的民众必须按照政治标准分出左中右之派别。

所有的观察家均注意到,"在延安,政治是至高无上的。延安,置于其他一切事情之上的,是一座生产思想的工厂。也许只有罗马的基督教革命或18世纪的法国和美国革命才能把思想看得如此之重要。也许在历史上从来就没有过——如此有意识地觉察到,思想本身也像剧烈行动的发出者那样具有强大的力量"。②但与此同时,这种对政治的热衷却并没有从根本上改变陕甘宁边区普通民众对人和事的认知标准,他们依然按照传统的乡村道德生活着,并以此为标准处理公私之间的

---

① 《耿炳光给桂仁兄的信》,载《榆林党史资料通讯》1989年第3期。
② 〔美〕约瑟夫·W.埃谢里克编,罗清等译:《在中国失去机会——美国前驻华外交官约翰·S.谢伟思第二次世界大战时期的报告》,国际文化出版公司1989年版,引自杨东《乡村的民意:陕甘宁边区的基层参议员研究》,第360页。

关系。如全面抗战爆发后，边区政府为了完善边区政权建设，按照党对民主的理解着手建立各级参议会。对于参议会议员，特别是基层参议会参议员的选举工作，党和政府高度重视，希望借此机会选出一批政治上可靠的新人替代乡村中原有的旧士绅，巩固自己的统治基础。为此，党设定了选举议员的政治标准和比例，确定之后交由民众选举。尽管边区政府很努力，但收效却不大。

陕甘宁边区所属印斗联保第一保参议会议员候选人审查记录[①]

姓名	成分	评议
申怀玉	中农	好人，读过书，会说话
申巨成	贫农	好人，没嗜好，忠实
申德清	贫农	好人，很实在
申元奎	赤农	好人，诚实得很
申雄清	中农	人平常，看银钱重一点，不爱人的钱，也不肯给人一分钱
申玉珍	贫农	好人
申巨有	中农	忠厚，但软一点
刘和清	贫农	会说话，好赌钱
刘水清	富农	啥也不做
刘和堂	中农	好人，老实，说话很直
刘安生	贫农	对人好，对老人不好，不孝顺母亲
刘加有	中农	一切都好
刘庆和	贫农	没出过事
孟金兰（女）	商人	好人，不得罪人
刘俊华	中农	做事不正直，摊派不公
张生华	贫农	可以，豪爽，好赌
常雄宾	中农	好人，很讲卫生
高有来	贫农	可以，好赌钱
冯德英	贫农	吃钱就不抓赌

受出身和各种比例的限制，民众实际选择的空间并不太大。但即

---

① 参见谢觉哉《一得书》，人民出版社1994年版，第17—19页。

便如此，候选名单及鉴定结果也已清楚地表明，候选人之所以能够成为候选人，最为重要的是因为他是"好人"。至于何谓"好人"，各地民众的认知又高度相同。调查表明，延安市新市乡的好人标准是"公正、和平、腿勤、能干"；米脂民丰区的好人标准为"不偏二向四，了解上下情，能接受批评，虚心细致，有能力办事"；吴旗的好人标准是"办事公正，和平老实，积极腿快，过去办过好事，脑筋明白敢说话，年龄不太大太小，家中有劳动力"。①

陕甘宁边区民众对"好人"的热爱和坚守，向边区政府发出了一个明显的信号：只要将权力交给农民，他们就会按照自己的标准去处理所谓的政务，使现代政治哲学向传统乡村道德复归。20世纪40年代在陕甘宁边区工作过的延泽民说："群众不管你什么原则，他们只讲实惠，只要你给群众办好事，他们就拥护。老好人不为群众办事，是不受欢迎的。"②这种向传统乡村社会道德复归的趋势,尽管有利于动员农民积极参与政权选举，但却无法从根本上强化现代民主的价值理念，更无益于将其内化为一种工作作风和一种生活方式，彰显不出时代的特色，因而并非党和边区政府所需要的。但边区政府又颇为无奈，何况相对于民国以来乡村社会逐渐凋敝和暴力泛滥的境况，复归本身毕竟在很大程度上恢复了乡村的宁静，其作用又是显而易见的。

民众对传统的坚守，在一定程度上促使中国共产党一点点地适应着陕甘宁边区的社会现状，对自己的政策进行调整，从理想革命向策略革命妥协。尽管这里说的是选举问题，其实也同样可以解释司法问题。换言之，即使是中国共产党仍然坚持陕甘苏区时期的人民司法观，非要在民众中分出敌我友和左中右，仍然强调司法的镇压功能，但在陕甘宁边区这一特定的区域内实际上也很难推行下去。

3.组织化程度高。但与此同时，党和边区政府出于动员和改造社

---

① 引自杨东《乡村的民意：陕甘宁边区的基层参议员研究》，第136页。
② 《延泽民文集》第8卷，黑龙江人民出版社2000年版，第33页。

第五章 最终定型：大众化司法制度之确立

会的需要，对辖区内的民众进行了重组和整合。边区政府通过建立各种群众组织、开会、文艺活动、识字班、生产竞赛、树立劳动模范等各种方式成功地将边区各界民众整合在一起。经过边区政府的发动和教育，边区民众的组织化程度远远高于其他地区。据不完全统计，到1938年初，边区的主要群众组织和人数为：工人组织45000人；青年救国会168000人；妇女协会173000人；农民协会421000人。这些群众组织使分散于边区各地、经济上缺乏联系的个体成员得到了初步的整合。

更加值得注意的是，在边区政府持之以恒的努力下，文化水平较低的边区民众又被高度组织了起来，成了一支不可忽视的政治力量。观察中国共产党的执政历史，可以发现一个非常有趣的现象，即党的高层领导人对基层政府的从业人员始终存在着一种不信任。为此，他们不断地发动民众给基层官员施加压力。谢觉哉说，边区"群众组织发达，没有人不有他特殊利益的团体，工人有自己的组织，农民有自己的组织，商人也有自己的组织（小孩入儿童团，青年入青年救国会，妇女入妇女代表会），这些团体也是整个民主的有力支柱。因为这些团体的本身是极民主的"。[①] 就整体而言，传统中国普通民众对政治较为冷漠，对身家之外的事漠不关心。但边区广大民众，特别是一些较早建立政权的老区民众在中国共产党的引导下，表现出了浓厚的政治参与意识，不断地向上级反映自己不满意的地方基层官员的情况。换言之，组织起来的边区群众在边区政府的帮助下拥有了表达自己利益诉求的畅通渠道。而上级机关又主要是根据群众是否满意来考核下级，这种做法给所有的地方官员造成了极大的压力。据统计，在1941年边区政府组织的选举中，仅绥德一县收到的民众提案就达2230件之多。同样是绥德，有227个乡级干部，因受到群众的严厉指责而被政府罢免。

[①] 谢觉哉：《边区政府的组织建设》，1937年6月16日，载《谢觉哉文集》，人民出版社1989年版，第238页。

为了真实再现边区民众的政治参与意识，试举一例加以说明。1941年6月边区志丹县某乡召开群众大会，县长也来参加。他说：

"老乡们！现在闹民主，要老百姓管理监督自己的政府，选举自己佩服的人做政府工作。我今天向你们报告工作，请你们批评检查。现在，实行新民主主义，你们不要客气。"接着他用土话一项一项地报告了政府工作。讨论县长报告时，群众接二连三地发言，气氛相当热烈。有的说："县长工作好，可是动员（战时勤务）太多。"有的说："我有一个意见，县长回家太多。"有的说："县长和老百姓不接近，我看是脱离群众。"一个叫吕迎祥的中年妇女大胆地站出来说："我也有一个意见。我第一批评县长和保安科秘书，他们常和婆姨闹矛盾，'婆姨''汉汉'不讲亲爱，我看这真'麻达'，没有起模范作用。第二，县长和保安科秘书的'婆姨'，一天到晚，酸醋样骂架子，与老百姓'婆姨'发生无原则纠纷，我看这也没起模范作用，我建议女参议员提出一个'夫妻亲爱、妇女团结'的议案才好。"①

大凡到过陕甘宁边区的人，都对边区群众的组织化程度和政治热情之高留下了深刻的印象。曾经访问过边区的作家陈学昭说，陕甘宁边区民众给她留下的最深刻印象是："他们对于抗战的热情，与他们的严密的组织。他们有的只认得几个字，但他们的政治认识恐怕比受教育的人还高。男女自卫军所做的锄奸工作，如查路条放哨，等等，他们都是有着极主动的自觉性来做的。听说曾经有三个日本俘虏想法逃跑，就是依靠了自卫军包围了山头，重新捉回来的。这里的老百姓，他们的警觉性非常之大，对于锄奸工作做得非常认真。"②

---

① 海燕：《选民会上》，载《解放日报》1941年6月23日。
② 陈学昭：《延安访问记》，第239页。

公开批评也有直接针对司法机关和司法人员的。如甘泉县参议员高向秀便聪明地利用自己的合法身份直接向陕甘宁边区政府控告县司法处审理的案件：

县司法处书记员强租油坊案。甘泉县有一油坊，系民众合资开设，由7股组成，约定期限为7年，约期内如有股权变动须得7股同意，发起人还有优先购买权。司法处赵姓书记员为股东之一。新年伊始，赵姓退出，只征求了3个股东的意见，即未经所有股东同意，便将自己的股权赁给另一书记员之父袁志刚，由此产生争议。县司法处判决赵的行为有效，价格与其他出资人出价相同。此案由于违背原始约定，受益方又是书记员之父，因而引发民众的不满。高向秀得知后向陕甘宁边区政府控告县司法处。边区政府答复："令县府切实调查清楚，是否7股都有意思表示不购买此油坊后另行改判。如原告人再不服，可上诉高等法院。"①

如何让一群没有多少现代司法知识，但又高度组织化的群众满意，自然成了大多数官员必须思考的问题，也是极为头痛的问题。有时，为了换取和保证自己政治上的前途，某些基层官员不得不无原则地向民众妥协。

（二）边区政府提供的公共服务质量较差

1. 司法人员专业素质较低。就整体而言，边区司法系统，特别是基层司法人员的专业素质较低，能力较差。1943年边区政府在一份决议中对当时边区政府系统内的工作人员做了如下分析：

> 90%的区乡干部是农民革命斗争的产物，他们是紧密联系群众的积极分子。但总的来说，他们文化太低，因此独立工作能力有限。况且乡村和家庭观念大大限制了他们的进取心。

---

① 陕西省档案馆、陕西省社科院合编：《陕甘宁边区政府文件选编》第6辑，第148页。

县级干部多数情况下同样具有工人和农民背景（特别是农民）。40%受过中小学教育，80%拥有丰富的革命斗争经验，由此而成为边区政府干部，但他们理论水平低，文化不高，不可避免地思想狭窄，经常不能适应新的复杂情况（即统一战线）。①

边区的环境和党的政策，决定了边区的司法工作必须具备如下的基本功能：一方面它必须获得民众，特别是最广大的农民的拥护。因而它必须坚定不移地维护广大劳动人民的利益，必须牢牢地把民众团结在自己周围，也就是说要把司法工作当作动员群众的一种手段，必须让司法工作与党的方针、路线保持一致。另一方面又必须借助司法工作完成对社会的改造任务。因而，最理想的办法，就是能够找到一种群众容易接受的方式和方法。

而要想做到这一点，必须拥有一批擅长与民众打交道、高素质的司法人员。1942年前后，陕甘宁边区共有司法干部150人左右，如果单就专业知识或文化水平而言，在边区系统内寻找到符合条件的司法人员应该不是一件太困难的事情。据统计，抗战以后仅延安各类干部学校所培训的青年知识分子总数就达20万之多。但这些人在政治上却不符合边区领导人的用人标准。此外，也必须承认，由于生存环境和生活方式上的巨大差距，在这些外来的知识分子中，也确实有一些人同边区群众在情感上有一定的距离，不妨引用作家陈学昭在《延安访问记》中的一段话来做说明：

> 陕北人的举动与话声都非常迟缓，而他们这种安闲与懒惰，的确使人感觉到特别。……总之，在政治上，他们很快地进步了，但是在文化上，还非常落后。因为文化低落，虽然政治飞跃地进

---

① 《陕甘宁边区简政实施纲要》，陕西省档案局编：《陕甘宁边区法律法规汇编》，第15页。

第五章 最终定型:大众化司法制度之确立

步,可是在他们的性格上或者生活习惯及别的方面,还有黑暗的一部分力量,非常自私偏狭排外、关门,也有一点原始性的残暴,但是在他们,老百姓自己淘伴里,有时候他们间的亲切行为,弄到会使我感动得下泪的程度。可是在日常,在对一般人,他们很少有这种人对人间起码有的同情行为。这些苦痛,让文化水准较高的人去负担罢!因之我觉得一个民族的解放与建设是怎样一个艰苦的事业啊!①

知识分子与民众在情感上的这种难以逾越的隔阂,促使谢觉哉等领导人最终得出了如下结论:

> 非农民出身的人,不会真正了解农民的痛苦。农民因为住得散,无组织,个别农民在个别地主的管辖之下,有苦不敢讲,习惯久了,受苦多了,易忘记,而在威胁与欺骗之下,不止不敢诉苦,反而有把剥削他的人当作好人的,这就是各地农民诉苦运动翻身运动必经过一些曲折的原因。我们非农民出身的干部,忽视这点,以为农民没有问题了,反而因为出身是地主或富农的缘故,对地主富农的生活及困难了解得多,无意中给以同情,接近他们。于是在农民的眼里,不以为政府是他们的,越不敢作声。地主富农们——旧的或新的——实际仍是乡村的统治者。边区这样的老区,仍有恶霸,仍违反法令,强占土地,多收租子,这不能不归咎于我们某些党员干部的阶级觉悟的模糊。事实上有些干部本身就成了新地主。②

反之,对于这些具有专业知识的外来知识分子,边区民众也未必

---

① 陈学昭:《延安访问记》,第 239—240 页。
② 《谢觉哉日记》(下),1947 年 2 月 25 日,第 1069 页。

会接受。据史载，大批知识分子到了延安之后，满怀激情积极投身于边区的各项工作，但他们的想法与做法离群众的现实需求却有着较大的距离，因而遭到了边区群众的普遍抵制。如开始于1939年、以青年知识分子为主体发动的教育运动、妇女运动、卫生工作和地方行政工作无一例外地都碰了壁。教师以极大的热情向边区群众讲授与之无关的科学知识，如太阳系、神经系统等；妇女运动滥用女权扩张论，奖励底层妇女离婚；卫生工作者在拥有150万人口的陕甘宁边区培养了200名西医，与中医相对立，其结果不仅引起了中医大夫的不满，还遭到了2029名巫婆的各种干扰；在文艺方面，上演大型翻译剧，崇尚西洋音乐，而群众喜闻乐见的作品则没有产生；知识分子出身的党员，在党内通过社交聚会和墙报等形式热衷于散布自由主义和分散主义的理论。① 李木庵改革的失败，也在一定程度上证明了这一点。

上述现象表明，在不改变观念——领导人对知识分子的观念，以及知识分子对民众的观念——的前提下，短时期之内可用的司法人员似乎只有出身于工农的干部。总之，边区司法人员的现状不能满足时代的要求。

翻检边区文献，可以发现边区民众对司法人员的不满极为常见，以至于1945年7月19日，谢觉哉在日记中记载：陕甘宁边区"人民最不满的：警缉人员、司法人员、区乡干部"。②

更为麻烦的是，虽然这些工农出身的司法人员专业素质较差，但由于边区财政的窘困仍然无力在数量上配备齐全。陕甘宁边区经济落后，自给自足的小农经济占绝对优势，财政收入一直捉襟见肘。

以1940年为例，该年边区整个岁入为9750995.31元，外援7550855.04元，而该年边区党政军各类工作人员共计6万人，除去不

---

① 详见〔日〕新岛醇良《毛泽东思想的形成与发展》，载中共中央文献研究室编《日本学者视野中的毛泽东思想》，第42页。
② 《谢觉哉日记》（下），1945年7月19日，第814页。

可靠的外援收入，每人平均为 162.5 元，如再扣除军事、建设、教育、民政等项费用外，每人只能分得几块钱。①

关于陕甘宁边区的财政情况，毛泽东总结说：

> 最大的一次困难是在一九四〇年和一九四一年，国民党的两次反共摩擦，都在这一时期。我们曾经弄到几乎没有衣穿，没有油吃，没有纸，没有菜，战士没有鞋袜，工作人员在冬天没有被盖。国民党用停经费和经济封锁来对待我们，企图把我们困死，我们的困难真是大极了。②

1941 年起，迫于财政的压力，边区政府不但无力提供更多的公共服务，还被迫开始精兵简政，司法人员的数量再次被压缩。如边区高等法院在精兵简政运动中，全院人员从原有的 153 人减少为 86 人，86 人中真正从事司法审判工作的又不足 10 人。司法人员不足的问题更显突出。翻检边区文献可以发现，在陕甘宁边区的历史上司法机关和基层政府反映司法人员人数不够、要求增加人员的报告几乎从未断过。如 1942 年 1 月，高等法院向边区政府呈报请求为绥德地方法院增加推事及书记员，报告称：

> 绥德民刑诉讼案件较多，院长又因病正在疗养诊治时期，院事仅由三、二人执行工作。而平均每日案件不下十数起，工作人员实感不敷，且正值施行新政之初，一切事务又不便过于延搁，故曾会同专署商讨议定，双方呈请增加推事、书记员各一人，以资臂助，是否有当，理合缕陈详情，将未便遵照重新编制之处，

---

① 参见杨永华《陕甘宁边区法制史稿（宪法、政权组织法篇）》，第 482—483 页。
② 毛泽东：《抗日时期的经济问题与财政问题》，载《毛泽东选集》第 3 卷，第 892 页。

呈请鉴核示遵。

院长 雷经天
一九四二年一月二十七日①

对于此类报告，边区政府的答复几乎千篇一律：

高等法院雷院长：
三十一年一月二十七日报告绥德地方法院整编人数的呈文，已审查过了，关于请求增加推事及书记员二人，难以照准。
此批

主席 林伯渠
副主席 李鼎铭
一九四二年二月二日②

直到1945年，司法机关还在不断反映人员不够，要求增加：

关于司法的人是比较少，书记员只有子洲两个，其他县只有一个，葭县有两个一个还兼法警。所以我们看一看其他科，（我们不是平均主义）实际上司法处的工作不比其他科工作少，在绥德米脂，一天休息的时间很少。绥德两个人问，成天问不完案子，好像医院看病一样，这一个还没有问完那一个就来了。绥德时常存案三四十件，因此老百姓对我们反映说：处理案件太慢。所以需要增加人，在我们讨论的结果，大县增加成三人或五人，小县

---

① 陕西省档案馆、陕西省社科院合编：《陕甘宁边区政府文件选编》第5辑，第163—164页。
② 陕西省档案馆、陕西省社科院合编：《陕甘宁边区政府文件选编》第5辑，第163页。

第五章 最终定型：大众化司法制度之确立

两人或三人，不要平均都是一个书记员，这对于工作有妨碍。①

一些边区领导人对司法工作的不重视进一步加剧了这一矛盾。一方面是司法人员的不够用，而另一方面一些曾受过培训的司法人员又因各种理由不断地被调出，司法人员的短缺问题更加突出。据统计，边区司法人员的工作调动极为频繁，边区政府成立之初曾举办过司法人员短训班，但接受过培训的人员后来继续从事司法工作的则为数极少。

2. 制定法数量不足。陕甘宁边区的司法制度是在急遽变化的战争环境下逐渐形成的，加之边区一些领导人对法律问题重视不够，忽视立法，导致可供审判遵循的制定法数量极为有限，判决缺乏法律依据。也就是说，立法无法满足司法裁判的要求。现代司法的最大特点，就是司法机关必须严格"依法"活动，无法可依，必然会使司法机关的审判活动陷入左右为难的境地，给司法人员带来极大的麻烦，同时使审判结果的合法性和权威性受到质疑。这一点在边区的司法史上表现得十分突出。延安地方法院反映说："无法律依据，全凭良心解决不了问题。"清涧县司法处则说得更为直白："判决时群众提出质问根据什么法律，便无以为对。"②

李木庵主政期间，允许司法实践中适当援用南京国民政府的法律法规，即是在弥补立法不足之问题。李木庵去职后，援用南京国民政府的法律成了他的一大罪状。但稍加观察又不难发现，边区政府对于援用南京国民政府法律的做法事实上并没有完全禁止，只是做了一些原则的限定，强调在符合下列条件下仍然可以适当援用：（1）适合抗战团结的需要；（2）适合民主政策；（3）适合边区历史环境；

---

① 《在陕甘宁边区第二届司法工作会议上的发言》，1945年12月20日，陕西省档案馆馆藏档案，全宗号15。
② 《陕甘宁边区高等法院1942年3月—9月工作报告》，1942年10月，陕西省档案馆馆藏档案，全宗号15。

（4）适合广大人民的利益。① 然而，在突出法律阶级性的大环境下，援用国民政府的法律成了一个极为敏感的政治问题，很少有人愿做此尝试，给自己平添不必要的麻烦。因而，李木庵去职后，援用国民政府法律的做法事实上处于停止状态。

表8：陕甘宁边区制定的主要法律一览表

《陕甘宁边区惩治贪污条例》(1939年)
《陕甘宁边区抗战时期惩治盗匪条例（草案）》(1939年)
《陕甘宁边区抗战时期惩治汉奸条例（草案）》(1939年)
《陕甘宁边区婚姻条例》(1939年)
《陕甘宁边区抗属离婚处理办法》(1942年)
《陕甘宁边区土地条例》(1939年)
《陕甘宁边区债务条例（草案）》(1941年)
《陕甘宁边区保障人权财权条例》(1942年)
《陕甘宁边区土地租佃条例》(1942年)
《陕甘宁边区优待移民实施办法》(1942年)
《颁布关于土地典当纠纷处理原则及关于旧债纠纷处理原则》(1943年)
《陕甘宁边区土地登记试行办法》(1943年)
《陕甘宁边区地权条例草案》(1941年)
《陕甘宁边区债之处理办法草案》(1945年)

尽管成文法不足，但作为司法机关，手头的案件又不能不处理。陕甘宁边区司法机关退而求其次，只能依据群众的要求和意愿，以简易便利的审判方式来弥补立法的滞后，以求减少民众对司法工作的不满。

3. 民众对司法工作的不满与日俱增。上述现象势必引发民众对司法工作的不满。剖析边区民众对司法工作不满的原因，大致可以分为如下几个方面：

第一，对案件处理迟缓的不满。前面已经讲过，抗日战争时期，由于各种因素的综合，陕甘宁边区进入了一个纠纷的多发时期。1943

---

① 陕甘宁边区高等法院：《论边区司法答客问》，1944年4月20日，陕西省档案馆藏档案，全宗号15。

第五章　最终定型：大众化司法制度之确立

年绥德分区专员向边区高等法院反映说："据查，本分区各县讼案累累，每月有多至数十件者，尤以绥西、绥德、米脂、葭县为最，既违农时，又耗钱财，人力财力两耗，殊多不便。"①案多人少使诉讼的积压情况更加突出，从而引发了民众的强烈不满。

延川县参议会副议长高敦泉曾自费调查，搜集民众对政府工作不满的问题，对司法的不满主要是耽误农时，"司法主旨在于教育人民，根据法令处理，当无不适。唯值农民耕作之际，似可从轻处理"②。1944年，陕甘宁边区参议会在工作报告中，对最近一两年来边区的司法工作进行评价，指出："司法工作没有迅速解决人民的问题……处理案件不迅速，既耽误生产，费用又多，有的民事案件只需政府一句话，有三五天就能判决，但延迟到十天半月才能决案。冬春天还不要紧，夏秋天就太妨碍生产。"③

1945年镇原县第二届参议会上有39位参议员向政府提意见。意见共6条，涉及军民关系、税收、妇女工作、改造"二流子"和司法工作。其中第二条意见是针对司法工作的，意见为司法人员办案不快，延长时间，及审判不严，引起一些顽皮人故意捣乱。④一些基层从业人员对此有着切身的体会。如子长县县长兼司法处处长李子厚就曾指出，"边区法律尚无成熟的明文规定，故在判案及定刑中间就有过轻或过重的偏向"，"本县只有两个司法工作人员，但审判员农民出身，书记员是久病的干部，故工作有堆积的现象，……我们的意见最好再健全一个书记员或另配一个身强力壮能力较好的书记官"。⑤类似的情况还有一些。

第二，对诉讼程序和司法人员的态度不满。尽管边区政府和司法

---

① 《绥德分区、高等法院分庭请示信》，陕西省档案馆藏档案，全宗号15。
② 《延川县志》，引自杨东《乡村的民意：陕甘宁边区的基层参议员研究》，第230页。
③ 《陕甘宁边区高等法院两年半来的工作报告》，1944年9月30日，陕西省档案馆藏档案，全宗号15。
④ 中国庆阳地委党史资料征集办公室编：《陕甘宁边区时期陇东民主政权建设》，甘肃人民出版社1990年版，第464页。
⑤ 《在陕甘宁边区第二届司法工作会议上的发言》，1945年10月，陕西省档案馆藏档案，全宗号15。

机关对诉讼程序一再进行简化，然而，对于简化后的程序，边区民众依然不愿意接受。这种不接受从本质上讲针对的未必是程序本身，可能是现代西方司法制度表现出来的强调形式正义的倾向。强调实质公正是中国传统审判文化的突出特点之一，因而，习惯了实质公正的普通民众，对于强调形式公正的现代审判制度，特别是诸如时效、审级、证据规则等制度的价值，对于坐堂办案、不告不理的中立态度，有着一种本能的反感，很容易认为是在推诿和应付。如一些诉讼当事人认为某些司法人员是在机械执行审级管辖制度，他们因审级管辖不合、时效问题等被司法人员以一纸裁定"原告之诉驳回"而极为恼火。他们认为自己明明有理，并对胜诉信心百倍，但对现代法律制度特别是司法程序又一窍不通，跑到司法机关告状或上诉时，往往被这样的裁定弄得蒙头转向、莫名其妙，自然会怒气冲冲，于是便留下了司法机关不为民做主的印象。"在上诉期间，机械地执行上诉期间的规定，凡上诉逾期，即予以驳回，不问其内容事实，问题之解决与否。"①这是一些边区司法人员对诉讼程序的评价。司法人员尚且如此，何况普通民众。谢觉哉也曾经指出边区民众反映说："司法的人不近情理。"即指责边区的司法人员办事不讲情理。这句看似平淡的话，实际上从另一个角度揭示了普通民众对边区司法制度不满的原因。

那么，如何解决呢？谢觉哉认为："法律是本乎人情的，合乎人情的习惯，即是法。"谢觉哉认为边区的法律应该是和人情一致的，因而"司法的人，要懂情理。要懂得不近情之理和不合理之情，然后断案，就会合法"②。即判决时尽量把情和法结合起来，不能一味地按照法律规定来处理。

此外，边区政府中某些司法人员身上自觉或不自觉地沾染了一些官僚主义的习气。陕甘宁边区总体上处于战略后方，环境相对稳定，

---

① 《陕甘宁边区高等法院两年半来的工作报告》，1944年9月30日，陕西省档案馆馆藏档案，全宗号15。
② 王萍：《谢老与司法实践》，载王定国等编《谢觉哉论民主与法制》，第316页。

第五章 最终定型：大众化司法制度之确立

因而边区政府的一些官员，也多少沾染了一些贪图享乐、忽视民众疾苦的不良风气，从而引起民众的不满。

第三，对处理结果不满。就案件类型观察，边区民众对司法审判处理结果的不满主要集中在土地纠纷和婚姻案件上，其中又以婚姻案件为多。在性质上，陕甘宁边区的法律制度是新民主主义的，既包含着西方现代文明和理念，如对男女平等、婚姻自由等原则的规定和强调，也涵盖党在这一阶段所实行的特定政策，因而难免会同中国传统法律文化，同边区民众长期依赖的生活方式，以及边区政府此前所执行的法律和政策存在着较大的反差，导致民众的无所适从。这一点在边区的一些司法审判活动中反映得极为清楚。如对于夫妻纠纷，特别是因感情不和、阶级立场不同，以及由买卖婚姻等引发的纠纷，边区的法律就与民众的心理需求、民众的一般认知之间存在着较大的反差。按照民众的说法是"遇婚姻说合，遇官司说散"①，即婚姻纠纷，民间一般说合，而司法人员则倾向于断离，结果引发了一部分民众对司法机关处理结果的不满，使司法人员陷入了左右为难的境地。以下是绥德地区司法人员的反映②：

> 群众婚姻，最多的一种就是离婚，去年一年统计婚姻案件一共有99件，其中只有5件是男方提出的，其他的都是女方提出的。我们的处理办法主要的是劝人家不要离婚，解释还行不同（通），女方坚决要离，男方不让。我们只好调剂的给男方一些米，也就是给他一点钱。因此就有些人认为，政府里还主张买卖婚姻，这次我们召开的座谈会上就有人说这样一些问题。……在群众婚姻，这两年中离婚31件，这是经过司法机关的（经过一科和区上解决的九十几件），有些同志提出政府对于婚姻问题卡得太紧。政府对

---

① 陕甘宁边区民众语，见《解放日报》1944年8月17日。
② 《在陕甘宁边区第二届司法工作会议上的发言》1945年10月21日，陕西省档案馆馆藏档案，全宗号15。

自由婚姻不如过去认真执行了。以前是放松一些；在1941、1942年时提出10个就准10个，那时又批评政府太松。在赔米这方面也困难，因为我们政府婚姻条例上没有规定赔米这一条。

陕甘宁一带民间历来存在着买卖婚姻的习俗，男方娶妻往往要花费许多钱财，一旦离婚就可能无力再娶。边区政府成立后这种情况并没有因为新的婚姻条例的颁布而彻底改变：

> 我们有一个统计，这几年的离婚工人2人，贫农85人，中农15人，富农只有一个，地主没有。这说明离婚的都是穷人。所以群众就提意见说："你们政府是保护穷人的利益，我们的老婆也没有了，还能保护什么呢？！"在前一个时期没有实行赔米，有些穷人就反对。在去年前半年婚姻交易一个女人20石米。你说一个穷人离了婚，再结婚是不可能的。固然有些是男人真正虐待女人的话，离婚也可以，男人也不是一律给赔米，也不是不给米。

显然，在社会习俗和经济状况未能根本改变之前，利用公共权力解决婚姻问题是左右不讨好。那么能否尝试一下发动群众参与解决问题呢？答案也是否定的：

> 另外婚姻没有办法处理，你说离婚实行民主，经过群众讨论，应当离，就离，不应当离，就不离。我说这10个也没有一个能同意离的，尤其是一个乡群众都有亲戚，谁主张离婚呢？有些人试验了一些，行不通。

离婚问题无法处理，订婚之后的退婚也一样使人头痛。边区婚姻条例中规定："订婚了,有一方面提出退婚,退还人家的财（彩）礼即可。"

尽管条文规定得十分清楚，但却根本执行不通：

> 因退婚多半是娘家想卖钱，有的她就三年五年拖着不结婚。这比结了婚的还难处理，因为她不结婚，也不退婚，你没有办法，男方又催。在绥德，四十里铺齐登银的儿子和子洲的李秀英订婚，这个女子不去，打官司一二年没有办法，那个男的要得很多，要50石米。结果我们判了5石米。没有办法，他家里是老婆管家，所以这个老婆子回去把他们户里的人请吃一顿饭，叫他们给她帮助，给她抢亲，结果去了一百多人，一下抢回来了。那里就报告县上说有土匪，县府去了警察才知是抢亲。关于群众婚姻有这样一些情形，常发生打架等案，在米脂最多。

此外，因抗日战争带来的抗日军人家属问题使司法机关所面临的婚姻纠纷变得更加复杂：

> 关于抗属婚姻，有几种。一种是出征军人多年没有回来，女人在家里闹开了起来，娘家和婆家都同意她走，大部是娘家、婆家同意卖的。另外在几岁上订了婚，现在已经到二十四五岁了，这种在清涧比较多，廿岁以上的据不完全统计有五十几个，……有些女人几十年没有见男人，娘家、婆家都同意改嫁，但没经过政府人家不敢要，怕弄得人财两空。这些在清涧最多。你说离了婚究竟对不对？因离得太多，所以这离婚还没有敢实行开，开始是订婚而离婚的。个别地方还有，上了二十几岁的，男人还没有音信，有些地方同意这样处理的，不过大部分地方还没有敢这么样处理，这实际上是一个问题。这些人，她们来问，说她们已经廿几岁怎么办？这次讨论抗属婚姻办法，能用，就可以解决，假如不能用，究竟怎么办？我们还没有想出好办法。

纵观边区抗属的婚姻问题，大致可以归为以下几种：

另嫁。由于抗日军人长期不归，一些抗日军人家属便自行改嫁。如遭反对则采取哭闹、寻死等方法，有的甚至患精神病、自杀，还有的抗属由娘家或婆家主持另嫁。但有的婚后原夫，即抗日军人又回来了，就产生了新的矛盾。

招夫。有的抗属娘家和婆家均不同意离婚，但为暂时解决问题，他们并不通过任何法律手续，便为抗属在家中新招一夫，并给新夫说清楚，如原夫归来后，招夫必须离去，如果抗属与招夫生有孩子，则孩子归招夫。

改嫁。经抗属娘家和婆家同意，抗属可以改嫁，但同时与新夫家订立三方约规，如抗日军人归来，则由三方负责为之再娶。①

上述三种做法既不符合法律，也潜藏着发生纠纷的风险。由此看来，不管边区政府如何判决，群众都不会满意：

（1）有些人说：就这样地搞下去，穷人都没有老婆了，因为差不多离婚的都是穷人，而穷人又没有结婚的。有些人说：现在不和内战时期一样，那个时候没有买卖婚姻，穷人又好结婚，现在可不是那样了。所以说，离婚以后穷人没有老婆，也就是不满意公家人离婚结婚。现在下边有这样的两种意见，一种要离婚的说：现在政府不同过去不让离，而另一种说，离得太多了，这是一个矛盾。这就是男方不满，嫌离了没有老婆，而女人嫌不让离，不给她们自由。（2）有人说：政府不照顾女权，主张买卖婚姻。②

有关民众对司法工作的不满，陕甘宁边区政府的文件中多有记载。

---

① 有关这一问题，请参见杨东《乡村的民意：陕甘宁边区的基层参议员研究》中的相关章节和岳谦厚、杜清娥《军婚：革命话语与实践困局》，载《安徽史学》2014年6期。
② 在《陕甘宁边区第二届司法工作会议上的发言》，1945年10月21日，陕西省档案馆馆藏档案，全宗号15。

第五章 最终定型：大众化司法制度之确立

如 1942 年 6 月 25 日，陕甘宁边区政府发布了《案件调查务须确实迅速》的命令，公开指出："今年以来，人民来本府告状的特别多，大多数是边区干部办事不公，……还有一部分是为了婚姻、土地等案不服高等法院的判决，特到政府提起上诉的。这是由于两种原因：（1）下级干部的工作多少总有些缺点；（2）人民的文化知识一天天地增长。他们有什么意见，敢于向政府提出，他们知道要求上级政府来保护自己的利益，这当然是一种很好的现象。"为此，命令规定，今后政府工作人员办案必须调查研究，否则"将来一经本府查出，只有依照公务人员惩罚办法给予一定的处分"。①

1945 年 7 月 19 日，谢觉哉在日记中记载，陕甘宁边区"人民最不满的：警缉人员、司法人员、区乡干部"。②

总之，民众对司法的不满，以及无法提供更为优质的公共服务，一定程度上促使了边区领导人最终选择了大众化的司法道路。

（三）社会分工尚未充分展开

思考大众化司法制度与边区环境之间的因果关系，还有一个重要的因素不能忽略，即陕甘宁边区经济落后，社会分工尚未充分展开。由于陕甘宁边区商品、财富流通规模较小，纠纷诉讼类型单一，案情大都较为简单，因而对专门化司法的要求也不太高。在任何一个国家和地区，司法专门化出现的深层原因都是社会分工越来越精细。以下是陕甘宁边区 1939 年至 1941 年上半年各县所审理的民刑事案件一览表：③

处理民事案件之统计

案件 时间	债务	婚姻	土地	继承	物权	其他	总计
1939 年	85	48	110	15	15		273

① 陕西省档案馆、陕西省社科院合编：《陕甘宁边区政府文件选编》第 6 辑，第 232 页。
② 《谢觉哉日记》（下），1945 年 7 月 19 日，第 814 页。
③ 雷经天：《在陕甘宁边区司法工作会议上的报告》，1941 年 10 月，陕西省档案馆馆藏档案，全宗号 15。

（续表）

案件时间	债务	婚姻	土地	继承	物权	其他	总计
1940年	85	85	114	18	27	5	334
1941年上半年	72	71	87	9	30	2	271
总计	242	204	311	42	72	7	878

处理刑事案件之统计

年度罪名	1939	1940	1941	合计
汉奸	28	15	1	44
土匪	48	85	24	175
破坏边区		99	29	128
破坏部队		21	3	24
破坏抗战动员		27	11	38
逃跑	88	126	33	247
贪污	84	115	36	235
鸦片	360	644	153	1157
赌博	164	230	303	697
破坏边区法令	56	91	68	215
窃盗	104	175	150	429
诈欺	29	34	16	79
伤害	60	53	54	167
杀人	15	45	26	86
渎职	20	34	9	63
诬告	15	21	23	59
赃物		12	7	19
侵占	18	15	18	51
违反军纪	24	8	4	36
妨害自由	24	70	33	127
妨害婚姻家庭	35	56	56	147
妨害公务	24	40	27	91
妨害名誉信用	3	9	6	18
妨害秘密		7	2	9

第五章　最终定型：大众化司法制度之确立

（续表）

年度 罪名	1939	1940	1941	合　计
妨害国币	18	15	9	42
妨害秩序	1	19	1	21
伪造文书印文	4	10	3	17
藏匿犯人	25	11	3	39
毁弃损坏	2	6	3	11
公共危险	1	2		3
伪造	2		1	3
遗弃		1	1	2
总计	1304	2106	1143	4553

统计表明，边区各级司法机关审理的案件以刑事案件为主，刑事案件中出于政治原因的又远远多于社会原因，如土匪、汉奸、逃跑、破坏边区等案件数量较多。民事案件多属婚姻、继承、土地等纠纷，商事纠纷数量极少。如此诉讼状况对司法专门化的要求并不太高。

显然，这一切是中国革命发展到一个新的阶段，边区政府遭遇到的新问题，任何一种现成的理论对此都很难给予准确回答。也就是说，要想解决这些问题似乎只有借助一种新的制度。

然而，这种新型的司法制度又该如何创建？就方法论而言，不外乎三种办法：向书本寻求答案；在传统中找思路；到生活中要结论。前两种方法，特别是第一种方法，在全党大反"教条主义""本本主义"的整风运动的特定背景下，显然是行不通的。结论只有一条，那就是到生活中去寻找答案。边区党的领导人一再告诫各级司法人员，"我们司法工作人员，必须走出衙门，深入乡村的决心，必须如此，才能把我们司法政策贯彻得好，……这样就不会对司法工作有棘手、忙迫或枯燥之感"，"新的创造在老百姓中找寻"。①

走向生活，观察实践只是方法，群众满意才是目的。在确定了方

---

① 习仲勋：《贯彻司法工作的方向》，载《解放日报》1944年11月5日。

法之后，边区各级领导又不厌其烦地告诫各级司法人员，司法工作一定要依靠群众。

1940年5月10日，边区政府和高等法院向各级司法机关发出指示信，做出了"在人民群众中建立司法基础"①的决定，司法工作开始了从早期的为民众服务向依靠群众的方向转变。李木庵的改革客观上使这一过程的起始时间被延缓，但并没有从根本上改变这一方向。因而，准确地说，1943以后，陕甘宁边区的司法制度和司法理念才真正开始有别于苏维埃时期，真正有了自己的特色。陕甘宁边区的司法工作者是在向生活学习、向群众学习的过程中确立了大众化司法这一特殊的制度。

上述这一切足以证明，陕甘宁边区的环境和条件对大众化司法制度的最终确立起了不容忽视的作用。对此，谢觉哉说得极为明白：

其次，司法问题，从前所谓"青天"，即是会断案。现在老百姓的要求，也是："负担合理，断案公平"。对于这，我们还有很多缺点。没有足够的司法干部，也没有适宜的司法制度，以致人民对司法有诸多不满。在这青黄不接之时，我们提议：一、应奖励乡村的调解，负调解责任的人不一定要是调解委员，而可以是双方的亲戚朋友。二、各县司法没有独立，行政兼管司法，裁判员即承审员。应责成行政官对裁判员负责，不得凡属讼事都向裁判员一推。——裁判员能力不都强，许多事判不好。三、拿裁判的好例子做教育裁判员的教材，我们应走捷径，从经验中学习，而不可能像法律专门学校一样学得东西。四、应摘印些国民政府颁布的可以在边区实行的民刑法律，使裁判者有所本。同时要制定一些边区适用的单行法规。五、要对人民的诉讼负责，反对拖

---

① 引自杨永华《陕甘宁边区法制史稿（宪法、政权组织法篇）》，第54页。

第五章 最终定型：大众化司法制度之确立

延马虎。对司法工作我们平常注意很少，现在已不可再延了。①

最后一个需要讨论的问题是，对于边区党和政府而言，是把大众化司法作为今后一劳永逸地解决中国司法问题的根本手段，还是作为处理边区特定环境下所面临的问题的一种临时措施，或是兼而有之？种种迹象表明，边区政府是将两者合而为一进行考虑的。边区政府和领导人从不回避边区农村环境的特殊性，如1949年8月，谢觉哉在一份为华北人民政府司法部起草的报告中公开说：

> 我们有农村司法经验——但不够；我们尚少城市司法经验——而城市现（在）是主要的。我们没有理由可以以前的经验自满，城市不止案件多，比如土地、债务、租佃等处理，在乡村并不太难，在城市则牵涉各个方面，一不慎就出乱子。新民主主义的经济关系，如城乡关系、劳资关系、公营企业与私营企业的关系，这种在城市的案子，只在农村工作过的同志，必然感到自己的知识太少。②

显然，谢觉哉是把陕甘宁边区的司法实践当作一种更适合农村环境需要的、相对特殊的经验来看待的，但同时又明确强调城市的需要与以往农村经验之间的必要联系，反对将两者人为地割断，且格外看重农村经验对创建未来中国新型司法制度的实践意义和精神价值。

稍加留意，还会发现边区领导人在论述陕甘宁边区司法制度时，都一再强调边区的司法制度是新民主主义性质的，而非社会主义的，也就是说一再强调新民主主义的司法与社会主义的司法在本质方面的区

---

① 谢觉哉：《边区参议会常驻会报告》，1942年4月15日，载王定国等编《谢觉哉论民主与法制》，第131页。
② 谢觉哉：《司法工作报告》，1949年8月，载王定国等编《谢觉哉论民主与法制》，第167页。

别，但却并未说明新民主主义的司法，即边区的司法在形式上究竟具有什么特点。换言之，新民主主义的司法与社会主义的司法，其差异究竟应该体现在哪些方面，边区政府事实上也从未做出过明确的回答。①

还有两条材料值得注意。1955年2月，毛泽东在接见全国司法工作会议的代表时，握着马锡五的手，热情而风趣地说："马锡五，你来啦，你来了事情就好办了。"② 另外，1958年8月在北戴河召开的中共中央政治局扩大会议上，毛泽东在谈到法制建设的问题时说："还是'马青天'那套好，调查研究，就地解决问题。"③ 如果将毛泽东的话同中华人民共和国成立后前二十年司法实践中的一些做法联系起来进行考虑的话，不难揣测，大众化司法绝不仅仅是中国共产党在陕甘宁边区迫于环境的压力而采取的一种临时应对措施。

综上所述，陕甘宁边区大众化司法的确立有其深刻的历史原因。大众化司法的确立，其目的和动机不仅仅局限于司法方面的考虑，还包括政治方面的因素，乃至社会现实的压力——尽可能地让民众满意。即便是有司法制度方面本身的考虑，也是与政治上的考虑结合在一起的。在边区的领导人看来，司法工作只是政权建设中不可分割的一部分，因而新的司法制度绝不能与新型政权的发展方向相背离。

第六节 小结

我第一次知道延安司法的特点，是在访问边区高等法院的时

---

① 在陕甘宁边区的历史上，对新民主主义司法这一概念最早进行界定的当推鲁佛民。他说："新民主主义的司法，是保护各阶级利益的，同时吸取旧民主主义的及社会主义国家的司法，并保存过去十年苏维埃运动司法优良传统与特点，这是我对新民主主义的司法的一个概念。"详见鲁佛民《对于边区司法的几点意见》，载《解放日报》1941年11月15日。
② 庆阳中级人民法院审判志编委会：《庆阳地区志·审判志》（送审稿），第181页。
③ 杨正发：《马锡五传》，第358页。

候。高等法院是由几排砖瓦房和许多小山上的窑洞组成的大院，它能俯视下面实验示范农场的田地。

法院院长姓雷，雷公的雷，1937年以来，他在边区里负责司法工作，据说在新民主主义时期，他曾帮助毛泽东使共产党的司法政策趋于温和。

我问他，边区这种新的法律与国民政府的法律之间，主要有什么不同之处。

举几个例子，他说，无期徒刑已经废除，有期徒刑的刑期一般已被缩短，现在最长的刑期是10年，因为我们十分相信改造囚犯的可能性，因此，我们也放宽了关于假释和释放的规定。

我们说，想了解一下边区刑事审判的程序。

在普通犯罪案件中，西方式的起诉已被废除，他说，我们让人民自己有权起诉，虽然对于某种案件，像审判间谍等，公安局有权起诉。

但是，他主动地说：我们的司法工作仍有缺点，我们一直想克服这些缺点，人民对我们的批评是很有帮助的。

这位法官继续讲到国家法律的变化，为了人民的便利，一切程序都已简化，以理论为基础构想出来的国民党的法规常常十分复杂，并需要许多费用，这是违反人民利益的。

审判程序仍缺乏法律的完整性，这在地方分庭里尤其如此。不过这里有其重要的补偿因素。与中国的其他地方比较起来，这里没有舞弊，或许较少官样文章。县法院的审判长们是由人民选出来的。陪审团是（由）颇有经验的群众团体代表组成的，起了相当大的作用。公众舆论是以简单的但显然有效的方式受到重视。而且经过教育，公众对于法律有新的认识。

民事案件的调解真是十分普遍，而且处理时看来是适当考虑了一般情理和法律依据的。这在中国也不是一种新的方法，不过是把已经名声败坏的旧的调解习惯加以恢复和改进罢了,所以一般人民觉得他们的个人利益有了保障,而这种利益已经好久得不到保障了。

这种与过去想决裂的做法,看来是由于共产党确信他们的新的政治秩序不可能再被政敌所破坏,因为大多数非党群众现在都坚定地站在他们一边,所以由此产生的法律观念上的变化有了更坚实的基础,比仅仅通过思想方法的实验得出的变化更牢固。①

文字出自于美国记者冈瑟·斯坦之手。1944年他随西方记者团进入陕甘宁边区,在对边区的司法制度和司法工作进行观察后,写下了上述文字。冈瑟·斯坦在延安逗留的时间不长,但其观察可谓深刻。②

陕甘宁边区大众化司法制度的形成和确立原因极为复杂,其中既

---

① 〔美〕冈瑟·斯坦著、马飞海等译:《红色中国的挑战》,第270—276页。
② 文字中的雷经天春风得意。李木庵去职后,雷经天官复原职。延安整风审干中,中央对雷经天的评价是:"在工作上是负责的,在作风上表现急躁、不够耐心,政治上没有什么问题。"但复职后的雷经天工作上仍未有多大起色。然而,很快他就因发现了马锡五重新受到关注。1945年,雷经天被评为陕甘宁边区特种劳动模范,赢得了人生中最大的荣耀。但有了马锡五,陕甘宁边区的司法工作也就不再需要雷经天了。1945年6月,中共中央决定组建八路军南下三支队到湘粤桂边区开辟根据地,考虑雷经天是广西人,于是任命他为支队政委。陕甘宁边区政府、陕甘宁边区高等法院为雷经天举办了隆重的欢送仪式,毛泽东还亲自接见了支队的领导。三支队南下途中,日军投降,抗战结束。雷经天与三支队一起又奉命北上沈阳,部队经过整编被保留了下来,雷经天的工作性质变动不大,仍然任政治委员,在此后爆发的国内战争中,他先后参加了辽沈战役、淮海战役、渡江战役等一系列战役。中华人民共和国成立后他回到阔别已久的广西,出任广西省人民政府副主席。1950年6月,雷经天被任命为最高人民法院中南分院院长,重新回到了司法战线。此时,中南分院新建,工作任务极为繁重。1953年,司法改革运动开始,雷经天再一次被撤销本兼各职,留察看两年,降职为长江航运局汉口港副港长。吊诡的是,这次他被处分的理由竟然是"犯有隐瞒错误,抵制批评"和留用国民党旧司法人员。法院又一次成为他的伤心地。留党察看期满,他主动要求回到政法战线。1956年,雷经天被任命为华东政法学院院长,负责为新国家培养法律人才,他一上任就提出:"由于我国马列主义法学是完全新建立的,过去没有基础,首先就是学习苏联先进的经验。在学术上我们要做到既学习苏联研究的最新成就,同时也总结本国革命法制实践的经验。"时隔不久,反右运动中,他也因支持创办《法学》刊物被扣上右倾的帽子,郁郁寡欢。1958年雷经天又被任命为上海社科院首任院长,1959年8月正当壮年的雷经天因肝癌去世。

有边区党和政府在特定环境和条件下不得已而为之的无奈,也有对未来新国家、新制度的激情向往,更有理性支配下的自觉和主动。总之,陕甘宁边区大众化司法制度的确立是各种力量共同作用的结果。

在形成的过程中,来自司法系统之外(边区党和政府的领导与普通民众)的声音和动力,远远大于司法系统之内的,对此必须进行具体而细致的分析。

1943年以后,经过边区党和政府的大力提倡,经过边区司法系统内部一些出身于工农的干部的摸索,大众化司法制度最终定型。

1. 理论基础。工农等民众是国家的主人,因而司法审判活动必须让民众满意,而且最好是让所有民众都满意,而让民众满意的最好办法,就是在政府组织下使民众参与司法活动,这是陕甘宁边区大众化司法制度创建的理论基础。

2. 特点。民众对司法活动的广泛参与和深度参与,是陕甘宁边区大众化司法制度的最大特点。

3. 民众参与司法活动的途径。民众参与审判的方式和途径包括人民参审、就地审判、旁听发言、人民团体代理、人民调解、群众公审等多种,从而保证判决结果既符合民众的意愿,又符合边区的法律或政策。判决,特别是一些影响较大、民众较为关心的案件,多采用公开、群众集会等方式,一来使民众知晓,接受民众的监督,二来教育民众。

4. 主要技术。法言法语的被废止和对各种必要程序的大幅简化,使民众对司法的参与从技术上成为可能。

5. 推行方法。通过树立典型、媒体报道以及借助司法系统内部的行政权力及民众对司法机关的评价加以推行。陕甘宁边区时期民众对司法机关和司法人员的评价标准主要有:司法人员对民众的态度和感情,如是否主动为民众着想,言辞话语、表情与民众是否有隔阂及距离;审判是否迅速;结果是否公正;等等。至于评价的途径和方式,则主要是当事人通过向政府和权力机关反映；等等个体行为。中华人民共和国成立后大家所熟悉的司法机关向权力机关述职的做法，陕甘宁边区时还尚未出现。

  上述这一切，使陕甘宁边区的司法机关、司法人员和审判活动，日益向民众的生活经验靠拢，甚至在某些方面逐渐合而为一。

第六章

个案观察：人民调解制度研究

> 公家的政策太宽大哩，遇到个别顽皮捣蛋的人，公家就没办法了哩，调解不动，判后不听，今天不停当，后天不来了，弄来弄去还解决不了，官司一打到上边，就拖几年。……尔格的公家越上越好说，你看那些调皮鬼，到上边翻来覆去地啰唆，公家还不发脾气，亦不予制裁，搞来搞去调皮人还是有理。尔格政府太宽大了！
>
> ——米脂县农民语

为了更好地理解和再现陕甘宁边区大众化司法制度，本章通过陕甘宁边区人民调解这一具体的制度从个案的层面对大众化司法制度作进一步的观察。

人民调解制度既是陕甘宁边区司法工作的重要传统，也是边区大众化司法的一个重要方面，它缘起、发展、定型于全面抗战时期的陕甘宁边区，时至今日仍然是中国司法实践中化解矛盾、解决纠纷的基本制度和手段之一。纵观以往的研究，大多遵循以下两种进路：一是侧重于从功能的角度正面对调解制度的内容、调解制度在解决纠纷中的作用进行描述和分析；二是把调解制度作为中国共产党实现政治目的、实现社会治理的一种工具加以考察。[①] 为了对大众化司法制度进行更为全面的观察，通过人民调解制度这一个案，本章尝试从政府（准确地讲应该是领导人）、司法机关和司法工作人员以及民间三个层面进行一种新的解读。陕甘宁边区调解制度的推行和建立，是边区领导人、司法人员和民间三种力量博弈的结果，忽视了对任何一方的考察，其结论都有待商榷。

第一节 人民调解制度的缘起

尽管在现有的教科书以及相关的著述中，均称人民调解制度萌芽于苏维埃时期，在陕甘宁边区开始规范，但这种观点未必正确。虽然在苏维埃时期客观上存在着一些利用调解解决纠纷的个案，但实事求是地讲，作为一种制度——人民调解制度的产生和确定是在全面抗战时期的陕甘宁边区，它是在大众化司法确立的过程中出现的，甚至还

---

① 前者以张希坡《马锡五审判方式》，杨永华、方克勤《陕甘宁边区法制史（诉讼狱政篇）》为代表；后者则以强世功《权力的组织网络与法律的治理化——马锡五审判方式与中国法律的新传统》、范愉《简论马锡五审判方式——一种民事诉讼模式的形成及其历史命运》(《清华法律评论》第2辑，清华大学出版社1999年版）等为代表。

可以给出更加具体的时间，是在 1943 年以后。

以往学术界在解析陕甘宁边区推行调解制度的原因时，其观点主要有二：一是为了适应精兵简政的需要；二是整风运动的产物。这两种观点认为，风行于 20 世纪 40 年代的延安整风运动，为人民调解制度的产生奠定了思想和作风基础；而边区政府为了适应艰苦的战时环境推行的精兵简政运动，则使人民调解制度成为一种必然，即当政府的公共投入无法解决日益增多的纠纷时，只能寄希望于民间自我解决了。这些观点都有其合理性，但也不全面。笔者认为，人民调解制度的推行，既是出于与国民党政治斗争的需要，也是探索未来中国新型司法制度的结果，也就是说，人民调解制度的出现是长期制度考虑与短期行为共同作用的结果。

一、边区政府的考虑

调解制度推行的动力，主要来自陕甘宁边区政府，而所谓的边区政府，严格地讲是边区政府的主要领导人，这一点在文献中反映得十分清楚。至于边区政府之所以极力推行调解制度，出发点又大致可以归结为两个方面：

（一）政治斗争的需要

全面抗战初期，迫于中日之间的民族矛盾，国共两党又一次走到了一起，但两党之间的斗争却一直没有中断。1942 年前后，随着抗战结局的基本明朗，两党对未来中国政治领导权的争夺也进一步加剧。这种斗争反映在许多领域，推行调解制度就是这种斗争在司法领域里的集中反映之一。

近代的中国正处在新旧交替之中，伴随着中国社会的转型，传统社会逐步解体，新的生产关系、人际关系、主流文化，乃至权力结构尚未形成，社会中的各种矛盾进一步激化，导致纠纷大量产生，卷入纠纷的人数在不断增多，而且纠纷的复杂程度也远非以往可比，严重地影响着社会秩序。这一点在农村中反映得更为明显,传统乡村的破败是近现代中国最值得关注的问题之一。

然而从国外移植而来的以精英化、专业化、程序化为主要特点,以中立身份出现,并被人民寄予厚望的新型司法制度,不但在解决此起彼伏的纠纷中并未发挥应有的作用、展现应有的效率,带给人民期望中的公平和公正,还在一定程度上进一步加剧了中国社会的分化,因而逐渐受到整个社会,特别是乡村社会的怀疑,甚至抵制,出现了国家与社会之间的对立。①

尽管在近代的中国,司法制度的建设从未成为一项独立的任务,但如何消除社会各界对司法制度和司法现状的不满情绪,加快对纠纷的解决,又成了一切执政者在考虑如何稳定政权这个大前提时不得不考虑的一个具体问题。于是改革就成了中国近现代司法制度的主题。纵观中国近现代的历史,可以发现一个非常有趣的现象,即各种政治力量、各个阶层都曾对司法制度改革问题提出过具体主张和建议。

国民党对此不可能不清楚。事实上中国国民党成立后不久,便于1927年推行了所谓的司法改革,即武汉国民政府的新司法制度,强化国民党对司法工作的领导。南京国民政府建立后,在继续移植西方现代司法制度的同时,又秉承中国的传统,重视调解制度,试图在国家与社会、西方与中国传统之间寻找一种新的协调机制,达成一种新的平衡,以此淡化国家与社会的对立。为此,南京国民政府于1932年前后陆续颁布了《民事调解法》和《民事调解法施行规则》《处理民事调解应行注意事项》《区乡镇坊调解委员会权限规程》等一系列法律法规。但出于内忧外患等种种原因,这些法律法规并未取得应有的效果。1943年,随着抗战进入战略相持阶段,国民党政权稍微稳定之后,便

---

① 近代中国纠纷的增多是社会转型所带来的必然结果,解决这一问题也远非法律,当然也包括司法所能胜任,所以从这一角度讲,近代以来所有针对司法机关和司法制度的指责,都有必要重新认识。

第六章 个案观察：人民调解制度研究

又旧事重提，着手推行调解制度，国民政府司法行政部于 1943 年 6 月 3 日专门向各省高等法院发布训令，要求各省高院切实推行调解制度。训令使用的语言极为严厉：

> 唯近年各司法机关办理调解事件，据视察所得其调解成立者，大都不过百分之几。推原其故，虽有时系因当事人固执成见，各趋极端，无法使之归于妥洽，然各司法机关承办人员，对于调解事件之处理未能尽其职责，亦属重大原因。际此抗战时期，我前后方人民，荡析离居，困苦已甚，秩序未复，纠纷正多。为减少人民讼累，保持国家元气，计尤有厉行调解之必要。嗣后各司法机关承办人员，自应仰体时艰克尽厥职。其办理调解事件，首须离开裁判官立场，俨然以调人自居。并于视听言动之中，处处表示息事宁人之意，务使当事人心悦诚服，乐于调解。①

全面抗战时期的根据地政权，从名义上讲隶属于南京国民政府，因而南京国民政府所推行的调解工作对根据地政权不可能不产生影响，尤其是在全面抗战这样一个特殊时期。

陕甘宁边区是近现代中国经济上最为落后的地区，根据地建立之前，不仅经济凋敝，社会内部原有的联系纽带也已支离破碎，生存的压力要远远强于其他地区，因而纠纷极易产生。这一点在现存的边区诉讼案卷中反映得极为清楚。案卷中叔侄之间、兄弟之间、母子之间的诉讼占了相当的比重，远远高于同期的江南等地。中央红军的到来，又带来了大量的外来人口，进一步加剧了生活的压力。根据地政权建立后，尽管经济上尚无起色，但根据地政权依据新的阶级斗争理论，大刀阔斧地对原有的社会结构进行改造，培育新的社会组织系统，社

---

① 《司法机关对于调解事务须切实办理令》，引自湖北省司法行政志编委会《清末民国司法行政史料辑要》，内部资料，1988 年刊印，第 374 页。

会被重新整合在一起，一种新的社会秩序逐渐形成。

然而，全面抗战的爆发，使陕甘宁边区政府原有的努力几乎全部化为灰烬。出于团结一切力量共同抗战的需要，中国共产党不得不调整政策，向地主和资本家做出了必要的妥协。这种政治上的被迫妥协，给边区政府的管理带来了极大的麻烦：不但使已开始简单和清晰的人际关系又开始变得复杂，摩擦的原因进一步增多，而且使边区的经济利益、政治格局和价值取向开始多元。也就是说，局面越发复杂和混乱，更加难于驾驭。于是，从全面抗战开始，陕甘宁边区进入了一个纠纷多发的特殊时期。如1941年8月，绥德分区专员王震等向边区政府主席林伯渠报告说：

> 这里司法工作基础较弱，案件复杂且多，如比之延市法院，从干部数量、能力和案件单纯来比，则复杂几倍不止，尤其此地环境特殊，在民事方面，如婚姻、土地、债务纠纷极多，且多数有关《施政纲领》的政策问题，因干部经验差，在处理上亦多未尽适当，又因人少事多，案件颇有积压，而人民对政策要求高，解决稍迟，立刻有反映，请派得力司法人员，以便加强司法工作。①

显然，如何尽快地解决纠纷、减少诉讼，自然成了边区政府需要认真思考的大事。它不仅可以加快抗战的胜利，还可以尽最大可能地争取民意，从而使自己在抗战胜利后的斗争中占据有利的位置，也就是说，其意义早已超过了法律问题本身。

通过调解来解决纠纷，显然就是这样一种手段，或者起码说是在司法领域能使民众满意的一种手段。这是因为：第一，调解有群众基础，易于接受。第二，调解可以减少群众对政府的不满。调解的最大特点

---

① 转引自杨永华、方克勤《陕甘宁边区法制史稿（诉讼狱政篇）》，第31页。

是双方当事人妥协,双方都接受,特别是边区所推行的人民调解,则更是由民众自己出面解决自己的纠纷,政府基本不介入。审判是通过公权力的介入来保护其中一方的权利,这样败诉方就可能将不满发泄到政府的头上。与之相反,调解一般不会出现这种情况。对此边区领导人讲得极为明白:"审判是强人服从;调解是自愿服从。"[①]这是两者的最大不同。第三,调解以调解人的积极介入为主要特点,它既符合走群众路线的中国共产党的执政方针,又可以改变坐堂办案、不告不理,即以中立性为主要特征之一的现代司法制度留给民众的所谓"官僚主义"的负面印象。

明白了这些之后,就会懂得从某种程度而言,调解制度推行得如何,是对国共两党执政能力的一种考验,是一场意义深远的政治斗争。

尽管现在还没有找到直接、确凿的材料,证明陕甘宁边区人民调解制度的推行与南京国民政府之间的关系,但只要稍微留意一下南京国民政府与陕甘宁边区政府两者在推行调解制度问题上的时间表,就不得不承认两者之间事实上的联系。

此外,还有一个现象或事实也可以支撑上面的观点:1943年以前,虽然也可以找到边区政府颁布的几个有关调解工作的文件,但对于这些文件,边区政府和司法系统却并未当真,成立的一些组织和机构诸如调解委员会等也"形同虚设,徒有其名"[②],但1943年前后,一切却发生了明显的变化,对于调解工作,边区政府的反应变得迅速和强烈。对于中国政治稍有了解的就会懂得,这很可能不是一种巧合。

1943年6月3日,南京国民政府司法行政部向各省高等法院发布训令,要求各省高院切实推行调解制度。

1943年,陕甘宁边区政府发布了《关于普及调解的指示》。同年6月8日,边区高等法院发布《实行调解办法,改进司法作风,减少人

[①] 《谢觉哉日记》(上),1944年5月11日,第521页。
[②] 杨永华、方克勤:《陕甘宁边区法制史稿(诉讼狱政篇)》,第189页。

民讼累》的指示信。1943年6月11日，陕甘宁边区高等法院颁布《陕甘宁边区民刑事件调解条例》。1943年12月20日，边区高等法院又发布了《注重调解诉讼纠纷》的指示信，规定调解为诉讼的必经程序。1944年1月6日和6月6日，边区政府又接连发出命令，"号召劳动英雄、有信仰的老人和公正人士参加调解"，把调解推向民间，变司法调解为人民调解。1944年5月23日，《解放日报》专门报道了定边县调解民事纠纷的案例和经验。此后，《解放日报》和《群众日报》不断发文报道各地开展调解的情况和先进个人的事迹，为调解工作的开展推波助澜。1944年6月，高等法院绥德分庭副庭长乔松山向边区参议会提出了《普遍建立调解制度，订立乡村公约，切实做到减少人民诉讼纠纷》的提案，该议案在边区参议会常驻会第十一次会议、边区政府第五次政务会上讨论通过。为了配合该议案，边区高等法院于1944年8月再次发出指示信，要求对议案的内容进行宣传，调解运动终于在边区轰轰烈烈地开展起来。

由此可见，边区政府对调解制度的推行，在一定程度上是出于策略上的考虑。当然，从这种关联的考察绝不能简单地得出陕甘宁边区推行的人民调解制度是听命于南京国民政府的结论。

（二）探索新型司法制度的结果

如果再仔细观察，还会发现人民调解制度的推行，在当时的陕甘宁边区绝非一个孤立的事件，它与整个边区政治的走向、指导思想的更新、司法制度发生的诸多变化有着内在的联系。因而有理由说，人民调解制度是在中国共产党人探索新型司法制度这一大的背景下诞生的。

如前所述，从1941年前后，中国共产党人对未来新型国家政权性质方面的思考已基本成形：未来新的国家，既不同于欧美，也不同于苏联，是一种人类历史上全新的国家，这种新的国家即为广大民众所认可和接受的新民主主义国家。

第六章 个案观察：人民调解制度研究

新型国家中自然也必须包括新型的司法制度。事实上，边区司法系统对新的司法制度的摸索一直也在进行中，并先后出现了雷经天、李木庵两种类型——为了论述方便，姑且这样称呼。但这两种类型却都受到了边区政府领导人的否定，并被认为是主观主义和教条主义在边区司法工作中的反映："边区司法干部有旧的教条主义——国内外法律专门学校毕业的；也有新的教条主义——内战时的司法经验"①，并强调说"司法上的思想转变比其他工作要困难，因为它有很深的教条传统"②。正是这两种教条主义的影响，使"边区司法似乎是政权中较落后的一环，原因，大家对司法不注意，不去研究，很少人有司法知识，人民缺乏法律观念，而我们又是要求比旧民主主义进步的司法；老百姓要求断讼的公平、迅速，又很迫切。因此更显得司法工作的落后"③。

建立新型司法制度是一个全新的事业，没有任何可资借鉴的样板，但透过边区政府领导人的言论，特别是前引的谢觉哉的言论，又可以看到其中有两个原则是十分明确的。一是人民群众必须满意，"要在人民对于司法的赞否中，证明司法工作的对与否"④。也就是说，人民群众的满意与否，是判断司法工作好坏的唯一标准。二是这种制度必须来自中国自己的实践，而不是照抄书本和其他国家现行的东西。

综合这两点，似乎可以这样来表述：新型司法制度必须在充分发动群众、在人民群众广泛的参与中去摸索和完善。

调解制度显然符合这一要求。从小处说，"调解可使大事化小、小事化无；可使小事不闹成有事。增加农村和睦、节省劳力以从事生产"⑤。从大处着眼，调解是一种载体，其特点，一是民众的广泛参与，二是

---

① 《谢觉哉日记》（上），1943 年 12 月 4 日，第 557 页。
② 《谢觉哉日记》（上），1943 年 5 月 17 日，第 468—469 页。
③ 《谢觉哉日记》（上）1943 年 2 月 26 日，第 411 页。
④ 《谢觉哉日记》（上），1943 年 5 月 17 日，第 469 页。
⑤ 谢觉哉：《关于调解与审判》，1944 年 5 月 11 日，载王定国等编《谢觉哉论民主与法制》，第 136 页。

没有一定之规,因而充满了新制度产生和发展的广阔空间,用谢觉哉的话说就是,调解"这是一个大原则——为群众又依靠群众的大原则"。①

二、民众的要求和参与

在陕甘宁边区推行调解制度的过程中,民众的态度同样起了不可忽视的作用。边区民众对待调解的态度经历了从最初的冷漠到热情高涨的过程。至于边区民众为何会对调解表现出较高的热情,其对调解的拥护和参与的热情、动力究竟来自哪里,一言以蔽之,是来自对政府司法工作的不满。有关边区民众对司法工作的不满问题,前面已做过系统的分析,这里不再赘述。

一方面是民众对司法工作的不满,另一方面陕甘宁一带自古又存在着自我调处纠纷的传统和习惯。生于斯、长于斯的马锡五对此十分清楚:"在社会习惯上,千百年来早已存在着张三失手打坏李四,王大出来和解的习惯,这是良好的习惯。"②因而,就逻辑上讲,既然政府不能给民众带来其所需要的结果,还不如自己动手解决纠纷为好。

然而必须指出的是,陕甘宁边区民间原本确实存在着民众自发调解纠纷的传统,但作为经过苏维埃运动的革命老区,在共产党的多年经营下,传统乡村社会中的权力结构正在发生着变化,乡村中原本存在的调解主体——士绅阶层已程度不同地受到冲击,权威和风光已不再。这一点同陕西其他地区明显不同。南京国民政府的调查表明:"现在陕西乡村中握有政治权的,还是比较年老的乡村士绅。"③但共产党和边区政府所依赖的贫苦农民由于受教育程度低、缺乏见识,加以视野不够宽阔,对政治和社会事务普遍较为冷淡,漠不关心,这一点在

---

① 谢觉哉:《关于调解与审判》,1944 年 5 月 11 日,载王定国等编《谢觉哉论民主与法制》,第 138 页。
② 马锡五:《答考察边区司法者问》,1946 年,陕西省档案馆藏档案,全宗号 15。
③ 南京国民政府行政院农村复兴委员会:《陕西省农村调查》,上海商务印书馆 1934 年版,第 149 页。

那些刚刚建立政权的新区表现得更为明显。张闻天说，分得土地后的边区农民，

> 对于各种同生产无直接关系的事情，如参加政府与党的工作、学习文化与政治、参加会议等，他们的兴趣与积极性大大地消弱了。"顾不上"，这是他们的理由，他们怕"误工"，妨碍他们的生产。特别是在农忙时，他们总是找出许多理由，不参加这类活动。有一部分党员说："现在该轮到别人来负担了吧！"特别是许多女同志，她们对党的生活与工作感觉到毫无兴趣。她们除了生产之外，还有家庭与孩子的纠缠。她们总说："女人不顶事。"①

不要说是对公益活动不热心，有些底层农民甚至连能给自己带来直接利益的政策都持反对态度。如边区政府为了普及科学文化知识，开展扫除文盲运动，创办了不少学校和识字班，但有些农民却悄然抵制，不但自己不学，还反对孩子读书，原因是害怕孩子识字后会成为"公家人"。②在许多农民看来，一旦成为"公家人"就意味着背井离乡。

此外，由于陕甘宁边区成立的时间相对较早，伴随着党对传统乡村的改造，其权力触角正向农村的各个角落里延伸，并在百姓中形成了一切听从政府的观念。因而，民众对能否自己出面解决纠纷心中也存有顾虑。

为了调动农民的参与，边区政府放下身段，一方面加强宣传："大家的事，大家来议，大家来做。在大家公认的条件之下（少数服从多数，个人服从全体），谁能发表意见，好的意见一定能够被采纳；谁都有出来做事管事的义务和权力"③，强调民众对自身事务的自治权，希望以此

---

① 《张闻天晋陕调查文集》，中共党史出版社1994年版，第84页。
② 《陕甘宁边区教育资料·社会教育部分》（下），科学教育出版社1981年版，第280页。
③ 谢觉哉：《边区民主政治的实际》，载《新中华报》1940年6月18日。

打消民众的顾虑;另一方面也在不断调整政策,寻找、培养民众愿意接受的调解人。

调解工作推行之初,边区政府希望通过调解工作,培养一批懂政策、政治上有潜质的贫苦农民替代原有的士绅阶层,筑牢自己的统治基础。但很快就发现,这种想法不太现实。一来调解是件需要花费时间的工作,一般贫苦农民根本无力为之。二来乡村社会有一套自己的价值标准,调解人缺乏权威也很难为之。中国农民较为现实,要想获得民众的认可必须拥有一定的实力,或智识超人,或有关系减少大家的负担,或有财力能替大家分担责任,一般农民在短时间内很难做到这一点。1943年绥德农民公开讲"穷人没知识,吃不倒财主,怕负担派不出去",因而不愿意选贫苦农民当村长。[①]为此,边区政府很快就对这一政策进行了调整,提出"要号召劳动英雄、有信仰的老人、士绅等参加调解——不定要当村主任、村长。会调解、调解有成绩的人,应受到政府的奖励和群众的尊敬。要选拔出调解英雄,因为他为人民做了好事"。[②]

作家丁玲对此也有深刻的认识。她说,在传统势力仍然强大的陕甘宁边区,从事任何工作都必须充分利用好士绅、民间艺人等乡村名人。"这些人对旧社会相当熟悉,对民间形式掌握得很好,有技术,有创造才能。他们缺乏的是新的观点,对新生活新人物不熟悉,他们却拥有听众、读者,时代变了,人民虽然不需要那些旧内容,但他们却喜欢这种形式,习惯这种形式,所以我们要从积极方面,从思想上改造这些人,帮助他们创作,使他们能很好地为人民服务。"[③] 丁玲谈论的虽然是民间艺人与创造新文化的关系,但对我们理解谢觉哉的话,即为什

---

① 中央档案馆、陕西省档案馆编:《中共中央西北局文件汇集》(1943年,二),甲,内部资料,1994年刊印,第187页。
② 《谢觉哉日记》(上),1944年5月11日,第621页。
③ 《丁玲全集》第7卷,河北人民出版社2001年版,第115页。

么要动员传统士绅和劳动英雄参与民间调解同样重要。

接下来的问题是,农民为什么会响应共产党的号召,参与调解?

对政府司法工作的不满确实是一个原因,但尚缺乏足够的说服力。陕甘宁边区政府倡导的民间调解是不收取费用的,不仅如此,从事调解还得投入相当多的时间和精力,影响自己的生产,也就是说是件费力不讨好的事情。

谢觉哉指出,对于那些优秀调解工作者,边区政府应给予一定的奖励。但鉴于边区政府的财力,物质上的奖励基本不可能,能给的只能是荣誉。发现和培养典型人物,并将典型人物英雄化和先进化,这是党从根据地时期就已掌握及擅长的工作方法和政治仪式,其目的是"凭借这批骨干去提高中间分子,争取落后分子。……必须不断地提拔在斗争中产生的积极分子,来替换原有骨干中相形见绌的分子,或腐化了的分子"。① 为了推动调解工作向社会层面延伸,边区各级政府发掘和培育了17位民间调解模范,登报表彰,为他们披红挂花,极具仪式感。调解模范还与其他各类模范一道出席边区政府专门召开的劳模大会,享受一般民众无法奢望的荣耀。一位参加了劳动模范大会的劳动模范向村民炫耀说:"在开会期间,毛主席、朱总司令、高司令、贺师长、林李正副主席和延安各机关的首长,都那么热烈地招待我们,指导我们,和我们握手,请我们吃饭,把我们看得像自己兄弟一样。我们每一个都实在高兴,实在喜欢。"② 被授予调解模范称号的当事人的生活网络无形间被放大,这激活了他们的自我认同感。

此外,一些善于调解的当事人被民众称为"公正人",并受到普遍尊重。如淳耀县的士绅房文礼为人公正,古道热肠,一年调解纠纷百余件,连国统区的平民百姓都知道他是一个公正人③,这一点在熟人社

---

① 毛泽东:《关于领导方法的若干问题》,载《毛泽东选集》第3集,第898页。
② [印度]比·库·巴苏著,顾文欣等译:《巴苏日记》,商务印书馆1989年版,第293页。
③ 《"老区长"——介绍参议员房文礼》,载《解放日报》1944年12月9日。

会里极为重要。还有一些调解模范当上了参议员、村长,一跃成为乡村中的新式权威。对于中国农民来说,通过为人说和了事成为乡村社会中的权威,无疑具有极大的诱惑。一位外国访问者敏锐地观察到了这一点。他说:一位动身离乡出席边区参议会的参议员"身后跟着大群男人、女人和孩子,许是他的朋友或是羡慕他的人,他们敲锣打鼓,高声谈笑着,用这种乡间淳朴简单的方式,欢送出席陕甘宁边区参议会的代表"。①

除此之外,还与陕甘宁边区政府营造出来的调解运动氛围有关。与国民党相比,中国共产党的社会动员能力堪称强大。为了推行调解工作,边区党组织和政府利用能够动用的各种手段和宣传工具,在极短的时间内发动了一场轰轰烈烈的全民调解运动,将所有的人纳入其中。

因荣誉所带来的自我认同,成为乡土社会中新式权威的诱惑,运动中被激发出来的亢奋情绪也使一些乡村中的能人、新式各界模范、传统士绅欲罢不能,即便是牺牲一些物质利益也在所不惜,纷纷投入调解工作之中。

延安县蟠龙区的申长林就是边区政府推举的调解模范。申长林出身贫寒,原本是个远近闻名的"二流子"。申长林在边区政府的帮扶下,不仅改掉了自己身上的不良习气,还积极从事生产,并迅速脱贫致富。他脱贫后不忘乡亲,热心公益,有一年边区发生灾荒,申长林一次便借出粮食 13 石用于赈灾。调解运动开展后,他又被推举为乡调解委员会主任,成为"半公家人"。他一年调解纠纷 80 多件,因而被评选为调解模范,《解放日报》于 1943 年 3 月 7 日和 16 日、1944 年 1 月 28 日三次报道他的事迹。1943 年 11 月申长林出席陕甘宁边区首届劳动模范代表大会,大会规模之高前所未有。边区党政军的领导人几

---

① 〔印度〕比·库·巴苏著,顾子欣等译:《巴苏日记》,商务印书馆 1988 年版,第 293 页。

乎悉数出席,更有甚者,吴满有、申长林等 10 位劳动模范的大幅肖像与毛泽东、朱德等领导人的肖像并排悬挂在主席台上,当他走上主席台时,台下掌声雷动。会议期间毛泽东还亲自与吴满有、申长林等座谈。为了调解纠纷,申长林耽误了自己的生产,同时还要没完没了地开会,家人有意见,但已脱离了温饱的申长林却仍然乐此不疲。

申长林生活的马家沟有刘姓兄弟二人,二人分住。一天刘生旺的伙计李二因抽烟,令女儿到刘富旺家借火,火星落在刘富旺婆姨的夹袄上,烧了一块,刘富旺即与李二吵了起来。申长林知道后主动去劝说。申长林在村子里较有声望,刘富旺碍于申长林的情面,即停止争吵,但仍然心怀不满。刘富旺兄弟伙用一牛,此时刘富旺的地已经耕完。事件发生后第三日早晨,刘生旺准备赶牛耕地,刘富旺却拦住牛不准刘生旺使用。刘生旺知道是为前两天的事生气,也很气愤,竟带着李二直接到区政府告状。区政府问明情况后,未作处理,仍退回叫申长林调解。刘生旺派李二找申长林说明情况。申长林说:"你们大家都不对,烧了人家夹袄不赔,还能告状?刘富旺(也不该)拦住牛不让耕地。大家在一起说说,说开了也就对了。跑到区上,三个人都耽误了生产,你自己说值不值?"大家都以为然,于是申长林和刘生旺、李二商量,给刘富旺赔偿损失。申长林了解李二的家境,说"李二要赔一件夹袄也赔不起,赔他 2000 元钱就差不多了"。李二接受这一方案,便去找刘富旺来。刘富旺一进门便和李二撕骂。申长林又把和李二商议过赔偿 2000 元的话,转告给刘富旺。刘富旺一听气就消了,说:"钱我不要了,咱不是为 2000 元不得过的人,只要话说开就对了。"李二婆姨在侧,见此事已了结,亦感不安,说:"你们不要钱,我也过意不去,你们家里人口少,很忙,有啥活事,我可以帮你们几天。"结果双方恢复了和气。①

---

① 详见《解放日报》,1944 年 7 月 21 日。

总之，在边区政府的一再动员下，一些民众心中的顾虑逐渐消除，纷纷参与调解，一些久违的传统调解手段和技术被重新发掘出来，还创造了许多新鲜的经验或办法。如邻里调解、群众组织调解等，甚至还有极少通过群众会这种运动方式进行调解的。"绥市五区开了两天群众会，解决了190件人民纠纷。米脂银城群众会，只一个星期的时间，解决了317件人民纠纷。"①高等法院与清涧县司法处的人员，一起在该县的一个乡召开群众大会进行调解，一次解决土地纠纷案件20余件，等等②。一场轰轰烈烈的、由政府组织发动、民众普遍参与的调解运动，在边区热闹地展开了。

三、司法人员的态度

最后一个问题是，陕甘宁边区原有的司法人员对待调解制度持何种态度，他们在这一过程中究竟扮演着一种什么角色？这是以往的研究者未关注的问题。实事求是地讲，创建新型的司法制度既是政府的要求，也是司法人员的希望，在这一点上，政府与司法人员之间不存在任何分歧。

陕甘宁边区的司法从业人员大致由两部分构成，尽管这两类人在受教育的背景方面存在着较大的差距，但也存在着许多相同之处。作为法律工作者，相同的工作经历使他们对现代法律的理解毕竟不同于一般民众，即便是那些土生土长的出身于工农的司法人员也或多或少地懂得一些程序的价值；但作为革命者，他们又都本能地对旧的司法制度充满厌恶，同时对边区领导人所指明的方向从不怀疑。

但怎样创建新型的司法制度，以及新型的司法制度到底是什么样子，实事求是地讲，大多数司法人员并不清楚。然而，职业的惯性又

---

① 习仲勋：《贯彻司法工作的方向》，载《解放日报》1944年11月5日。
② 这一方法还被写入地方法规《绥德调解委员会组织与办法（草案）》，陕西省档案馆馆藏档案，全宗号15。

使他们对随意性较大的调解一时难以接受。审判是司法人员的专长，让他们一下子接受随意性较强的调解确实需要时间；此外，对于雷经天这类远道而来的职业革命家来说，如何与陕甘宁边区民众打交道也是一件非常棘手的现实问题。鲁佛民等外来的司法人员曾明确指出边区早期的司法人员"对边区的风俗习惯，未能彻底了解"。陕北农民大多木讷，不善言辞，习惯于弯弯转转地表达诉求，外来者很难习惯。有边区百姓打完官司后反映说："政府处理问题真是莫名其妙，打官司你多讲道理了，或顶了两句，法官就生气了。法官问一句讲一句慢慢来，你给他捻毛线，一句话不要多讲，他问几个钟头你给他捻几个钟头，少讲话反而官司能赢，他看你不多讲话老实；你把一肚子的牢骚都一气说出来，他说你不好。"因而，很多司法人员不习惯调解，也不会调解。这即是谢觉哉所称的"旧的教条主义"[①]。上述原因，使司法人员对调解工作始终抱有一种谨慎的质疑心态，更愿意先观察一下再说。

总之，调解制度的推行，其目的和动机不仅仅局限于司法方面的考虑，还包括政治方面的因素，乃至社会现实的压力——尽最大可能减少纠纷。即便是有司法方面本身的考虑，也是与政治上的考虑结合在一起的。在边区的领导人看来，司法工作只是政权建设中不可分割的一部分，因而新的司法制度绝不能与新型政权的发展方向相背离。人民调解制度在陕甘宁边区的兴起是边区党和政府、民众、司法人员三者互动的结果。

第二节 人民调解制度的推行

陕甘宁边区调解制度的推行大致可以划分为三个阶段。

---

① 陕西省档案馆、陕西省社科院合编：《陕甘宁边区政府文件选编》第9辑，档案出版社1990年版，第395页。

一、第一阶段

就时间而言，第一阶段从 1943 年至 1944 年上半年，其特点是调解工作主要集中于司法系统内部，且各地发展不平衡。尽管作为一种纠纷解决机制，调解在民众中有着良好的基础，但要真正推行起来却并非一件容易的事情。前面已经指出，早在 20 世纪 30 年代中期，也就是陕甘宁政权刚刚建立后，边区政府就曾推行过调解工作，但成效却并不大。究其根源，是司法人员主观上重视不够、态度上不积极。建立新型的司法制度，现有的司法人员并无意见，但新型的司法制度是否就是调解，或者说调解制度中是否包含着新型司法制度的生长元素，司法人员一时还无法判断。关于这一点，透过现存的陕甘宁边区文献，可以看得极为清楚：调解工作的推行动力自始至终都来源于边区政府，而非司法系统本身。

如前所述，1942 年前后，边区政府及其领导人对司法工作发表了措辞严厉的批评，表达了强烈的不满，并于 1943 年 6 月发布了推行调解工作的指示。

面对着上级的这些公开批评，边区高等法院再也不能无动于衷，迅速做出了反应，按照政府的指示精神，在短期内连续发布或颁布了《实行调解办法，改进司法作风，减少人民讼累》（1943 年 6 月 8 日）、《陕甘宁边区民刑事件调解条例》（1943 年 6 月 11 日）、《注重调解诉讼纠纷》（1943 年 12 月 20 日）等一系列命令、法规和指示信，调转工作方向，试图把调解这种原本属于民间的、传统的纠纷解决机制纳入法律控制范围，也就是说实行法制化；并对司法人员软硬兼施，在边区司法系统内积极探索和大力推行司法调解：一方面确定了"调解为主，审判为辅""调解是诉讼的必经程序""调解的数字，作为干部的政绩标准""凡以后上述的案件与呈报的案件，应调解而不予调解，原卷内未有和解记录与调解方案时，即证明司法人员未劝导当事人和解，违背政策，仍应发回重新处理，进行调解"①等几大原则和撒手锏；另一方面又不忘说服教育，在指示信中一再告诫司法人员，一定"要耐得烦，耐得气，态度要庄重诚恳，要苦口婆心，不可存焦躁和厌烦的心理，自能得到成功和减少诉讼的效果，无形中替诉讼人民增加了福利"②。

边区高等法院的这种极端反应颇耐人寻思。

在这一系列高压之下，调解工作的推行较之以前有了一定的改观，但依然没有达到预期的效果，仍有相当一部分司法人员小心翼翼地与调解工作保持着一种必要的距离。以至于到1944年下半年，高等法院绥德分庭的副庭长乔松山在一份写给边区参议会的提案中，不得不承认推行的结果不理想："年来，政府虽颁布《民刑诉讼调解条例》，并迭有调查指令、命令，而收效不显著，究其原因是未能将调解制度推广到群众中去，发挥群众力量进行调解，而各机关团体，也未能拿调解纠纷视为职务中的主要工作。"为此，他建议在进一步宣传的同时，动员人民自己调解。③

二、第二阶段

第二阶段时间上是从1944年下半年至1945年底，其特点是调解工作开始由司法调解发展为民间调解，并在边区范围内全面展开，但与此同时许多问题也开始显现。1944年，边区政府接受了乔松山的建议，除继续向司法系统施压之外，又开辟第二战场，把调解工作推向一切政府部门、社会团体，乃至民间。意想不到的是，调解工作遇到了来自各级政府工作人员的阻力。一些基层政府强调政府调解必须逐级进行，同时要求当事人必须有基层政府的介绍。边区政府和司法机

---

① 引自杨永华、方克勤《陕甘宁边区法制史稿（诉讼狱政篇）》，第204页。
② 同上书，第190页。
③ 乔松山：《普遍建立调解制度，订立乡村公约，切实做到减少人民诉讼纠纷》，1944年，引自杨永华、方克勤《陕甘宁边区法制史稿（诉讼狱政篇）》，第192页。

关发现后，明确规定基层政府只有调解的义务，没有拒绝驳回的权力。当事人可以根据自己的意愿自由选择调解组织和调解人。"如富县规定一切纠纷先经过乡上调解，不服再经过区上，不能调解再介绍到县上，越级报告县上不受理。因而发生某些乡区干部武断，乡区强制服从，私刑拷打，不准起诉，而当事人冤莫由申的现象。米脂县去年9月，县区两级检查司法工作联席会上常生温同志讲：'在区上发生一般民事问题都要有乡上的介绍信，区上才可以受理，否则仍退回乡上解决。这是说明工作的正规化。'清涧县城关区调解工作也是'我们非有行政主任的介绍和材料是不接的'。这种不便利诉讼的制度美其名曰'正规化'，但这样的正规化是不需要的。所以我们是民间调解的方针，老百姓愿意找谁就找谁，他觉得村主任不能解决问题，直接找乡政府也可以，觉得乡政府有些不便，直接到区上县上都可以，找群众团体如工会、商会、妇联、名流士绅、劳动英雄乃至任何个人都可以。因之规定一个'按级调解'便完全没有意义。再说，我们是两级两审制，地方法院或司法处为第一审，区乡不是审级，只能进行调解，人家没按村乡区各级层层上告，县乡各级政府不能以此为理由驳回。区乡政府有调解义务，无驳回之权力。"① 此后政府调解工作才得以展开。

1944年6月，边区政府又编了一本小册子，搜集了一些社会各界进行调解的成功案例，发放给各界民众，并利用新闻媒体进行鼓励，进一步推动，《解放日报》不厌其烦、连篇累牍地发表文章，介绍各地的调解经验和先进典型。看来，在司法和政府系统中推行调解工作的难度要比想象中大得多。

与司法系统、政府系统反映出来的不紧不慢的态度相比，对待调解，民间社会虽然在初始阶段也存在着一些顾虑，但总体推行较为顺利，司法调解变为民间调解。

---

① 雷经天：《边区司法工作报告》，1944年9月30日，陕西省档案馆馆藏档案，全宗号15。

或许是受到了民众热情的感染,一些司法人员也转变了观念,开始大胆尝试,并不断进行工作总结,固化经验。1944年10月25日《解放日报》在题为《延安县检查司法工作着重普及民间调解》的报道中云:延安县自10月6日起连续开会三天检查司法工作,讨论如何普及民间调解,与会者包括党外人士、常驻议员、劳动模范、有经验的民间调解人、各区区长和县府干部共60余人,边区高等法院雷经天院长也出席了会议。会议就调解工作订出如下几条原则:(1)要深入群众调查研究,弄清是非;(2)要公道耐心,要以道理说服双方当事人同意,不能强制;(3)方式方法要灵活,要根据不同对象和性格,采取不同方法;(4)不准收受礼物和报酬;(5)调解后要留手续,以免事后翻案;(6)调解时间,最好在晚上,免误生产;(7)政府要收集统计调解案件;(8)是否成立调解委员会或调解小组,依具体情况决定;(9)自动订立村民公约,养成人民自动守法的习惯,针对本村易犯的事项,订出处罚办法。①

1944年11月1日,《解放日报》报道,绥德分区亦举行司法会议讨论调解工作,会议自9月21日起,连续开了12天。会议以绥德地区民间涌现出的郭维德和杜良依两种调解典型为例进行讨论,规定了今后应注意的若干事项:(1)首先要调查研究,分清是非轻重;(2)认真负责,不徇私情;(3)要耐心说服,不怕麻烦;(4)要发扬民主,用群众的知识和力量,调解群众纠纷;(5)要用调解的好坏典型教育群众;(6)要懂得如何揭发和斗争坏人。②

但与此同时,调解的功能与作用也被夸大到无以复加的地步,一些负面的东西不可避免地出现了。对于这些问题,1945年边区高等法院曾做过总结:

---

① 《解放日报》,1944年10月25日。
② 《绥德分区举行司法会议,号召以调解的好坏典型教育群众》,载《解放日报》1944年11月1日。

这一时期内，法庭怎么处理案件呢？从大家所反映的是：先调解后判决，调解不通，然后再判决；双方服从的都调解，一方不服的再判决；判决不通的再调解。从乡到区，区到县，再从县到区，三番五次地调解。为了达到调解的成立，有的司法人员强迫调解，硬调解或者向当事人央告乞怜地说："看我的面上，算了吧，好你哩！"或者像当牙子（陕北方言，指中介人——引者注）一样，向双方当事人讨价还价，拦腰一贯。总之，合理不合理不管，但求调解的成立。[①]

通过政府持之以恒的努力，调解为主、审判为辅的边区司法原则终于得以确立，调解开始贯穿于审判的全过程。不仅如此，司法审判与调解的界限也变得模糊，如有的司法人员认为调解与审判的区别只是形式上的，是解决问题的两个途径；也有的人认为"调解是合乎政策而违背法律"的；等等。在这些错误的认识下，一些原不该由调解解决的案件，如严重的刑事案件也进行调解。如1944年，曲子县发生人命案15件，只有3件是经过法院审理的，其余12件都在下面调解了。

从功能角度讲，这一时期的调解无疑取得了极大的成功。据统计，"从1942年至1944年，全边区审判机关所处理的民刑事案件中，因调解而结案的百分比逐年上升，就可以看出调解工作的发展情形。1942年的民事案件中，调解结案的占18%弱，1943年上升到40%，1944年上升到48%；在轻微刑事案件方面，1942年调解结案的是0.4%；1943年上升到5.6%；1944年达到12%"[②]。与此同时，司法机关的收案数量也在同比例地减少，如1942年全边区民刑案件收案总数为1832件，1943年下降为1544件，1944年上半年为622件。

[①] 王子宜：《在陕甘宁边区第二届司法工作会议上的总结》，1945年12月29日，陕西省档案馆馆藏档案，全宗号15。
[②] 马锡五：《新民主主义革命阶段中陕甘宁边区的人民司法工作》，载《政法研究》1955年第1期。

1943年12月20日，陕甘宁边区高等法院发布指示，对调解的优越性做了高度评价："民间纠纷之解决，尤以调解解决为最彻底，既可和解当事人之争执，又可使当事人恢复原来感情，重归于好，无芥蒂横亘其胸，无十年不能忘却之恨。既可以减少法院之诉累，又可节省当事人诉讼时间和花费，并可以教育感化当事人及其他事外人，确实可起到调解一案教育四邻的作用"。①

三、第三阶段

第三阶段，时间上是指1946年以后。这一阶段最大的特点是政府的退出，调解主要被限制在民间。在开始的阶段，调解运动的开展大大地减少了纠纷，巩固了边区政权，但由于政府的过度介入，特别是强迫调解和没完没了的调解等，又引起了民众对政府新的不满。于是，1945年10月12日，边区高等法院召开第二届司法会议，对调解工作进行专题讨论和总结，并对此前在大规模群众参与下出现的问题和偏差做了必要的纠正。在此基础上，1946年下半年，边区政府又对《陕甘宁边区民刑事调解条例》重新进行了修改，一些原有的做法被否定，并重新确定了调解必须自愿，不得强迫；调解不是诉讼的必经程序；审判为主，调解为辅等新的原则。

另一个特别值得注意的变化是，不仅不再过度提倡法院的调解，就连政府调解也不再提倡，也就是说，把调解尽量限制在民间。

随着新条例的出台，调解的热度稍有降温，出现了某些学者形容的"缩手缩脚"的现象。②经过一番尝试，调解制度至此终于回归了其本来的意义。

---

① 陕甘宁边区高等法院：《注重调解诉讼纠纷》，1943年12月20日，陕西省档案馆馆藏档案，全宗号15。
② 详见杨永华、方克勤《陕甘宁边区法制史稿（诉讼狱政篇）》，第192页。

第三节 人民调解制度的基本内容

作为一项制度，人民调解制度的内容并不是固定不变的，它在推行的过程中处在不断的调适和变化之中。为了叙述方便，大致可以说，人民调解制度是由边区法律和边区政府的文件以及边区高等法院的指示、命令等为渊源而构成的一项具有相对稳定内容的制度，其内容包括调解的形式、调解的原则、调解的范围、调解的纪律、调解的方式等几个方面。

一、内容和特点

有关陕甘宁边区调解制度的内容已经有许多学者做过细致的研究，因而本书不再对此过多展开，而是从其他角度做些补充。综合陕甘宁边区的调解工作，我们大致可以将其归结为如下几个方面。

（一）全民型调解

按照《陕甘宁边区民刑事件调解条例》的规定，边区的调解从形式角度讲包括：

1. 民间调解。即由当事人邀请邻里和亲友出面居中调解，这是中国传统调解的基本方式。由于"讼事之起，多在乡村，其纠纷之远因近因，是非曲直，自以乡村知之最悉，亦以乡村调解为最宜"，"事件纠纷之真相，最易明了者，为肇事所在地之群众，首由邻居亲友调解，或由乡村信仰的人员调解，自易解决问题"。[①] 为此，边区政府对民间调解极为重视。

1944 年 1 月 6 日，边区政府主席林伯渠，在政府委员会第四次会议上首先提出：提倡并普及以双方自愿为原则的民间调解，以减少人

---

① 《乔松山在边区参议会上的提案》，1944 年 7 月，引自杨永华、方克勤《陕甘宁边区法制史稿（诉讼狱政篇）》，第 192 页。

民诉讼到极小限度……区乡政府应善于经过群众中有信仰的人物（劳动英雄、公正士绅等），去推广民间调解工作。

同年 5 月 11 日，谢觉哉亦指出："调解的方式，最主要的是群众自己调解，因为他们对事情很清楚，利害关系很密切，谁也不能蒙哄谁。占便宜、让步，都在明处。"①

同年 6 月 6 日，边区政府在发布的《普及调解、总结判例、清理监所指示信》中"号召劳动英雄、有信仰的老人和公正人士参加调解，90% 以上，甚至 100% 的争执，最好都能在乡村中，由人民自己来调解解决"。② 民间调解在解决纠纷中的重要性再一次得以确定。

在边区政府的大力提倡下，边区涌现出了一大批民间调解模范，如淳耀县的房文礼、房殿有，镇原县一区三乡的安兆甲，新正县的张清益，曲子县的朱启明，延安县蟠龙区的申长林、吴满有、刘志厚、王德彪，定边的白玉堂，延川的张竹山，富县的吴殿富，子洲的杜良依，佳县的高加绍，绥德分区的曹志让、马相明、王信志等，而尤以绥德西直沟村的郭维德最为典型。边区政府在 1944 年 6 月 6 日政府指示信中，充分肯定了郭维德在调解工作中取得的成绩。绥德西直沟村是个远近有名的贫穷落后的村子，村子不大，有户数 25，村民 330 人，但因"二流子"很多，因而纠纷不断。郭维德出身贫苦，以卖烧饼为生，但"绥德西直沟村主任郭维德会调解，几年来没有人向政府打过官司，成为民间调解的模范村，这样的村子不仅没有为争诉而费钱费时，而且大家必然和睦、肯互助，坏人坏事自然少，生产可以提高，各地要学习西直沟，学习郭维德"。③ 同年 12 月，在边区政府召开的劳动英雄和模范工作者大会上，郭维德被选为民间调解英雄，受到了政府的嘉奖。

---

① 谢觉哉：《关于调解与审判》，1944 年 5 月 11 日，载王定国等编：《谢觉哉论民主与法制》。
② 陕西省档案馆、陕西社科院合编：《陕甘宁边区政府文件选编》第 8 辑，第 201 页。
③ 同上书，第 202 页。

就解决纠纷的数量而言，民间调解最为重要。

2. 社会团体调解。所谓社会团体调解，是指各种社会团体成员间出现纠纷，由其所属的社会团体出面进行调解。社会团体进行调解工作，有两种形式：一是成立专门组织——调解委员会或调解小组进行调解。陕甘宁边区各种社会团体中不少成立了调解委员会，对本团体中成员之间的纠纷进行调解。如定边抗联会就组织了调解委员会，由抗联会、商会的负责人及地方公正人士组成，该调解委员会为团体成员调解了不少纷争，受到社会各界人士的赞扬。如该市城区四乡的张姓农民把土地典给周家，临近典期期满，张姓农民在没有通知周家的情况下，就将典地卖给了另一农户魏家。周家得知后，愿出钱将典约换为卖约，但张家不允。按照当地习俗，典期届满后，出典人有优先购买权，张家的做法周家自然无法接受。当地政府出面调解，希望周家承认既成事实，但周家不接受。市抗联调解委员会出面将双方当事人请来，按照当地习惯，让张家将地卖给周家四垧，其余再卖给魏家，纠纷得以解决。1945 年 6 月 16 日，《解放日报》报道了定边抗联调解民事纠纷的案例和经验，边区政府号召"各县群众团体要学习它的办法"，搞好群众团体调解。① 二是不建立专门调解组织，遇到成员纠纷，由社会团体负责人出面调解。就整体而言，社会团体调解较之其他几种方式发展较为缓慢，有的"一感困难，即送司法机关审判"②。

3. 政府调解。即由各级政府工作人员出面调解。为了将此项工作落到实处，边区政府特在民政厅内设第三科，县政府内设第一科，区乡成立调解委员会，具体负责调解工作。对于政府是否有必要成立专门的机构进行调解，在当时边区内部是有争议的。反对的人认为，政府工作繁忙，兼搞调解，影响本职工作。此外政府一科的调解与司法

---

① 《解放日报》，1945 年 6 月 16 日。
② 《乔松山在边区参议会上的提案》，1944 年 7 月，引自杨永华、方克勤《陕甘宁边区法制史稿（诉讼狱政篇）》，第 191 页。

处的工作重复，一科调解不成，再到司法处，还要进行问案、笔录、讲道理、调解等程序，往往使纠纷长期拖延，所不同者，一科无权判决而已。但边区政府则力主政府也要进行调解。从数据上看，政府调解在解决民间纠纷中发挥了巨大的作用。如延安县在1944年一年中，经区乡政府解决的纠纷就有1900件。同年，富县经区政府解决的纠纷有1000件。曲子县天子区1945年1月至8月共发案21件，由区政府经调解解决的19件，转司法处的只有两件。[①]

4. 司法调解。即由司法机关所进行的调解。从法律层面讲，真正具有司法意义的是司法调解。司法调解本身又分为庭内调解和庭外调解两种形式。庭内调解是指法律针对某些特定案件规定的审判前置程序，诸如离婚等案件必须先进行调解，调解不成立才能进行审判。而所谓庭外调解则是边区司法实践中的一种创举，也最具边区特色。它是以国家司法机关为主导，由司法人员和民众共同进行的一种调解形式，其本身亦包括了多种做法。如法庭在审判过程中指定双方当事人的邻里、亲友等出面调解；指定区、乡政府进行调解；审判人员与政府人员、当事人乡邻等共同调解；等等。由此可见，所谓的庭外调解是一种处于审判和调解之间的中间过渡形态，它动用了国家与社会的各种资源和力量，成功地将"国家"与"民间"合而为一，是边区政府在司法系统里着力推行的纠纷解决方式。

陕甘宁边区政府推行的调解方式多样，且包括的案件类型多样，除所有的民事纠纷外，还包括严重的刑事案件。如延长县长调解处理的高兰英打伤公公刘三致死案。延长县五区三乡郝家村农民高兰英因家庭纠纷打伤公公致死，此事在传统中国属性质极为恶劣的刑事案件。事发后高兰英为避免刑事制裁，主动找娘家人及户族长进行说和。大家认为此案尚可调解，经过大家同意，"故调解无事"，并对高兰英进

[①] 引自杨永华、方克勤《陕甘宁边区法制史稿（诉讼狱政篇）》，第217页。

行严厉批评,"令今后应改正性情"。①

此外,调解还覆盖诉讼审判的全过程。《陕甘宁边区民刑事件调解条例》规定,"除了一切民事纠纷均应实行调解外,一些重大刑事罪以外的一般刑事罪亦在调解之列",而且案件"在侦查、审判、上诉、执行程序中,均得为之"。②

总之,陕甘宁边区实行的是一种全民参与型的调解。

(二)混合型调解

有学者认为,调解大致分为"中介型""教谕型"和"仲裁型"等三种。③如若以此为参照,陕甘宁边区的调解则显然是一种混合型。纵观边区的调解实践以及这种实践的最终走向,大致可以归纳出这样一个模式,即以边区政府为中介,不到万不得已政府不直接介入(边区司法机关对司法调解所持的审慎态度以及边区政府最终对政府调解的限制无不体现了这种态度),由民众自己对纠纷进行解决,而在解决纠纷时既要化解矛盾,同时又要对当事人和其他民众进行教育,将政府的政策法律精神传达给民众,最终达到教育当事人、改造社会的作用。

边区政府在推广调解工作时,树立了一批调解英雄和榜样,如郭维德、申长林等,这些调解英雄和榜样之所以受到政府的表扬,除较好地化解了诸多纠纷外,还都懂得和擅长利用调解手段对当事人进行改造,懂得利用调解的机会宣传党的路线、方针、政策和政府新的法律精神。

(三)互动型调解

边区的调解制度是在政府的动员号召下,由政府与民众共同作用而形成的。在这一过程中,边区政府始终强调政府对调解工作的主导

---

① 《边区人民法院司法工作总结报告》,陕西省档案馆馆藏档案,全宗号15。引自杨东《陕甘宁边区的县政与县长研究》,第179页。
② 陕西省档案馆编:《陕甘宁边区高等法院文件选编》第7辑,档案出版社1988年版,第257页。
③ 参见季卫东等《调解制度的法律发展机制》,载强世功编《调解、法制与现代性》,中国法制出版社2001年版。

地位和指导作用，反映了政府试图将调解这种传统的民间"遗产"加以规范，进而服务于自己政治目的的努力。但与此同时，边区政府又十分珍惜民众的实践，对于民众的实践不做过多的事先约束，并注意对民众在实践中所创造出来的好的做法和经验，及时加以吸纳，而对于那些不符合自己意志的东西积极进行引导。如按照边区法律的规定，调解的结果包括：赔礼、道歉，或以书面认错，赔偿损失或抚慰金等几种形式。但在实践中，民众又创造出了帮工、互请吃饭等一些极符合中国人际关系传统和边区特色的方式。对于这些方式，边区政府并不加以制止，因而逐渐成为调解处理的主要方式。

（四）实践型调解

陕甘宁边区的调解制度，从一开始就担负着创建新型司法制度的重任，因而在启动的时候并无多少成型的东西，一切都在摸索和调适之中，这一点极为明显。如后来学者们津津乐道的陕甘宁边区调解三大原则：调解不是诉讼的必经程序，调解必须双方自愿，调解必须遵守政府法令、照顾善良习惯等；但其最初的表述和规定则均非如此。如前所述，在边区推行调解制度之初，曾规定调解为诉讼的必经程序，也就是说所有的案件都要先经过调解，只有调解不成立才能进入审判程序，并将调解率的多少作为考核司法人员政绩的条件，于是出现了强迫调解的问题。至于调解的依据，最初的表述为照顾善良习惯、遵守政府法令，最后才调整为遵守政府法令、照顾善良习惯。此外有关调解的范围，最初规定为除少数严重刑事犯罪外均可以调解，后来才逐渐确定为以民事纠纷为主，同时兼顾轻微的刑事案件等。

二、主要技术

制度确立后其实施的效果如何，除了制度本身设计得是否科学、合理之外，更依赖于其相关技术的发明，对于法律制度来说更是如此。陕甘宁边区政府特别重视相关技术的培育，并借助于中共强大的组织系统和主流媒体大力推行：如1944年2月18日陕甘宁边区政府发布指示信，明确要求各级政府要"调查民刑事调解经验。区政府、乡政府、行政村主任、自然村长或劳动英雄，或其他公正人士，热心调解民间民刑事纠纷足为范例者，每县至少调查收集两个以上的经验，详细写出，于6月底前寄高等法院"①。

一些基层政权组织对此也极为重视。如绥德义合乡政府，每3个月召开一次村调解人会议，通过会议向他们传达和解释政府有关的政策法令，组织他们彼此交流调解工作的经验，用好坏典型自己教育自己，通过总结经验、肯定成绩，鼓舞他们的信心。政府领导人还到场鼓励他们，并要求广大群众支持他们搞好调解工作。此外各级政府都评选了调解模范，并给予物质奖励。

《解放日报》《群众日报》等边区主流媒体，不断载文介绍调解模范的事迹和调解范例教育民众。文艺工作者还把调解模范的事迹和案例编成故事、秧歌、信天游在群众中演出宣传，扩大影响。

经过边区各级政府的积极努力，边区初步形成了一套相对稳定的调解技术。这些技术既有对传统民间调解经验的发掘、继承与改造，也有自己的创新。正是这些技术，使人民调解制度得以实现，并发挥了预想的作用。

为了叙述的方便和使以下的分析更有针对性，首先选择当时媒体上作为经验公开报道的两则相关案例介绍如下：

案例一：绥德县政府合理调解争窑讼案

绥德县沙滩坪区一乡穆家楼村，去年（1943年——引者注）年底发生两姓佃户争租一窑的事件，经区乡政府屡次调解未成。今年三月双方告到县司法处，各执一词，不听调解。县长霍祝三

---

① 陕西省档案馆、陕西省社科院合编：《陕甘宁边区政府文件选编》第8辑，第69页。

见两姓为此小事，诉讼不休，有碍生产，特派推事白炳明同志赴当地调查，并发动群众调解。三月二十四日白推事到穆家楼，首先召集村乡干部及有威望的老人拉话，问明争执真相；继到争窑地点察看，即与众人研究了调解方案，推选出面调停的人，然后找双方当事人进行调解。前后仅费三四个小时，和解即成，诉讼双方均化怨为喜，全村群众都说调解得好。①

案例二：石静山调解的案件

上诉人徐永恭与被诉人徐永昌、徐永善是堂亲兄弟，远在民国十二年时，徐永昌曾杀死舅父雷静儿，潜逃无踪；雷姓纠集大批人手前来报复，当时永恭的父亲为了调解侄儿们闹下的祸乱，请人说和，自己付出了800元银币，了结此案。永昌弟兄回家后，即将29亩土地典当给永恭，并还了他386元债务，短欠下的414元，总是推推托托，不愿归还。及至民国二十四年，永恭告到宁县政府，永昌事先逃避，终无结局。去年又起诉到合水县政府，经判决将当给永恭的土地由永昌赎回，永恭代付的800元银币由永昌以每元折合边币20元清偿，永恭不服，上诉。

石静山同志就首先到五区区政府与区书记、区长商讨，区上派了人做记录；又到徐家沟乡找该乡乡长、农会长、行政村主任研究了一下，大家认为要调解此案，还要地方上有威望的人帮助，于是就请来了当地公正士绅徐清昌，及徐家户族的长者12人，先作个别谈话，了解了诉讼双方的经济生活状况，上山看过他们的地，然后召集当事人及参加者在一起谈话，双方各执理由争执不下。当时到会的几个干部商量：20元边币折付一元银币太少了，大家认为将20亩当地作为买地方才合适。接着又与徐老绅士等人研讨，

---

① 《解放日报》，1944年5月8日。

他们的意见和干部的意见完全一致。……至此双方都很同意，共同写了执据，10年来的仇恨消解了。这一案件的办理，不仅使诉讼双方心服，远近群众闻讯，亦连连称赞：俗话说"清官难断家务事"，现在我们的政府把这么多年的家务断得一清二楚。①

通过这两起典型的案例，同时结合米脂县司法人员的自我总结等相关文本，大致可以将这些技术归纳为如下几点。

（一）注意调解人的选择

能否选择好的调解人直接关系到调解的成败。边区政府赋予调解工作的使命是双重的，既要解决纠纷，又要强化对传统农村的治理改造。因而，司法调解外，在调解人的选择上一方面不得不借助乡村中原有的组织和力量，如当事人的四邻、地邻、亲友、双方户族的族长以及特定社区内有威望的公正士绅、德高望重的长者等具有一定社会身份和公信力的人士，从而增强调解的权威性。这样人员构成几乎囊括了乡村中掌握着各种资源的人。中国人是讲究面子的，也就是说，如果这些人的面子你都不给的话，你也就等于"自绝于人民"了。

与此同时，边区政府又希望借助调解工作的推行，培养一批新的调解人，替代乡村中原有的士绅阶层，建立起新的权力系统，实行对传统乡村的彻底改造。为此，边区政府推崇的调解人除了要求能够解决纠纷之外，还应承担教育、改造社会的重任。绥德分院《1945年本院关于农村调解工作的调查材料》将农村的调解人才根据村庄政治状况的不同分为三种：第一种是经过彻底的土地革命的村庄，其中的调解英雄都是革命干部和积极分子；第二种是"新区域但群众社会成分好，旧社会残余势力不大的村庄"，其中的调解人物都是"新的调解人才"；第三种是新区域，社会成分不好，旧势力残余比较大的村庄，其

---

① 《解放日报》，1944年6月19日。

中的调解人员属于"改造中的调解人才"。

调解模范郭维德就属于第一种人。

> 正月初十,李生荣欺侮伯父李志和,说李志和埋儿的坟地坏了他家的风水,使他只养女子不生男娃,要李志和给他说好话,否则搬坟。李志和无法,告诉了郭维德。郭找了几个了解李家内情的老人商量,查明李生荣借口迷信,故意欺侮李志和。第二天郭召集双方并会同众亲戚,指明:生男育女与坟地无关,教育李生荣要尊敬长老,不得无理取闹。
>
> 正月二十日,郝如邦的婆姨因不满男人给哥哥担水,谩骂哥哥,被哥哥用烟管打了一下,遂哭闹不止,满街咒骂;并声言要村主任召开村民大会当众指教哥哥,方肯了事。郝家婆姨平日不好生产,虐待公婆,欺负男人,群众都抱不平。郭维德一面适当处罚了郝如邦的哥哥(罚他修路),平息被打妇女的气;一面利用群众力量,既清算郝婆姨平日为非作恶的毛病,批评她好吃懒做,搬弄是非,更进一步帮助她订立了生产计划。郝婆姨承认了错误,开始转变,清明节前已纺纱五斤,家庭未再发生问题。

从上举事实看来,郭维德的调解方式,显示着三个特点:

(1)所有纠纷力求在下面当即解决,不推诿责任,不愿让村民涉诉。

(2)依靠群众力量,客观地民主地解决纠纷。他说:"群众是一面镜子,什么事情都能照见,我解决问题总爱听听群众的呼声。"

(3)利用调解机会教育人民。①

而绥德杜家沟岔的杜良依,尽管对调解也十分热心,并擅长使

---

① 《解放日报》,1944年5月8日。

用一些民众喜闻乐见的民间谚语,如"天下贩子一娘生,贩子看见贩子亲""穷人不惜穷人""穷要本分,富要让人,让人一步自己宽,做下恩德常要当福汉"等来说服当事人,调解率较高,但却仍然受到了政府的批评,批评的原因是没能很好地利用调解的机会加强对农民的教育。

对于杜良依的这种调解方法,绥德分院的评价是:

> 这些话很有感动力,容易刺激当事人在思想上的转变。但是他的调解方法偏向于有些过于采用苦劝,揭示矛盾与利用当事人之间的矛盾不够,形成了对强者一味说好求情哀告的倾向。①

批评表明,边区党和政府所提倡的民间调解与传统调解尽管在追求解决纠纷的结果方面是一致的,但他们所要达到的效果则明显不同。不同之处就在于边区政府所提倡的调解并不简单地是为了解决纠纷和"息事宁人",实际上是将调解作为灌输党和边区政府的意识形态、政策的一种渠道,其目的是教育群众、改造群众,进而改造整个社会。②

杜良依虽然也可以列入第一种人,但对他使用的调解方法边区政府并不接受,绥德分院认为:

> 第三种类型的农村开始应将重点放在旧人才的改造上,然后再逐渐转变到培植新的成分上面去。在推动民间调解的开始,第三种类型的农村改造旧人才是绝对有利的,可以利用现有人才,又可以争取旧的在群众中有信仰的人,对他们必须给以适当的领

---

① 陕甘宁边区高等法院:《1945年本院关于农村调解工作调查材料》,引自强世功《权力的组织网络与法律的治理化——马锡五审判方式与中国法律的新传统》,载《北大法律评论》2000年3期。
② 强世功:《权力的组织网络与法律的治理化——马锡五审判方式与中国法律的新传统》,载《北大法律评论》2000年3期。

导及教育,对他们又不能要求过高,他们不正确的思想要在利用其工作中逐渐改造。①

调解工作要和行政工作很好地结合起来才能走向积极的教育群众改造农村的方面,它也能使调解纠纷得到有力的帮助和保证。如西直沟、杜家沟岔便是因为能配合行政工作的积极改造和教育,所以改造了"二流子",宣传了团结息事,使纠纷减少,发生了纠纷也易于调解。阎家沟因不能这样做,便形成消极应付的形势,头痛医头,脚痛医脚,对农村改造的积极作用便看不出来。②

前面指出,为了推动调解工作,边区政府树立了一批新的调解模范,这些新的调解模范既有出身贫寒的贫苦农民,也有公正热心助人的传统士绅。《解放日报》1944年7月21日报道:"据不完全统计,半年来吴满有调解案件即达50余件,申长林调解的案件,在一年中亦达到80余件。"《解放日报》10月21日报道:劳动模范张清益的调解范围不限于本村附近,而且是走到哪里就调解到哪里;劳动模范冯云鹏一年半的时间内调解了30多件土地纠纷、5件婚姻纠纷、5件名誉纠纷和十七八件其他纠纷,均取得了满意的效果;合作英雄贾恒春,一年内调解纠纷20余件。其中特别值得注意的是诸如郭维德等底层农民通过调解工作逐渐获得了民众的信任,取得了新的社会声望,成了党在农村中的依靠力量。

(二)调解人须保持必要的中立

边区政府要求调解人在感情上必须同当事人相亲近,要有一心为人民服务的思想境界,但与此同时又强调调解人在角色上必须保持必要的中立。"绝对主持公道,不能有任何一方之偏向或成见","下农

---

① 引自强世功:《权力的组织网络与法律的治理化——马锡五审判方式与中国法律的新传统》,载《北大法律评论》2000年3期。

② 同上。

村进行调解时不要去双方当事人家里住,更不吃他们的东西,以免当事人之一方说闲话"。① 对于这一点,绥德司法机关的推事贺晓成深有体会:"你在他家住上一天,吃上一顿饭,事情处理后,当事人不讲,别人也要讲。纠纷他赢时,他不说,别人也说,你说现在政府不要私情,你看,一顿饭他就赢了。如果输了,当事人就说:一顿面,还不如省下给狗吃呢。所以,还是不要吃住在当事人家为好。"② 在调解之前不与当事人见面的经验,尤其应该引起重视,这与以往司法人员要与当事人打成一片的观念具有较大的反差。

(三)做好调解预案

边区政府1943年6月8日的指示信《实行调解办法,改进司法作风,减少人民讼累》中,明确强调预案的重要性:调解须先将案情全部了解,得出是非曲直之所在,复须了解当事人之心理,以及当事人的生活状况,酌定调解方案,耐心说服,获得双方当事人的自愿承诺,不可加以强迫和压抑。如何了解全部案情,边区政府强调应通过实地调查研究来做到。"首先要了解当事人的性情、社会关系和个人出身,在社会上的地位与家庭的生活经济状况,以作调解前的工作准备",此外调查还应注意"从各方面收集材料,搞清双方争执之根源,以了解案子的全部情形,作为调解之根据","同时要了解民情习俗"。③ 调查的内容不仅包括与案件直接相关的法律问题,还应包括相关的社会背景材料,唯有如此才能做好调解预案,使调解有的放矢,同时也容易让当事人接受。

这一点在由石静山所主持调解的另一起土地争讼案中反映得十分清楚。"这纠纷调解的办法是,首先召集了当地四邻、乡长及县上干部,协同群众共14人到骆驼山(争讼地址)上,展开约据对照地形,同时

---

① 《在陕甘宁边区第二届司法会议上的发言》,1945年12月,陕西省档案馆馆藏档案,全宗号15。
② 同上。
③ 《在陕甘宁边区第二届司法工作会议上的发言》,1945年12月20日,陕西省档案馆馆藏档案,全宗号15。

询问当事人，了解该地纷争的历史。随后召集四邻及老者征求他们的意见，他们开始说：'没有意见，由政府判决。'石推事把他们分为两组，发动他们讨论并提出处理办法。两组商讨结果，得出了一个共同的意见……于是采纳这个意见，由乡长、县上干部协同群众中的长者分头劝说当事人"。①

（四）动之以情与晓之以理相结合

"人非草木，总有回心化悟之时"，因而调解时，调解人一定要有耐心，"勿矜才、勿生气"②，但同时要晓以利害，也就是说，要将以情感人与以理服人相结合。煽情只能烘托气氛，但要真正使人接受，则必须诉诸理性。需要强调的是，这里的"理"既包括事理，也包括法理，具有多重含义。如绥德县杜家沟岔的杜良依所做的民间调解，就特别注意利用传统的以理服人的方法。在处理张片儿离婚纠纷案中，张片儿多次无理打老婆，导致老婆闹离婚，但张片儿还不承认错误，说老婆不会过生活等。杜良依向他说明利害关系，指出现在娶媳妇的经济压力，最少也要10石米，而且政府强调离婚自由，只要老婆到政府提出离婚，政府就有可能判离婚，彩礼也不会退还。等张片儿稍软一点儿，他又用自己母亲做比喻，劝张片儿对女人要好一点儿。女人即使有不对的地方也不可打骂，要慢慢教育。他还利用民间谚语"人前教子，枕上教妻"来教育张片儿，直到张片儿承认了错误，请了保人将媳妇领回家。杜良依调解的一大特色就是利用"成套的民间的有利于说服人的惯用成语"。③

除了动之以情、晓之以理，成功的调解，在自觉自愿的基础上又必须保持一定的压力。如借助群众大会、利用熟人社会的人际关系形

---

① 《解放日报》，1944年6月19日。
② 《陕甘宁边区高等法院指示信》，1943年12月20日，陕西省档案馆藏档案，全宗号15。
③ 引自强世功《权力的组织网络与法律的治理化——马锡五审判方式与中国法律的新传统》，载《北大法律评论》2000年3期。

成合力进行调解等。"案情复杂重要者,即下农村调解,必要时发动乡村干部群众多方协助,以造成干部动手和群众运动之评断。"① 绥德分区义和市王家坪村村民王怀音和谢永光两家数代为邻而居,共用一渠山水灌溉田地,但有一段时间却为修路问题产生了纠纷,村长多次出面调解无效,王怀音坚持"一家修一家走"。村长无奈只好请邻村的调解能手郭维德帮忙进行调解。郭维德连夜到王家坪村先摸清两家的态度,王怀音态度强硬,不改主张,而谢永光则认为:"咱们和王家是很好的嘛,他家的房子还占着我家的地基,我从来未提过。这回不知为了啥。这路还是两家修两家走为好,都方便。"群众都认为此事是王怀音不对。摸清情况后郭维德与村长商量,认为只能采用群众会的方式公开调解,他说:"老百姓是一面镜子,谁是谁非都能照见。群众的力量像山水一样,一个人能挡住山水吗?"于是,村长通知召开全村大会让大家一起评理。到会村民纷纷批评王怀音,让他改变态度。面对众怒,王怀音答应回家商量一下。晚上,郭维德又到王怀音的家里去做工作,王怀音终于改变了自己的态度,纠纷得以解决。②

(五)制定调解书

和解之后,要制定调解书,以防反悔。"调解成立后要有一定的手续,如调解书证(民俗称执据),当事人是非常在意的,要没有此种手续,他们就不高兴。"③ 按照《陕甘宁边区民刑事件调解条例》之规定:和解书应具下列各项:

(1)双方争执之简要事由;
(2)调解成立之方式,即本条例第三条所列各款调解方式;
(3)双方同意和息,并无强迫压抑情事;

---

① 《在陕甘宁边区第二届司法会议上的发言》,1945年,陕西省档案馆馆藏档案,全宗号15。
② 《郭维德创造调解模范村》,载《解放日报》,1945年1月9日。
③ 《在陕甘宁边区第二届司法会议上的发言》,1945年,陕西省档案馆馆藏档案,全宗号15。

（4）双方当事人姓名、签字、盖章或指印；

（5）调解人姓名、签字、盖章或指印，代书人同；

（6）调解年月日；

（7）调解地点。

附：黄龙分区高等法院分庭民事和解笔录

上诉人：宋成玉，男，年六十岁，河南信阳县北岗村人，磨面为生。

被上诉人：吴俊彦，男，年三十四岁，黄陵县北谷区桥玖村人，农业。

右当事人因抚养一案，不服黄陵县司法处于八月二日所为第一审判决，上诉本庭。复经调证询情，以双方同意，和解于后。

案情经过

宋成玉供称："民国三十二年十一月，我家乡遭灾荒，大儿和大媳妇死了，留一孙子，全家逃难到黄陵县秦家窑，日以乞食为生，在吴俊彦家住了数月，吃了吴姓小米三斗，荞麦二斗，借用敌币一千元。吴姓因说粮食无力归还，企此私立嗣单，说我将孙子卖给他了。"

吴俊彦供称："廿九年大哥出征无信，孤嫂寡居，卖（买）此子使我嫂安居抚养。宋成玉卖子是实，有说合人刘（岐）山、中见（介）人吴贵银、代笔人吴新民，同住家长户族，立有约据，身价言定两石麦子。他大娃驮了五斗小米、五斗荞麦，顶了一石麦子，下余一石麦子折敌币三千元，秦家川纹儿捎的给了他了。"

又本庭收到河南同乡会洛川分会于三十四年十二月廿四日曾为此向黄陵伪保长提达公函略宋语称："我吃吴家小米四斗，荞麦五斗，借款一千元。"是年宋成玉上诉伪黄陵县府及伪专署，均未给适当处理，本年六月又呈诉我黄陵县府转诉本庭。

和解理由：

按其宋吴两家事执，均为继承后嗣，宋家无孙吴家无儿，双方后嗣均得接续，为免得两家再起诉讼，因而召请乡里，议定和解意见四点：（1）该子可同继两姓后嗣。娶妻后，先生之子姓宋，次生之子姓吴，另将小名进喜改为宋继吴；（2）吴姓供给读书，宜至中学毕业；（3）两姓认为亲戚，互相来往照料宋继吴成人，由宋继吴自愿可以到两家居住；（4）念宋成玉家境贫困，由吴俊彦自愿给帮助粮食糜谷各五斗。

和解取得双方当事人同意，写此和解笔录为证，本庭亦整卷存案，准为结案息事。

中华民国三十七年十月四日作成

兼庭长 黑志德

副庭长 周玉洁

推事 赵志清

书记员 高 羚

当庭和解人证明 刘岐山

吴贵银

田滋轩

李广海

边区所创造的调解经验和技术当然不仅这几条，还包括诸如摸透心理、对症下药、分头说服、一块和解等，但上述几条则最为重要。这些技术，用李木庵的话说就是：

调解民刑事案件之方法：（1）详查细讯，明其真情，明其曲直，明其根源；（2）以理开导，以理折服；（3）晓以利害，劝以是非，态度和平,始终如一;(4)耐性说服,容人省悟,寓教育感化之意于处理案件中,使归结于和解一途。①

纵观陕甘宁边区调解制度的内容和技术,可以明显地发现边区政府对待调解的态度和目的从一开始就十分明确:一方面借助调解这一民众愿意接受的解纷机制减少纠纷,消除民众的不满,换取民众对边区政府的拥护;另一方面寄希望于打破自清末以来在司法领域里存在着的日益明显的国家与民间的界限,最终使"国家"与"民间"在一种新的理念下重新结合,从中尝试寻找未来新型司法制度的生长点和元素。这种目的决定了陕甘宁边区政府从来就没有把调解仅仅当作一种司法手段,而是作为一种解决社会问题的方式,是从司法角度入手,最终实现改造社会、控制社会的一种尝试。

也正是这样一种定位,使陕甘宁边区的调解工作与中国传统的调解,以及南京国民政府所力主推行的调解制度有了明显的不同:中国传统的调解,基本上是一种纯粹的民间行为,国家极少介入;而南京国民政府所推行的调解,则又基本上是一种国家行为。

如前所述,南京国民政府与陕甘宁边区政府都曾制定过有关调解的法律,同样是想使调解工作法制化,但两者的出发点则完全不同。边区的调解条例较为简略,其指导思想是借助国家的力量把民众发动起来,同审判机关一道从事调解工作,化解日益增多的纠纷,因而对民间的调解行为是鼓励,而非限制;而南京国民政府的调解法规思考的则是如何使调解这样一种原本产生于民间的行为制度化,变成一种纯粹的司法制度,为此它对调解人的资格、调解人的服饰、调解人的座次、调解的时间等,均做出了明确的规定,②这些规定极大地限制了

---

① 张世斌主编:《陕甘宁边区高等法院史迹》,第36页。
② 参见南京国民政府《民事调解法》《民事调解法施行细则》《处理民事调解应行注意事项》中的相关条款。

调解的普及。

总之，边区政府对调解的态度势必强化和助长边区司法的大众化倾向。

第四节　问题与思考

毋庸回避，陕甘宁边区人民调解制度，在推行的过程中也曾出现过一些问题，这些问题有的是浅层的，是群众被发动之后，或者说是以运动方式推行调解时不可避免地会出现的。如调解的范围由民事纠纷扩大到刑事案件、强迫调解等。这些问题只要认识了，就不难解决，而有的问题则是深层的，它给后人留下了极大的思考空间。

一、问题

（一）民众对司法的参与应以什么为限度

陕甘宁边区大众化司法制度的最大特点是民众直接参与司法活动，其中又以人民调解制度最为彻底。但问题是这种参与是否应该有必要的界限？人民调解制度推行之初，对于民众的参与限度问题，边区政府并未形成成熟的想法，其精力和注意力全集中于这样两个问题：一是如何把民众发动起来，迅速解决纠纷，换取民众的满意和支持；二是怎么说服司法系统内部的人员放弃已有的"教条主义"，接受民众参与司法的现实。但民众一旦被真正发动起来之后，问题的另一方面则又暴露了出来。这些问题也是边区政府所不愿意看到的，现实迫使边区政府领导人必须认真思考民众的参与限度问题。

近代中国民族国家的形成，是通过国家权力对农村的强势介入，用城市的规则替代农村原有的秩序和习惯的办法完成的。在这一过程中，虽然农村中原有的权力体系和秩序被打破，但由于那些来自城市的规则同农民的生存环境有着较大的反差，因而民间传统的意识和一些习惯被顽强地保留了下来，于是便在某些层面出现了国家与民间的对立。如何化解这种对立成了一个非常棘手的问题。这一点在陕甘宁边区反映得十分明显。

尽管陕甘宁边区的民众生活极端贫困，但其自身却并无革命的倾向，投身苏维埃运动完全是少数革命者动员的结果。中国传统农民可能反抗那些在他看来并不"道义"的重租苛税、横征暴敛，以恢复传统的生存权利，但在整个20世纪上半叶，中国农民经常进行宿怨甚深的村族械斗，而不是质疑，或者以持久的、有组织的暴力来改变对自身生存权利构成真正威胁的政权。诚如美国学者詹姆斯·C.斯科特在《农民的道义经济学——东南亚的反叛与生存》一书中指出的，那些遭受挫折或威胁的农民群体兼有与"精英创造的社会秩序不同的道德观念"。因此，对于革命者宣布的对乡村权力重新分配，农民不会感到是天经地义之事，而是难以置信。大部分农民对于自己的生存困境，不以为与社会制度有什么关联，只是把它看作纯粹个人的事情，或者至多归咎于自己无从把握的命运。①

在前面的研究中，笔者较多地展示了边区政府和民众出于各自利益和共同利益的需要，在许多方面是如何联手来对付司法系统内部的"旧的教条主义"的，至于政府和民众之间的矛盾则尚未涉及。下面的叙述将涉及问题的这一方面。

苏维埃时期根据地政权由于经验不足和"左倾"思想的影响，对于民众的想法和习惯，态度较为强硬，一直将民众列为改造和教育的对象，视一切旧的习惯和生活方式为封建和落后，并坚定不移地以国家的强制力和共产主义道德，对民间习惯与百姓的生活方式进行彻底改造，以求培养一代共产主义新人。

苏维埃时期的这种做法，在陕甘宁边区也有充分反映。到20世纪

---

① 陈德军：《乡村社会中的革命——以赣东北根据地为研究中心》，上海大学出版社2004年版，第41页。

40年代,经过多年的革命洗礼,边区内部已逐渐形成了一种新的理念:"旧社会能自己了结的事情,革命后一切经过政府。"[①]"一切经过政府",真实地表明了陕甘宁边区成立之初民众的地位和国家权力对民众生活的干预程度。

全面抗战爆发之后,中国共产党在边区内部开始承担起革命和管理的双重使命,出于发动、团结民众,维护政权的政治需要,不得不对以往的政策进行调整,开始视民众为依赖的主要对象,并从法律等层面进行妥协。于是,对待民间习惯的策略,包括那些在精神上与边区政府法律不尽相同的民间习惯,策略上有了较大的改变,开始由强硬废止过渡为有选择的妥协,即开始承认民间习惯存在的现实,并允许其在一定层面上发挥规范社会的作用。

纵观毛泽东的思想理论,不难发现一个令人困惑的现象,即群众史观和英雄史观相互交织。人民群众创造历史,毛泽东与中国共产党对此深信不疑,同时对"人是可以被改造的,也是必须被改造的"同样深信不疑。于是"改造"工人、农民、知识分子,也就是说改造他人,又成了奋斗的目标。笔者一直认为孙中山的"训政"学说对毛泽东及中国共产党影响较大。

允许民间调解的重新存在并发挥作用,事实上也就等于承认了民众对自己的事务拥有一定的自治权利。

问题是,这种妥协的依据是什么?为什么以前必须一切听从政府的,而现在又可以自己解决问题了呢?这不能不引起许多人的困惑,其中既包括政府工作人员,也包括边区的民众。

边区党和政府用民主的理论,给自己找到了理论依据。谢觉哉说:

> 大家的事,大家来议,大家来做。在大家公认的条件下(少

[①] 陕甘宁边区民众语。引自杨永华、方克勤《陕甘宁边区法制史稿(诉讼狱政篇)》,第207页。

数服从多数，个人服从全体……），谁都能发表意见，好的意见一定能被采纳；谁都有出来做事管事的义务与权利。这就是民主的实质。①

只要将全面抗战时期陕甘宁边区制定的法律同苏维埃时期的法律做一个比较，就会发现两者的变化十分明显。然而，边区政府的这种妥协，对于传统文化保留较多的陕甘宁边区的民众来说，内心仍然不愿意接受。

笔者无意夸大边区政府与民众之间的这种对立，只是想揭示对立存在的真实状况。这里仍然以婚姻纠纷为例加以说明。尽管前面已对婚姻纠纷做过介绍，但侧重点有所不同。前面所说的那些纠纷大多是因边区政府政策的改变而引发的，而下面的论述则主要在法律与民间习惯的差异上展开。为了贯彻男女平等、婚姻自由等现代理念，1939年，陕甘宁边区颁布了《婚姻条例》，明确规定对买卖婚姻、包办婚姻、早婚等落后习俗加以禁止。然而这些规定在实施中却遇到了较大的阻力。

如早婚和彩礼问题。中国传统社会中早婚、缔结婚姻中男方向女方家支付彩礼等习俗极为流行和普遍，一时难以根治。如不管，《婚姻条例》如何推行？女性的正当权益该如何保护？米脂县女参议员就曾在县参议会上提出，政府应在保障人权的原则下，限定结婚年龄，女子不过16岁，不得出嫁。②但如硬要制止，许多民众又无法接受。

再如财产问题。按照新的婚姻条例，夫妻婚姻存在期间的财产属共同财产，如离婚，当平均分配。但边区民众认为："夫妻反目不能正家，古今同样。关于妇女离婚事件，应具体考察，万勿轻令离异。如有特殊情形，不得不离者，只可分其动产，不应分其不动产。分给动

---

① 谢觉哉：《民主政治的实际》，1940年4月24日，载王定国等编《谢觉哉论民主与法制》，第37页。
② 陕西省档案馆、陕西省社科院合编：《陕甘宁边区政府文件选编》第10辑，档案出版社1991年版，第40页。

产亦须据实调查，要视其夫家共经几载，劳积若何。如过门未久，只可带其原有衣物，不应分之未来财物，为平衡。何以言不应分给不动产，离婚之后势必再醮，所觅对象当有土地，若分去前夫之土地，是一人而得两份，使前夫再娶，无力给养。似觉未合，请酌裁定。"①

对此两难的局面，边区高等法院在态度上保持了必要的节制，出于维持秩序的考虑不得不在实践中进行适当的妥协，承认习惯存在的现实。

制度的改善，是要随着教育文化生活水平的提高，方能得到实际的效果，如果文化生活尚未达到某一阶段，而骤然绳以严峻的法律，就会发生以下的事态：

（1）公布的法律与隐蔽的事实，有完全处于相反的趋势，结果不合法的事实，并不能减少，而法律徒成为扰民之具。

（2）尤其是在边区的环境，与顽区相紧接，政府取缔、检查如果过严，一般无知的人民，容易对政府引起（产生）不满，无形中发生一种远心力，离避边区，去到顽区做婚姻买卖行为，所谓为丛驱爵，是值得注意的。

（3）婚姻上的聘礼，在法律上势难予以一定数目的限制，富家多出，贫家少出。目前边币贬值，一万元边币，合之从前现银，不过值得三四百元，表面数目极大，实际上不过够办衣物首饰数事，我们如果硬指为是买卖婚姻的代价，是不足以折服人。

基于上列的事项，我们在审判上关于这类的事件，是采取以下的适应方法：

（1）是以非亲告不理为原则。

（2）如果发生纠纷，成为诉讼，法院只审查他们的婚姻本质

---

① 《延川县志》，陕西人民出版社1999年版，引自杨东《乡村的民意：陕甘宁边区的基层参议员研究》，第230—231页。

上有无瑕疵，如男女婚姻资格，是否重婚，年龄是否相当，女方是否同意，手续是否全事，是否威胁、抢夺、诱骗。如婚姻本质上无瑕疵，聘礼数目虽多，亦是有效。如有瑕疵，即应宣告婚姻无效，聘礼返还不予没收。①

绥德县司法处1945年的一份总结材料中公开说：

> 婚姻纠纷是最难处理的一件事，这句话不仅在绥德如此，各地都差不多。……因为在家受压迫的女子，一旦得到解放，他们觉得把妇女提高了。于是有些女子因为意见和感情不和等，就提出离婚。本来婚姻问题是一个感情结合，感情既乖即予以判离。但陕北一般婚姻多系旧式的买卖婚姻，一般男子要娶一个女子非花一定的聘礼不可（此话固然不能一概而论），但事实上至少有三分之二是这样办的。若准其离婚，则男方未免吃亏太大。但有些女子受了娘家的煽惑，毫无理由来离婚，以便再得一些彩礼。

绥德县司法处的做法是，"尽量不准离婚，即使裁判准离，按照男方的经济状况，女方给男方予以赔米"。②

也就是说，边区司法系统出于政治上的需要在司法实践中被迫进行妥协，对买卖婚姻事实上加以默认。这类情况绝非个案。

但任何妥协都是要付出代价的。

1. 妥协使民间许多与新法律在精神上完全相悖的观念和价值又重新抬头。边区民众一旦获得了参与解决纠纷的机会后，便开始按照自己的意愿去行事了。如有人在调解离婚纠纷时，以"烈女不嫁二夫，好马

---

① 陕西省档案馆、陕西省社科院合编：《陕甘宁边区政府文件选编》第6辑，第296—297页。
② 强世功：《权力的组织网络与法律的治理化——马锡五审判方式与中国法律的新传统》，载《北大法律评论》2000年3期。

不配双鞍"的价值观来劝阻要离婚的妇女；调解租佃纠纷时，即用"多做好事为儿孙，富不跟穷斗，鸡不跟狗咬"①等语言劝地主以化解纠纷。不仅如此，由于民间习惯势力的强大，一旦政府有限度地允许其存在，甚至可能导致许多已被彻底抛弃的，比如迷信落后的东西死灰复燃。

对于这种后果，陕甘宁边区高等法院代院长王子宜专门著文加以提醒："由于这种无原则的调解，也迁就和助长了农村中某些落后的习惯，如披麻戴孝、烧香纸、念经、抱灵牌、阴阳看坟、和尚念经等，有时候发生纠纷的当事人一方倾家荡产，损害了生产的发展。"更不能容忍的是"个别地方发生只讲调解不顾政策的事情，如佃户和地主发生纠纷，佃户失去了土地，也调解了事。子洲一个雇工向地主索取所欠工资，地主竟将雇工吊打成残疾，对于这种蛮横无理违背政策的事情，也仅仅采取了调解方式"。②"还发生调解人想骗着吃，大事小事叫人家先杀羊"③等败坏社会风气的事情。

2. 无原则的妥协理所当然地遭到边区政府内一些干部的质疑。对于那些习惯了革命的共产党人来说，妥协就意味着机会主义，于是，他们自发地抵制这些妥协的政策。边区党政系统内部一旦出现分裂，问题则将十分严重。

3. 对民众的无原则妥协助长了缠讼现象的发生。无原则的妥协势必在一定程度上加大纠纷解决的难度，加重政府的财政负担。此外，过分追求民众的满意度，也有悖于司法工作的本质。司法工作不同于行政工作，在相当多的时候审判是以否定一方当事人的利益为代价的，因而，再公正的判决也不可能使所有的当事人都满意。显然，让民众满意，对于司法工作而言，是勉为其难的。如果不对不满意的原因进

---

① 引自杨永华、方克勤《陕甘宁边区法制史稿（诉讼狱政篇）》，第202页。
② 王子宜：《调解与审判》，引自张世斌主编《陕甘宁边区高等法院史迹》，第89页。
③ 王子宜：《在陕甘宁边区第二届司法工作会议上的总结》，1945年12月29日，陕西省档案馆馆藏档案，全宗号15。

行详细区分，而笼统地以民众满意与否来评判司法工作，是不太科学的。其结果，要么是对司法工作进行无端指责，要么是千方百计地迁就某些民众。

化解纠纷与维护公正，在许多时候可能是一致的，但有时则并不相同。陕甘宁边区推行调解制度的初衷，在很大程度上是为了快速解决纠纷，为了让群众满意。在这种政治目的支配下，某些司法人员把全部注意力和工作的重点都放在了如何平息纠纷、息事宁人上了，相反对维护当事人的权益并不上心。这种违背司法本质的做法，其结果是事与愿违，纠纷解决的周期不但没缩短，反倒延长了，同时也造成了社会资源的极大浪费，加大了成本。同坐堂办案的审判相比，政府组织的调解无疑是一种昂贵的解纷机制，何况没完没了地调解，又在很大程度上加重了政府的财政负担。

不仅如此，这种对民众满意的过分追求，还向民众发出了一种错误的信息，即司法机关不讲原则或是害怕民众，从而使纠纷中原本有过错的一方借机拖延。过于迁就和息事宁人，还导致了缠讼，反倒加大了执行的难度，也就是加大了真正解决纠纷的难度。

米脂的农民直言不讳地说：

> 公家的政策太宽大哩，遇到个别顽皮捣蛋的人，公家就没办法了哩，调解不动，判后不听，今天不停当，后天不来了，弄来弄去还解决不了，官司一打到上边，就拖几年。……尔格的公家越上越好说，你看那些调皮鬼，到上边翻来覆去地啰唆，公家还不发脾气，亦不予制裁，搞来搞去调皮人还是有理。尔格政府太宽大了！①

庆阳地区的群众说：

---

① 《陕甘宁边区第二届司法会议材料》，1945 年 12 月，陕西省档案馆馆藏档案，全宗号 15。

> 司法处对案子的处理，调解也好，判决也好，都对着哩，就是执行上差，有一方打赢了官司，另一方不上诉也不执行，胜诉还是落个空。①

（二）司法机关的地位

人民调解制度推行后，纠纷大多由调解来解决，并由全民进行调解。但这种全民调解制度的推行，客观上极容易造成司法人员和司法机关被人轻视和地位逐步下降的后果。答案其实非常简单：既然人人都能解决纠纷，既然纠纷都由民众自己解决了，既然司法机关也用调解来解决纠纷，还要司法机关干什么？！既然通过什么方式都能解决纠纷，原有司法人员所坚持的那些必备的程序就更显得荒诞和多余！没完没了地调解，也使民众对司法机关的威信和公正性产生怀疑。不仅如此，长期和大量地从事调解工作，也会使司法机关本身忽视了对制度、规范、程序的重视与建设，并使自己混同于行政部门甚至社会团体。

任何一个运转良好的社会，都会自发地产生纠纷的解决机制，这是社会本身的一种自救能力。调解就是中国传统社会所形成的纠纷解决机制。对于这样一种纯粹的民间"遗产"，政府通过一定程度的介入，并加以改造，使之更好地适应现代社会的需要，无疑是一种好的思路。特别是当社会转型、矛盾尖锐、纠纷多发时，政府出于策略上的考虑，适当地提倡调解的作用，既无可厚非，也是必要的。但同时也应懂得，对其功能绝不可夸大，更不能以此替代审判的作用。如硬性强调司法机关放弃审判职能，也主要以调解为主处理案件，则可能会导致司法机关地位的下降。

这些潜在的后果，司法机关不可能不清楚，或许就是为了消除大家的这种顾虑，并给大家鼓劲，边区高等法院在1944年度的工作报告

---

① 《陕甘宁边区高等法院赴陇东调查组召开群众调查会记录》，1949年9月22日，陕西省档案馆馆藏档案，全宗号15。

中说:"调解是使司法机关更得群众拥护,更有威信,更有力量,而不是使它变为懦弱无能,软弱无力。"①

此外,对于过分强调调解、过分向民众妥协所必然导致的一些负面后果,司法机关也看得十分清楚,只是有苦难言。边区高等法院在1944年度的工作报告中曾对此进行过分析:"司法机关过于迁就当事人的要求,害怕当事人上诉,缠诉因此迁就下去,但无论如何迁就,仍难以满足双方当事人的欲望,结果不满的一方还是要上诉。而上诉机关对案情较为隔阂,为着调查材料了解情况,又复耽误拖延,问题不能够迅速解决,发回原机关再审,复又多费时间、金钱,对于当事人确是一个负担。"②

1945年,王子宜代院长在边区司法工作会议上,向大家介绍了他所听到的农民的反映:

> 有个别官司在解决之时间方面,不很迅速。今天调查哩,明天研究哩。今天推明天,明天推后天,告下就好多时间解决不了,弄得人误了很多工夫,老百姓误会我们司法人员不解决问题,吃了贿赂,不然,为什么这个门进,那个门出(指县一科到司法处),伙同是一个人一个地方,仅早晚时间不同,条件马上就变了呢?"一棵树能开两样花吗?"他们说,"或长或短,乞里麻差","不怕硬赃官,单怕缠青天","你们不打不骂是好,就是把事情给窝住了"。有的批判我们说:"乡到区,区到县,县到分区,高等法院,边区政府,是六送六审六调呀。"③

---

① 《陕甘宁边区高等法院关于两年半来的工作报告》,1944年9月30日,陕西省档案馆馆藏档案,全宗号15。
② 同上。
③ 《在陕甘宁边区第二届司法工作会议上的总结》,1945年12月29日,陕西省档案馆馆藏档案,全宗号15。

显然，这些问题司法机关本身无力解决，其唯一能够做的，恐怕也只是保持必要的理性，如尽量让司法机关与调解保持一定的距离。通过前述的案例和技术，可以发现这样一个有趣的现象，即司法机关一直在把对纠纷的调解尽量推向社会，推给民众，自己极少正面介入。即使是所谓庭外调解，司法人员也主要从事组织和指导工作，并反复强调调解与审判的区别。

二、解决办法

司法人员的这种担忧和抵制本身不足以扭转大局，但一旦这种担忧与边区政府的想法不谋而合时，它就会变成一种力量，起码给边区政府在处理与民众关系问题时增加了一个重重的筹码。

中国共产党是一个拥有明确纲领的政党，其初心是为了实现共产主义，尽管在某些时候，迫于环境的压力，出于策略上的考虑，会在一些问题上向民众进行适当的让步，但这种让步毕竟是有限度的。

从功能角度讲，调解无疑是解决纠纷的一种手段，使用这种手段的唯一目的只能是更好、更有效地维护当事人的合法权益，传递、培养、确立一种科学、进步的生活方式、价值和理念。然而，作为一种手段，调解中一旦掺杂政治方面的因素，必将使简单的问题变得复杂和混乱。对此问题，边区政府在走过初期的一段弯路之后，逐渐有了清醒的认识。1945年，边区领导人习仲勋公开表明，对待纠纷不讲原则的调解和拖延：

> 实际上还是一个旧的东西，所谓息事宁人，把大事化小事，小事化无事，问题究竟化了没有呢？调解了没有呢？没有。实际下面的情况不是这样的，有些事没有调解得了，有些大事并没有化成小事，小事也没有化成无事，问题依然存在，纠纷越来越多，我们为了息事宁人，结果没有息事宁人，相反的麻烦越多了。新

民主主义的法律应该有个原则，有一定的立场和方法解决问题，光调解一下，那怎么能够把问题解决得了呢？特别是把调解用在法庭上，所以农村的群众就有流传说，我们一棵树开两样花，就是说同一件事，同一个时期发生在同一个人身上，却有两种处理的方法，这里是调解，那里是审判。①

特别值得注意的是，习仲勋还公开承认所谓民间调解的效果其实也极为有限。他说：

> 在下边解决的问题，据我看真正群众调解的还不多，老百姓中谁也解决不了谁的问题，谁也不听谁的话，真正解决问题的是区乡政府，村里还是村主任来调解。有些劳动英雄、公正人士、积极分子，但调解的不多，同时实际上也不可能都让这些人来做，他们调解就出问题，比如绥德有些劳动英雄给人家调解，人家也是不服。所以实际上真正做调解工作的还是区乡政府。②

一些基层政府官员对此的感受更为强烈："政府对老百姓太民主了，老百姓不怕政府，不听话，使得政府不好办事。"于是，他们阳奉阴违，从方便工作的角度出发，自发地对调解加以抵制，以行政权力代替调解，出现了"处理多于调解"③的现象。

一旦对问题的严重性有了清醒的认识之后，边区政府领导人便果断地采取了措施，明确强调要克服民众中存在的"小农理性"或"眼前利益"，使其服务于党和边区政府的目标或利益。"群众中有积极的

---

① 习仲勋:《在陕甘宁边区第二届司法工作会议上的讲话》，1945 年 12 月 30 日，陕西省档案馆馆藏档案，全宗号 15。
② 同上。
③ 陕甘宁边区高等法院:《子洲裴区调查的几个问题》，陕西省档案馆馆藏档案，全宗号 15。

力量,也有消极的力量,两种力量天天斗争。如果政策不慎,帮助了消极的,必然使积极方面受到损失。就是积极方面的力量,也要经过洗炼,去其不纯的东西,指出前途,去其蒙混的观点,才能顺利成事。"①"民众有组织的地区,任何事一发动常有意外成绩。民众情绪是最宝贵的,但同时应注意情绪不超过他的实际能力。这就要主持人的冷静。"②在此基础上边区政府很快就确定了具体的解决办法。

(一)引导和改造并举

改造是指在民众可以接受的范围内对民间的习惯进行调整。具体做法是首先将民间习惯区分为"善良"和"非善良"两种,对前者调解时承认其存在的相对合理性,对于后者则在实践中加以禁止。经过摸索,边区政府和司法机关逐步形成了明确的区分标准:"第一,是合理的科学的,不是如翁婆任意打骂媳妇、丈夫出卖老婆等不合理的习惯。第二,是进步的而非守旧的不合时代的,它应该与边区政治是一致的。第三,是大多数人所赞成的。"③

至于"善良习惯"与"国家法"之间的关系,陕甘宁边区在实践中也根据不同的主体采取了不同的做法:司法机关在审理案件时,适用法源以国家法为准,只有在国家法欠缺的情况下才可以适用善良习惯;而民间调解时则从最初的"适合善良习惯,照顾政策法令"入手,逐步过渡到"要遵守政府政策法令,照顾民间善良习惯"。

(二)调解中增加教育的内容

注意在司法审判、调解等活动中增加教育的内容,以期最终改造民间固有的习惯,慢慢养成遵守法律的习惯。边区政府文件为此规定,司法工作应"(1)坚持进步的方向,经过教育,逐步提高。(2)照顾落后,但不迁就落后,逐步克服落后。(3)照顾将来的利益,尺度放

---

① 《谢觉哉日记》(上),1944年6月17日,第638页。
② 《谢觉哉日记》(上),1944年2月25日,第580页。
③ 雷经天:《在陕甘宁边区司法工作会议上的报告》,陕西省档案馆馆藏档案,全宗号15。

宽，使多数人可归于引导范围内，依据具体情况，处理具体问题。（4）根治落后，需经过相当一段时间，发展经济、发展边区文化教育，逐步达到大致法律要求。"①

至于如何处理向群众学习与教育群众的关系，边区政府强调政府工作人员要"先向群众学习九分，然后教一分"。② 这种提法的象征意义远远大于操作的价值，无非是告诫工作人员不可狂妄自大。

（三）对调解适当降温

陕甘宁边区第二届司法工作会议后，即1945年以后审判在司法工作中的作用和地位重新得以巩固。王子宜指出，司法机关的工作应该始终以审判为主："如果指民间纠纷，实际上大量的可以经过调解了结，因此说是调解为主，那是可以的。如果指的是司法机关，尤其是狭义的司法政策说，也是调解为主，就不妥当了。因为法庭不是调解为主，也不应该以调解为主，这是很明白的。过去法庭内先调解再审判，显然是一种偏向。但有人提议改为审判为主，我认为法庭本身的职责在审判，审判为主对法庭来说，没有实际意义，并可能产生误会。……某些可以调解的纠纷，虽然官司打到了法庭，在可能时，法庭应尽可能指定公正人员或群众团体进行调解，或让其由群众自行调解，双方当事人都要求和解时，更可允许其和解。"③

此后，调解的重要性被适度地降温，调解的作用也主要限制在民间层面：

> 今后县政府一科也可以不再负担调解责任。过去一科在调解方面是有成绩的。但是一科的调解常常和司法处发生重复现象，

---

① 《榆林地区审判志》，引自强世功《权力的组织网络与法律的治理化——马锡五审判方式与中国法律的新传统》，载《北大法律评论》2000年3期。
② 孙照海选编：《陕甘宁边区见闻史料汇编》第3册，国家图书馆出版社2011年版，第222页。
③ 王子宜：《在陕甘宁边区第二届司法工作会议上的总结》，1945年12月29日，陕西省档案馆馆藏档案，全宗号15。

同样问案，笔录，讲道理，所有不同者无判决书而已。而且一科工作很忙，对调解纠纷不可避免地发生拖延，如像一个老百姓对人说，县政府把他的案子放了几个月不处理，司法处尚未收案。现在高等法院和民政厅都同意一科不再负责调解责任。①

这里存在一个极为有趣的现象，既然边区政府已经认识到所谓的民间调解效果并不理想，调解必须要有政府介入，必须借助公共权力，但为什么实践中又一再强调民间调解的必要性，主张取消或限制政府调解，答案其实只有一个，即边区政府原本推行调解工作的出发点并不是从司法角度来考虑问题的，而是出于政治上的需要。

（四）改变对当事人过分迁就的做法

1944年底，陕甘宁边区高等法院即开始主张，要"纠正过分迁就当事人的偏向，公说公有理，婆说婆有理，一方要求这样，另一方主张那样，不根据事理而做无原则的迁就是不能解决问题的，必须根据事理，根据政策，不是无原则的调和主义，必须耐心说服，但不是过分迁就，必须慎重果断，但不是主观武断，……必须对当事人之无理要求、顽固不化予以适当而严正指出，对气焰嚣张、无理取闹、胡缠乱闹者必须以之适当的处分"。②

这种稳妥而审慎的态度、务实的做法，无疑是在暗示民众，对司法工作的参与要有限度，不能冲击边区政府大的原则和根本目标。换言之，当调解工作完成了自己的使命，将其适当降温也就成了历史的必然。仅就结果而言，调整后的做法不仅取得了较好的社会效果，同时还保证了边区政府在与民众关系上的主导地位。然而，更深层的问

---

① 王子宜：《在陕甘宁边区第二届司法工作会议上的总结》，1945年12月29日，陕西省档案馆馆藏档案，全宗号15。
② 《陕甘宁边区高等法院关于两年半来的工作报告》，1944年9月30日，陕西省档案馆馆藏档案，全宗号15。

题是，在强调人民大众是主人的陕甘宁边区，"善良"与"非善良"的标准应该由谁来确定，当党和边区政府的标准与民众的标准发生冲突时，如何来协调。换言之，民众在自己的私权领域能否自治，以及民众参与司法工作的限度和边界究竟在哪里等实质性的问题，边区政府并未明确回答。

第五节　小结

　　陕甘宁边区的调解制度，原本就是政治与法律相结合的产物，其中政治上的考虑占有更大的成分。它是在政府决策者、司法从业人员和普通民众共同参与下形成的一套制度。在这个过程中，决策者和民众表现出了较大的热情和毅力，而司法人员的态度大致可以归纳为从最初的观望，到中期小心翼翼地参与，再到后来的纠正。

　　调解制度在边区推行的结果，为边区政府政治上带来了极大的益处。

一、获得了民众的拥护

　　调解制度的推行不仅减少了纠纷，还在很大程度上改变了民众对政府的印象，边区司法人员对此总结说：调解使"当事人不感到拘束，心里有什么话，就敢说出来，这样易于了解案情。当然出面调解之人在精神上也感到很自然，与人民能真正联系，影响了人民。群众说政府是给人民自己办事的，而非官僚主义的旧式政府"。[①]

　　就整体而言，边区民众也对调解工作持赞扬的态度。1946年春，陕甘宁边区米脂中学秧歌队自发地排演了快板剧《赞调解》，对调解的优点做了这样的描述：

[①]《在陕甘宁边区第二届司法工作会议上的发言》，1945年12月，陕西省档案馆馆藏档案，全宗号15。

> 调解好，调解好，群众闹纠纷，法官找上门来调。省时、省钱、不跑路，省下时间把生产搞。有理摆在桌面上，法官给咱评公道。有错当众承认了，该怎处理大家吵。十年纠纷一朝了，和和气气重归好。

该秧歌剧在米脂地区一度广为流行。

陕甘宁边区推行的调解制度是在继承与改造中国传统调解制度的基础上形成的，是继承又是出新，它不是不要程序，而是通过重建程序，并借助这些重建的程序让民众有组织地参与司法活动。通过民众对司法活动的参与，一方面使政府了解民众的真实诉求，在此基础上寻求国家意志与民众想法的契合点，使法律问题与社会问题一并解决；另一方面也使民众在参与中知晓政府的态度，获得满意感。当然这里所谓的程序并不是完全不可以变动的。

二、尝试对传统乡村社会进行改造

调解纠纷为共产党对乡村的介入，特别是那些新建立政权地区的介入提供了合法理由。在这一过程中，边区政府特别注意对乡村中新权威的培养和树立，并通过这些新的权威，将政府的法律精神传达给民众，将民众发动起来、组织在一起。毛泽东接见边区各界模范人物时指出："你们有三种长处，起了三个作用。第一个，带头作用。这就是因为你们特别努力，有许多创造，你们的工作成了一般人的模范，提高了工作标准，引起了大家向你们学习。第二个，骨干作用。你们的大多数现在还不是干部，但是你们已经是群众中的骨干，群众中的核心，有了你们，工作就好推动了。到了将来，你们可能成为干部，你们现在是干部的后备军。第三个，桥梁作用。你们是上面的领导人员和下面的广大群众之间的桥梁，群众的意见经过你们传上来，上面的意见经过你们传下去。"①

此外,边区推行的调解,其着眼点不仅仅是单纯解决法律问题,而是一种将法律问题与社会问题一揽子解决的综合机制。

(一)树立政府新形象

边区政府一再强调,好的调解应该是"随时传播了政府的政治影响,提高了政府在人民间的威信。如合岔区叶家岔村民马九锡给李绿喜栽赃一案,我们事先知道中间有出入,但不说明真相。5月间我们到该村利用乡村干部到各方询问后,晚上召开全村人民大会,让大家发表意见和讨论。时间未过两小时,把事情真相弄明白了。原来是马姓为了损人利己给李某送赃的。当时震动了会场全体人民,大家都惊异地说,政府真能干,把坏人一下子就找出来了"。②

石静山调解的合水县丑、丁两家土地纠纷案更能说明这一点。合水县五区六乡的丑怀荣原本在自家附近的丑家梁上有一大片山地,同区二乡丁万福则在川子河及附近山上拥有土地240多亩。当地人少荒地多。此后,丑、丁两家都不断拓荒扩大土地面积,丑怀荣向南发展,丁万福则向北发展,最后双方土地相遇,纷纷指责对方侵占了自己的土地,从而形成纠纷。丑怀荣的女婿在县保安队当队长,经过高人指点,1938年丑怀荣抢先向原南京国民政府宁县政府申请土地确权。县政府听从丑家单方面的申请,向丑怀荣颁发了"补契承业执照",以确权的方式将争议的土地划到了丑家的名下。丁万福自然不服,起诉至甘肃平凉地方法院,并杀猪请客送礼。法院最终判决争议土地归丁万福所有,同时还将丑家的坟地也一并划给了丁家。对于这一结果,当地民众议论纷纷,说官府"贪赃枉法,徇私舞弊,两家都无理,谁有面子能顶事,谁有金钱能顶事"。

---

① 毛泽东:《必须学会做经济工作》,1945年1月10日,载《毛泽东选集》第3卷,第1014页。
② 《在陕甘宁边区第二届司法工作会议上的发言》,1945年12月,陕西省档案馆馆藏档案,全宗号15。

1940年,合水县民主政权成立。丑怀荣又抱着试试看的心态到合水县司法处起诉。此时,县民主政权初建,对于类似纠纷尚无经验,便按照《陕甘宁边区土地条例》中"土地纠纷未经解决之前,其土地管理权属于耕者所有"的规定做了处理,纠纷依然没有解决,双方以各种方式不断进行控告。合水县属陇东地区,1943年,马锡五受理了此案,派推事石静山前往该县调查处理。石静山到合水后会同县上有关工作人员一同到事发地点,召集四邻和知情群众对争议土地进行实地勘察,并组成了以石静山、区长为首,当地干部和群众参加的调解组一起进行调解。调解组经过多次商量,最后依据《陕甘宁边区土地条例》第6条"土地登记时,凡业主实有土地因当日未经真确丈量,致超过过去凭证所载之数量,经证明确非侵占他人土地或公地,而又为自行经营者,得照实呈报登记,不予追究。如超过数量部分,故意搁置荒芜,不予经营者,政府得收归公有",以及第10条"在公荒很多并经政府指定的区域,人民所开荒地,得依法取得其所有权"等规定,同时考虑到双方扩张土地之过程,拿出调解方案:川子河附近的山地归丁家,丑家梁附近的山地归丑家。双方愿意接受这一方案,于是重新划定地界,订立息讼契据,这件争讼多年的土地纠纷终于得以解决。当事人和群众都说:"民主政府处理案件,真是深得人心。"[1]

绥德县司法处成功地调解了小商人徐虎山起诉的假币案,当地民众对政府的处理反映很好,都说:"要是以前的政府绝不会这样办,只有现在的政府才能这样的办哩。"[2] 由此可见,人民调解制度在当时的陕甘宁边区获得了巨大的政治成功。边区政府通过人民调解将群众团结在共产党的周围,使共产党的政策和方针获得了人民群众的拥护。

(二)调解具体纠纷与改造社会同步进行

前引的延安县司法会议上通过的《关于调解工作若干原则》中明

---

[1] 引自张希坡《马锡五与马锡五审判方式》,第180—181页。
[2] 同上,第46页。

确要求利用调解运动"订立村民公约,养成人民自动守法的习惯",该要求带有一定的普遍性,如志丹县某村利用全民调解的机会,制定公约如下:"(1)人人都要生产,不让'二流子'闲站,阴阳、巫神,神官也要生产。(2)订出生产计划,按时春耕、除草,收割,好好喂养牲口。(3)爱护田苗,不让牲口糟蹋,保护树木,自动修桥补路。(4)不抽洋烟,不偷人,不赌博,不说怪话。(5)互相帮助,互相友爱,不打架,不吵嘴。(6)拥护军队,帮助军人,好好优待抗工组。(7)组织劳动,互相变工,种庄稼也要驼盐。(8)节约一粒米、一寸布,反对浪费。(9)负担合理公平,早缴早送。(10)参加自卫军,清查坏分子,捉拿破坏分子。以上公约,谁要违犯(反),由大家商议处罚修桥、补路、给抗属背柴,或罚吃一只羊。"①绥德分区司法会议上则强调"要懂得如何揭发和斗争坏人",类似的要求使调解工作成为边区政府改造社会、组织生产的有力手段。

总之,调解制度的推行,及时有效地化解了大量纠纷,恢复了乡村社会的安宁;没了纠纷困扰的农民集中精力从事农业生产,生活得以改善;此外,边区政府在调解中展现出来的能力和负责任精神也使政府的形象得以改善,这一切使中国共产党赢得了民众的支持和拥护,因而一直受到政府的高度重视。

三、民众获得了最起码的自治权利

有学者指出,因为参与人民调解,陕甘宁边区民众的"意识发生了天翻地覆的变化,他们克服了世世代代养成的'怕官'心理和从不过问政事的习惯,提高了对政治的兴趣和参政的热情,明确了自己在国家中的地位,认识到'老百姓是主人,政府工作人员是公仆','自己有管理政权的权利'"。②需要指出的是,对边区民众意识的变化不

---

① 肖军:《志丹县人民公约》,载《解放日报》1944年1月11日。
② 杨永华、方克勤:《陕甘宁边区法制史稿(诉讼狱政篇)》,第181页。

可估计过高，它与现代民主政治尚有相当的距离。通过参与调解工作，陕甘宁边区民众所换得的自治权利，以及所表现出来的政治参与方式，与中国传统乡村中的乡绅议政传统之间的关系可能更为密切。

陕甘宁边区的人民调解制度，原本就是作为新型司法制度中的一环加以推行的，不可避免地会对正在形成中的边区司法制度产生重大的影响。这种影响涉及各个方面，如司法与政治的关系、司法与民众的关系等，本章着重讨论的是民众借助调解这种方式对司法活动的参与方式、参与程度、参与深度，以及参与所导致的后果等问题。通过上述分析，可以得出如下结论：人民调解制度的推行，一方面进一步强化了边区司法工作者走出法庭、依靠群众办案的思想，工作作风大大改善；另一方面又为民众直接参与司法活动提供了一条切实有效的通道，边区司法工作的大众化倾向愈发明显。

第七章 艰难反思：大众化司法制度之修正

> 中国的法律摸索了这么几十年了，但搞出来的东西，多半不是洋教条便是老八股，能够真正适合中国国情的东西还是很少见的。这点，虽然边区在几年的努力中获得了些成绩，创立了许多新的、适合中国国情，即合乎新民主主义的东西，但我们并不满足。我们认识到我们的努力还不够，还没有把许多实际的经验在理论及法令上树立成很完备的一套。
>
> ——陕甘宁边区高等法院

陕甘宁边区的司法制度无疑是独特的，对这样一种独特的制度，究竟应该如何评价？这是本书最后所要做的工作。其实，对此问题，边区政府，乃至司法系统本身也在思考。

边区参议会领导人谢觉哉说：

我们的司法，是新的司法。原因是当权的阶级换了，过去的被统治者变成了统治者。这一变化，反映在司法问题上究竟有些什么？我们已经看到了或尚未看到，或虽已看到了但没有把握住，或已经把握了的是些什么？这是我们应该研究的问题。①

边区高等法院则反思说：

中国的法律摸索了这么几十年了，但搞出来的东西，多半不是洋教条便是老八股，能够真正适合中国国情的东西还是很少见的。这点，虽然边区在几年的努力中获得了些成绩，创立了许多新的、适合中国国情，即合乎新民主主义的东西，但我们并不满足。我们认识到我们的努力还不够，还没有把许多实际的经验在理论及法令上树立成很完备的一套。②

显然，要做好这一工作并不容易。

---

① 谢觉哉：《在司法训练班的讲话》，1949年1月，载王定国等编《谢觉哉论民主与法制》，第154—155页。
② 《陕甘宁边区高等法院审判案例材料汇编》"前言"，1944年7月，陕西省档案馆馆藏档案，全宗号15。

第七章 艰难反思：大众化司法制度之修正

第一节 自我检讨

陕甘宁边区司法制度的建立与实施本身就是一个摸索的过程，表现出很强的实践性，其中既有理论上的自觉，又有迫于形势、环境的无奈。哪些是迫于形势的短期行为？又有哪些是出于理性的自觉？还有哪些可以作为新型司法制度要长久坚持的东西？笔者以为，在进行评价之前，有必要将两者加以适当的区分。

要对此加以区分，1945 年底召开的陕甘宁边区第二届司法工作会议则不得不提。这次会议在边区司法制度建设史上占有极其重要的地位。1945 年 8 月抗战胜利，国家的走向面临着一个重要的节点，国共两党通过各种方式加强对未来国家走向的影响。与此同时，陕甘宁边区也进入了一个相对稳定的发展时期，于是，有关未来司法制度的建设问题再一次被提上了议事日程。

前面已经指出，对于 1943 年以来的边区司法实践，也就是雷经天重新主政后的边区司法实践，谢觉哉既有肯定，但同时仍然存在着不满，并不止一次公开表达："高等法院搞了八年，总结不出什么。……不只是负责人弱，上面帮助与领导也差。"[①]

在此背景下，1945 年 10—12 月边区高等法院召开了推事、审判员联席会议。会议会期长达两个月，围绕着边区的司法制度问题展开了深入、严肃的讨论。会议开幕当天，边区政府中与司法工作有关的领导人几乎全部到场，彰显了边区政府对这次会议的高度重视。谢觉哉说：

> 高等法院推事审判员联席会开幕，我、林、曙时、木庵、思

[①]《谢觉哉日记》(下)，1945 年 7 月 28 日，第 822 页。

敬讲了话，讲得都颇好。我讲三点：

1. 司法工作人员岗位，①创造与保证新民主政策、法律，伟大的仁爱；②要用细密的思考，有发明，使人爱戴；③是长期创造与专门事业。

2. 目前边区司法状况，找到了道路，但还落后。

3. 此次会议要搞出点东西，从搞东西来训练自己。①

会议结束时，边区政府领导人习仲勋代表边区政府做了讲话：

这次司法会议开了差不多两个月的时间，这个会开得很好，解决了许多问题。昨天王院长给你们的总结报告，可以说是我们司法工作多年来的经验总结，也就是说，我们过去司法工作多年来没有摸索出来一个方针，就是还没有根据边区的实际搞出一个规模、一些制度和一些法律，把政策搞得更对些，这几年来都没有走上轨道。这次会议最大的成功，就是从过去多年的摸索过程中间搞出来了一些东西，这对于我们今后司法工作有很多促进。像这两个月这样开会的方式，我觉得很好，在这次会议中训练了你们自己，同时也提高了大家。在这次会议上解决了很多实际问题，也解决了边区司法工作到底应该怎么做的问题。②

"边区司法工作到底应该怎么做"，习仲勋在讲话中并未说明，但边区司法工作的领导人谢觉哉若干年后说的两段话则对思考这一问题提供了极有价值的线索。1949年，谢觉哉在华北人民政府司法训练班上讲话时指出，陕甘宁边区司法制度中真正的成就，

---

① 《谢觉哉日记》（下），1945年10月8日，第848页。
② 习仲勋：《在陕甘宁边区第二届司法工作会议上的讲话》，1945年12月30日，陕西省档案馆馆藏档案，全宗号15。

第七章 艰难反思：大众化司法制度之修正

现在可以说的，大概有以下几点：

1. 我们已经把旧统治者的最复杂的精巧的作为镇压人民的工具——法庭，变为以社会主义为基础的镇压反动阶级和教育人民的工具。资产阶级的法庭，以达到镇压为目的，而我们的法庭，则以达到教育改造为目的。我们不是要把哪一种人永远踏在我们的脚下，而是镇压和惩办为着教育，为着改造成为新人。

2. 我们的法律是反映绝大多数人的意志的，是绝大多数人都能够了解和掌握的。我们社会的主人是人民大众，主要是工农群众。

因此，我们的法律是人民大众的，人民大众已在实际上掌握了。法庭是人民的工具，法律是群众自己创造出来的，掌握在自己手里，群众自己也必须执行。

3. 我们的法律是服从于政治的，没有离开政治而独立的法律。政治要求什么，法律就规定什么。当法律还没有制成条文的时候，就依据政策行事。①

此外，1961年5月，已任中华人民共和国最高法院院长的谢觉哉重返故地，在陕西省高级人民法院党组会议上又一次指出：

要发扬延安作风，那么延安时期司法工作上有些什么东西值得发扬？我也可以讲点印象：

1. 司法工作为政治斗争服务取得明显效果。……这表明了司法工作是为政治服务的；司法工作做得好坏要看它体现到政治上的效果究竟怎样。

2. 延安时期最长的徒刑开始只有五年，后来改为十年。判三年以上的徒刑要送高等法院审批。延安时期的规定自然到现在不

---

① 谢觉哉：《在司法训练班的讲话》，1949年1月，载王定国等编《谢觉哉论民主与法制》，第154—156页。

完全适用，但也不能说那时以十年为最高徒刑的规定不对。

3. 对罪犯的改造工作。外国人到延安参观，看到我们的监狱都很惊奇，认为是世界上没有的。有些罪犯表现得好，被提前释放，名为假释，其实也是真释；法院可以派犯人单独出外劳作。没有逃跑的原因是对犯人的改造教育工作很仔细，使犯人的生活好，认识到只有认罪服法、好好改造才是前途。

4. 注意调查研究，走群众路线，这样的事例很多。出过马青天、奥青天。

5. 注意调解工作。出过一本《调解为主，审判为辅》的书、有一个"调解条例"。依靠调解确实解决了不少问题。

6. 情况掌握得好，高等法院每月有一情况报告。办了什么案子，怎样办的，写得简单明了。不像现在的报告，只罗列些数字，只写收案多少、已结的多少、未结的多少；百分之九十几是正确和基本正确的，百分之几事实不清，百分之几是错案；等等。写些数字固然也需要，但不写出具体案子，别人难看懂，不知道你所说的正确的在哪里，错误的在哪里。①

两段讲话具有明显的互补性，前者着眼于从政治角度来阐述，而后者则从制度和细微层面入手。透过这两段话，不难发现，在谢觉哉看来，边区司法制度的最大成绩就是司法是忠实执行党和政府方针、政策的工具，就是紧密与中国实际情况相结合，就是大众化。

除了考察边区领导人的言论之外，还不应忽略边区司法的实践。其实，仔细考察1945年以后的边区司法实践，同样可以清楚地发现，第二届司法工作会议后边区的司法实践又一次出现了新的变化，这些变化包括如下几个方面。

---

① 谢觉哉：《在陕西省高级人民法院党组扩大会议上的讲话》，1961年5月，载王定国等编《谢觉哉论民主与法制》，第260—261页。

第七章　艰难反思：大众化司法制度之修正

一、司法体制

（一）审判独立

审判独立是陕甘宁边区历史上一直争论不休的话题。司法人员，特别是一些曾系统接受过现代法学教育的司法人员，出于对现代法治的理解、工作上的需要以及传统思维定式的影响，一直主张从制度上对司法机关的审判独立问题加以明确。但在边区党的领导人看来，审判独立并不是问题，边区法律对此原则早已做了明确规定，即司法机关在边区政府的领导下独立进行审判。

然而，这一问题在边区的司法实践中并未真正解决。问题的关键不是制度上如何规定，而是在既行体制下，实践中并未能发展出一套相应的可行的技术。暂且抛开司法与行政之间的关系不谈，仅从管理的角度讲，实践中始终存在着两种不正常的现象。一是陕甘宁边区的基层行政官员，特别是县长大多文化水平不高，法律知识欠缺。有学者研究表明，"边区县长的教育背景和文化水平也是普遍比较低，大多数县长只是接受了高小教育。清涧县县长黄静波说，自己当初只是小学毕业文化程度，在'陕北算是小知识分子'。华池县县长李丕福9岁入私塾，最终也因家境贫寒被迫辍学，只能粗通文字。应该说这种情况在边区的其他地区也大致相同"。① 文化水平不高，加之不懂法律，因而工作中不按法律办事、随意干预司法人员办案的现象较为普遍。二是政府官员事务繁忙，根本无暇顾及司法事务，使具体从事审判工作的司法人员无所适从。不请示怕领导不高兴，请示了领导又不置可否。前一种情况下，司法人员如果不照办往往会被指责为"闹独立"；后一种情况下司法人员又容易被批评为不努力工作。在权力边界清楚、法制完备的体制下，司法人员只需服从法律和政策，依法办案，不必考

---

①杨东：《陕甘宁边区的县政与县长研究》，第140页。

虑领导人个人的意见。然而，在一个法制残缺不全，领导者权力较大，又缺乏必要的民主意识的政治氛围里，尽管领导者个人是否等同于党、等同于政府，理论上可能不是问题，但现实生活中则很难说得清楚，其结果必然导致领导人和司法人员都极易产生不满情绪。李木庵等人的改革就是司法人员不满的一次集中表露。

在1945年的陕甘宁边区第二届司法工作会议上，一些来自基层的司法工作者旧话重提，小心翼翼地表达着对审判独立的看法：

> 大家都知道在三四年前到处说司法工作独立性的问题，直到现在还有些同志说：究竟是有些县闹独立性？还是都闹了？如果是个别的那就弄清楚也好。如过去我在陇东工作时，有人说闹独立，究竟是组织上制度上不明确呢？还是工作上真正的闹独立性？我认为主要的是组织上制度上规定的不明确。裁判委员会的主任是裁判员，但重要案件还不是经过他，同时各县的处长只是在个别案件顾问，一般的不管。行政领导困难，各县的案件多，行政上不多研究，司法处理好了就对，如果处理不好，就负责任，甚至痛骂批评，在分庭有时还和专员谈一下。县上就不然。①

高等法院对此颇感为难，在会议的总结里指出：

> 制度问题内关于审判独立及检察制度等，虽然意见很多，但因其带有法制上的根本性这里不详提及，只是把材料整理起来，留待下届参议会决定。同时又指出："高等法庭、县司法处对民事案件之处理，不必经过专署政务会议、县府政务会讨论，如认为有商讨之必要时，由司法机关召集各有关方面研究，但决定权属

---

① 《在陕甘宁边区第二届司法工作会议上的发言》，1945年10月20日，陕西省档案馆馆藏档案，全宗号15。

第七章　艰难反思：大众化司法制度之修正

于司法机关。"①

作为司法人员，制度问题自然不能讨论，能讨论的似乎只有技术问题，即如何在具体工作中应对来自法律之外的干涉。即便如此，高等法院代院长王子宜仍然心有余悸，他以一种近乎外交辞令的口气对同行说，所谓"别人干涉问题"，

> 我以为应该从两个方面看，首先我们自己应该检查自己处理的案子有无毛病。别人向我们提意见，我们不仅不应该拒绝，而且应该表示欢迎，作为判决的参考。事情究竟怎么办，应依法办事，不受影响；但另一方面，为了不使审判制度遭受紊乱，其他非司法机关人员，对于法庭判案，应该只建议不干涉。②

审判独立原本是边区法律规定的原则，因而不应该是一个敏感的话题，但由于它与司法独立之间存在着一定的因果关系，因而成了一种忌讳，特别是对于那些经历过李木庵改革事件的人来说，则更是心有余悸。为此，王子宜采取了非常聪明的做法，将与会者反映的意见汇总上交，由领导去定夺。但透过这一处理方式，大致可以揣摩出王子宜本人以及高等法院对待这一问题的态度。

面对司法系统内部的呼声，边区政府这一次做出了积极回应。经过这些年的风风雨雨，谢觉哉对审判独立问题有了新的认识：

> 专员兼高等分庭庭长，县长兼司法处处长，现在是可以的。但不是解决领导统一的问题，而是人才不够的暂时办法。如果每

---

① 王子宜：《在陕甘宁边区第二届司法工作会议上的总结》，1945年12月29日，陕西省档案馆馆藏档案，全宗号15。
② 同上。

县都能有足够资格的司法人员，裁判员就不会和县长发生摩擦；统一领导和兼职完全是两回事。边区地广人稀，县、分区固无单独成立司法处、高等分庭的必要，也不能找到比得上县长、专员的司法处长与庭长。但如严格地说，司法是专门事业，要专门人才，行政长官不一定长于司法，且行政兼司法有碍于司法独立。①

为此，他在日记中提醒自己："不要司法独立的话，我想今后不要说了。"② 当然需要指出的是，谢觉哉这里所说司法独立，实际上是审判独立。习仲勋也代表边区政府当众表态：

> 过去我们对司法工作是有些认识不够清楚，听说有些地方干涉司法，使工作受到限制。有些地方根本不给帮助，说你独立，你去独立吧。这两种的存在使司法工作不好做，这个事是领导上负责任。今后如何改善这些关系，同时做司法工作的在这方面注意，以后只要我们是依法办事，照原则办事，那不管是什么人提意见，我们要以原则办事。同时在自己要把事情真正地搞好。我觉得地方干涉有两种，一种是无原则的干涉，一种是我们自己做得不对，人家干涉，所以我们从两方面注意，问题才好解决。今后的司法工作我也主张有它的独立性，但不是所有做司法工作的人和政权方面独立起来，闹独立性。我们工作按法律办事，按原则办事就是独立。③

1946年4月23日公布的《陕甘宁边区宪法原则》中，对此终于

---

① 《谢觉哉日记》（下），1945年1月27日，第756页。
② 《谢觉哉日记》（下），1945年1月31日，第757页。
③ 习仲勋：《在陕甘宁边区第二届司法工作会议上的讲话》，1945年12月30日，陕西省档案馆馆藏档案，全宗号15。

做了明确规定:"司法机关独立行使职权,除服从法律外,不受任何干涉。"这一规定打破了自有根据地政权以来一直实行的政府领导司法的体制,因而在边区司法制度的发展史上,具有极为重要的昭示意义。

按照谢觉哉的解释:"审判独立与司法独立是两件事,司法独立是资产阶级骗人的,我们不赞成。审判独立与对党闹独立是两件事,不要混淆起来。"所谓独立审判,就是司法机关依据法律和党的政策进行审判:

> 司法独立问题,前已说过,我们的现行司法制度,不是形式上的独立,而是审判只服从法律的独立。行政机关对于司法,只有帮助而没有干涉,帮助他判案,而不是干涉他判案。顺便讲讲所谓立法、司法"三权分立"问题。戳穿说:三权分立从来没有过,也不可能有。资产阶级国家,资产阶级握有全权,所谓分立是假装的,是用来稳定它的统治。我们不采取这种制度。

但同时谢觉哉又强调:

第一,司法机关必须坚决执行党的路线、方针和政策,"我们的司法工作者,可以不可以同旧社会的司法人员一样,只坐在那里翻本本呢?不行。新的人民的法律,不是一个圈圈,把司法工作者套住,束手束脚,动弹不得,而是一个标准,要司法工作者遵循这一标准去做。因此,司法工作者,若不懂政治,有法也不会司。这又是说,要从政治上来'立'、又要从政治上来'司'。前面的'立'是没有法,后面的'司'是有了法。没有法,用政治来司"。

第二,必须自觉地接受行政机关的监督。"我们的行政机关,绝不应叫司法机关做违法的事,相反地,我们的行政机关,应该帮助司法机关使审判搞得更好。"

第三,必须自觉接受群众的意见。"前面说过,法律是人民自己的,因此，司法一定要讲群众路线。一是办案时听听群众的意见，当一个案件弄不清楚的时候，可以到当地去问群众，或群众团体，他们的意见常常是正确的。一是说法律是从群众中来的，把群众意见，加以洗炼，洗去不好的，炼出好的，用法律形式固定起来。司法工作者，做好一件事，对自己是教育，对群众也是教育。所以，司法工作者不要关起门来工作，应当经常同群众商量。群众路线讲起来容易，做起来很难。搞司法工作的同志，在这一点上，务必仔细考虑，狠下功夫。"① 行政领导司法的体制，是边区政府在特定环境下的一种过渡办法，也就是说，只要条件适合，对于审判独立本身边区政府是完全可以接受的，但这种接受是以上述三个原则为前提的，其中最为重要的原则，就是司法审判与民众密切联系的原则必须坚持。

（二）审判与检察分立

审判与检察的关系，是边区司法体制上又一争论不休的话题。1946 年，边区政府为了适应和平民主的新形势，对司法制度适当进行调整，开始将检察机关从审判中分离出来。1946 年 10 月 19 日，边区政府以民字第 62 号令② 规定：

> 前经陕甘宁边区第三届参议会第一次大会通过健全检察制度一案，自应查照设置各级检察机构，以利进行，所有关于组织、职权，以及领导关系等，特有以下决定：
> 一、各级检察机关之职务：
> 1. 关于一切破坏民主政权，侵犯人民权利的违法行为的检举。
> 2. 关于各级公务人员触犯行政法规的检举。
> 3. 关于违反政策之事项（如违反租佃条例）的检举。

---

① 谢觉哉：《在司法训练班的讲话》，1949 年 1 月，载王定国等编《谢觉哉论民主与法制》，第 157—160 页。
② 陕西省档案馆、陕西省社科院合编：《陕甘宁边区政府文件选编》第 10 辑，第 263—264 页。

二、各级检察机关之组织：

1. 边区高等检察处，设检察长一人，检察员二人，主任书记员一人，书记员二人。

2. 各分区设高等检察分处，设检察员一人，书记员一人。

3. 各县市设检察处，检察员一人，书记员一人。小县则仅设检察员一人。

三、领导关系：

1. 高等检察处受边区政府之领导，独立行使职权。

2. 各高等检察分处及县检察处均直接受高等检察长之领导。

以上各项希即遵照执行为要。

此令！

主席　林伯渠
副主席　李鼎铭

这是边区司法制度史上的重大变化，打破了从陕甘苏区以来实行的"审检合一"体制。然而，正当新体制推行之时，国共之战再度爆发，新体制的推行计划因战争而被迫搁置。但这足以表明在边区党和政府看来，审判与检察组织合一是边区全面抗战时期特殊环境下的一种临时安排。这一新体制为中华人民共和国司法制度的构建提供了经验。

二、诉讼审判制度

"司法工作是一个专门性质的工作，也是一门专门知识"[①]，应该具备一些必要的、专用的程序和形式，以彰显其不可替代的专门性。在经过多年的摸索，积累了必要的经验和教训后，边区政府的领导人对

[①] 习仲勋：《在陕甘宁边区第二届司法工作会议上的讲话》，1945年12月30日，陕西省档案馆馆藏档案，全宗号15。

此有了极为清醒的认识:"司法形式与手续,目前还不完备,这是随着经济基础的发展而发展的必然过程。"但新型司法所要求的形式并不等于传统的东西,这一点边区政府也一再强调:"但我们所要的形式与手续,不是资产阶级那一套,不是那种主观臆造、故弄玄虚、烦琐不堪而又不便利于人民(的东西)。我们要去掉那些与人民隔离的、于人民无利的东西。比如硬说刑事不能调解,有些轻微的刑事,彼此已经和解不愿告状,又何必硬要拉他们上法庭?"①

为此,1946 年 4 月 23 日公布的《陕甘宁边区宪法原则》中,明确规定了"健全法律与制度,加强公务员奉公守法的观点与习惯"。此后,边区高等法院陆续公布了一些法规和文件,明确提出要健全司法机关,并对一些必要的程序做了规定。

(一)诉状的要求

陕甘宁边区高等法院于 1946 年 3 月 1 日发出指示信,要求对诉状规格及其内容划一,并由高等法院统一制发,后因不符合群众的需要和自卫战争的开始,遂又自行废除,一切听从群众自便。

(二)审判方式

对于边区审判方式中的一些标志性做法,边区高等法院的态度也开始转变。

1. 陪审制度。对于人民陪审,边区高等法院认为审理案件有群众代表参加,可以防止司法人员独断,"能增加法院信用"②。但"不是每个案件都要有陪审,而是斟酌案情是否重大,和当时当地情形有无必要来决定"③。如审理婚姻案件,就可以"请有关团体的人们陪审,当众宣判,以提高妇女觉悟,教育广大群众"④。

---

① 谢觉哉:《在司法训练班的讲话》,1949 年 1 月,载王定国等编《谢觉哉论民主与法制》,第 157 页。
② 李木庵:《论边区审判制度》,1945 年 10 月,陕西省档案馆藏档案,全宗号 15。
③ 王子宜:《在陕甘宁边区第二届司法工作会议上的总结》,1945 年 12 月 29 日,陕西省档案馆馆藏档案,全宗号 15。
④ 《陕甘宁边区高等法院指示信》,1949 年 4 月 2 日,陕西省档案馆藏档案,全宗号 15。

2. 巡回审判。对于巡回审判，边区高等法院在1948年的《审判工作报告》、12月10日的工作报告，以及高等法院同年8月6日、9月1日"安"字第三号指示信中仍然坚持其存在的必要性；不仅如此，1949年2月边区政府刘景范代主席在边区参议会和政府联席会议上所做的《边区一年来政府工作报告》中，也一再强调要坚持巡回审判，并详细阐述了法官下乡就地审判案件的必要性和重要意义，分析了这一制度的好处和特点，但同时又指出了贯彻这一审判方式中应该注意的事项。

3. 马锡五审判方式。马锡五审判方式是边区新型司法制度的代名词，具有极强的标志性意义，因而边区政府和高等法院都一再强调必须坚持。但同时又指出，坚持马锡五审判方式，其实就是坚持审判中的群众路线，而并非对其具体做法的照搬。对此，边区高等法院代院长王子宜说：马锡五审判方式"总的精神就是联系群众，调查审讯都有群众参加，竭力求得全面正确，是非曲直，摆在明处，然后，把调查研究过的情形，在群众中酝酿，使多数人认识一致，觉得公平合理，再行宣判。既合原则，又通人情，不仅双方当事人服判，其他人也表示满意"。①

4. 调解制度。尽管调解工作在推行中曾出现过一些问题，但"这种错误我觉得不在下面，而在上面没有把实际情况弄清楚，甚至在很多文件上更加巩固了这种理论和这种做法，因而下面看到上面这样提倡，必然有道理，所以下面就更弄得起劲"。这些问题一旦认识清楚了，就不难改正，"所以调解的方针还是要坚持"。②1948年8月6日、9月1日和1949年3月，边区高等法院先后发布有关调解工作的指示信，

---

① 王子宜：《在陕甘宁边区第二届司法工作会议上的总结》，1945年12月29日，陕西省档案馆馆藏档案，全宗号15。
② 习仲勋：《在陕甘宁边区第二届司法工作会议上的讲话》，1945年12月30日，陕西省档案馆馆藏档案，全宗号15。

明确指出:"由于边区的巩固和扩大,民刑案件相对增多,要求大力加强调解,在老区继续贯彻调解政策,在新区要以调解范例教育群众,培养调解积极分子,使群众相信调解,然后逐步推行调解制度。"①

5. 法庭审判。更加值得注意的是,边区司法系统内部也逐渐形成了共识,即法庭审判才是诉讼活动最基本的方式,因而必须坚持和规范。1946年8月21日,边区高等法院在代院长王子宜的主持下,召开了第101次院务会议,通过了《陕甘宁边区法庭规则》,对法庭审判程序、法庭秩序进行了必要的规范。该规则共11条,基本内容为:

(1)有关候讯的规定。诉讼当事人应持传票准时到候讯室等候传讯,不得到处乱窜,同案当事人及人证,不得互相交谈串供。交谈者,法警有权制止。

(2)有关开庭审理的规定。诉讼当事人应遵照法庭传唤到庭,按指定座位入座,根据推事的发问陈述意见,不得争先发言,或擅自离开座位走动,或出庭。如不遵守者,推事有权制止。经推事三次警告不听,甚或滋闹者,推事有权以妨害公务酌情予以拘禁处分;经诉讼当事人请求,法庭准许诉讼代理人代为陈述或辩论,法庭公开审讯案件时,准许群众旁听,但应遵守法庭规则,不得发言或表达意见;同案诉讼当事人在开庭时,不得走近窃听,违者,法警有权制止;诉讼当事人对自己口供应负法律责任,当庭朗读后,如有不对处即提出更正,如记录无讹者,即签名盖章或按指印;推事审问后,认为有逃跑或串供之虞者,有权宣告收押,被押人不得无理抗拒;当庭指定下次讯问期间,诉讼当事人应准时到庭;当庭宣判之案件,如有一方不同意者,应当庭声明上诉,并即办理上诉手续。

---

① 《陕甘宁边区高等法院指示信》,陕西省档案馆馆藏档案,全宗号15。

第七章 艰难反思：大众化司法制度之修正

（3）关于推案之规定。未传唤之当事人，到庭推案者，承办推事或书记员应告其传讯日期，当事人不得纠缠不走，妨碍法庭秩序，经解释仍不听从者，得令法警强制其离庭。

该规则的制定，反映了边区司法机关试图规范法庭审判活动的努力，它对于维护法庭正常秩序，规范庭审工作，树立司法机关的权威起了重要的作用。

6. 执行问题。为维护法纪，边区政府强调对于已结案件，不管当事人态度如何必须强制执行。"凡案件经司法机关判决后，按照上诉地点期限，尽可上诉，倘不上诉，又不服判，如越过上诉期间，司法机关有权强制执行。在执行时，被执行之当事人，如无理取闹或自寻短见，执行机关，绝不负责。个别人民故意不行使应尽之义务，致工作不便推行，应处半月以下之苦役。"①

边区政府开始改变对民众无原则迁就的做法，下气力对民众进行教育，并对那些无理取闹的缠诉民众进行劝告，试图培养起民众对司法判决的必要尊重，维护司法机关的威信。

子洲县居民马万高：
你的来呈看到了。关于你与马万均争执土地纠纷案，高等法院派人到当地调查，根据你们各家逐年管产既成事实及各家的需要情形，另予判分，均无过多过少的损益。我们认为这种处罚，是适当的。希望你遵照息讼，不必再争意气为是！
此批

主席　林伯渠

---

① 陕西省档案馆、陕西省社科院合编：《陕甘宁边区政府文件选编》第10辑，第40—41页。

　　　　　　　　　　　　　　　副主席　李鼎铭
　　　　　　　　　　　　　　一九四六年一月十一日[①]

　　延安市民高延士：

　　你的来呈看到了。关于刘治英与你子高余立离婚纠纷问题，高等法院根据延安市地方法院的调查，刘治英早已与你子感情决裂，曾发生过谋害你子的事实。起诉判处她徒刑期满后，又经劝解仍誓死不愿再回你家，若再强令同居，难保不再发生危害情事。因此该院判决离婚，本府认为是适当的。希望你不要固执，停止上诉为是！

　　　　此批

　　　　　　　　　　　　　　　主席　林伯渠
　　　　　　　　　　　　　　　副主席　李鼎铭
　　　　　　　　　　　　　　一九四六年三月十二日[②]

　　1946年前后，边区政府所发出的这类批驳文件数量急剧增多，而且在文件中出现了"无理取闹""勿得再纠缠滋事"等以往极少使用过的字眼。

三、司法人员

　　与边区党和政府对司法体制的局部调整相适应，边区政府对司法人员的资格也有了一些新认识，逐渐认识到司法工作既不同于其他工作，司法人员也应该有其特殊的要求，因而开始对司法人员的使用标准做出新的调整：

[①] 陕西省档案馆、陕西省社科院合编：《陕甘宁边区政府文件选编》第10辑，第4页。
[②] 同上书，第11页。

第七章 艰难反思：大众化司法制度之修正

司法工作既不同于其他工作，司法干部也应该有它的特殊的标准。

1. 学习掌握法律，熟悉社会风俗习惯。
2. 弄清是非轻重，不冤屈人。
3. 执法公正无私，做事勤劳慎重，勇于改正错误。
4. 切实为人民解除纠纷，对犯错误的采取治病救人态度，切实教育改造。

这些标准的意义在哪里呢？

第一，司法人员，不能把法律和风俗习惯——尤其是善良风俗习惯，看成绝对对立的东西，二者兼顾。要做到这些，首先要深刻了解法律的真实精神和人民的实际利益。这就是说，司法人员要在工作中不断学习。

第二，对于审理一个案件，要全盘分析当地及当事人的处境。例如是真是假，属于主犯或从犯，犯罪者的动机如何等，都得做到很细密的研究审查，予以很公允的评判。这同样关乎司法人员的修养问题，不是容易做到的。

第三，公正无私，勤劳慎重，也是司法干部的起码标准。但说起来容易，实际做事过程内，我们还应该经常检讨自己。因为外界影响，往往会使你不自觉地多少有一点偏袒，或抱有偏见，或者对工作间有未尽责之处。这是一个品质问题，希望大家警惕！另外，关于"勇于改正错误"的意思，是指反对旧型审判所谓"官无悔判"的胡说。我们司法人员，应该是一发现错误，就勇于改正。自己发现的，自己改正，别人发现了并加以改正以后（例如二审撤销一审判决），自己应该向别人学习。抱成见，好面子，或托辞执行问题等现象，根本要不得，应坚决扫除干净。

第四，对于为人民负责解除纠纷，同时负责对犯错者的改正，也是很重要的。这里指出我们司法人员的观点是和旧型司法人员的观点有根本的区别。我们是替人民服务的,不是当"官"做"老爷"的,对人民要有足够的切实的负责态度。①

显然,同以前的标准相比,新标准有了一定的变化,它在坚持政治信仰可靠的前提下,注重司法人员须拥有必要的司法知识、技能和品行。进入1945年以后,谢觉哉也开始一再强调:"所以法官必须是有学问、有才干、有资望的人。"②

不仅如此,边区高等法院代院长王子宜还明确表示:

> 司法工作既属专门技术工作,司法干部就不能轻易调动。过去好些地方审判员被工作调动了,给高等法院连打个招呼都没有,隔过好多日子,才知道这个干部已经调动。这种现象是不妥当的。今后司法干部有必要调动时,须先征得高等法院之同意。
>
> 还有一项是干部奖惩制度,现在同样执行得不够。今后要把这一制度严格建立起来。除边府已有的正式条例外,高等法院准备另颁发司法干部奖惩条例。③

制定专门的司法人员奖惩条例,意义非同小可,它实质是在承认司法人员需要单独管理。此外,边区领导人习仲勋还强调要尽可能地改善司法人员的政治待遇:

> 现在工作的同志怎么办呢?按他的工作能力,适当地提拔,有些可以做分庭的庭长,有些可以参加县委的工作。以后特别在

---

① 王子宜:《在陕甘宁边区第二届司法工作会议上的总结》,1945年12月29日,陕西省档案馆馆藏档案,全宗号15。
② 《谢觉哉日记》(下),1945年1月31日,第756页。
③ 王子宜:《在陕甘宁边区第二届司法工作会议上的总结》,1945年12月29日,陕西省档案馆馆藏档案;全宗号15。

政治上多照顾；听报告看文件都和其他负责干部一样。过去照顾不周已成事实，即是我们的缺点，同志们感到有些委屈，不好受，党也不光荣，你们的工作做的（得）更好，党才是光荣的。①

对于习仲勋讨论的问题，边区高等法院代院长、即边区司法工作的代言人王子宜的看法是：

> 有的同志说司法干部提拔慢，过去有一块工作的，有的几级提拔，而自己审判员当了多年还是审判员。或者说，司法工作没出息，要进步只有改行。我想提拔慢倒是一个事实，但我们个人自己不应该有这样的看法，只要工作成绩好，地位低有什么关系；工作差，地位高又有什么好处？司法干部标准，上面讲过了，同志中有合乎以上标准而且确实有较长的历史，丰富的经验，工作成绩优良者，是不是可以提拔呢？我想是可以提拔的。这是领导机关的事情。②

王子宜的话颇值得玩味。但与此同时，边区政府领导人又一再强调，这种法律专门知识的学习，不一定非得通过专门的学校或书本，而更应该在实践中获得，虚心向人民大众学习：

> 有的同志说："没学过法律，是外行。"这是受了资产阶级学者的毒。法律是需要学习，过去学法律的4年毕业，而我们的不少同志，做司法工作好几个4年了，学的东西也应该比人家的多吧。

---

① 习仲勋：《在陕甘宁边区第二届司法工作会议上的讲话》，1945年12月30日，陕西省档案馆馆藏档案，全宗号15。
② 王子宜：《在陕甘宁边区第二届司法工作会议上的总结》，1945年12月29日，陕西省档案馆馆藏档案，全宗号15。

"法律是专家的事",这种说法也要分析。不是说人人能懂的东西,就不要专门家,而是专门家应该把人民的很多具体的实际经验提高到理论上加以整理,成为成文的法律,这是专门家的作用。站在人民之外,或站在人民头上的法律专门家,不是专门家,而是外行。我们用不着他。①

至于为什么非得从实践中向民众获得知识才行,边区政府领导人讲得也十分清楚:边区的司法工作者应该是一个政治家,他不能仅仅满足于单纯地从法律上解决问题,而是应该通过审判活动改造社会:

社会上有很多事情,在这个地方是个别的,可以强迫制止;在那个地方则是普遍的,成为社会问题,不是靠单纯强制所能办得到的。比如买卖婚姻,在法律上是禁止的,但它是个社会问题,就必须经过妇女运动,经过广泛深入的社会教育,才能改正。又如某种同样的行为,因为量的不同,而引起质的不同。……我们审判案子,要把案子联系到各方面来看,这就必须要有政治认识才行。我们的政治在前进,法律也在前进。司法人员不要把自己看得特殊,认为司法工作者可以不懂政治。同样,行政人员也不要说我可以不懂司法。这是事情的两个方面。把行政与司法,机械地对立起来看待,是不对的。

司法工作者一面办案,一面要考虑案件的社会原因。有些司法工作者,在一个地方做了相当时期的工作,对那个地方存在些什么问题,其原因如何,应如何解决,答不出来。这不是我们的司法工作者应有的态度。我们不但要办理案子,而且要把那案子发生的原因,以及对社会各方面的影响,加以注意和研究,求出

---

① 谢觉哉:《在司法训练班的讲话》,1949年1月,载王定国等编《谢觉哉论民主与法制》,第155—156页。

诊治社会的方法。

　　社会上的事，没有一件是孤立的，总是千丝万缕地牵连的。现在社会上抢劫、偷盗的治安案子，都有其一定的社会原因。因此，我们一面办案子，一面要考察社会原因，就可得出哪是治标的，哪是治本的。[①]

　　综上所述，1945年以后，随着抗战的结束，和平的短暂实现，边区政府适时地对其司法制度进行了必要的调整，一些为了适应战争需要而被迫采取的短期措施被废止，因而有理由认为那些予以保留的内容，就是边区政府所孜孜以求的新型司法制度的基本框架和基本内容。这些予以保留的内容大致可以归纳为：司法工作必须在中国共产党的领导下，忠实、严格地执行党的方针、路线以及按照党的方针、路线所制定的法律进行；坚定不移地走群众路线，主动深入基层调查研究，不为书本和法条所累，实事求是地彻底解决群众的困难和问题；通过一些必备的简单程序将群众发动起来参与司法；一支具有坚定政治信仰、必要的法律知识、一心为民众服务的执法队伍。这就是陕甘宁边区政府在经过多年的探索之后所认可和必须坚持的新型司法制度的核心，就是大众化司法制度。

第二节　评价

　　接下来的工作就是要对陕甘宁边区所创建的大众化司法制度进行评价了。尽管这一工作较为困难，但却无法回避。

---

① 谢觉哉：《在司法训练班的讲话》，1949年1月，载王定国等编《谢觉哉论民主与法制》，第159—160页。

一、标准和角度

中国新型司法制度肇始于晚清，与中国传统的审判制度相比，新型司法制度的最大不同就是专业化。

（一）专业化司法的优与劣

专业化的优点非常明显，这一点毋庸置疑。但与此同时，也应该明白专业化司法制度正常发挥作用的制度成本也非常昂贵，换言之，专业化司法制度的正常运行既要有相关制度的配合，同时也离不开特定的内外部环境，否则其不足之处也会暴露无遗，造成新制度与社会、与民众生活的脱节。

1. 对专业知识的过度依赖极易引发自我封闭和固执。现代司法制度是一个内部结构极为复杂、专业性较强的知识系统，其从业人员需要经过长期的学习与训练，进而养成共同的思维习惯、职业操守，甚至相似的性格，最终形成一个特征明显的法律职业共同体。法律职业共同体既是现代法学教育追求的目标，又是现代法制发展的必然结果，当然也是政治家担忧的问题。诚如有些学者指出的那样：职业法律家的专门化不可避免带来令人忧虑的问题，即所谓的"隔行如隔山"，甚至"职业病"等。由于职业法律家与大众之间存在着一道难以超越的专业屏障，导致彼此很难沟通，最终引发民众对职业法律家的不理解、讥讽与戏谑。身具法官和学者双重身份的美国人波斯纳对此感触极深，为此提出了这样的问题："何以防止法律专门家成为一个职业的特权等级，防止他们的目的与社会需要和公众所理解的目的有巨大不同？换言之，何以保持法律既通人情，却又不过分人情化、个人化、主观化和反复无常？"①

2. 处理问题时的顾此失彼。"法律专业化对法律运行的另一个'负

---

① 孙笑侠：《程序的法理》，商务印书馆 2005 年版，第 73 页。

面'影响是繁文缛节,过度注意细节性问题,而忽视大问题;注意一些程序性问题,大大减少了对法律实质性问题的关切;注意到法律的普遍的指导意义,而相对地忽视具体问题中的是非问题。"①

3. 与民众感情上的疏离。法官对专业知识的依赖、现代司法制度对中立的强调原本都无可厚非,但凡事都必须保持必要的限度,都离不开相互配合的制度制约,否则便极易导致官僚主义,甚至司法腐败,从而影响司法公正。

或许正是因此,晚清以降专业化司法在中国未能获得当权者和民众的广泛认可,并受到了较多的质疑和抵制。

(二)边区中国共产党和政府的认识

对上述问题,边区政府领导人也有着一定的认识,并表现出了强烈的担忧。边区政府领导人习仲勋就曾公开指出,边区司法工作中有两个主义:

> 一个是"推事主义",就是说一件事情自己应该负责解决处理,但却推到左右,或推到上下,离开自己,这种"推事主义"是不对的。如果我们有"推事主义"这样的现象,那我们问心不过。老百姓把这个刀把子给你们,要你们替他办事,他们把这种权交给了你们,但你们不给他办事,这是不对的。一个是"了事主义",对一件事情不关心,马马虎虎了了就算完了,这都是不对的。还有一个我们的民主作风还不够,大家还不很虚心听取群众的意见,听下层以及各方面的意见。我们一件事情不能做好,就是不采纳群众和别人的意见。你如果没有民主作风这一条,任何人就会和你脱离起来,会脱离群众,变成官僚主义孤家寡人,什么事情他也不会

---

① 苏力:《论法律活动的专门化》,载苏力《法治及其本土资源》,中国政法大学出版社1996年版,第142—143页。

知道,这就难免有主观主义,会犯许多错误。①

谢觉哉更是苦口婆心地告诫司法人员:

> 旧社会遗留给我们官僚主义的习气,以及现时官僚主义环绕着我们的进攻,可能在我们的政府与人民之间,钻孔进来,慢慢使政府与人民发生隔离。旧政府是少数人统治多数人的机器,它的一切,从它的专政精神直到他的衙署排场、官场应酬、公文式等形式,都是便利于隔离群众的。我们不要沾染它。②

> 应该看到,社会已经大变。由于掌握政权的阶级变了,而引起了社会各方面发生根本的变化。因而,我们的法律观,也必然要随之改变。在打碎旧的国家机器的同时,要废除旧法律及其司法制度,建立崭新的有利于加强和巩固人民民主专政的法律和司法制度。我们不要落后于时代。眼睛要向前看,要面对着现实。③

边区党和政府的这种担心极具远见。因而抛开政治层面不谈,仅就司法制度本身而言,大众化司法的产生和确立,也是陕甘宁边区党和政府一种拨乱反正的结果,是出于对专业化司法制度在近代中国造成的负面现象的警醒。这应该成为从法律制度层面评价陕甘宁边区大众化司法制度的基本前提。

认识到一种制度的不足,固然重要,也相对容易,关键的是如何解决专业化司法可能出现的弊端!

陕甘宁边区是中国共产党创建的第一个严格意义上的政权。执政

---

① 习仲勋:《在陕甘宁边区第二届司法工作会议上的讲话》,1945年12月30日,陕西省档案馆馆藏档案,全宗号15。
② 谢觉哉:《民主政治的实际》,1940年4月24日,载王定国等编《谢觉哉论民主与法制》,第46—47页。
③ 谢觉哉:《在司法训练班的讲话》,1949年1月,同上书,第154页。

的中国共产党在这里第一次承担起统治与管理的双重使命：作为管理者，已执掌边区政权的中国共产党必须在一定层面上放弃或改变自己以往的一些做法和形象，通过建立起诸如司法机关等大致完备的政权组织在自己同社会之间建立一种新的联系，并保持必要的距离。唯有如此，才能真正实现对边区的管理，实现社会的公平和正义，建立起必要的社会秩序，并以此向世人昭示自己管理国家和社会的水平与能力，从而取得更广大的民众，特别是中产阶级和知识阶层的民心与拥护。但作为革命者，作为对更大范围权力的向往者，它又必须借助司法机关等政权组织打破现行的社会秩序和利益分配机制来发动人数占绝对多数的下层民众，使他们能坚定不移地团结在自己的周围，最终夺取全国的政权。这是一个全新的命题。面对这种双重使命，执政的中国共产党尽可能地在某些层面将两者进行协调，实在协调不了的也只能将夺取政权的目标放在首位。

在这种背景下，尽管边区政府对于专业化司法制度的弊端有着相对清醒的认识，但由于受政治的影响，在解决问题的方法上，陕甘宁边区党和政府未能从完善司法制度的角度去寻找解决办法，而是采取了尽量简化程序，将整个审判过程向民众开放，并在特定的情况下让民众直接参与司法审判的简单方案，边区政府将此称为司法民主。于是就有了前面所描述的那一切。

如前所述，陕甘宁边区大众化司法的形成与确立过程中，边区政府的主导作用极为明显。一方面是为了获取民众的拥护，夺取政权；另一方面则是为了防止权力脱离民众的监督之后必然导致的腐败和官僚主义。边区党和政府利用自己的权力和影响力，不但为大众化司法的形成奠定了理论基础，还成功地利用民众的力量，迫使整个司法系统接受这种理论，并使之变成一种自主行动。边区普通民众受传统道德观念的影响，加以维护自身利益的需要，也对司法工作表现出了浓厚的兴趣。他们在边区政府的鼓动下，不仅公开表达了对大众化司法制度的赞许，并积极参与其中，与政府一起推动着边区的司法工作从苏维埃时期的严厉、以镇压为主向温和转型；司法系统内部的工农干部则通过自己的行动，动摇着专业化司法在陕甘宁边区存在的根基，并积极尝试着大众化司法的各种形态。在上述几种力量的作用下，陕甘宁边区的大众化司法制度最终形成。

总之，尽管陕甘宁边区大众化司法制度的形成有着法律方面的考虑，但最终得以确立则主要是政治作用的结果。正如有学者指出的那样：

中国近现代历史的主题无可争辩地是政治。政治性的泛化不可避免地影响着司法制度的理念和运作。中国司法制度清末修律中的现代转型，本身就是政治"变法"的一部分。在其后的发展过程中，面临政治化的要求、遭受政治化的装扮亦属势所必然。时代的主题要求常常是司法现实而迫切的改造力量，这种改造不仅指在内涵上对司法理念本身的偏离，而且还体现在政治以自身的需要以种种名义任意抽取并频繁置换司法的某些因素，司法在这样的运作中被架空以致成为政治表达的一种机器，沦为政治的工具。

自清末修律开启中国传统法律制度的近代化进程以来，以司法与行政分离、实现司法独立为主要内容的司法制度改革基本上都是各时期不同政治力量所奉行的政治纲领的内容，并在具体制度设置上有所体现。但天然倾向保守与建设中的司法自身在动荡不安、战乱频仍的社会环境中难以得到足以支持其发展的环境及力量，立法中所体现的司法理念与原则在实践中难以得到切实的贯彻实行。[①]

二、政治视角的评价

陕甘宁边区的大众化司法制度，以其鲜明的时代特色，及与专业化司法制度的强烈反差，注定会引起整个社会的关注。

---

① 马怀德：《法院制度的理论基础与改革方向》，载《中国司法制度的基础理论专题研究》，北京大学出版社2005年版，第118—119页。

第七章 艰难反思：大众化司法制度之修正

司法无疑具有政治的功能，这是任何人都无法回避的话题。如果从政治角度来评价，陕甘宁边区政府所推行的大众化司法显然取得了巨大的成功。其成功的标志：

（一）边区政权得到了广大民众的欢迎

大众化司法制度对于广大民众而言，无疑具有极大的亲和力，并同国统区的司法制度形成了鲜明的对比，进而促使边区民众进一步认识到共产党与国民党的不同。伊斯雷尔·爱泼斯坦1944年访问了陕甘宁边区，并采访了一位农民，这次采访及交谈的内容让他印象深刻：

> 我永远不会忘记在边区一个县看到的一位老农，这位老农捶拍着原来是他村里一个苦孩子的年轻县长的背说："你看这家伙背了多少筐粪到我们地里？有谁以前见过这样的官？从前，当官的闻的是他们姨太太的香水味，怎能闻这鲜大粪呢？"年轻县长希望不要用这样赤裸裸的语言同一位外国"贵宾"谈话，但老人对于什么是值得称道的有他自己的想法，因此不听劝告继续讲下去。在中国几千年的历史中，以前从来没有过这样的官员，也从来没有人见过这样的情景。①

当然，中国的农民是极为务实的，亲民的作风换来的只是民众的好感，而让农民最终拥护边区政府的则是秉公执法。据史载，米脂县岳家岔一位干部家属私种"洋烟"，乡政府屡劝无效，区长得知后下令将其绳之以法。庙沟村党支部书记打死了自己的弟媳，政府依法判处其死刑。正是这些实例让米脂县民众心服口服："民主政府官清法严，

---

① 伊斯雷尔·爱泼斯坦著，陈瑶华等译：《中国未完成的革命》，新华出版社1987年版，第276页。

不徇私情"。① "治世之道不患寡而患不均，中国如能像延安所倡导的一切禀理法行事，困难无不迎刃而解。"②

档案材料表明，对于中国共产党，陕甘宁边区的民众大都经历了一个怀疑、观察到最后认可的过程。中国共产党和边区政府借助这种大众化的司法，把边区内包括传统士绅在内的广大的民众团结在自己的周围。

（二）取得了执政的最初经验

大众化司法有利于中国共产党所制定的方针、路线和政策的有效实施，并在此基础上完成了对陕甘宁边区这块贫瘠和落后土地的治理和改造，这一切不仅稳固了边区的政权，还进而为最终夺取全国政权奠定了基础。作家赵超构通过对边区司法制度的亲自观察，得出了较为客观的结论：

> 一些轻微的案子，以调解为主，许多纠纷便在乡长那里"吃讲茶了事"，免得劳民伤财，妨碍生产，这不能不算是合乎农村口味。法律条文，也并不一定，有几种特殊法，如婚姻、土地等，其余参用中央法令，但也不规定要引用条文，法官根据情形，有很大的解释运用的自由，必要时还可以创造例外的判决。去年二月，还发布过保障人权财权条例，它的实际情况我们还不清楚，"宽大政策"却有相当的效果。那就是说，凡是汉奸，或反对边区政府的人，倘被发现，除非时机非常急迫，他们不愿意加以严刑。他们会派人来说服检讨，很"客气"地请你来个"坦白运动"——也就是自首，请你在公众大会上发表报告，将自己所属的一方罪恶宣布出来。只要你保证洗手不干，他们也就允许你生命的安全，

---

① 《米脂县志》，陕西省人民出版社1993年版，第443页，引自杨东《陕甘宁边区的县政与县长研究》，第264页。
② 师锐、李忠全主编：《延安时期统一战线问题研究》，陕西人民出版社2000年版，第204页。

或甚至保证原有的工作。总之一句话，这是用怀柔的方法代替牢狱和杀人，正如改变"二流子"反巫神的方法一样。当作一种手段来看，这是较为聪明的。①

总之，通过司法方面的上述的努力，中国共产党获得了执政的最初经验，为日后在更广大范围内的执政积累了自信。当然，大众化司法也在一定程度上引起了司法系统内部一些专业人士对政府的不满，同时也在一定程度上助长了民众对政治的过分参与热情，干扰了政府的大政方针，给政府的工作带来一些不必要的麻烦。但这些小的问题同夺取政权的大业相比，显然无足轻重。

三、法律视角的评价

从法律的角度就陕甘宁边区的司法制度进行评价，则要相对困难一些。

（一）令人称赞之处

边区司法制度的优点大致可以归结为以下几个方面。

1. 精神层面。所谓精神，即为普通民众服务的精神。陕甘宁边区司法机关和部分司法人员表现出来的一心为民众，特别是为下层民众服务的精神和态度，以及强烈的责任心，与以往的司法机关和司法人员形成了强烈的反差，恰似一股春风涤荡着民国晚期暮气沉沉的司法界。许多到过延安并参观过边区司法机关的国统区法学界人士对此均给予了极高的评价：

自欧洲资本主义的法律文化输入中国后，颇有人以为未能完全实行，以致不能收回领事裁判权为憾，至今法学界当未察觉此

---

① 赵超构：《延安一月》，第225—226页。

均为形式主义的错误。今获参观边区法院,使你们相信,只有我们从这半殖民国家挣扎出来,建立我们的人民法制,这是我们法制史上的一定前途。①

边区政府高等法院一般司法官之所以没有"法治小人,礼治君子"的恶劣观念与一般犯人之所以能够认识自己的错误而迅速改正自己犯法行为的事实,这不能不归功于高等法院民主集中制的真理和奋斗的效果。②

当然,边区司法机关和司法人员所表现出来的这种精神与整个社会风气的变化不无关系,诚如赵超构所言:"在社会民主化方面,延安人的确有了一些成就,至少农工兵的自尊心是提高了,肉体劳动成了风气了,两性平等也确实了,干部不复有摆官架子的机会了,在吸引民众参加公共生活一事上,延安人从老百姓最关心切己的生产运动出发,教会了他们开会、讨论和组织。但是,狭义的政治方面的民主,则尚须保留批判。他们对舆论的管理,县政与司法的关系,各党派的竞争机会等,按旧民主的标准,仍觉得还存在不少缺憾。"③

任何一个行业都需要一股正气,一种对工作和当事人负责任的精神,也即学者们常说的职业操守。这种精神和态度在一定的条件下可以弥补从业者专业素养的欠缺,这一点在陕甘宁边区反映得尤为明显。

2. 促进了司法人员对社会现实的了解。边区司法人员大都社会阅历丰富,这种阅历使他们对纠纷产生的原因和当事人的想法较为了解,一定程度上减少了专业化司法人员极易形成的固执和狭隘,同时也使他们提出的解决方案较易被当事人所接受。

3. 实现了个案公正。大众化司法在一定程度上做到了形式正义与

---

① 赵蕴锋语。陕西省档案馆馆藏档案,全宗号 15。
② 许育英语。陕西省档案馆馆藏档案,全宗号 15。
③ 赵超构:《延安一月》,第 246 页。

实质正义相结合。必须承认边区的司法工作者在简陋的程序下确实公正地解决了大量的纠纷,在恢复、维系社会秩序方面起了重要的作用,这也是许多评论者在赞扬陕甘宁边区司法制度时所经常提及的。

(二)深度思考

然而,只要理性地思考一下,又会发现边区大众化司法制度的上述优点,在现代社会里有些很难推广。

1. 从案件类型方面观察。如果把视线超越问题的表面,进而对那些被公正处理的案件进行一番仔细分析的话,则会发现,这些纠纷主要集中在婚姻、田宅等私权领域。以婚姻案件为例,1943年边区司法系统审理婚姻案件253件,占整个民事案件的26%;1944年上半年审理婚姻案件87件,占整个民事案件的30%;1946年审理婚姻案件224件,占整个民事案件的39%。[①] 这些婚姻纠纷尽管处理起来较为麻烦,极易引发社会矛盾,但涉及的法律问题其实并不太复杂,更多是对司法人员的生活经验、政策水平的一种检验。此外,边区司法人员对这些问题的解决,借助的也主要是司法人员对当事人高度负责任的态度、对边区政府权威的自觉维护和对社会发展方向的正确把握,而并非法律专业水平及能力。

司法人员的成功,大致应该具备扎实的专业法律知识、良好的职业道德和丰富的社会阅历,三者缺一不可。边区司法人员欠缺的大都只是法律知识,而后两者则较为优秀。

2. 成本方面的思考。借助大众化司法所实现的个案公正大都成本较大。陕甘宁边区大众化司法制度具有不计成本、不讲时间程序的特点。为了实现个案公正,边区政府动员整个社会的力量,耗费各种社会资源,所需社会成本较大。换言之,这种大众化的司法只适合于陕甘宁边区这种相对静态、社会关系较为单纯,且管理区域范围较小的农村乡土

---

① 《陕甘宁边区高等法院工作报告》,1948年12月,陕西省档案馆藏档案,全宗号15。

社会，不具备推广的价值。诚如有的学者所指出的：

> 法律的专业化同时还为法律运行的程序化、进而为法律机构的高效率创造了条件。在现代社会中，人们交往大量增加，纠纷大量增加，若每案都按照"实事求是"的原则操作，法律实际上无法运行，并且耗费巨大。为了节省成本，大量、迅速并基本公正有效地处理案件，就必须使案件形成一定的格式，将之分解成各个要素，使案件的处理程序化、规格化，法律职业的专业化为这种程序化地处理案件创造了条件。①

（三）存在的问题或不足

另一方面，从司法专业的角度讲必须承认陕甘宁边区所实行的大众化司法确实存在着一些问题。

1.对必要程序和制度的忽略易造成公正丧失。公正与效率是现代司法的生命，而公正和效率则只有借助必要的程序才可能最大化地实现。如前所述，马锡五所审理的"苏氏三兄弟涉嫌杀人案"，曲子县司法处一审时之所以会出现错判，当然与一审司法人员的主观主义思想作风有关系，但更为重要的原因则是边区的证据制度，特别是证据规则制度方面的欠缺。

为了纠正这些问题，1945年在陕甘宁边区第二届司法工作会议上，代院长王子宜在会议最后总结中强调，边区司法工作应该坚持以下的审判原则：

> 全面调查，虚心研究，重视证据；
> 保证被告人有充分辩论之机会；

---

① 苏力：《论法律活动的专门化》，载苏力《法治及其本土资源》，第141页。

迅速处理,照顾生产;

实行陪审,发扬马锡五方式的群众观点。

所谓全面调查,即反对不调查或只是片面调查。过去我们有一条惯用的调查路线,就是高等法院问分庭,分庭问县,县问区,区问乡。这条路线自然是重要的,但是否完全正确,却不敢保证。因为这是一条线的单线调查,同深入群众的全面调查,往往是有距离的。过去有些材料对了,但有些材料错了,就是只凭单线调查的缘故。如要举例,那就很有一些,大家回忆一下,就够了。今后对于调查,要注意收集各方面的意见,互相对照,互相参考,以求完全确实。

所谓虚心研究,就是对于调查来的材料,还要有一番分析研究的功夫,而且要虚心地去研究。盲目地相信材料,不加研究,不辨真伪,会发生错误;粗心大意地研究,不是虚心地研究,也会发生错误。

所谓重视证据,不是说不要口供,而是说证据比口供更重要。我们司法人员判断案情,要有检举证据、鉴定证据、保存证据的习惯。同时,对于侦讯口供,也不可忽视。[①]

边区缺乏完备的程序和制度,从而使错案的避免与纠正少了制度上的保证,只能寄希望于个人的品行和偶然。于是作风、方法、品行乃至于执法者的政治素养等方面的作用被无限夸大,带有明显的人治痕迹:

过去办案的人,有的外出私访。相传有许多这类的故事。为什么要私访呢?因为那个时代,人民有意见不敢公开向官说。所以这个官要想了解人民的意见,就要扮作医生或者算八字的。现

[①] 王子宜:《在陕甘宁边区第二届司法工作会议上的总结》,1945年12月29日,陕西省档案馆馆藏档案,全宗号15。

在不同了，不是去私访，而是要去公访，就是到人民中间去，同群众一起办案，所谓与劳动生产相结合，这就不只是一个访，而且要与群众同劳动，在劳动过程中去了解一些案情。我想我们总有好多好的例子，有的是同志们做了，却没有说出来，或者说了，而没有说出它的要点来。我举一个过去的例子，是最高法院马副院长在陕北时候办理的一个案子：曲子县发生了一桩无头命案，怀疑是一个姓苏的兄弟3人杀的，将他们3人逮捕，押了1年之久，没有解决。后来锡五同志在一个地方参加劳动，那个犯人也在那里劳动，就诉说：他的案件是冤枉的。后来锡五同志就带领四五个干部携带镰刀药品，到天子区，一面帮助群众秋收，给群众治病，一面找所有的证人查对材料，结果查明：不是姓苏的兄弟3人杀人，而是一拐骗犯杜老五所为。从这件事看深入到群众中去，参加劳动，就能在劳动中了解到许多情况。锡五同志他不去那里劳动那个犯人就找不到他；不到天子区帮助群众秋收，和群众打成一片，就不易了解到真实情况①。

这种随意性较大、非制度化的做法，其作用毕竟有限。其实就连作风谨慎、处处强调一心爱民的谢觉哉本人，也曾因为程序的欠缺犯过错误，并险些酿成大祸。若干年后他回忆说：

判决书写的话一定要恰如其分。我在陕甘宁边区帮助审批死刑案件时，批错了一个死刑案件，绥德分区某县判处了一个抢劫犯，县、专区、高等法院都批准了死刑，我在审批时，本来考虑这个犯人年轻，可以不杀，但看到判决书上写着他抢的次数很多，还写着："米脂县一带群众对该犯莫不恨之入骨。"我看了感觉这人

---

① 谢觉哉：《关于司法工作中的几个问题》，1960年2月27日，载王定国等编《谢觉哉论民主与法制》，第249—250页。

民愤很大就批准了死刑。案子批下后,该地区专员同志又下去做了调查,发现该犯在坦白运动中假装积极,觉得坦白得越多越好,就将该地区发生的抢劫案件都包在他自己身上。审判书中,又做了夸大。其实他只抢过一次,经教育后并未再抢。这案以后纠正过来,没有判他死刑。这说明,我们的工作,包括写判决书、审批案件都是很复杂的。①

尽管谢觉哉在这里说的是判决书问题,但它同样具有普遍意义。谢觉哉的经历无疑是对诉讼审判程序、制度本身在预防错案、实行司法公正方面的功能和作用的最好证明。

2. 违背了对当事人平等保护的原则。边区司法实践中对政治标准和民意的过分强调,一定程度上扭曲了司法须对当事人平等对待和中立的本质,有时会造成严重的社会后果。

边区的审判活动经常会出现一种现象:社会大众与司法人员对待法律问题的看法并不存在什么差异或隔阂。这听起来似乎是一件好事,其实埋藏着很大的危险。比如法官与老百姓异口同声地说某犯罪嫌疑人是"不杀不足以平民愤"即是如此。法官的非职业化会导致法律的非形式化,最终导致法律的非法治化。韦伯在分析"专门化"和法律形式主义倾向的时候,说道:

> 法律朝反形式主义方向发展,原因在于掌权者要求法律成为协调利益冲突的工具。这种推动力包括了要求以某些社会阶级的利益和意识形态代替实体正义;还包括政治权力机关如何将法律目标纳入其理想轨道;还包括"门外汉"对司法制度的要求。②

---

① 谢觉哉:《论审判》,1959年6月8日,载王定国等编《谢觉哉论民主与法制》,第225页。
② 孙笑侠:《程序的法理》,第72页。

司法中立和对当事人的平等对待是现代司法的本质要求，但边区政府却一直试图打破这一点。在边区政府倡导的司法工作必须为人民口号的推动下，司法人员只得放弃自己的中立地位，主动出击，上门服务，并按照政策的要求在情感和态度上事先与一方当事人保持一致，其结果使另一方当事人的权益无法得到保护，迫使其铤而走险。有关边区司法系统在处理婚姻问题时，周旋于法律与民众意愿之间的两难处境，前面已做过分析，这里不妨从另一角度，即对社会所造成的危害角度再做些考察。边区高等法院在1948年的工作报告中就婚姻问题的处理自我检讨说：

> 司法机关处理婚姻案件也有毛病，曾强调照顾劳苦群众，女方提出离婚虽适合条件，但女方须给男方贴钱贴米，助长了买卖婚姻，对妇女人权保障是不够的。边区自1944年至1945年9月一年零九个月的命案统计共198件，其中因奸及感情不和，离婚不遂和与婚姻有关而发生之命案共81件，占命案总数的41%。据我们和女犯谈话，发生奸杀案的原因有三：第一是男人是"二流子"，不好好劳动生产，且待女人非常苛刻，打骂交加，女方提起离婚而离不了，更受男人虐待，因而杀害本夫。第二是感情不和，女方有意提起离婚，恐判决不准，不但惹人耻笑，且将更受虐待，故采取断然手段，杀死本夫。第三是女人品质不好……产生这种现象的原因，除了婚姻条例限制过严外，没有放手地做到适当处理离婚案件，而过于强调了劳苦群众利益，认为贫困人家离婚，人财两空，抑压女方合理请求，照顾群众落后习惯过甚。[①]

显然，作为政治工具的司法，必然要直接承担着实现中国共产党

---

① 《陕甘宁边区高等法院工作报告》，1948年12月，陕西省档案馆馆藏档案，全宗号15。

的方针、政策的使命。这种"对于法律和司法的工具主义认识,直接决定了司法要为不同时期的中心任务,甚至某一特定阶段的社会主题服务,……司法由此不是一种具有独立性裁决社会纷争的技术性活动,其固有的社会性与法律性被淹没于政治性之中。现代国家中司法同时具有的不同属性在我国长时期的实践中被'短路'结合,政治性直截了当甚至不无露骨地表达自己的要求,并进而以自己名义置换了司法作为一种以法律为依据解决社会纷争的机制所固有的因素"。①

为了某些个案的公正,甚至是出于所谓的善良之心,对某些阶层、阶级的利益给予法律规定之外的保护,都是与司法的本质所不相适应的。

3. 专业素养的不足限制了司法人员对社会整体性的理解。尽管边区党和政府一再强调司法人员必须了解社会,但专业素养的不足极大地限制了他们的视野,特别是限制了他们对社会发展大趋势的把握。司法人员以解决纠纷为宗旨,这种职责决定了对其任职资格的要求必定是很高的。纠纷是人际关系的一种非正常状态,因而要想准确理解并成功解决这种非正常的状态,就必须要求裁判人具有高于一般人的智识,同时又有高于一般人的经验和水平。有了高于一般人的智识,才能使他们较好地理解纠纷产生的根源和当事人的要求;有高于一般人的水平和经验,方能保证他在现实法律的框架内提出容易被当事人和社会一般民众所接受的方案,同时保证这一方案与社会的整体利益和社会发展的大趋势相一致。

仅有一般人的智识,加之负责任的精神,就事论事、息事宁人,或者依靠个人的人格魅力与机警做到某些个案的公正是可能的,中国传统的官员审判在很大层面上就是如此。但缺乏高于一般人的法律知识及技术,又往往使他们在追求个案公正的同时,或者使自己陷于左右为难的境地、处于按下葫芦浮起瓢的尴尬,或者潜在地成为引发更

---

① 马怀德:《法院制度的理论基础与改革方向》,载《中国司法制度的基础理论专题研究》,第118—119页。

大社会问题的可能,并最终引发更多的纠纷。陕甘宁边区一些基层司法人员的所作所为就是如此。边区高等法院院长雷经天在边区召开的司法工作会议上公开承认,由于边区正处于新旧转型之中,加之战争的因素,问题较为复杂,许多司法人员无力把握案件,致使某些判决引发了民众的更大不满:

> 婚姻案件很多,因为旧的如买卖婚姻、强迫婚姻、包办婚姻、童养媳等婚姻制度还未完全肃清,同时,边区妇女已经得到解放,而不愿再受封建家庭的压迫,许多是自动反抗的。抗属方面因为前后方联系不够,信息不通,而致发生问题。对于这些案件的处理,也要根据边区婚姻条例,国民政府优待抗属办法也可参考。但有些现象如订婚、未到婚龄的结婚、无登记证之结婚,在法律上都是没有效力的。另外要说明的是,各县有的对买卖婚姻、强迫婚姻、包办婚姻的意义弄不清楚,以致在处理案件上出现互相紊乱,这是要改正的。所谓买卖婚姻,是第三者收受了某一方之钱财,要男女双方结婚。所谓强迫婚姻,是第三者收受了某一方之钱财,强迫男女双方结婚,而某一方不同意之婚姻。所谓包办之婚姻,是男女某一方根本不知道而任第三者摆布。像这些情形,只要男女之一方提出否认,我们都可以允许离婚。各县常常错误的地方是不论双方对婚姻是否同意,是否合于婚龄,一有礼物送往,就认为是买卖婚姻而加以处罚,引起老百姓对政府不满。这是不对的。我们要尊重当事人的意见,合于人情、世俗、婚姻自由。抗日军人与老百姓一样,除有一定之限制离婚时间以外,不能以抗日军人而就此失彼地处理案件。至于结婚离婚次数问题,我们不能规定,但如有诈骗者,当然要受处罚。①

---

① 雷经天:《在边区司法工作会议上的讲话》,1941年11月,陕西省档案馆馆藏档案,全宗号15。

第七章　艰难反思：大众化司法制度之修正

如果面对的是静止的社会，作为基层的司法人员，仅有一般人的智识，或许还可以应付。而对于正处于社会急剧变革的陕甘宁边区，司法人员，特别是高等法院的司法人员缺乏对社会发展大趋势的把握能力和水平，无论从哪个角度讲都不能说是称职。

4. 审判质量不高加重了民众的负担。外国观察家和一些国统区的记者都强调，陕甘宁边区"许多乡长是不识字的农民积极分子，他们的世界观、经验和个人关系都建立在当地的社区之上，其革命眼光所及仅限于较早时期的土地革命"。①谢觉哉对此也不回避，他曾从司法人员专业能力的角度，评论过边区民众中存在的所谓"缠讼"问题。他说：

> 政府会议讨论司法案件，高等法院关于死刑案件必须经政府审核，人民对高等法院终审判决，不服向边府抗告，都不足干涉司法独立。法律不完全，司法人员又幼稚，必须采取这些办法，使判决正确，树立司法威信。
>
> 现以高等法院终审，不服可向边府抗告，发回高院再审。至于终审而不终，不能怪人民"缠讼"，而是有些案子确审得不好。案子到终审应该事实早弄清楚了，只是法律争执。我们则常常事实还没弄清，那怎么能使得人服，要它"终"。
>
> 所以法官必须是有学问、有才干、有资望的人。②

司法效率低，是边区民众对司法的最大不满之一。边区政府之所以推行大众化司法一定程度上就是为了解决效率问题。然而，实践结果证明，大众化司法并没有给民众带来所需要的效率。严密的分工、

---

① 〔美〕马克·赛尔登著，魏晓明等译：《革命中的中国：延安道路》，社会科学文献出版社2002年版，第156页。
② 《谢觉哉日记》（下），1945年1月31日，第756页。

严谨的程序,是提高司法效率的基本保证,反其道而行之的边区政府仍然未能从根本上破解困扰近现代中国司法工作的头疼问题。

5. 民众监督预防司法腐败的效果尚待检验。边区政府推行大众化司法的目的包含着借助民众的力量解决司法人员思想作风问题、消除公权力滥用方面的考虑,但其功效究竟如何,尚需实践的检验。1945年在边区高等法院召开的第二届司法工作会议上,就有司法人员公开承认,即便是在边区极力推行大众化司法的背景下,仍有司法人员利用调解之便,滥用职权:

> 但是,在这一年来,虽然收到了一些成绩,可是也有一些缺点,甚至错误的地方。尤其到过年的时候,发现了区乡运用"调解为主、审判为辅"方针的滥用职权。比如志丹县三区,耀子川无论大小事都调解,有时调解就罚东西,在这抗□要修改房子,没有石灰就罚石灰,没有椽就罚的砍椽,没有钱,也罚几十万用。有一次请劳动英雄,就罚了一家杀了一个(只)羊,本来是人家送肉,但好像区政府想吃一只羊,这都是我应该负责任的,形成了在处分上的滥用职权。实际上这不是教育办法,不但不起好作用,反而起了坏作用。①

这种现象绝非孤例,不妨再引用两份材料加以说明。

其一,某地方法院看守所所长杨某某。1945年王子宜在边区第二届司法工作会议上公开说:"杨某某同志是我们监所工作者中一个最坏的典型。他给犯人罚站、举石头、端尿盆、画花脸等等怪名目,拿犯人财物(水笔、手表、皮衣)。这是教育改造吗?不是的。这是违背了

---

① 奥海清:《在第二届司法工作会议上的发言》,1945年10月20日,陕西省档案馆馆藏档案,全宗号15。

第七章 艰难反思：大众化司法制度之修正

我们的政策，是错误的。高等法院已给撤职处分。"①

其二，高等法院典狱长党鸿逵。②1946年边区政府致函高等法院，

> 马、乔院长：
>
> 李朋林和地方法院兰、孙推事，党鸿逵同志纠纷材料已阅。关于兰、孙推事和典狱长党鸿逵同志的问题，本府认为应该着重指出他们的错误，不仅是办事不冷静，最主要的是身为法官，知法犯法。李朋林同志既无犯法行为，而该等对其竟随便捆绑、打押，显系滥用职权侵犯人身自由，是触犯了刑法妨碍自由及渎职罪的。因此，理应依法论罪外，并将此事在司法人员中进行教育。
>
> 敬礼！
>
> 主席 林伯渠
> 副主席 李鼎铭

此事的最后处理结果现已无从查考，但边区政府函件中提及的党鸿逵，则是边区政府树立的新型司法人员中的代表人物，其事迹曾被《解放日报》介绍。然而，就是这样一位模范人员，却因侵犯人权而被民众告到了政府。由此可见边区政府所寄予厚望的人民监督，仍然无法彻底解决司法人员滥用职权的问题。换言之，即使是在民众被广泛发动起来参与司法工作，对司法工作进行全程监督的年代里，滥用司法权力、以权谋私等司法腐败问题也仍未能彻底解决。

6. 易引发民众的暴力行为。这一点在陕甘宁边区政府发起的改造"二流子"运动中已初露端倪。"二流子"是陕甘宁一带农村中对那些

---

① 王子宜：《在陕甘宁边区第二届司法工作会议上的总结》，1945年12月29日，陕西省档案馆馆藏档案，全宗号15。
② 陕西省档案馆、陕西省社科院合编：《陕甘宁边区政府文件选编》第10辑，第223—224页。

不事生产、不务正业、好吃懒做、吸毒、赌博、暗娼以及小偷小摸等不法之徒的习惯称呼。由于种种原因，陕甘宁边区农村中"二流子"人数众多，给社会秩序和民风造成极大的影响。出于重塑社会的需要，边区政府发动群众对"二流子"进行改造。在政府的鼓励下，边区民众将平时积累的对"二流子"的不满情绪尽情展现，如对男"二流子"强制从事修坝等重体力劳动，对女"二流子"则规定必须受家人管束，帮助丈夫整理家务，如有不改，则丈夫打骂，政府不管，也不得离婚。[①]甚至还有一些地区的民众召开大会让"二流子"上台罚站，并给他们身上戴白布条或挂木牌，家门上贴上特殊的标识加以人格侮辱和区别。[②]这些极端的措施使"二流子"成了过街的老鼠，一些"二流子"短时期内改掉或收敛了自己的恶习，改造运动取得了良好的社会效果，但运动中暴露出来的问题则并没有引起整个社会的关注。

陕甘宁边区大众化司法制度展现出来的新颖之处，短时间内赢得了大多数民众的满意，但长此以往其所固有的不足则又势必最终降低司法机关的权威和公信力。

第三节 出路

世界上没有绝对好的制度，也不存在能够一劳永逸解决所有问题的办法。晚清以降历届政府所选择的司法专门化制度在推行中出现的问题，既有制度本身的原因，也有社会的问题。前者如司法权威尚未树立起来，司法制度不健全所导致的对司法人员行使职权过程中的有效制约不够，过分强调规则和法条所易形成的司法人员头脑僵化、固执偏见等；后者如整个社会对权力的过分崇拜等。

---

① 《谈延安市"二流子"的改造》，载《解放日报》1943年5月24日。
② 中国人民大学中共党史资料室：《中共党史教学参考资料（本系专业课用）》（抗日战争时期下册），1981年刊印，第199页。

第七章　艰难反思：大众化司法制度之修正

中国传统政治的特点是专制集权，缺乏分权观念。而数千年的专制统治又必然形成另外一种社会现象，即官本位盛行和整个社会对权力的崇拜。事实上中国古代各级衙门对社会的管理主要借助的是权力和亲情，离开了权力和亲情便寸步难行。循此路径，晚清时期即有人向政府建言，欲想使刑事审判制度真正有效发挥作用，必须强化审判官员的权力："况审判官权既不重，易生刁民玩视之心，控告滋繁，良懦受累。"① 于是，晚清以降历届政府对司法问题的思考便都集中在"权"字上做文章，区别只是"隆权"还是"限权"。换言之，在近现代中国加强司法人员的权威和强化对司法人员的制约永远成了并行不悖的话题。也正是在这种特定的社会氛围下，近代中国民间对司法人员的称谓逐渐由推事演变为"法官"，一个"官"字足以说明一切。

因而，如果转换一下视角，不再纠结于"权"字，可能会发现近现代中国专门化司法制度推行过程中之所以会出现诸多的问题，与司法制度本身不健全关系可能更大。而要想从根本上解决这些问题，正确的办法就是在坚持专业化的基础上，健全和完善相关的制度，即必须借助专业人员对法官的权力做必要的限制，同时借助社会力量补充专业司法人员社会经验的不足。晚清以来一些有远见的国人对此早已有了清晰的认识："国家设立刑法，原欲保良善而警凶顽。然人情诡张为幻，司法者一人，知识有限，未易周知，宜赖众人为之听察，斯真伪易明。若不肖刑官，或有贼纵曲庇，任情判断及舞文诬陷等弊，尤宜纠察其是非"②，因而"令独任审判之权太广，实于慎重狱讼之旨有乖"③。

这些相关的制度包括完善律师制度等。

---

① 柯劭忞：《筹办立宪宜仿大臣跋扈民众暴动组织政党等弊摺》，载故宫博物院明清档案部编《清末筹备立宪档案史料》（上），第349页。
② 朱寿朋编：《光绪朝东华录》，总第5506页。
③《宪政编查馆会奏遵议变通府厅州县地方审判厅办法折》，宣统二年五月十三日，《政治官报》第947号。

一、律师制度

有关律师制度对现代司法制度的重要性,晚清时期就有人做过专门论述,并在司法系统内形成了基本共识:

> 律师,一名代言人,日本谓之辩护士。盖人因讼对簿公庭,惶悚之下,言语每多失措,故用律师代理一切质问、对诘、复问各事宜。各国慎以法律学堂毕业者,给予文凭,充补是职。若遇重大案件,则由国家发予律师。贫民或由救助会派律师,代伸权利,不取报酬,补助于公私之交,实非浅鲜。①

宣统二年,清廷派时任京师高等检察厅检察长的徐谦和奉天高等审判厅厅长许世英出使欧洲考察各国司法制度,归国后,徐、许二人在其《考察司法制度报告书》的"审判制度"一章里重点介绍了律师制度:

> 美英虽法派不同,要使两造各有律师,无力用律师者,法庭得助以国家之律师。盖世界法理日精,诉讼法之手续尤繁,断非常人所能周知,故以律师辩护,而后司法官不能以法律欺两造之无知。或谓我国讼师习健,法律所禁,不知律师受教育,与司法官同一毕业于法律,其申辩时,凡业经证明事实,即不准妄为狡辩,是有律师,则一切狡供及妇女、废疾之紊乱法庭秩序,在我国视为难处者,彼皆无之。因律师之辩护,而司法官非有学术及行公平之裁判,不足以资折服。是固有利无弊者也。②

律师之用,所以宣达诉讼者之情,而与推事相对待,有推事

---

① 朱寿朋编:《光绪朝东华录》,总第 5506 页。
② 引自李启成《晚清各级审判厅研究》,第 195 页。

第七章　艰难反思：大众化司法制度之修正

而无律师，则推事之权横而恣。今推事设矣，而录用律师，必迟至一二年以后，则奚以故，或谓律师关系甚重，必待造就相当之人才，始可设立，否则弊与旧日之讼师等固也。然推事关系犹重于律师，奚为不待诸人才造就之后。或谓考试法官与考试律师同年并举，事务太繁，固不可不分年筹办。然法部所司为何，岂并此一请派考官预备试卷之劳，而亦靳之。①

为此，晚清以降各届政府都力推律师制度。但由于种种原因，现代律师制度在近现代中国的发展却并不顺利，未能发挥它应该发挥的作用，成了中国近现代司法制度中的一大弊端。民国时期的律师和律师制度之所以未能起到制约法官的作用，一位司法界人士曾做过如此分析：

（律师）甚至为世诟病，几与旧日之讼棍等量而观之，推其故，一则由于国政尚未臻于法治，生命财产之保护未可专以法律是赖，人且不能信法何能信赖律师？一则以业律师者流品太杂，恶草害稼，恶马害群，社会不察，遂疑操是业者悉颠倒黑白、舞弄文法之徒。夫国政之不修，法治之不明，固非律师之责，唯律师所应具之职业道德自当共守而不渝，所能增社会之信赖心而转移其观感者，亦唯有反求诸己耳。②

由于律师制度在中国近现代司法实践中运行不良，存在着许多问题，导致物极必反。如陕甘宁边区政府就从未把律师制度的创建纳入

---

① 陈宗蕃：《司法独立之始亟宜预防流弊以重宪政折》，载故宫博物院明清档案部编《清末筹备立宪档案史料》（下），第885页。
② 刘震：《律师道德论》，上海商务印书馆1934年版，"余绍宋序"，转引自吴永明《理念、制度与实践：中国司法现代化变革研究（1912—1928）》，第163页。

自己的视野，甚至从未有过这样的计划。个中原因，边区司法专门人才的短缺固然是一个方面，而边区政府领导人对律师的不信任可能更为直接：

> 小时候听父亲说某是"是非客"（包揽争讼的人），练习诡辩，常就一件事作两边说话，坐在左说甲的话，坐在右说乙的话，其父亲坐在上面评判。某"是非客"我还没见过。小时也曾见过老"是非客"讲话，有一套排场，但年少者不愿学，因为在实际上不很起作用。
>
> 相传某"是非客"（我乡的名，忘记了），价卖一眼瞎且无随嫁物的女人于人。对男家说："嫁奁呢：抽屉壁橱木箱（木器名）。"女红呢："纺花绩刺一扫熟。"只有只眼睛不甚方便（用手指着右眼）。男家颇将就。临行又重复说："我说在先，他有只眼睛不甚方便"（又用手指着左眼）。及娶来是全瞎子，甚（什）么也没有。男家质问他，他说："我完全告诉了你，你自己愿意的。你问嫁奁，我说：'抽屉壁橱莫想！'你问女红，我说：'纺花绩刺一扫熟'——你家一嫂是熟的，她可不能。我初指着右眼说：有只眼睛不方便，继又指着左眼说：有只眼睛不方便，现不是两个眼睛都不方便吗？"这就是所谓诡辩之类。①
>
> 讼师，是保护人的。人之恶讼师，在于挑唆词讼从中渔利。现代律师要钱比过去讼师凶，而技术常比过去的讼师劣。②

这是目前能见到的边区领导人对律师制度为数不多的评价之一，具有一定的代表性。正是这种不信任甚至偏见，使边区政府的一些领导人武断地认为"律师是资产阶级的制度，高等法院有个领导同志曾

---

① 《谢觉哉日记》（上），1943 年 5 月 17 日，第 468 页。
② 《谢觉哉日记》（上），1943 年 2 月 8 日，第 396 页。

第七章　艰难反思：大众化司法制度之修正

经说过，解放后也不准备设律师，因律师不能代表人民的利益，不能为人民谋利益，相反，他们是替有钱有势的阶层谋利益，助纣为虐地欺压人民"①，因而，一直未设立律师制度。不仅如此，1947年5月以谢觉哉为领导的中共中央法律研究委员会还就中国未来司法制度的创制问题向中共中央做如下建议：

（1）法官之选举与罢免；（2）人民法庭之建立；（3）陪审制之建立；（4）公开审判；（5）公律师制度；（6）诉讼免费；（7）口头诉讼之合法；（8）简化程序与形式；（9）巡回法庭；（10）公断（讲理委员会之组织）；（11）监狱之彻底改革（废除暴政，实行教育）；（12）严惩违法徇私与确认冤狱赔偿；（13）废止□□刑，慎重死刑；（14）干部之改造与培养。②

即中华人民共和国成立后，实行公律师制度。

现代律师制度的短缺，使缺少必要司法知识且文盲率极高的边区民众必须直面司法。没有了专业律师帮助的民众，现代司法制度中原本不可或缺的程序和专业术语无疑成了"烦琐""晦涩"的代名词，其结果不仅凸显了精英化、专业化司法的不足，也使法官们少了一个专业的挑错者。在任何一个社会里，寄希望于广大民众均具有良好的法律知识和专业技术都不现实，也不必要，同时也违背了社会分工的基本原理。当普通民众需要法律服务时，社会应为其提供良好的，并在经济上承担得起的法律服务与援助，这才是法治社会所应追求的目标。陕甘宁边区虽然也曾实行过群众团体代理制，但这种制度的设立更多是出于政治方面的考虑，是一种民众利益的表达机制，而非法律的，因而它在纠错和法律服务方面的作用不大。

---

① 杨永华、方克勤：《陕甘宁边区法制史稿（诉讼狱政篇）》，第152页。
② 引自郭德宏《王明年谱》，社会科学文献出版社2014年版，第599—600页。

二、陪审或参审制度

陪审制度或参审制度，是近现代社会用以选择公民参与司法审判活动的审判组织方式。① 它起源于近代资产阶级反对封建统治的大革命时期，是一种解决司法与群众脱节、与社会脱节，校正精英化司法人员易于陷入的专业"固执"和"迂腐"的重要制度。此外，从宪政的角度讲这一制度还承担着司法民主的政治意义。有学者指出："陪审制产生至今的数百年不断存续发展的史实，足以证明其司法民主的理想、制度设计及选择在防止法官司法专横方面，顺应了民主法治时代的社会文明进步的潮流，体现出人类社会始终追求司法公正的价值取向和发展趋势。"②

对于陪审制度的价值，清末民初的国人已有了深刻的认识：

> 陪审之制，以司法独立，法官之权过大，裁判之事实点必须陪审官断定之。法官只定其法律点而已，此制发源于英。而裁判绝无枉滥，固其效也。③

> 查各省法院法官皆属外省籍，虽于法律甚为娴熟，对于本地善良风俗、相沿习惯，均多隔膜，故判决之案每多违反社会公意或致失去法院威信。如采陪审制当可免去此弊。④

也就是说，在时人看来，陪审制度的优点一是在于陪审员来自民间，足以抵抗司法人员侵犯公民权利的专横与武断，并为保障公民自由之利器；二是陪审员也不似司法官头脑僵化、易有成见；三是陪审

---

① 有关陪审制度与参审制度的联系和区别请参见张培田《法与司法的演进及改革考论》，中国政法大学出版社 2002 年版，第 21—23 页。
② 张培田：《法与司法的演进及改革考论》，第 47 页。
③ 徐谦等：《考察司法制度报告书》，引自李启成《晚清各级审判厅研究》，第 202 页。
④ 张一鹏：《中国司法制度改进之沿革》，载《法学季刊》1922 年 2 月，第 1 卷第 1 期。

第七章 艰难反思：大众化司法制度之修正

员可以协调国家法律与地方知识之间的矛盾。总之，由于陪审员参与审判，可以使审判相对公平。

正是出于上述认知，1906年起草的《大清刑事民事诉讼法草案》里对陪审制度做了专门规定，但后因争议较大，一时未能实行。民国以降，陪审制度终于实施，但效果并不理想，未起到其应有的作用。①

陕甘宁边区实行人民陪审制度，但严格地讲，陕甘宁边区所实行的"人民陪审制度"其实是参审制度。其基本做法是，由机关、部队、团体选派代表，出席法庭参加陪审。但并非每个案件都实行陪审，而是由司法机关根据案情斟酌决定。从执行情况来看陪审主要适用于政治、经济、文化相对比较发达的延安等地区。操作上，陪审人员一般每个案件为2—4人，如处理工人严重违反劳动纪律的案件，请工会选派代表和工人出席；处理农民间的纠纷案件，则请农会选代表出席；处理有关干部的案件，请县政府一科派人参加；等等。

雷经天曾对陕甘宁边区陪审制度的实施情况做过介绍，他说在陕甘宁边区的实践中往往将陪审与巡回审判、群众公审相结合：

> 凡公审的案件，必须有密切的关系，对群众有教育的意义。在公审前，有法官主审，他对于审判的进行负完全的责任。此外再通知与此案有关的机关、部队或群众团体推出代表参加陪审，

---

① 至于民国时期，陪审制度未能发挥其应有作用的原因，李启成在《晚清各级审判厅研究》一书中说：第一，中国是一个人情社会和熟人社会，而陪审制度中的陪审员有权力决定案件的事实，可想而知由此导致的请托、送礼等现象势必要影响案件裁判的公平。第二，在晚清和民国时期，地方豪绅仍具有相当大的势力，而由来自民间的陪审员决定以豪绅为当事人的案件事实问题，如果陪审员坚持自己的判断而不答应豪绅的要求，陪审员极有可能遭到豪绅及其党羽的报复。因而，陪审极有可能被豪绅操纵而反失公平之司法审判。第三，参与陪审，充任陪审员乃属于公务之范围，陪审制度的成功需要有热心公务的公民。在长期的专制压迫之下，中国国民相对缺乏公益观念，因此要他们担负义务经常出入法庭，则避之犹恐不及。即便以处罚加之于后，则亦是勉强从事，难免影响到陪审之目的。第四，传统中国是一个官本位社会，普通百姓见官则恐惧莫名。如果让普通百姓充任陪审员，既无法律知识，又有畏官心理，很少不为法官所操纵，也不能起到陪审之作用，反而可能劳民伤财。参见该书第203页。

人数依情形而定。为使陪审及群众对于案情得到充分了解起见，主审、陪审及检察员先召集一次预备会，必要时各机关部队及群众团体的代表也可以参加。主审将案情详为报告，但不提出判决的意见。这样，陪审先有充分准备的机会进行陪审，各代表更可先给群众传达，以便发布。公审的场所，不在法院的分庭举行，而是在能够容纳广大群众参加的地方，准许群众自由地参加。在审问的过程中，群众经过报名后得自由说话，但判决不由群众表决，必要经过主审和陪审听取群众发表的意见共同讨论，而主审和陪审有同等的权力，因为陪审是群众的代表，这样的判决仍然是代表人民的意见的。①

不难看出，陕甘宁边区所实行的"人民陪审制度"，从制度层面而言并不规范，也不完备，带有相当的随意性。这些随意性表现在对陪审员的选拔，陪审员在法庭中的地位、作用，甚至连陪审员的资格、人数等均缺乏明确的规定，而且"人民陪审"的名称本身已经表明：陕甘宁边区设立陪审制度的初衷，在很大程度上是出于政治上的考虑。

从历史上来看，陪审团制度给被告提供了一个防止法官职业怪僻和职业陋习的保障。但纵观各国的做法，民众参与司法如欲真正发挥作用，必须有一套完整的制度进行规范，否则的话，民众参与司法审判活动的优点不但无法体现，反而会使这一制度的弊端暴露无遗。这些弊端包括：一是参审员在许多场合下，不能积极、充分地表达自己的意见，在判断事实和裁量处罚时，参审员没有独立的能力；二是由于参审员在参与案件审判时没有独立的能力，再加上参与具体案件审判的参审员，大多是从未受过专门法学教育和司法实践训练的普通民众，因而在审判中盲从于同一合议庭的职业法官的情况经常出现；三

---

① 雷经天：《两年半来陕甘宁边区的司法制度》，1940年，陕西省档案馆馆藏档案，全宗号15。

是实行参审制的国家中,对参审员的选拔或选任,往往受政党或特定阶层的制约和影响。这就极其容易导致参审员在具体案件的司法审判中,无法保证实现并捍卫司法公正。①

这就是"现代社会的制度都不会将无限制的审判权委托给非职业法官——即委托给那些缺乏法律训练和经验且不承担职业职责的人的原因。在任何利用非法律职业者进行审判的尝试中,我们应防范固有的无知和偏见"②。

陕甘宁边区的情况从某种程度上讲就是如此。由于边区所实行的人民陪审制度过于随意,加之过分强调其政治功能,从而削弱了其在维护司法公正方面的作用,甚至在某些时候,如不能合理驾驭的话,有可能演变成一种民众合法的"暴力"。

三、现代诉讼审判制度和程序

现代司法审判是通过特定的制度程序来实现的,制度程序是现代司法的存在形式,如检察制度、律师制度、审判独立、公开审判、审级制度、证据制度等。这些制度和特定程序一方面赋予了法官在诉讼活动中的权力,同时也通过公开、对抗等制度设计约束着法官的行为,使法官只能以事实为基础,法律规范为依据进行判决,确保"正义以可以看得见的方式予以实现"。如合议庭制度和审级制度的设立,使多个法官以及多个司法机关对一个案件的共同审理成为一种制度,有效地控制着法官的个性和品行,并使判决最终回到主流价值的平均线上。再如审判独立,不仅张扬法官的能力和荣誉,同时也使责任分明。总之,对于现代司法制度来说,制度程序不仅有助于审判的顺利进行,同时还具有独立的价值。陕甘宁边区的司法人员对此也有着一定的认识,

---

① 参见宋冰编:《读本:美国与德国的司法制度及司法程序》,中国政法大学出版社1999年版,第175—177页。
② 同上。

如边区高等法院 1942 年的工作报告中明确指出：

> 建立正规化的制度有其重要意义。如靖边张家畔税务分局长肖玉璧贪污一案，由于该犯本人之意识坏，但也由于缺乏正规的会计制度、检查制度所致。又如边区财经处总务股长李元昌渎职一案，亦由于未建立保管制度，吃粮不记账，也未加以检查，致遗失布匹，超过粮食标准，损害公家经济。①

然而，受大众化理念的支配，陕甘宁边区政府却又在司法实践中对一些必要的制度和程序主动加以简化，导致司法实践中一些基本的制度和必要的程序未能建立起来。

若干年后，谢觉哉等边区领导人对此有了清醒的认识：唯有完备的程序和严密的制度才能确保法官有效发挥其专业知识，并从根本上预防法官个人意志泛滥，最终实现司法公正。他说：

> 当然，独立进行审判也可能搞错了，搞错了怎么办呢？如果不是原则错误，而是具体事有错误，法律上也规定了的，检察机关对法院的审判反对，可以依照审判程序提出上诉，上级法院发现下级法院把案子搞错了，它可以依照命令（让）下级法院重新审判。至于党员有不正确的想法，党可以检查他的工作，批评他，甚至给他处分。可是我们过去对这个问题没有想一想，一想就会通。②

为此，谢觉哉强调：

---

① 《陕甘宁边区高等法院三个月工作报告》，1942 年，陕西省档案馆馆藏档案，全宗号 15。
② 谢觉哉：《再谈想一想》，1962 年 5 月 30 日，载王定国等编《谢觉哉论民主与法制》，第 276 页。

公、检、法三家要互相配合，互相制约。目的是提高办案质量，防止或减少错误。陪审、合议、辩护、宣判、上诉等制度必须执行。①

因为不独立审判，发生许多毛病。有些同志也感到这个案子这样判不大好，但是人家硬要这么判，也只好这样判。不独立审判，法院可以不负责任，这个案子不是我判错的，是你要我这样判的。这不好，法院的同志要负责。②

四、法官职业操守

专门化司法的良好运行，除上述必要的相关制度外，还离不开从业者的职业操守。法官职业操守的养成，会在一定程度上解决法律职业者在知识和情感上与社会大众脱节的问题。有学者指出：自法律成为一种专业之后，法律的职业逻辑与大众逻辑的矛盾就始终交织在一起并行发展。法学家昂格尔亦曾指出公平愈是屈从于规则的逻辑，官方法律与老百姓的正义感之间的差距也就愈大。因此，法官在逐渐向职业化或专家型转化的过程中，应该如何克服与大众认同日趋明显的隔阂，成为职业化进程中的一大疑惑，而法官行为操守和性格修养在其中是能够起到重要作用的。③

早在北洋政府时期，著名学者梁启超曾专门为司法储才馆的开馆撰写文章，详细论及法官职业操守的重要性：

诸位同学均在各校受过完备教育，兹复经过司法官考试，故

---

① 谢觉哉：《在陕西省高级人民法院的讲话》，1961年5月29日，载王定国等编《谢觉哉论民主与法制》，第265页。
② 谢觉哉：《再谈想一想》，1962年5月30日，载王定国等编《谢觉哉论民主与法制》，第276页。
③ 孙笑侠：《程序的法理》，第74页。

于法律之一般智识已有相当成绩。然则何以再须讲习至三四学期之久耶？盖本馆所注重者有二事：一为人格之修养，二为常识之扩充。

1. 人格修养。无论何种事业，以人格修养为最要。司法官之一举一动，均与人民之生命财产有关，对于人格之修养，尤宜特别注意。今举两义，以为修养人格之方法：

（1）责任心。司法官之一举一动既与人民之生命财产有关，故须有责任心。凡办一案，须以诉讼人之利害为本位。譬如吾人办案稍迟一二日或稍迟数小时，自以为略有稽延，无关宏旨，不知有时因此数小时之稽延，即足使诉讼人破家亡命，虽非有心耽延，而其害则如此矣。故吾人须养成周细勤恳慈爱之人格，凡办一事，须提起责任心。

（2）兴趣。凡人于其所业，均须有一种兴趣。司法官本为专门终身之事业，与普通不同，对于职务，尤须养成兴趣，乐此不疲，庶能持久。否则，地位既清苦，事务又呆滞，必且索然无味矣。然兴趣何以养成耶？亦曰提起责任心，以诉讼人之利害为利害而已。为法官者，须认定本旨，不离其宗，执业既专，弥饶兴趣。此犹教育家以学生之利害为利害，孜孜矻矻，休戚相关，岂有对于本业而尚生厌倦者？故兴趣一物，即来自责任心之拓充。深望诸君以此养成严肃高尚愉快之人格，有此人格，则司法官前途之伟大可预卜矣。

2. 常识之扩充。诸君在校时所读者只书本条文，然须知书本条文之外，尚有常识极应注重。常识可分为二种：（1）应用法律；（2）观察社会。何谓应用法律？大匠能予人以规矩，不能使人巧；能运用规矩，则能巧矣。法界中人因头脑太细之故，常流于呆板。此不独中国为然，即世界各国亦如此。因运用呆板，常识不足，故法律亦可以杀人。譬如经办一案，援据条文毫无错误，而结果

第七章 艰难反思：大众化司法制度之修正

则完全不合于事情。此种例证，随处可得，且亦不独中国为然，世界各国亦有此病。故读死书者，亦能使当事人受害。中国司法正当过渡之时，此弊尤为常见。宜如何应用法律，宜如何使常识丰富，此本馆所极力注重，而各位导师教员等所欲极力为诸君指引者也。至于观察社会，此事亦极重要。凡一案发生，必与社会之各事有关。若于此不能明了，必动多扞格。现在世界正变动之时，而中国之变动尤不规则。当此时代，凡诸法律事件，往往有不可以常理论者，而参酌讨究，尤不能悉以书本为衡。如经济问题，因基本摇动，其他各事亦随之波荡。此固多属于立法问题，唯应用时若无常识，亦必极感困难。故除研究学问外，应如何使诸同学知社会以外之各种情形，此亦本馆各位导师教授等所极注重者也。①

特别值得一提的是，梁氏这里所强调的品行，并非一般的道德，而是一种新的司法伦理。重视道德是中国文化的传统，如晚清时期就曾有欲报名参加法官考试者，因其为家长服丧未满并隐瞒实情而被剥夺其考试资格②，但两者的出发点则完全不同，梁氏强调的是司法职业伦理，这一点对于新的司法制度的构建极为重要。

边区政府也强调司法人员的道德，但它所强调的道德是无产阶级道德，是对一切贫困农民、工人阶级和普通士兵的热爱，是对剥削阶级的仇恨，"阶级敌人应该仇恨，非阶级敌人而一时被诬的，应该同情"③，这与一般法律职业操守并不相同。这种对阶级情感的强调，一旦应用到司法实践中，不但会降低法律职业操守的作用，还会强化大众化司

---

① 梁启超：《司法储才馆开馆辞》，载《饮冰室合集集外文》（中），北京大学出版社2004年版，第1014—1016页。
② 参见《法部考试法官监临示谕》，载《京津时报》庚子（1900）八月二十八日。
③ 《谢觉哉日记》（下），1945年11月23日，第870页。

法的弊端，影响司法的公正。

第四节 小结

陕甘宁边区政府并不缺乏对问题的认识，而且认识的深度亦达到了一定的水准；陕甘宁边区政府并不缺乏解决问题的勇气和热情，而且其所表现出来的勇气和热情也足以使人尊重，但却在解决问题的方法和路径上出现了一些偏差。根据法社会学的观点，司法是解决社会纠纷，恢复、维护社会秩序的一种活动。但在陕甘宁边区的实践中，边区政府和司法机关在解决纠纷、维护社会秩序与公正之外，又为司法机关赋予了更高的，或许也是它本身极难达到的目标和一些新的政治功能。面对着这种政治功能，近代以来中国一直孜孜以求的新型司法制度，则渐显尴尬和不适应。那么，新型的、具有中国特色的，同时又是现代的中国所迫切需要的司法制度，到底该如何建设，陕甘宁边区的实践还远未完成。

陕甘宁边区的大众化司法制度有几点值得特别关注。

一、与边区的政治体制高度契合

陕甘宁边区大众化司法制度是一个融中国近代政党运行规则、民众日常生活法则和司法规则三者为一体的制度，同时又是在伴随着中国共产党成长、伴随着中国共产党从挫折走向胜利的历史过程中逐渐形成和确定的，理所当然地成了其取得革命胜利的最主要经验之一。此外，它还根植于中国传统文化保留最多、现代法治文明光照最少的陕甘宁边区大地上，因而它与中国共产党的执政风格、执政理念，与中国普通民众的要求高度契合，并与当时的政治制度形成有机的统一体，具有牵一发而动全身的效果。学界对此应有清醒的认识。

二、过分强调经验导致对理论的忽视

出于对教条主义的厌恶，在陕甘宁边区大众化司法制度的创制过程中反复强调必须以司法人员和广大民众实践中首创的经验为主，反对照抄一切书本知识和理论。重视实践经验原本无错，但过分强调经验则极易导致对理论的忽略，导致制度本身结构上难以均衡。就规律而言，作为法制后发国家，如欲构建自己的司法制度只能在既定的法律体系框架内进行，必须借助通用的法律术语，符合现代法学的基本理念，同时辅之以自己的实践经验，否则就会出现为创新而创新的问题。1947年5月2日谢觉哉在日记中写道："绍萱同志报告商法，颇有奇论。陈老笑说：创造是好的，但也不宜创造太过。"① 其时，陕甘宁边区正在为构建自己的法律体系而努力，法学家陈瑾昆从国统区来到延安，见到此景大感意外，于是有了谢觉哉日记中的文字。

这种忽略理论的做法，稍不留意还可能使国家治理陷入一种尴尬的困境。前面已经指出，鉴于战时环境，陕甘宁边区实行司法行政与司法审判合一的体制。抗战结束后最早建立的东北解放区按照学理将司法行政与审判分开，但早已习惯了陕甘宁边区体制的李六如对此则不以为然。谢觉哉日记中（1949年3月2日）对此亦有记载："东北司法部办公厅处长张君悌昨日来谈东北司法工作情形。即复六如同志信。六如任东北司法部长。颇感司法部与法院分开，工作不好做。"②

三、呈现出向传统复归的趋势

民众的介入，导致陕甘宁边区司法制度在形成和发展的过程中，无论在形式还是精神层面上都表现出了向中国传统审判复归的倾向。如在形式上，有民间调解的复兴；在制度层面上，有对程序的忽略；在

---

① 《谢觉哉日记》（下），1947年5月2日，第1093页。
② 《谢觉哉日记》（下），1949年3月2日，第1285页。

精神层面上，有对个案公正的强调和"青天"信仰的复活；在价值层面上，有传统道德的复归和对个体价值的忽略；等等。绥德县政府工作人员马学文曾反思说："我在掌握民主原则上不够。区上曾押过二十多个人。我说的有个老婆婆告她的儿子不好，要求把他押起来，结果我们就押起来了，今天检讨起来是不对的。"[①] 传统孝道中混杂着正反两方面的元素，为了让民众满意，近代以来一直被批评的孝道不加辨析地重回民众的生活，马学文所说的就是最好的例证。

此外，在抗日战争这一特定的环境下，这种复归又与民族主义形成了固定的关联，使传统的复归占据了道义上的制高点，甚至一定程度上成了民族主义的符号。

令人吊诡的是，"五四"新文化运动以后，中国传统文化，自然也包括传统审判文化一直处于被批判的状态。但在陕甘宁边区，这些曾被中国共产党极力批评的对象却又以一种新的面貌悄然复归，并被赋予了新民主主义司法制度的神圣外衣。于是，我们看到在此后的历史进程中，无论是在强调继承陕甘宁边区司法传统的口号下，还是在强调发扬光大中国传统文化的背景下，乃至强调司法制度民族化的语境下，司法实践中的做法都大同小异。总之，自陕甘宁边区之后，中国传统审判的核心内容具有了在多种环境下存在的正当性，因而，生命力旺盛。然而，以往的学者很少有人对此加以关注。

四、强大的复制能力

陕甘宁边区司法制度原本是一个历史话题，但日后的中华人民共和国司法制度发展史却不断地向我们昭示了一点：陕甘宁边区司法制度具有强大的复制能力。究其原因是陕甘宁边区政府和司法机关构建起了一套有关大众化司法制度的固定图谱和话语体系。

---

① 《绥德县第二届第一次参议会会议记录》，绥德县档案馆，引自杨东《乡村的民意：陕甘宁边区的基层参议员研究》，第 228 页。

第七章 艰难反思：大众化司法制度之修正

（一）图谱

这套图谱较为简捷，但却使大众化司法制度更为形象。这套图谱由马锡五专员、司法人员不辞辛苦下基层调查研究和古元的木刻版画《马锡五调解婚姻纠纷案》等构成。图谱中的马锡五专员借助民众喜闻乐见的说书、戏曲、电影的手段反复传播，在中国几乎家喻户晓，代表着国家工作人员爱民亲民和敢于担当的良好形象。司法人员或步行，或骑自行车，或骑马跋山涉水下基层调查研究、开庭的图像反复出现在各级司法机关的宣传栏中和宣传画册里，是表现中国优秀司法人员的经典形象，代表着一种永远正确的工作方法和司法为民的精神。木刻版画《马锡五调解婚姻纠纷案》借助鲜活的人物形象代表着案件处理的场地和方法。

对于那些年龄较大、社会阅历丰富的人来说，这些图谱可能意味着不讲程序，以及不讲效率等，影响可能不大。但在一些年轻人看来，这些图谱具有一种感人的力量，一种打破旧有习惯和官场陈腐氛围的激情，同时也符合他们报效国家、服务于社会的人生信念。

（二）话语体系

与图谱相比，边区政府构建起来的话语体系则相对复杂，包括如下几条公式：

1. 中国传统审判方式的特征是官老爷断案，官老爷因其阶级属性在审判时必然会欺压百姓，偏袒地主剥削阶级，导致司法腐败，最终引起群众的反抗。

2. 近现代司法制度的构建，使司法权不再控制于统治阶级手里，司法人员成了一种专业人士。但由于现代审判的特征是坐堂办案，坐堂办案必然脱离群众，而脱离群众则就无法了解案情，不了解案情轻者犯官僚主义的错误，重者导致冤假错案。

3. 苏维埃时期司法制度的特征是职业革命家替民做主。替民做主则意味着司法人员站在群众之上和群众之外，其结果势必在审判中走向主观主义，或教条主义，脱离中国国情，引起民众的反感。

4.大众化司法制度的特征是司法人员深入基层调查研究和发动民众参与司法活动。深入基层调查研究不仅会使司法人员了解案情，有助于司法人员了解民众疾苦，把握时代的脉搏和中国国情，从而使司法制度充满民族特色。但司法人员个人能力和精力毕竟有限，因而，深入基层之外，还要发动民众参与司法活动。不仅如此，民众参与司法活动还意味着司法民主。有了司法民主，司法人员就会与人民大众永远心心相连。

对于非专业人员而言，这套话语体系具有极强的解释力，因而，司法活动中每当遇到类似的问题，遇到相似或近似的环境，大众化司法制度都有被复制的可能。

后记

本书是在我的博士论文基础上修改而成的。自2006年5月博士论文答辩通过之后,我抓紧利用一切业余时间对论文进行修改。尽管在答辩时各位专家对我的论文评价较高,但我知道这种评价更多的是一种勉励。半年多过去了,回头再看才发现修改的部分竟占了全书的三分之一,不仅删掉了一些重复和略显累赘的资料,使阅读起来更加顺畅,彰显了书稿的理论厚度和张力,修正了一些不太严谨的概念和提法,同时还对书稿的结构做了必要的调整。自认为它比答辩时的文章更加成熟了,于是,才有了出版的想法。文章千古事。到了我这个年龄浮名已无多大的意义。

博士论文之所以选择这一题目,是出于两种考虑:

1. 研究工作的需要。最近几年自己在教学之余,如果说还做了一点研究的话,主要兴趣和侧重点是在中国近现代司法制度方面,主观愿望是想通过对中国近现代司法制度的产生、发展中的一些重大问题进行研究,弄清楚一些困扰我们的现实问题。陕甘宁边区的司法制度是其中无论如何也回避不了的一部分。当下的中国正在进行司法体制方面的改革,各路学者也对此表现出了浓厚的兴趣,纷纷从各个角度为改革出谋划策。作为一名法律史学者,自己能做的,或者说真正能做好的,似乎唯有在历史的故纸堆里搜寻自认为有用的经验和教训。尽管理性一再告诫自己,作为学者最好远离现实政治去追求纯粹的学问,也从不设想自己的所谓研究成果会对现实的生活产生什么重大和实质的影响。但在选择研究题目时内心里却始终无法割舍与现实的联系。于是，中国读书人自古以来就有的这种责任感每每左右自己的行动。有能力以自己的知识为自己的国家服务，对我来说是一种莫大的幸福。听不听、用不用那是别人的事情，自己无权干涉，也不应该干涉。在现实社会生活中每个人都有自己的角色定位，这是社会进步必然导致的社会分工，做好自己的工作最为重要；何况每个人都会有知识盲区，你认为好的、对的，也未见得就真是好的、对的。但关注中国的现实，用自己的知识为自己的国家服务则是学者应有的良知。别人可以不看、不听、不用，你却不能不说。

2. 为了纪念一段感情。我是辽宁人，但到目前为止生命中最好的年华却都是在陕西度过的。是陕西养育了我，给了我安身立命的一技之长，还给了我很多的荣誉。因而，我一直把陕西当作自己的第二故乡。在陕西的日子里，我曾以自己年轻的脚步走遍了陕南、陕北和关中地区的大多数市县，用一个异乡人的眼光打量、观察这片古老的、曾有过无与伦比的辉煌但至今还不富有的土地。作为外乡人很难说我对陕西有多么热爱，而且待久了还有一种想迅速逃离的情绪。可一旦真的离开了，却又发现自己的生命已永远地打上了陕西的烙印。陕西于我成了一种难以割舍的情感。由于生计的压力，同时也是为了在新的环境下站稳脚跟，离开陕西之后自己很少回去，但内心里却非常清楚地知道这仅仅是一种表象。关注陕西、关注那里的人和事，自觉不自觉地打探与那里有关的一切消息，于我早已成了一种下意识。于是，以一种什么样的方式或者做点什么以纪念这段逝去的日子和这份难以割舍的感情就成了我心中的期盼。就是出于还愿的需要，我毫不犹豫地将陕甘宁边区的司法制度作为自己博士论文的选题。一个学者一生可能会写几本书，但就一般而言，博士论文只有一篇。

后记的最后部分理所当然地送给那些需要感谢的人。感谢德高望

后记

重的韦庆远先生,以八十高龄远道而来主持我的博士论文答辩,并对论文提出赞扬及修改意见;感谢杨永华先生最初将我带进中国近现代法律史的研究领域,以及日后无私的帮助和支持,使我的学术起步较少艰难和曲折;感谢贺卫方先生在我最需要资金的时候,慷慨地资助,使本课题的研究进展更加顺利;感谢李传敢先生的眼光和学术责任感,在今天学术著作出版较为困难的背景下不收分文出版赞助,并以最快的速度出版此书,使它能与读者见面;感谢张少瑜和郑定先生的一贯支持,使本书中的一些先期成果在他们主持的刊物上发表,给了我听取读者批评以及进一步改进的机会;感谢高旭晨、李力、马小红等好友多年的支持和鼓励。

书稿出版了,并不等于问题研究结束了,同时我也知道书稿中还存在着许多问题,我愿意耐心和虚心地听取读者的一切批评,对于其中有价值的建议留待今后有机会时吸取。

侯欣一

2007 年 2 月

参考文献

一、档案史料及汇编史料

陕西省档案馆馆藏陕甘宁边区档案全宗号及全宗名称：

1 中华苏维埃共和国临时中央政府驻西北办事处
2 陕甘宁边区政府秘书处
3 晋西北边区、陕甘宁边区联防军司令部财经委员会西北办事处
4 陕甘宁边区政府民政厅
5 陕甘宁边区政府财政厅
6 陕甘宁边区政府建设厅
7 陕甘宁边区政府粮食局
8 陕甘宁边区税务总局
9 陕甘宁边区银行
10 陕甘宁边区政府教育厅
11 陕甘宁边区卫生署
12 陕甘宁边区政府工商厅
13 陕甘宁边区邮政管理总局
14 中国人民解放军西安市军事管制委员会
15 陕甘宁边区高等法院（陕甘宁边区人民法院）
16 延安大学
17 中国共产党陕西省委员会
18 陕甘宁边区政府公营企业厅
19 陕北区行政主任公署
20 中国共产党延属地方委员会

21 延属分区行政督察专员公署
22 中国共产党黄龙地方委员会
23 黄龙分区行政督察专员公署
24 中国共产党三边地方委员会
25 三边分区行政督察专员公署
26 高等法院三边分庭
27 中国新民主主义青年团陕北行政区委员会
28 中国共产党彬县地方委员会
29 中国共产党榆林地方委员会
30 中国共产党西府地方委员会
31 中国共产党陕北区委员会
32 中国共产党陕南区委员会
33 中国共产党关中地方委员会
34 中国共产党路东工作委员会
35 中国共产党东府地方委员会
36 陕南人民行政公署
37 三原分区行政督察专员公署
38 陕甘宁边区工业局
39 陕甘宁边区合作局
40 陕甘宁边区政府农业厅
41 关中分区行政督察专员公署
42 陕甘宁边区政府农业厅水利局
43 中国共产党三原地方委员会
44 陕甘宁边区总工会
45 陕甘宁边区各界青年联合会
46 陕甘宁边区民妇女联合会（陕甘宁边区各界妇女联合会）
47 中国新民主主义青年团彬县地方工作委员会
48 中国共产党大荔地方委员会
49 高等法院延安分庭
50 彬县分区行政督察专员公署
51 中国共产党榆横特委
52 中国共产党绥德地方委员会、绥德分区行政督察专员公署（联合全宗）
53 中国共产党清涧县委员会

54 中国共产党华县委员会

55 中国共产党西北党校

56 中国共产党陕甘宁边区政府机关委员会

57 中国共产党豫陕鄂前后委

58 豫陕鄂专署

中国科学院历史研究所第三所编:《陕甘宁边区参议会文献汇辑》,科学出版社 1958 年。

罗家伦主编:《革命文献》,中国国民党中央委员会党史史料编辑委员会编辑出版 1967 年。

故宫博物院明清档案部编:《清末筹备立宪档案史料》(上、下),中华书局 1979 年。

韩延龙、常兆儒编:《中国新民主主义革命时期根据地法制文献选编》(1—4),中国社会科学出版社 1981 年。

甘肃省社科院历史研究室编:《陕甘宁革命根据地史料选辑》(1—5),甘肃人民出版社 1981—1986 年。

陕甘宁边区财政经济史编写组、陕西省档案馆合编:《抗日战争时期陕甘宁边区财政经济史料摘编》(1—9),陕西人民出版社 1981 年。

《陕甘宁边区的精兵简政》编辑组编:《陕甘宁边区的精兵简政》,求实出版社 1982 年。

厦门大学法律系、福建省档案馆合编:《中华苏维埃共和国法律文件选编》,江西人民出版社 1984 年。

陕西省社会科学院编:《延安时期党的知识分子问题资料选辑》,内部资料,1984 年刊印。

《陕甘宁边区政权建设》编写组编:《陕甘宁边区参议会》资料选编,中共中央党校科研办 1985 年刊印。

陕西省档案馆、陕西省社科院合编:《陕甘宁边区政府文件选编》(1—14),档案出版社 1986—1991 年。

湖北省司法行政史志编委会编:《清末民国司法行政史料辑要》,内部资料,1988 年刊印。

西北五省区编纂领导小组、中央档案馆编:《陕甘宁边区抗日民主根据地(文献卷)》,中共党史资料出版社 1990 年。

西北五省区编纂领导小组、中央档案馆编:《陕甘宁边区抗日民主根据地(回忆卷)》,中共党史资料出版社 1990 年。

中央档案馆、陕西省档案馆编:《陕西革命历史文件汇集》内部资料,1991 年刊印。

中国第二历史档案馆编:《中华民国史档案资料汇编》,江苏古籍出版社 1991 年。

陕西省档案馆编:《陕甘宁边区政府大事记》,档案出版社1991年。

中央档案馆编:《中共中央文件选集》(7—8),中共中央党校出版社1991—1992年。

中央档案馆编:《中共中央西北局文件汇编》内部资料,1994年刊印。

中央档案馆、陕西省档案馆编:《中共陕甘宁边区党委文件汇集》内部资料,1994年刊印。

《延安民主模式研究》课题组编:《延安民主模式研究资料选编》,西北大学出版社2004年。

艾绍润、高海深主编:《陕甘宁边区法律法规汇编》,陕西人民出版社2007年。

龙岩中级人民法院、古田会议纪念馆合编:《闽西苏区法制史料汇编》,内部资料,2008年刊印。

中国法学会董必武法学思想研究会编:《华北人民政府法令选编》内部资料,2007年刊印。

陕西省档案局编:《陕甘宁边区法律法规汇编》,三秦出版社2010年。

西华师范大学历史文化学院、川陕革命根据地博物馆合编:《川陕革命根据地历史文献资料集成》,四川大学出版社2012年。

张希坡编著:《革命根据地法律文献选辑》(第1、2辑),中国人民大学出版社2017年。

《民国经世文编》,台北文海出版社影印版。

二、方志文史资料

《陕西省审判志》,陕西人民出版社1994年。

《延安地区审判志》,陕西人民出版社2002年。

《榆林地区审判志》,陕西人民出版社1999年。

《庆阳地区志·审判志》,油印稿。

《庆阳县志》,甘肃人民出版社1993年。

《延安市志》,陕西人民出版社1994年。

中国人民政治协商委员会陕西省文史资料委员会:《陕西文史资料》,陕西人民出版社。

中国人民政治协商委员会延安市文史资料委员会:《延安文史资料》,内部出版物。

胡华主编:《中国共产党人物传》(1—70),陕西人民出版社。

三、文集、日记、回忆录

丁玲:《延安集》,人民出版社 1954 年。

《谢觉哉日记》,人民出版社 1984 年。

李维汉:《回忆与思考》,中共党史资料出版社 1986 年。

《谢觉哉文集》,人民出版社 1989 年。

《毛泽东选集》(1—4),人民出版社 1991 年。

赵超构:《延安一月》,上海书店 1992 年。

《张闻天晋陕调查文集》,中共党史出版社 1994 年。

曲子贞:《风雨世纪行》,中国文联出版公司 1994 年。

《习仲勋文选》,中央文献出版社 1995 年。

《林伯渠文集》,华艺出版社 1996 年。

张国焘:《我的回忆录》第 3 册,东方出版社 1998 年。

《延泽民文集》第 8 卷,黑龙江人民出版社 2000 年。

《董必武法学文集》,法律出版社 2001 年。

〔苏〕彼得·弗拉基米洛夫著,吕文镜等译:《延安日记》,东方出版社内部发行 2004 年。

王仲方:《延安风情画——一个"三八式"老人的情思》,中国青年出版社 2010 年。

萧军:《延安日记(1940—1945)》,香港牛津大学出版社 2013 年。

四、主要报刊

《解放日报》(延安)

《新中华报》

《新华日报》

《中共党史研究》

《近代史研究》

五、学术著作及文章

李普:《光荣归于民主》,上海拂晓出版社 1945 年。

汪楫宝:《民国司法志》,台北正中书局 1959 年。

廖与人:《中华民国现行司法制度》,黎明文化事业股份有限公司 1982 年。

李新主编：《中华民国史》，中华书局 1982 年。

张希坡：《马锡五审判方式》，法律出版社 1983 年。

《谢觉哉传》编写组：《谢觉哉传》，人民出版社 1984 年。

张国福：《中华民国法制简史》，北京大学出版社 1986 年。

罗志渊：《近代中国法制演变研究》，台北正中书局出版社 1986 年。

杨永华、方克勤：《陕甘宁边区法制史（诉讼狱政卷）》，法律出版社 1987 年。

韩延龙、张希坡主编：《中国革命法制史》，中国社会科学出版社 1987 年。

中共盐池县委党史办公室编：《陕甘宁边区概述》，宁夏人民出版社 1988 年。

公丕祥主编：《中国法律的近代化历程》（上），中国广播电视出版社 1988 年。

李仲达：《毛泽东法律思想和实践》，陕西人民教育出版社 1989 年。

宋金寿、李忠全主编：《陕甘宁边区政权建设史》，陕西人民出版社 1990 年。

张国福：《民国法制史》，华文出版社 1991 年。

杨永华：《陕甘宁边区法制史稿（宪法、政权组织法篇）》，陕西人民出版社 1992 年。

邱联恭：《司法之现代化与程序法》，台湾三民书局 1992 年。

卓凡：《中华苏维埃法制史》，江西高校出版社 1992 年。

郑生寿主编：《国际友人在延安》，陕西旅游出版社 1992 年。

龚祥瑞：《西方国家司法制度》，北京大学出版社 1993 年。

雷云峰编著：《陕甘宁边区史》，西安地图出版社 1993 年。

肖周录：《延安时期边区人权保障史稿》，西北大学出版社 1994 年。

刘家栋：《陈云在延安》，中央文献出版社 1995 年。

许纪霖、陈达凯主编：《中国现代化史》，第 1 卷，上海三联书店 1995 年。

苏力：《法治及其本土资源》，中国政法大学出版社 1996 年。

王铭铭编：《乡村社会的公正、秩序与权威》，中国政法大学出版社 1997 年。

阎树声、李忠全：《延安时期若干重大问题研究》，人文杂志社 1997 年。

余荣根：《艰难的开拓——毛泽东的法思想与法实践》，广西师大出版社 1997 年。

李光灿主编：《中国法律思想通史》，山西人民出版社 1997 年。

龚书铎主编：《中国社会通史（民国卷）》，山西教育出版社 1997 年。

秦燕、岳珑：《走出封闭——陕北妇女的婚姻与生育（1900—1949）》，陕西人民出版社 1997 年。

李忠全：《延安时期廉政建设研究》，人文杂志社 1998 年。

徐家力：《中华民国律师制度史》，中国政法大学出版社 1998 年。

贺卫方：《司法的理念与制度》，中国政法大学出版社 1998 年。

刘志琴主编：《近代中国社会文化变迁录》，浙江人民出版社 1998 年。

宋冰编:《程序、正义与现代化——外国法学家在华演讲录》,中国政法大学出版社 1998 年。
徐显明:《人民立宪思想探原》,山东大学出版社 1999 年。
公丕祥:《法制现代化的理论逻辑》,中国政法大学出版社 1999 年。
季卫东:《法治秩序的建构》,中国政法大学出版社 1999 年。
高新民等:《延安整风实录》,浙江人民出版社 2000 年。
黄源盛:《民初法律变迁与裁判(1912—1928)》,台湾政治大学法学丛书 2000 年。
陈业宏、唐鸣:《中外司法制度比较》,商务印书馆 2000 年。
左为民、周长军:《法院制度现代化研究》,法律出版社 2000 年。
苏力:《送法下乡》,中国政法大学出版社 2000 年。
扬兆龙:《扬兆龙法学文集》,中国政法大学出版社 2000 年。
李智勇:《陕甘宁边区政权形态与社会发展(1937—1945)》,中国社会科学出版社 2001 年。
朱鸿召编选:《众说纷纭话延安》,广东人民出版社 2001 年。
陈学昭:《延安访问记》,广东人民出版社 2001 年。
虞和平主编:《中国现代化历程》,江苏人民出版社 2001 年。
王健编:《西法东渐——外国人与中国法的近代变革》,中国政法大学出版社 2001 年。
程竹汝:《司法改革与政治发展》,中国社会科学出版社 2001 年。
强世功:《调解、法制与现代性——中国调解制度研究》,中国法制出版社 2001 年。
李剑农:《中国近百年政治史》,复旦大学出版社 2002 年。
张生主编:《中国法律近代化论集》,中国政法大学出版社 2002 年。
韦君宜:《思痛录》,北京十月文艺出版社 2002 年。
张培田:《法与司法的演进及改革考论》,中国政法大学出版社 2002 年。
韩秀桃:《司法独立与近代中国》,清华大学出版社 2003 年。
赵小锁:《中共法官制度的构架》,人民法院出版社 2003 年。
程燎原:《清末法政人的世界》,法律出版社 2003 年。
胡夏冰:《司法权:性质与构成的分析》,人民法院出版社 2003 年。
牛大勇主编:《中外学者纵论二十世纪的中国》,江西人民出版社 2003 年。
陈德军:《乡村社会中的革命——以赣东北根据地为研究中心(1924—1934)》,上海大学出版社 2004 年。
张世斌主编:《陕甘宁边区高等法院史迹》,陕西人民出版社 2004 年。
张晋藩主编:《中国司法制度史》,人民法院出版社 2004 年。
李启成:《晚清各级审判厅研究》,北京大学出版社 2004 年。

王培元:《延安鲁艺风云录》,广西师大出版社2004年。
曾维东等主编:《中华苏维埃共和国审判史》,人民法院出版社2004年。
张仁善:《司法腐败与社会失控(1928—1949)》,社会科学文献出版社2005年。
吴永明:《理念、制度与实践:中国司法现代化变革研究(1912—1928)》,法律出版社2005年。
孙笑侠:《程序的法理》,商务印书馆2005年。
韩大梅:《新民主主义宪政研究》,人民出版社2005年。
陈光中主编:《中国司法制度的基础理论专题研究》,北京大学出版社2005年。
朱鸿召:《延安日常生活中的历史》,广西师大出版社2007年。
艾绍润:《陕甘宁边区审判史》,陕西人民出版社2007年。
上海社会科学院院史办公室:《重拾历史的记忆——走近雷经天》,上海社会科学院出版社2008年。
朱鸿召:《延河边的文人们》,东方出版中心2010年。
杨奎松:《中间地带的革命:国际大背景下看中共成功之道》,山西人民出版社2010年。
汪世荣等著:《新中国司法制度的基石:陕甘宁边区高等法院(1937—1949)》,商务印书馆2018年。
黄道炫:《张力与限界:中央苏区的革命(1933—1934)》,社会科学文献出版社2011年。
张希坡:《革命根据地法制史研究与"史源学"举隅》,中国人民大学出版社2011年。
胡永恒:《陕甘宁边区的民事法源》,社会科学文献出版社2012年。
马小红、史彤彪主编:《输出与反应:中国传统法律文化的域外影响》,中国人民大学出版社2012年。
张希坡:《马锡五与马锡五审判方式》,法律出版社2013年。
杨东:《乡村的民意:陕甘宁边区的基层参议员研究》,山西人民出版社2013年。
欧阳华:《抗战时期陕甘宁边区锄奸反特法制研究》,中国政法大学博士论文2013年。
任文主编:《延安时期的大事件》,陕西师范大学出版社2014年。
杨正发:《马锡五传》,人民法院出版社2014年。
王彩霞:《抗日战争时期陕甘宁边区劳动模范运动研究》,中国社会科学出版社2014年。
岳谦厚:《边区的革命》,社会科学出版社2014年。
汪小宁:《陕甘宁边区社会建设研究》,中国社会科学出版社2015年。
杨东:《陕甘宁边区的县政与县长研究》,中国社会科学出版社2015年。

孙琬中:《共和国法治从这里启程:华北人民政府法令研究》,知识产权出版社 2015 年。

刘全娥:《陕甘宁边区司法改革与政法传统形成》,人民出版社 2016 年。

何青洲:《"人民司法"在中国的实践路线》,中国政法大学出版社 2016 年。

巩富文主编:《陕甘宁边区的人民检察制度》,中国检察出版社 2014 年。

韩伟、马成:《陕甘宁边区法制史稿(民法篇)》,法律出版社 2018 年。

伊斯雷尔·爱泼斯坦等:《外国记者眼中的延安及解放区》,历史资料供应社 1946 年刊行。

伊斯雷尔·爱泼斯坦:《我访问延安:1944 年的通讯和家书》,新星出版社 2015 年。

〔美〕埃德加·斯诺:《西行漫记》,生活·读书·新知三联书店 1979 年。

〔英〕丹宁勋爵著,李克强等译:《法律的正当程序》,群众出版社 1984 年。

〔美〕费正清主编,中国社会科学院历史研究所编译室译:《剑桥中国晚清史》,中国社会科学出版社 1985 年。

〔法〕托克维尔著,董国良译:《论美国的民主》(上、下),商务印书馆 1988 年。

中共中央文献研究室编:《日本学者视野中的毛泽东思想》,中央文献出版社 1991 年。

〔美〕埃尔曼著,贺卫方、高鸿钧译:《比较法律文化》,生活·读书·新知三联书店 1990 年。

〔美〕伯尔曼著,贺卫方等译:《法律与革命——西方法律传统的形成》,中国大百科全书出版社 1993 年。

〔美〕费正清主编:《剑桥中华民国史》,中国社会科学出版社 1994 年。

〔德〕韦伯著,王容芬译:《儒教与道教》,商务印书馆 1995 年。

〔日〕谷口安平著,王亚新等译:《程序的正义与诉讼》,中国政法大学出版社 1996 年。

〔德〕韦伯著,林荣远译:《经济与社会》,商务印书馆 1997 年。

〔日〕滋贺秀三等著,王亚新等译:《明清时期的民事审判与民间契约》,法律出版社 1998 年。

〔美〕吉尔波特·罗兹曼著,课题组译:《中国的现代化》,江苏人民出版社 1998 年。

〔美〕古德诺著,蔡向阳等译:《解析中国》,国际文化出版公司 1998 年。

〔美〕何天爵著,鞠方安译:《真正的中国佬》,光明日报出版社 1998 年。

〔美〕麦高温著,朱涛等译:《中国人生活的明与暗》,时事出版社 1998 年。

〔美〕冈瑟·斯坦著,马飞海等译:《红色中国的挑战》,上海译文出版社 1999 年。

〔德〕穆勒著,王勇译:《恐怖的法官——纳粹时期的司法》,中国政法大学出版社 2000 年。

〔美〕爱德华·佛里曼等著，陶鹤山译：《中国乡村，社会主义国家》，社会科学文献出版社 2001 年。

〔美〕马克·赛尔登著，魏晓明等译：《革命中的中国：延安道路》，社会科学文献出版社 2002 年。

〔澳〕大卫·古德曼著，田酉如等译：《中国革命中的太行抗日根据地社会变迁》，中央文献出版社 2003 年。

〔奥〕凯尔森著，王名扬译：《共产主义的法律理论》，中国法制出版社 2004 年。

〔美〕斯图尔特·施拉姆著，田松年等译：《毛泽东的思想》，中国人民大学出版社 2005 年。

〔美〕周锡瑞：《一个封建堡垒的革命：陕西米脂县扬家沟，1937—1948》，载《近代中国的乡村社会》，上海古籍出版社 2005 年。

〔意〕卡培莱蒂著，徐昕等译：《比较法视野中的司法程序》，清华大学出版社 2005 年。

爱平：《苏联的司法》，载《世界知识》1934 年 1 期。

王宠惠：《二十五年来中国之司法》，载《中华法学杂志》第 1 卷第 1 期，1930 年 9 月。

钱清廉：《法官与法律发展之关系》，载《法学季刊》第 4 卷第 5、6 期，1930 年。

李浩儒：《司法制度的过去和将来》，载《平等杂志》第 1 卷 3 期，1931 年。

张知本：《法治国律师之地位》，载《东方杂志》第 33 卷第 7 号，1936 年。

余启昌：《民国以来新司法制度施行之状况及其利弊》，载《法律评论》第 224 期。

韩延龙：《红色区域司法体系简论》，《法学研究》1983 年 2 期。

韩延龙、常兆儒：《革命根据地法制建设基本原则》，载《法律史论丛》(3)，中国社会科学出版社 1983 年。

杨永华：《延安时代的法制理论与实践》，载《西北政法学院学报》1986 年 3 期。

刘景范：《陕甘宁边区的政权建设》，载《中共党史资料》第 27 辑，中共党史资料出版社 1988 年。

杨永华、段秋关：《统一战线中的法律问题：边区法律史料的新发现》，载《中国法学》1989 年 5 期。

高九江：《"延安生活方式"初探》，载《延安大学报》1990 年 4 期。

张静如：《抗日战争与中国社会现代化》，载《北京师范大学学报》1995 年 4 期。

王萍：《谢老与司法实践》，载《谢觉哉论民主与法制》，法律出版社 1996 年。

王玉祥：《中共中央长征到达陕北后对内外各种关系的处理》，载《中共党史研究》1996 年 5 月。

陈端洪：《司法与民主：中国司法民主化及其批判》，载《中外法学》1998 年 4 期。

张晓辉:《简论抗战时期中国共产党政权的认识和发展》,载《中共党史研究》1998年6期。

林明德:《清末民初的司法改革》,载《台湾师范大学历史学报》1998年26期。

刘星:《法律解释中的大众话语与精英话语》,载梁治平主编《法律解释问题》,法律出版社1998年。

季卫东等:《调解制度的法律发展机制——从中国法制化的矛盾情境谈起》,载《比较法研究》1999年1期。

舒国滢:《从司法的广场化到司法的剧场化——个符号学的视角》,载《政法论坛》1999年第3期。

范愉:《简论马锡五审判方式——一种民事诉讼模式的形成及其历史命运》,载《清华法律评论》第2辑,清华大学出版社1999年。

欧阳正:《民国初年司法改革》,载台湾《社会科学学报》2000年第8期。

强世功:《权力的网络与法律的治理化——马锡五审判方式与中国法律的新传统》,载《北大法律评论》2000年3期。

黄正林:《抗战时期陕甘宁边区的经济政策与经济立法》,载《近代史研究》2001年1期。

马怀德:《法院制度的理论基础与改革方向》,载《中国司法制度的基础理论专题研究》,北京大学出版社2005年。

王先明:《传统与现代的交错、纠葛与重建——20世纪前期中国乡村权力体制的历史变迁》,载《近代中国的乡村社会》,上海古籍出版社2005年。

季卫东:《中国司法的思维方式及其文化特征》,载《洪范评论》第2卷,中国政法大学出版社2005年。

刘全娥:《陕甘宁边区高等法院档案及其学术价值》,载《法律科学》2006年第1期。

喻中:《吴经雄与马锡五:现代中国两种法律传统的象征》,载《法商研究》2007年1期。

黄正林:《20世纪80年代以来国内陕甘宁边区史研究综述》,载《抗日战争研究》2008年1期。

李娟:《革命传统与西方现代司法理念的交锋及深远影响——陕甘宁边区的司法大检讨》,载《法制与社会发展》2009年4期。

刘忠:《"从华北走向全国"——当代司法制度传承的重新书写》,载《北大法律评论》2010年1期。

胡永恒:《1943年陕甘宁边区停止援用"六法全书"之考察——整风、审干运动对边区司法的影响》,载《抗日战争研究》2010年4期。

裴毅然:《延安一代士林的构成与局限》,载《社会科学》2013 年 3 期。

〔日〕宫坂宏:《抗日民族统一战线转换时期的法和政策的若干问题》,《社会科学年报(专修大学)》1980 年 13 期。

〔日〕宫坂宏:《抗日根据地的司法原则和人权保障》,《专修法学论集》第 55—56 期,1983 年。

〔日〕佐藤宏:《陕北农村社会与中国共产党——延安地区农村的基层领导班子》,载《中外学者论抗日根据地——南开大学第二届中国抗日根据地史国际学术讨论会论文集》,档案出版社 1993 年。

〔美〕马克·赛尔登:《他们为什么获胜——对中共与农民关系的反思》,载《中外学者论抗日根据地——南开大学第二届中国抗日根据地史国际学术讨论会论文集》,档案出版社 1993 年。

〔法〕毕仰高:《抗日根据地中农民对中共动员政策的反应:一些西方的观点》,载《中外学者论抗日根据地——南开大学第二届中国抗日根据地史国际学术讨论会论文集》,档案出版社 1993 年。

〔韩〕李东振:《陕甘宁边区的司法争论》,载韩国《中国史研究》2005 年。